谨以此书献给父母百岁诞辰

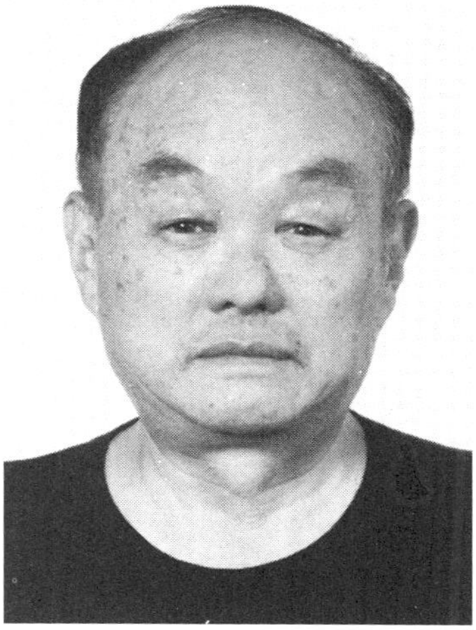

袁天聪，袁嘉谷第五代嫡系曾孙。1944 年 5 月出生于昆明，1967 年毕业于昆明工学院化工系（今昆明理工大学）。毕业分配到北京，进入中石化北京燕化公司橡胶厂工作，在生产一线摸爬滚打 22 年，调入中石化工程建设有限公司（SEI），参与工程设计及项目管理工作至 2015 年底退休。

参加了茂名石化的芳烃装置的国产化设计，南京扬子石化一期、二期工程建设全过程，上海金山石化建设全过程，后期专职从事中石化新建装置的可行性研究，为广东南海项目、海南石化等新建项目，完成可行性研究报告。

参与编写了 SEI 公司标准的编写工作，不少工程设计规范现在仍在使用。为王松汉主编《石油化工设计手册》（化学工业出版社 2002 年第一版，共四卷）第四卷的主要编写者之一；2007 年该书再版，整个编写工程历时八年，王子宗主编，袁天聪作为副主编，直接参与了全过程。该书 2015 年 5 月正式出版发行。

已出版《后人眼中的状元袁嘉谷》，云南教育出版社 2012 年版。

耕读世家

——云南科举第一人百年家族史

袁天聪　著

云南出版集团　云南人民出版社

图书在版编目（CIP）数据

耕读世家：云南科举第一人百年家族史 / 袁天聪著
. -- 昆明：云南人民出版社, 2018.8
ISBN 978-7-222-16771-1

Ⅰ. ①耕… Ⅱ. ①袁… Ⅲ. ①袁嘉谷（1872–1937）—家族—史料 Ⅳ. ①K820.9

中国版本图书馆CIP数据核字(2018)第025734号

出 品 人：赵石定　周　祥　潘　燕
责任编辑：姚实名　刘　焰　苏映华　徐　霞
装帧设计：熊小熊　李乐乐
封面题字：刘昆生
责任校对：陈春梅
责任印制：洪中丽

GENGDU SHIJIA——YUNNAN KEJU DIYIREN BAINIAN JIAZUSHI

耕读世家——云南科举第一人百年家族史

袁天聪　著

出版　云南出版集团　云南人民出版社
发行　云南人民出版社
社址　昆明市环城西路609号
邮编　650034
网址　www.ynpph.com.cn
E-mail　ynrms@sina.com
开本　787mm × 1092mm　1/16
印张　34.25
字数　510千
版次　2018年8月第1版第1次印刷
印刷　云南出版印刷（集团）有限责任公司
　　　云南新华印刷一厂
书号　ISBN 978-7-222-16771-1
定价　69.00元

如需购买图书、反馈意见，请与我社联系
总编室：0871-64109126　发行部：0871-64108507　审校部：0871-64164626　印制部：0871-64191534

云南人民出版社微信公众号

前 言

写作此书得到家族成员，还有朋友的积极支持，袁绩坤婶婶、李彤弟每人送给我几十页的手稿，其他家族成员、朋友为我提供资料、照片，帮我审稿。我在这里把他们的姓名列出，表示感谢。

直接提供文字资料的：袁绩坤婶婶、李彤、袁绩熊叔叔、李艳（云南省档案馆）、李献春、周瑞徵、熊有瑾、熊有华、袁天慈、袁东、袁卫红、熊有曾、熊有德、温符麟、华芸、杨红薇、袁俊、陈逢凯。

直接提供照片资料的：华千里舅舅、周祖同、袁天视、李彤、李怡春、袁天慈、李艳、李路、温应麟。

为我审核部分稿件的：袁玉芬太孃、庄体仁爷爷、张士龙、周祖同、周祖濂、李献春、袁泽龙、谢之俊。

没有你们的关心及帮助，我不可能顺利完成这次创作任务，我要衷心感谢你们！

书中采用了一些昆明的老照片，这些照片得到了殷晓俊先生的授权使用，在此对他表示感谢。

我的夫人，在这两年里为保证我的写作，承担了一切后勤工作，使我能全身心地投入写作，也要感谢她的理解和支持。

袁天聪

2017 年 9 月 25 日

目　录

开篇锣鼓

2012年云南教育出版社为宣传云南的历史，倾力编辑了一套“经典云南”丛书，全套书有67册。因族弟袁天昂先生的推荐，我撰写了其中的《后人眼中的状元袁嘉谷》一书，编辑部规定，每本小册子限定字数6万，同时对交稿截止日期也有严格限制，我每天写作10个小时，写了两个月才完成初稿。出版后社会反响不错，使我萌发了继续创作的念头。

2016年是爷爷袁丕元诞辰121年，爸爸妈妈98年诞辰。爷爷、爸爸、妈妈从小就要求我做一个诚实、好学、全面发展的孩子，他们对我的人生观影响很大。所以我打算在爷爷奶奶诞辰120年的时候，为他们写一本书。我把这个想法和《后人眼中的状元袁嘉谷》一书的责任编辑，云南教育出版社吴学云女士沟通，得到她的积极肯定，还大胆给我建议，干脆把老祖祖、爷爷奶奶、父母亲都写进去，写一部家族史！这个建议使我很激动，我决心好好准备，收集资料，把内容搞扎实。后来又得到老朋友何真女士的积极帮助，使我顺利得到中共云南省委宣传部的出版基金支持，我可以出版这本著作了。我更要拿出吃奶的力气，完成好这个任务。

我一定要把家史写出来，是与自己的亲身经历有关的。有两件事对我触动很大，大学刚毕业，1968年被分配到化工部的企业。当时全国都在动乱中，化工部让我们先去军垦农场锻炼，全班同学就来到城西湖农场，在安徽霍邱县，和全国各地分配到化工部的几千学生一起劳动、生活。我和袁嘉谷的关系被一些上海战友知道了，来找我求证。当时我听说，他是中国最后一位状元。消息传开后，有一位清华大学的战友，拿来一本杂志，封里印有照片及文字，明明写着“中国末代状元刘春霖”的书法作品，弄得我面红耳赤，下不了台，一句话没说，悄悄地走开了。心里非常懊恼，我是袁嘉谷的后代，怎么能犯这样不能原谅的错误？太丢人了！我必须搞清楚，错在哪里？

第二件是听老人讲，曾祖父曾在仁寿殿，被慈禧太后和光绪皇帝两次接见。我很想知道仁寿殿在哪里，想当然地认为仁寿殿应该在故宫里，就找到故宫的地图，想找到哪里是仁寿殿。我费了好多时间和精力，把故宫的999间房都查了一遍，就是没有看到仁寿殿。难道家里人记错了？应该不会啊。不仅是家里人这样讲，一些关于老祖祖的回忆录里，也是这样记载的。我不甘心，再仔细研究，经济特科考试是七月份举行的，正是北京最热的时候，慈禧太后和光绪皇帝应该在颐和园办公啊，仁寿殿应该在颐和园！到颐和园一看，仁寿殿就在昆明湖边不远处。这个传说没有错，只是仁寿殿不在故宫里，我们不能仅凭想当然来研究历史。

这两件事给我的启发就是，要给后人留下最真实的文字材料，而不是口头传说，决不能让后人再以讹传讹了，让历史事实变样，误导家人，贻笑大方。

根据现在媒体的报道，当下的中国家庭中，多数都是4代以前还是文盲。我曾祖父袁嘉谷在1903年就考中进士，同年又参加“经济特科”的国家级考试，考中一等第一名的好成绩，成为云南省自元朝开始参加科举考试以来，在全国考试中，第一个夺得第一的人。后来科举考试也取消了，他就是云南省唯一的科举考试第一人了，老百姓都喜欢把他尊称为“状元”。

我的爷爷是成立于清朝末年的京师大学堂的肄业生，爸爸是云南大学理化系毕业生，我是昆明工学院化工系毕业生，我两个儿子也都是大学毕业生，从老祖祖到我儿子，连续五代都是大学生了。这次为写家史，查看《石屏县志》及家谱等资料，我们家族从清朝中期，就不断出现秀才等级别的知识分子。1770年族祖袁桐就考中举人，1783年族祖袁风孙考中举人。祖辈不少人都是有文化的普通劳动者。在直系祖辈里，从袁占林公到我父亲，已经连续有五代人，都是读书人了！

为了完成写作任务，我认真阅读了《石屏县志》和《袁嘉谷文集》3卷，又发现袁占林公、袁德洋公是改变我们家族面貌的奠基人。没有他们及徐太夫人的远见卓识及艰苦奋斗，就没有“耕读世家”，就不可能有后来的文化世家，或者教育世家的成就。喝水不忘挖井人，我决定把书写内容再扩大，写石屏袁氏从爸爸开始往上 5 代人，在近代 200 年间的真实故事。从我们家族的角度出发，去描述中国的进步，为弘扬中华文化做一件实事。

曾祖父袁嘉谷的四位哥哥、两位弟弟、一位姐姐也都知书达理，都是秀才、举人出身，都是石屏茶帮的会长、地方县级负责人。在爷爷的丕字辈中，有不少是留学生、大学毕业生，毕业后都担任政府官员、茶帮董事、商会会长等职务。到我父亲绩字辈，经历了国家社会的大变革，没有人再经商了，但都继承了前辈爱读书、会读书的耕读世家传统，出现了一大批留学生、大学毕业生。20 世纪五六十年代，他们活跃在云南省各条战线，出现一大批教授、专家、总工程师、高级工程师。我们家还和云南近代的好几个名人联姻，清末著名红顶商人王炽是我奶奶的爷爷，奶奶的父亲是王筱斋，是云南省第一届商会的会长。我妈妈的父亲是云南省第一批（仅两人）从清华学堂毕业，到美国留学的云南人。我爸爸的大姐是周钟岳的大儿子媳妇，爸爸的三姐是熊庆来的大儿子媳妇……

十九大胜利召开，强调中国共产党人要把“文化自信”作为根基，习近平主席强调，国无德不兴，人无德不立。他要求共产党人要寻根，要回到原点汲取成长的力量，而不能轻率幼稚地“去中国化”。习主席指出，“中华文化源远流长，积淀着中华民族最深层的精神追求，代表着中华民族独特的精神标识，为中华民族生生不息、发展壮大提供了丰厚滋养。中华传统美德是中华文化精髓，蕴含着丰富的思想道德资源”。“抛弃传统、丢掉根本，就等于割断了自己的精神命脉。博大精深的中华优秀传统文化，是我们在世界文化激荡中站稳脚跟的根基。”

从清咸丰年间到 1992 年我父亲去世为止，袁家经历了 6 代人的光阴，近 200 年的时光。今天，我们的祖国迎来了国泰民安的大好时期，激发起我的写作冲动！我的祖辈大多是勤勤恳恳、积极向上、热爱国家、热爱家乡，希望乡民都能过幸福生活的平凡人。我们的家风是“耕读世家，勤俭立业”。在近 200 年的光阴里，几代人一直坚守着这个家风，他们都是社会生活中受乡民尊重的劳动者。到我爷爷及父亲辈，经历了社会的大动荡时期，有些前辈在国家寻求进步的探索中，受过误解，遭受了不公平的待遇，使他们的身心受到创伤。这些伤痛，对于个人而言，是大事，使整个家庭都感到无比痛苦，而对于国家、民族而言，这些错误只是前进中不能绕过的代价！这些前辈正好经历了这段历史，受到不公平待遇，是不可避免的。而一个真正自信的民族，一定敢于直面缺点，有足够的反思能力。在时机成熟时，应该为自己的错误，向社会、向受害者说一声：对不起。

我写这本书的初衷，是为了客观地记录袁氏在近200年间的真实故事，还原历史的本来面目；对我们家族的先人有个交代，为我们的后代留下一份我认为足够可靠、真实、全面的家族史。我的文字水平很一般，不可能写成文艺作品，但可以自信，这是一份经得起考证的真实作品，以激励后人，发扬光大袁氏家风！

对于前辈中一些人在社会变革中，受到不公平待遇的时候，替他们说出在那个特定的历史时期，想说又不敢说的心里话，希望可以给今天的社会，及今后的社会一份警示！在习主席的带领下，今天的中国进入了国富民强、开启时代新篇章的盛世，为盛世的文化繁荣事业尽自己的力量。

中华文明的历史已有5000多年，有文字记载的历史，已有3600多年。中华文明是世界上至今为止，唯一没有中断过的文明史。中华大地虽然多次遭到外族的入侵，被外族侵略者多次征服，被入侵者先后统治过千年以上，却没有一个入侵者能够重塑中华文明。事实是统治者不得不接受被统治者的文明，心甘情愿地被中华文明同化，这就是中华文明的力量、中华文明的魅力，中华文明的灿烂光芒还会永世长存！中华文化具有强大的生命力，能潜移默化，使人不得不欣赏她，不得不学习她，以掌握优秀文化为光荣。

我就想通过这本书，传递这样的信息，中华文化是保持中国历史，不论在什么时代，都能延绵不断、生生不息的源泉！

我的老祖祖袁嘉谷，在云南人民心中就是“状元”，这是民心所向，在云南省的范围内是不可改变的，必须尊重的事实。

可是在清代的科举考试中，他的最高功名是“经济特科一等第一名”，和状元还是有区别的。我是搞工程出身的，必须认定一个全国统一的标准，老祖祖不是真正意义上的状元（他自己从来没有自称状元），在正式文字表达上就不能使用状元两字。所以我的新书名是《耕读世家——云南科举第一人百年家族史》，这是事实，也是文字表达中，我认为最符合事实的选择。我要以自己的行动，反对无原则随意拔高的不良风气。

先祖足迹

云南简史

民族的文明是由千千万万的个体文明组成的，一个个家庭就是组成中华文明的细胞，一个个家族的历史，能生动地反映民族精神面貌的方方面面。

我想通过讲述云南省石屏县，袁氏从明朝初期，到 21 世纪初为止的家族史。重点是从清朝后期到改革开放以后，袁氏五代人的经历，跨越近 200 年的时间，来体现中华文明灿烂光芒的一个方面，来说明仅有时代的进步、经济生活的进步，没有文明的真正进步，还是不完全的进步。

云南省简称“滇”或“云”，是人类重要的发祥地之一，生活在距今 170 万年前的云南元谋猿人，是迄今为止发现的我国乃至亚洲最早的人类。夏、商时期，云南属中国九州之一的梁州。秦朝以前，曾出现古滇王国。秦汉之际，中央王朝在云南推行过郡县制。西晋时期，云南改设为宁州，是全国十九州之一。唐宋时期，云南地域曾建立过南诏国、大理国等地方政权。1276 年，元朝在云南设立行中书省，“云南”正式成为全国省级行政区划名称。

1382 年，明朝在云南设承宣布政使司、提刑按察使司、都指挥使司，管辖全省府、州、县。清朝沿袭明朝制度，在云南设承宣布政使司，下设道、府、州、县。

据多种资料证明，石屏高坡的袁氏在明朝以前，是居住在江苏省溧水县老恳脚。明洪武十四年（1381 年）朱元璋派颍川侯傅友德、永昌侯蓝玉、西平侯沐英三人，率 30 万大军及随行人员，征讨云南。云南本来就是中国的土地，为什么还要去征讨呢？

云南是中国的一个边远省份，又是山区，在古代是一个相对独立的地区。自古以来，云南都是由世居当地的土著居民自己来管理，分别属于古滇国、南诏国、大理国等政权管理，不是直接由中央政权派出的省长管理。

云南简称为“滇”，这个滇字，据我的老祖祖袁嘉谷考证，就是山巅的意思，当地居民把他们生活的这块土地，认为是最高的地方，并引以为豪。她的原著居民多半是兄弟民族。在汉代以前，云南还是“蛮荒之地”，自先秦时期楚国将军庄蹻带兵到云南后，中央政权才和云南建立了联系。后来发生政权更迭，庄蹻回不去内地了，只好脱下军装，与当地老百姓一起生活，就自然地融入他们当中了。根据一些新的研究发现，在庄蹻之前，也就有内地的政治势力去到云南，庄蹻不是第一个。

汉以后中国处于三国分治时期，刘备进攻东吴失败以后，诸葛亮为了发展壮大蜀国的势力，考虑到一定要有稳定的后方，能为蜀国提供粮食和兵源，就决定向云南发展。在《三国演义》中，描写他七擒孟获，就是为了这个政治目的。诸葛亮的用意，是为了让当地的政权代表，对蜀国心服口服，能帮助诸葛亮管理云南，成为蜀国稳定的大后方。诸葛亮征服云南的方针，不是武力征服，而是要云南自愿服从蜀国的领导，充分表现出这位政治家的智慧。

诸葛亮到云南时，当地还有一个部族首领叫爨玩。爨（读音是 cuàn，灶的意思，也指烧火做饭的人），也是一个姓，据说爨氏也是来自中原。三国以后到晋朝，爨氏就成为西南地区的统治者，统治的范围包括今天的云南全境、四川南部、贵州东部以及越南北方部分地区。爨氏家族建立了一个长达 400 多年（339 年至 748 年）的王朝。政治、经济、文化的统治中心就是云南的曲靖。后来内部发生分裂，分为东西二爨，东爨是以乌蛮（据说是彝族先民）为主，政治中心仍然是曲靖；西爨以白蛮（据说是白族及傣族、壮族、纳西族等民族先民）为主，西爨的中心在云南陆良。随着时光的推移，爨由“南中大姓”渐渐变为各部族的名号。到唐朝初期，爨氏王朝被南诏国灭亡。据说爨姓的人，为了活命，把姓氏改为“寸”及其他姓氏。现在云南也很少见姓爨的人，连百家姓中都查不到这个姓氏了。不过爨姓还是有的，只是人数很少而已。

唐朝后期，云南部分地区属于南诏国的范围。南诏国的情况，大家比较熟悉，我就不重复介绍了。

总之，从汉代开始，云南与中央政权之间虽然有联系，但由于路途遥远等原因，中央政权与云南之间的关系，还是不密切。云南的实际统治者，都习惯称为土司。土司制度一直是云南的政治制度，是基本独立的政权。

元朝期间，先封梁王于滇，与大理的段氏，分而治理云南。元朝统治者为了征服中原，先是直接进攻南宋王朝，都失败了。才改变战术，采用迂回到云南，打算先征服云南，从云南出发进攻中原南宋王朝的方针。元军占领云南以后，就把云南确立为中国的一个省，最后打败南宋，完成了统治中国的野心，他们先后用了几十年的时间。

所以元朝以前，云南的居民不参加中原地区的科举考试，云南的文化水平和教育水平，也相对低于当时的中原地区。

云南又称“三迤”，以“三迤”代表云南的来历其实也不复杂。这是大清国时期，整个云南曾经只设有三个迤道的根源所致，其中的迤南道治所，就在今天的普洱。为什么要提起这个话头？意思是说整个云南仅仅设了三个迤道，就有一个在普洱，由此可见普洱在云南省，特别是在滇中地区的地位是非同一般的，普洱不仅是滇南政治和军事的重镇，按中国历代的传统，它也应该是商业的中心才对。但是，从路途和环境来说，与另外两个迤道（迤西道是大理、迤东道是曲靖）相比，到省府昆明的路途，普洱又是最边远最蛮荒的，从省府昆明出发到边陲普洱重镇，迢迢千里茶马古道，一般来说要走十七个马站，并且要渡过三条大江，爬过六座大山。三条大江一条是元江（又称红河），第二条是阿墨江，第三条就是把边江；六座大山，第一座是化念老鹰坡大山，第二座是元江北岸的青龙场大山，第三座是元江南岸的咪哩大山，第四座是阿墨江北岸的老苍坡大山，第五座是阿墨江南岸，把边江北岸的通关梁子，第六座就是把边江南岸的困鹿山了。其中磨黑到普洱经过的这段称为“茶庵鸟道”的茶庵堂大山，是困鹿山的一部分。困鹿山是当地人的称呼，南来北往的官商旅客习惯称困鹿山为“昆六山”，意思是从昆明南来到普洱的第六座大山。

虽然文化比中原落后，但是云南的自然条件好，全年无寒暑，雨量充沛。虽然多

山，可日照强度高，农作物生长期短，能基本满足自给自足的生活。云南地处高原，与内地的交通又很不方便，自然环境使云南人对外界的需求不高，形成了“家乡宝”（用今天的话说，就是不太愿意出去闯世界的意思）的思想根源。

袁氏先祖

袁家跟随沐英等将军来到云南的第一位始祖，名叫袁会，他来自江苏溧水老恳脚。袁会老祖是一名直接参加战斗的士兵，由沐英等 3 位将军率领的 30 万大军，分为 15 支队伍，袁会老祖宗属于“七伍”的部队。伍长姓杨，袁会公是他的下属，驻扎在石屏西郊，屯兵垦殖。“七伍”的后人在石屏黑龙坡三台阁，建成一座前后两殿的七伍庙，后殿供奉有七座牌位，写上每伍的姓氏，供后人前往祭祀。这座七伍庙，就是今天石屏生资公司的化肥仓库。在七伍庙大殿的两根柱子上，曾经挂着老祖祖袁嘉谷题写的一副对联：

本木水源江南籍，
纸竹香花七伍庙。

写作参考书

对联把七伍庙的意义，用 14 个字就概括得清清楚楚、明明白白。

迁徙祖袁会，是一位直接参加战斗的士兵，参加过进攻曲靖的战斗，一直打到石屏。战斗结束后，安排军人戍兵屯田，亦农亦兵，就在高坡住下，一直延续了十几代人。前十代兴武，社会安定以后，转为务农，一代一代地繁衍下去。

石屏作为县级行政地区，始于 1270 年，元朝至元七年，从这个时候起，就称为石屏州。直到 1913 年，才改称石屏县。在清朝任命的石屏地方官，都是州府的级别，实际还是县级官员。据老祖祖编撰的《石屏县志》记载，在清代，石屏州学的招生名额是额进 20 名，廪生 30 名，增生 30 名，三年两贡。州人入学，岁科试各 20 名，外各增、取 9 名，拨入临安府学。这是根据《续云南通志稿》整理的。当时石屏州的居民有 5 万人左右，估计符合学龄的少年，就是五六千人，能入学的，每年最多 100 人，只占学龄儿童的 2%，实在是少之又少。当时从石屏到昆明一般需要 1 周时间，修通滇越铁路及个碧石铁路以后，最快还要 2 天时间。虽然州学的招生人数只占学龄儿童的 2%，不过各村还会有私塾，有秀才在家里教学生，故清代石屏

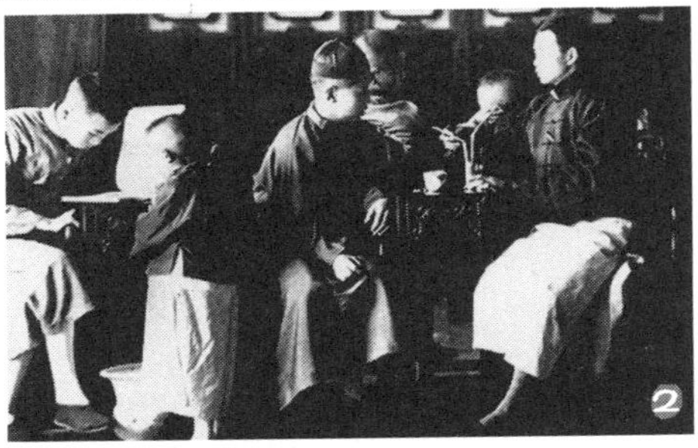

1 昆明历史悠久的古幢

2 清朝末期的私塾

3 私塾先生

❶ 收集写作资料第一站云南省档案馆
❷ 收集写作资料第二站浙江省档案馆

县实际识字的儿童，绝不是只有 2%。

社会环境渐渐稳定了，经过十几代人的努力，外部环境具备适合发展的条件，袁家人逐步富裕起来，家里不断出现读书人。在袁会公的第 15 代后人袁占林公以前，已经出现了好几位秀才、举人。我老祖的太高祖袁朝绣，是移民到石屏的第 13 世祖；高祖是袁衷，第 14 世祖。到爷爷袁占林公，是第 16 世祖，他是 15 世祖袁文治公的第二个儿子，他哥哥袁占彩活到 99 岁才去世，弟弟是袁占春，他们当中就有好几位考中秀才的。

那时候全家在石屏高坡的祖居屋，这座祖居院子坐西南、面向东北，周围全是庄稼地，没有其他建筑，这座居屋就是朝绣公建成的。到清咸丰十一年（1861 年）毁于战火中，1909 年在旧址上还能看到几棵大椿树。

袁氏祖辈的女性多长寿之人，老祖祖的高祖母，是高祖袁衷的夫人，高祖父 30 多岁离世；曾祖母是袁文治公的夫人，曾祖袁文治 33 岁去世。而高祖母和曾祖母最后都活到 80 岁以上，她们的遭遇完全相同，中年丧夫，袁衷高祖留下袁文治、袁文标 2 个儿子；袁文治曾祖娶了杨氏为妻，生下袁占发、袁占林、袁占春 3 个儿子，文治公去世时，3 个儿子还年幼体弱，两代人都是靠两位母亲养育长大的。两代祖母都不辞辛劳，全心全意培育孩子，把丧夫之悲痛深埋在心里，坚强地撑起这个家，立志把儿子培育长大，好告慰丈夫的在天之灵！每当夜幕降临，坐在孤灯下，看着空空的四壁，深夜听着窗外秋虫唧唧，经常潸然泪下。两位老祖母没有被悲伤压垮。坚强的高祖母，终于把袁文治、袁文标两兄弟培育成人，家境开始富裕。同样了不起的曾祖母杨氏，一样表现出惊人的毅力，把三个儿子抚养成人，使袁氏家族越来越发达。老祖祖对两位祖母非常尊敬，专门为她们写下了《守节事凛然恭记》，收录到袁氏家谱。袁文治的夫人杨氏，在清光绪年间，朝廷为她建立了祀节孝祠。

袁占林公

国家的兴旺，首先需要依靠社会的稳定，还必须依靠英明的领导，正所谓“火车跑得快，全靠车头带”。一个家族的兴旺，也需要有优秀的当家人，袁占林公、袁德洋公和徐太夫人就是这样的优秀人物。德洋公对父亲的评价，“子孙繁，耕读盛，入庠贡举者络绎不绝，门第因以为大，后者伊维谁力？维我先公也”。

老祖祖还是幼年时，到七月半中元节时，偎依在父母膝下，看父亲在堂屋里悬挂起一张有一位老者、一位老妇的画像，率年幼的老祖下跪拜之。在孩童时代的老祖眼里，老者须动眉张，相貌威严，不可逼视。老妇则温和可亲。就问母亲，他们是谁啊？母亲回答，老者是我的舅舅，你的爷爷；老妇是我的舅母，你的奶奶。老祖再问，两人的威严与慈善为何差别那么大？母亲回答，我服侍姑姑十多年，从来没有见她有疾言厉色的时候，她是一位慈祥的老人；对我舅舅，我们只在一起相处了几个月，他经常外出带马帮、做生意，我与他不熟悉。看年幼的老祖还不满足的眼神，父亲把年幼的老祖拉过去，对他讲像上的两个人，就是我的父母，你的爷爷奶奶。我的父亲身强力壮，身高八尺，一心一意经营正业，为人性格是不拘小节，喜欢独来独往。他们有两个儿子，我是老二。我们袁家能够发达，全凭我父亲占林公的功劳，最后德洋公对年幼的老祖祖讲，可惜你不能亲眼见到我的父亲，今天只能看见他的遗像。德洋公还对年幼的老祖讲了自己的母亲杜氏，她与占林公结婚后，生下了我，没有和丈夫一起到六顺，而是留在家中，侍奉姑姑，养育儿子，直到姑姑去世。因为你母亲在家主持，把全家人的活计都包了，缝补浆洗，挑水做饭，件件事处理得井井有条；我父亲完全没有后顾之忧，才能安心在六顺发展自己的事业。德洋公讲，这些事我都会认真记录在书里，等你们长大以后，可以自己慢慢详细了解。你现在还小，只能先看看遗像。讲到这里父亲两眼饱含泪花，年幼的老祖见状，本来还想再问一些，也不忍心问了。可惜德洋公对父亲的描述，没有留下来。

占林公的父亲去世早，是母亲杨氏含辛茹苦把兄弟三人抚养成人，长子袁占彩公、次子袁占林公、三子袁占春公。占林公身强力壮，吃苦耐劳，勤于家务，性情倜傥，不拘小节，喜欢独来独往。三兄弟成人以后，母亲主持分家，占林公见弟弟体弱，就把肥沃的地分给弟弟，对他说“弟柔弱，恐无力作生产，吾以让弟，弟善守先业，虽不能增，也不可费；我以年末为弟量入为出，能保家里人温饱”。

他自己还承担起赡养母亲的任务。1843 年母亲杨氏去世，享年 81 岁。

清道光元年，即 1821 年以后，家乡多混乱，土匪横行，住房及田园都被破坏了，占林公带领全家往西逃难，经过元江等地，都没有找到一个合适生活的安定环境。最后到达离普洱只有 2 天路程的六顺山，这里归思茅管辖，方圆 200 余里，在这里盖新房，才安顿下来。在这里没有兵匪骚扰，占林公仍安排全家居住在深山里，不轻易出山。同行的人还笑他迂腐，不久兵匪又来了，住在山外的人家大都遭殃，占林公家安然无恙。占林公在六顺山中勤于耕作，养猪种菜，生活慢慢富裕起来，就和乡亲商量，要修建关

写作主要参考书

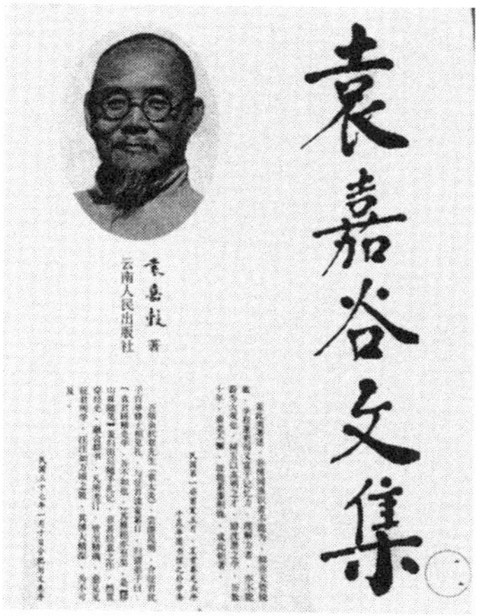

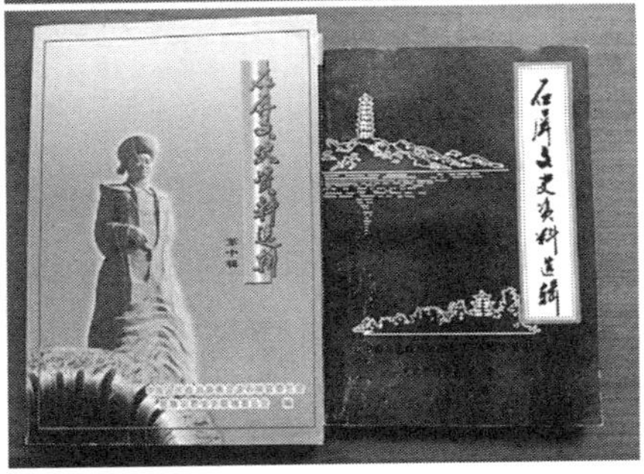

公庙。他知道关羽的名声威震四方，是中国人心中的武圣人。我们虽然住在山里，也要祭拜他，心中要有敬畏的力量，才能规范每个人的思想及行为。他联络了几十户人家，开始建庙，建好就开始祭拜关老爷。他还带领乡亲先后修建了岳王庙、财神庙、火神庙，把新建的住宅区，按中华民族的习惯建成一个小社会。

人必须有信仰，心中一定要有自己敬畏的力量，才能自觉约束个人的行为，建立起和谐的社会。占林公明白这个道理，自觉地为乡亲们做了一件深得人心的善事，也表现出他的胸怀远大。

六顺山正好是普洱茶的发源地，占林公看到了普洱茶的优势，开始涉足普洱茶的买卖。袁氏也从单纯的农耕家庭，转为兼重农商的方向发展。从人挑肩扛起，从事普洱茶的短途买卖。后来占林公又买了 2 匹骡马，做起小马帮的普洱茶生意。

占林公自己就读过私塾，从书本里懂得“家无读书郎，没有出头日”的道理。他富裕以后，在德新、德洋两兄弟刚满十岁时，就让他们拜师读书，深林中的农舍，不时传出朗朗的读书声，人称“桃花源”。当时德洋公手上生癞，也不停止读书。

从占林公开始，袁家与普洱茶结下了 5～6 代人的情缘。占林公的土地也逐渐多了，收入增加，他就开始拿出余粮，救济贫民，得到乡民的爱戴。

等到德洋公成年以后，世道逐渐太平。占林公决定返回石屏，他说：总在山里居住，只是为了躲避兵匪。子孙不能老待在山里，脱离社会生活，那不是长久之计。

写作参考书

全家回到石屏高坡以后，占林公除了带领全家劳作耕耘，还认真考虑要振兴袁氏，应该为袁氏后人树立人生目标。他自己也在不停地学习，读到《虞书·大禹谟》中有这样的句子，“予懋乃德，嘉乃丕绩，天之历数在汝躬，汝终陟元后”。这是舜让位给禹时，舜对禹的评价。意思是“我认为你有盛大的德行，嘉美的品行，治水的伟大功绩，按上天规定帝王继位的顺序，你应该登王位了！”袁占林公深受启发，他希望子孙后代修炼好自己的品德，为国为民立功，所以写下“德嘉丕绩，天之正道，仁风永存，立国万世”十六字，作为子孙排序的辈分用词，也是为袁氏后人提出了精神要求，要求后人注重品行修养才是正道，人人都能保持仁爱之风，国家就能立于不败之地，永世长存。在他这种精神的影响下，袁氏开始逐步走向兴旺。袁占林公是引导袁氏走向兴旺的精神奠基人。

把家人带回石屏后，在石屏生活了一段时间，看儿子已经能够独立承担起养家的担子，石屏普洱茶的生意也做得不错。占林公不愿意闲在家里，决定返回六顺，打算去收回在六顺的基业，继续经营普洱茶的生意。就带着杜夫人和一位侄子，回到六顺生活，最后是在六顺去世的。

占林公生于1792年农历十月初一，卒于1868年农历五月十一日，享年76岁。占林公的原配夫人丁氏，生于1794年，卒于1821年，享年27岁，丁氏养育了德新公；续弦的杜夫人，生于1802年，卒于1868年，享年66岁，她是德洋公的亲妈。德洋公的亲妈一直在石屏照顾占林公的姐姐。十多年后，这位姑姑去世，德洋公的母亲才到六顺和父亲一起生活。

袁德洋公

占林公的治家思想，深深地影响了袁德洋公。袁德洋公也把勤俭奋斗，通过自己的辛勤付出，换得全家人的富裕生活，作为生活的目标；另外也和父亲一样，牢记引导后代学习文化，创造条件给孩子们学习文化知识的机会。

袁占林公有两个儿子，长子袁德新，次子袁德洋，我们是袁德洋公的后代。德洋公孝顺父母，爱护兄弟，为人忠厚诚实，勤俭持家，常用古圣先贤的思想教育家人，是家族中的榜样。德洋公是占林公与杜夫人生的，字凝道，生于1835年农历正月初七，卒于1887年农历十二月二十七日，享年53岁。

1854年，德洋公成年后，父亲带领全家从六顺回到石屏，为德洋公与徐氏成婚。德洋公先后生育了9个男孩，4个女孩，有2位男孩和3位女孩早早夭折，只留下7个男孩，1个女孩。德洋公对家人讲“离家不离宗”的家规，7个儿子的后代都按出生年月排序。故“丕”字辈就有19个兄弟，小时候大多数都住在石屏卖米巷的老家里。德洋公从小随爸爸妈妈在石屏生活，后来逃到六顺的密林中，在那里开始读书学习。他的第一位老师是官树南先生，一位由外省来的举人。德洋公学习刻苦，就是生病也要去上课。跟随父亲回到石屏，父亲不幸患上眼疾，德洋公听说，用舌头去舔病眼，可以治病。他就每天坚持用自己的舌头，去舔父亲的病眼。由于他的坚持不懈，父亲的眼病果然治愈，又复明了！他的忠厚孝敬可见一斑。

德洋公更是一个勤劳、有文化的劳动者，年幼时，奉父母之命，刻苦读书；长大成人后，就离开私塾，从父亲手中接过马帮的鞭子，开始经商。这是1848年的事，他刚满15岁，就跟父亲从商了。在普洱六顺山与石屏之间，跑马帮，风雨无阻，任劳任怨，使马帮不断壮大，生意越做越好。老祖对德洋公的描述是，外貌刚毅，心胸大度。每天早晚都坐在家里，脸上没有一点困倦之意，也和占林公一样，少言寡语，饭量好，从小到老，饭量都是这样，没有变化。

思茅有许姓人家，是思茅大贾，看到德洋公很会做生意，就出资与德洋公合作。后来又有吴姓也来找他合作，一起做茶叶生意。到咸丰十一年（1861年），德洋公买下许姓与吴姓的股权，自己独立经营了，他自己的商号，先后取名“万庆”和“源庆”，当起老板了。他从父亲的经历中，看到住在高坡，总是受到匪患的骚扰，在高坡住了十几代的祖屋，都在动乱中被烧毁，父亲只能带领全家，住到六顺的深山里，了却一生。德洋公深感对不起先辈，必须离开高坡，把家安到石屏县城中去，才能给子孙后代有一个安静可靠的学习环境。

德洋公那么重视要把家建在石屏县城里，我们有必要了解一下。石屏城的变迁历史。

石屏城始建于元朝，当时只有州府衙门，还有一些民居，没有建城墙，城内、城外是不分的，四通八达。到民国初期，石屏城内还可以看到元朝时期建的民房。

石屏到 1551 年才开始建筑城墙，开始是土墙，整个石屏城墙，周长是 4 里 3 分，开始有东西两座城楼。1596 年再建南北城楼，四座城门分别取名为：西宝秀门、东海日门、北龙朋门、南云台门。

1626 年改建砖墙，四面建起四座城门，保留了土城门的名称，设大炮台 4 个，小炮台 24 个，城垛 365 个。城门砖墙外，还加建一道土城，与郭门相连，在当时可以算固若金汤了，所以德洋公一定要把家安到石屏城内。

石屏的街道走向与其他县城很不相同，它不是棋盘形，可能石屏城是龟状，城区里是龟身，就把建房的区域，划分为多角不等边的十多个片区。片中设巷，相当于龟身大小的，不同裂片区，隐含八卦图布局，实际分为九宫阵式，建成民居“九铺”，

清代的马帮商队

① 石屏故居读书楼

② 袁德洋公建的故居

中间一片就叫州前铺，一直沿用至今，诸天寺就是九宫阵的中央所在。

这样的建筑布局，使石屏城内，所有街巷是无街不弯，无巷不曲。有些街巷有6～7个弯之多。东至西、北至南两条街，本应该是直线，实际是弯曲、折交，使初到之人，很容易迷路。县衙门是一处深广大院，占地广阔，靠近北城，县衙大门就建在城的中心位置。

老石屏城里，分别建有文庙、武庙、城隍庙，还有书院、清真寺、文昌宫、武侯祠和20多处各姓宗祠，九铺庙宇。这些建筑占石屏县城总面积的一半，这个小城的文化底蕴可见一斑，在中国是不多见的。

回过来，再讲袁德洋公，要在石屏城里安家的故事。经过大半生的努力，到他50岁出头时，通过自己的辛勤劳动，有了较多结余以后，花了几千两银子，在1884年买下石屏州前铺，吴松龄家祖上遗留的一块地皮，十丈见方的面积。于1885年盖起正屋，坐北朝南，正堂3间，正堂之对为厅，也是3间，堂之右耳房2间，左耳房2

间，厅的东南角为书房 3 间，书房之左为书肆 3 间，书肆之北为旧肆 5 间。在新旧肆之中为大门 1 扇。1887 年木工活结束，德洋公大宴宾客。德洋公还决定“木不加雕，金不加饰”，就建成朴实、大方的样式，实用为准。这就是今天石屏南正街 22 号的袁嘉谷故居，已经有 132 年的历史了。新房建成时，老祖祖刚好 15 岁。

为了给孩子们创造一个好的学习环境，德洋公专门在新居里盖起一座书房，给儿孙们专门用于读书学习，是一座两层楼，三开间。后来老祖祖为这座楼，书写了一副对联：

读经史易礼春秋

书真草隶篆文章

横批　　读书楼

这副对联今天仍然挂在石屏故居里面。

1868 年占林公在六顺去世，德洋公闻讯，马上赶去六顺，为父亲办丧事。那时这条路上，常有土匪出没，在他到达他郎时，遇到老丈人徐东昕。老丈人劝他世道乱，不要着急往回赶。果然在路上遇到很多险阻，一年多才到达六顺。接上父亲的棺木，又在六顺待了一段时间，再往石屏赶，路上又 3 次遇到土匪。形势非常危急，他让随行人员抬着棺木先走，亲自手执兵器殿后。老天保佑，最后还是平安回到石屏，安葬了父亲。

德洋公的哥哥早逝，他毫不犹豫承担起抚养嫂子、侄子的责任。他对嫂子说，吾有衣，吾不独衣；吾有食，吾不独食。侄子年幼时，就供他们读书，侄子长大了，就跟我学做生意，所得利润，我拿六分成，侄子得四成。德新公的夫人，虽然中年丧夫，但能自强自立，把两个儿子袁学安、袁永和都培养成人，他们家后来非常兴旺，老夫人一直活到百岁，五世同堂。她也被放进石屏的祀节孝祠。

德洋对于乡亲们，不论哪家有事，他都会尽力帮助，甚至把自家的田地送给困难的乡亲，他也乐意。如果是自己家的土地，因为各种原因转卖给其他人，不论土地是否贫瘠，不论要价多少，一定要赎回，心里才觉得踏实。从小与德洋公非常要好的吴姓和高姓两位朋友，家里有困难了，德洋公给他们一些山林、土地渡过难关。而且立下遗训，后人不能到官府告状，索要这些土地。作为农户，应该交给官府的钱、粮，他从不拖欠，都是不等官府来收，自己提前就交足了。德洋公的忠厚、孝顺是在方圆几百里之内出了名的。后来老祖祖考取功名以后，曾经总结过，我们江苏溧水袁氏来到石屏，传到我已经18代了，子孙繁、耕读盛，门第益大。是谁的功劳啊？是先公所赐也！德洋公治家的思想就是“孝敬忠厚”。

德洋公虽然富裕了，仍然坚持勤俭治家的传统，平时生活中，衣不重裘，食不兼味，有一粥一缕其来非易，不是我惜物，我是惜福。德洋公还把自己的为人原则，总结为“严以慎交，宽以爱众”。

他为了给后代创造好的学习环境，不惜花很多钱，先后从四川、贵州安顺等地买回大批的古籍和碑帖，供孩子们学习。包括《三字经》《千字文》《千家诗》《大学》《中庸》，明本《骆临海集》《曾南斗集》《史记》；清本《唐诗》《元诗选》《明诗综》《明诗别裁》《四书》《国语》《国策》《资治通鉴》《崔氏考信录》《古文渊监》等等。

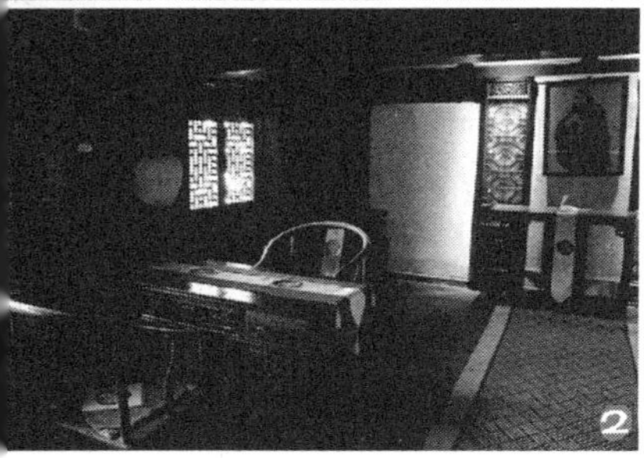

1 石屏故居倒座

2 读书楼内部

他买到的古籍中，就有汲古阁版本的《汉书》一套。这个汲古阁，不是今天北京琉璃厂的“汲古阁”，而是建于明朝的，位于江苏常熟隐湖之南七里桥的汲古阁，是明代的私人藏书楼及印书馆。藏书楼的主人名叫毛晋，年轻时也参加过科举考试，后来专门从事古籍的整理、考证和印书。印成的书籍，都标上“汲古阁”或“绿君亭”名，他印刷了很多珍稀的古籍，而且抄写、印书质量都非常好，后人称为“毛钞”，极受珍视。

袁德洋还是一位热心人，看到乡亲们想得到一本书很不容易，就自己翻刻了《四书旁训》《孝经》等普及版本，流传乡里。

我老祖祖编辑的袁氏家谱里，记录了德洋公写的家训：

我始祖移于石屏，传流万代，所望后代子孙，持家立志，安分守己，上报祖宗之恩，下对亲邻之望；不可争短论长，贻诮他人；以勤俭自好，以耕读为本，吾生平做人，忠厚孝敬先辈，吾子孙其永远遵守之。

德洋公对老祖祖讲过，因为你母亲非常贤惠、勤劳，把石屏的家料理得井井有条，使我能一心一意在外面跑，没有后顾之忧，我们家的生意才能蒸蒸日上，使我能告慰我的父亲及先辈。

1887 年对于袁家和石屏都是灾年，农历九月二十六日，德洋公就感觉全身冒寒发热，口燥多痰，饮食还正常，精神不亏，还能坚持料理商铺的生意。农历十一月初二，石屏发生大地震，震级达到 6.7 级，是石屏近代最大的一次地震，连衙署都倒塌了，石塔倒下一半，石屏城内房屋倒塌十之八九，居民死伤 1900 多人。

地震后，德洋公带病从商铺走回家，与夫人商量后，决定把家里盖新屋剩下的寸板，送给家里无钱、无法安葬亲人的家庭，做棺材板，好尽快使遇难的乡亲入土为安；又把家里的事委托大儿子嘉乐，外面的事委托给二儿子嘉谟。后来就卧床不起，农历十二月二十日，病情转重，念父母的恩情未报，是自己一生痛心的事，忍不住哭起来。二十七日就寿终正寝，走完了自己的一生，享年 53 岁。因为德洋公生前多积德行善，前来吊唁的民众达到 1000 多人。

袁嘉乐老祖几兄弟为父亲写了一副挽联，贴在石屏故居的大门上。

万里云天悲落日　　一门血泪洒麻衣

横批　是哀哀我父

徐太夫人

徐太夫人出生在石屏徐家寨，19 岁嫁给袁德洋公，她身体健康，秉性纯厚，心地慈祥，通情达理；长相端庄大方，左眉端有颗朱砂痣，据看相先生讲，这意味着这个孩子有好运。她从小聪慧好学，父亲东旸公没有男孩，就教她读书写字，《孝经》《大学》等文字，听过几遍，她都能背诵。成家以后，孝敬公婆，盛得称赞，也会与小姑愉快相处。德洋公的哥哥就夸奖她：此女厚道懂事，将来一定有福。1887 年德洋公不幸去世，一家人刚搬家到石屏城里住下，突遭此变故，人心惶惶，不知所措。老大、老二刚成家，老三、老四刚成年，三个弟弟还未成年，将来怎么办？

徐太夫人是一位胸怀大志的巾帼英雄，在丈夫去世以后，从悲痛中刚刚走出来，她就召开了全家会议，为把丈夫的志向继续下去，让全家人能不断进取，给几个兄弟进行分工，分别承担不同的责任，各负其责。老大、老二管家，老三、老四经商，老五、老六、老七还年幼，就专心读书、继续学习。这时候的老大、老二、老三、老四读书都好多年了，已经学得不错，有深厚的基础了。每个人都有自己的专长，袁嘉乐擅长经史，袁嘉谟擅长诗赋，袁嘉猷擅长书法，袁嘉言擅长经商。以后 30 年的历史证明，徐太夫人是多么有远见、有魄力，袁家的事业在德洋公的基础上，能继续正常发展。

徐太夫人的父亲早逝，她没有兄弟，就把生母接到自己家，在袁家生活了四十年，直到寿终正寝。她又负责送终，给母亲的坟墓立碑，乡人都夸奖她胜过男子。她年龄超过六旬，还能随儿子在云南省内游历昆明等地。到昆明游览过翠湖、大观楼、聚魁楼（状元楼）、草海、金殿、黑龙潭等地胜景。老祖祖带他母亲游览昆明的黑龙潭，母亲看到他写下的一首赞美黑龙潭宋柏的诗：

风霜饱阅八百载，柏身老矣色不改。
问柏何缘老不改，中间持有性根在。
三尺木化千寻高，下入九地上云霄。

1915 年徐太夫人八十一寿辰全家合影，坐着右起第一人袁嘉谷，徐太夫人是坐者左起第二人

叶侧岂碍枝条直，皮裂扔将元气包。

这首诗是老祖祖一年前写的。看后，徐太夫人特别加赞，写得好！做人就要像松柏一样，枝条要直，要有皮裂中坚、老而不衰的气质。

她在世时，子孙后人就超过百人，真是人丁兴旺！后辈有的入仕，有的读书，有的经商，有的务农，都有自己的职业。徐太夫人虽然不愁吃穿，但仍然日出而作，日落而息。种菜、浇花、喂鸡、养鸭，督促女眷纺织，过着勤劳的生活。

1909 年徐太夫人积极筹建石屏德厚女学家塾，她自己捐 1150 银圆，老祖祖任京官，也随母亲捐银千两，建成了德厚女学家塾。那个时候，“重男轻女”的风气还很流行，要求妇女要遵守“三从四德”的古训，提倡“女子无才便是德”，不让女子学习文化。徐太夫人思想开明，对这些陋习深恶痛绝，所以才积极筹办德厚女学家塾，并要求家里的儿媳、孙女到女学家塾中学习。石屏州府向省政府申请嘉奖太夫人，省长批示由教育司办理，送徐太夫人一块匾，是石屏县知事黄正周送到袁家的，上面书写四个大字“遗惠可风”！后来三伯祖父袁嘉猷又筹巨款，把家塾扩建为公立学校，在校学生发展到几百人。后来改名为钟秀中学，成为县立中学，徐太夫人被誉为“学界女宗”。

徐太夫人的前辈，多有善举，常常接济乡里。她一直继承前辈的美德，1887 年石屏卖米巷的新家刚建好，石屏就发生大地震，全县死亡千余人，城里多数房屋只剩残垣断壁。袁家的新屋没有倒塌，但墙也外倾，丈夫德洋公还卧病在床，徐太夫人要里里外外忙碌，她还是不忘乡亲，命令家人把盖新房剩下的木材，先送给有震亡亲人、又没钱做棺材的人家，先把亲人埋葬了。并将娘家陪嫁的金首饰，变卖了接济灾民。

1907 年前后，石屏连年旱灾，不少人家都揭不开锅，全县饿死几百人。徐太夫人派家人及招募的志愿者到四城门以米接济灾民，每人一勺。并提议家人，不论在北京、昆明及石屏的都要出力，合力筹办“公米店”，在丰年平价收购粮食，储存在公米店，到灾年再施舍给灾民。1917 年 8 月 15 日公米店 6 周年之际，徐太夫人亲自到公米店视察，看到仓里积谷甚多，非常高兴。到该施舍的日子，徐太夫人命令叔祖袁嘉璧，先接济路远的灾民，如果有路远不能回家者，留到古寺住宿，再提供食物。听说有一农妇把女儿卖到寺庙为尼姑，用卖女儿的钱给家人买米。她马上派人去寺庙把女儿赎回，追回卖身文契，母女感激不尽。这些受过徐太夫人接济的灾民，到家境好转，都会带一些农家自产的水果上门表达感激。

1913 年峨山地震，徐太夫人又捐出金耳环等首饰给自治局，作为赈灾的资金。

1906 年石屏商会刚刚成立，叔祖袁嘉璧任商会总董，七叔祖受徐太夫人之命，筹资修小河底的桥。小河底为石屏西通往元江的商家必经之路，行人只能涉水而过，遇到洪水，常有人被淹死。徐太夫人带头捐出百多两银子，用于修桥。桥修建完工，老百姓亲切把这座桥称为“袁大姑桥”。

袁嘉猷伯祖，被石屏人公推为石屏州知事，太夫人叮嘱他，要体恤百姓，仁爱吾民，保卫地方。徐太夫人还命袁嘉璧捐钱修建石屏图书馆，命老祖祖从浙江捐书给图书馆，使图书馆能名副其实。现在在纪念石屏县图书馆成立的活动中，只是以老祖祖为代表，讲他的贡献，实际对于石屏图书馆的建设，是倾注了袁氏家族几代人的心血！

在政府修筑云南到四川的道路时，要地方分段负责建设费用，石屏县也分到一段，政府要求石屏老百姓捐出 800 两银子，可是筹款迟迟不能兑现。徐太夫人为了不影响施工期，她先垫付了 1000 两银子，用于修路。她还积极命令老祖祖袁嘉谷认购了个旧锡矿的股票，新中国成立后，这些股票都按国家要求，捐献给政府了。

徐太夫人常常想起，老家徐家寨的杏树成林的美景。1910 年她以一品夫人的名号，乘八抬大轿回老家。在和家人团聚时，她问小时候去井里打水的路，还那么难走吗？泥滑桥毁，大家回答，还是老样子！太夫人听了，默默不语，马上捐钱，要求按期完工。后来袁嘉璧叔祖以商会名义捐了款，使这座桥按期完工，总算解决了当地百姓出门难的状况。

在封建社会里，由于封建礼教的约束，女子从五六岁开始，就被迫裹足，使其变成“三寸金莲”。这个陋习不仅使女子受尽痛苦，也给女子带来很多不便，不能与男子一样劳动生活。不少有识之士早就反对这一陋习。追溯这个陋习的起源，竟然有一千多年的历史，在五代时期开始兴起，发起人是曾经写下“问君能有几多愁？恰似一江春水向东流”的名句，位居南唐后主的李煜。就是这位亡国之君，一时心血

为读懂古籍购买的工具书

来潮，在后宫中兴起的。后来逐渐扩散，变成全国范围的伤害妇女的陋习。

云南省反对妇女缠足，也是开全国先河的。1913 年民国刚刚建立，云南地方政府军都督府民政长官罗佩金，就颁布了《云南通省妇女缠足惩禁令》，一共 11 条。规定全省范围内，15 岁以下的女孩，“未缠足者不准再缠，已缠足者立即解放”。对于不遵照执行的妇女，制定了严格的惩罚条例，不认真执行的妇女要处罚罚金，不准进入女子学校学习。由于省议会没有按时召开，该禁令没有生效。到 1916 年省议会在禁令的基础上，制定了更为严厉的《女子缠足惩罚条例》18 条。可见当时云南地方革除缠足陋习的决心。直到 1928 年南京中央政府才向全国颁布《禁止妇女缠足条例》，比云南的第一个条例出台，整整晚了 15 年。

民国六年（1917 年），石屏两等小学堂成立“天足会”，号召女子放开缠足，不裹小脚了！这是老祖的母亲徐太夫人带头倡议的，由她女儿，又是该学堂的校长袁丽君，在学校里督促大家执行这个倡议。老祖的姐姐袁丽君还创作了一首《天足歌》，交给弟弟修改润色，再念给徐太夫人听。徐太夫人听完，笑眯眯地说：“这就是我想说，又说不出的心里话，很好。”在该校担任体操老师的袁兰英（老祖祖的侄女），负责教学生们唱，还组织了演唱会，歌词是新创作的，歌曲就采用黎锦辉的《麻雀与小孩》的谱，是两人合唱的形式表演。

歌词是这样写的。

娘唱：见我的女儿呀，你的小脚为何放大了？把娘急坏了！

女儿唱：我的妈妈，我的脚放了，前日在学校，儿把体操操，鞋尖脚小，全然不能操，跑也不能跑，跳也不能跳，同学把我笑。因此，前思后想，去害求益，才把脚放了。

娘唱：放了足比较着以前好不好？我的女儿细细对娘讲。

女儿唱：放了脚，比较着从前十分好，何以十分好？体操能够操，跑也能够跑，跳也能够跳，体强了，学功课实在易入脑，我的妈呀！若才知道我们女子放成天足十分清高，才知道我们女子放成天足十分美妙！

1 小脚母女

2 三寸金莲

这首歌在石屏城唱开后，激起社会不同的反响，引起震动。有个女学生王风清（后改为王澄），在激烈的思想斗争后，自动地解开了裹脚，她后来成为中共地下党员。这首歌在石屏一直唱到中华人民共和国成立前。1934 年云南省大多数的县，都向省政府报告“将境内妇女缠足解放完成”的印结。云南省的妇女缠足解放运动，才告结束。

在封建社会里，妇女生孩子，被认为是一种“肮脏”事，不能在家里生产，要到破庙里，或者没有人住的破屋子去生，条件很差，难保安全卫生。另外重男轻女的思想很严重，如果生下的男孩，公公婆婆会给儿媳一块玉摸摸，美其名曰：弄璋之喜；生个女孩，只给一片瓦摸摸，弄瓦之喜。可见悬殊之大！徐太夫人深知妇女的苦衷，提倡在石屏修建“寄生所”，就是专门为临盆的妇女准备的接生地，条件好，干净、卫生。这些体现了她有文化、有见识，能为百姓着想的仁爱之心。

母以子贵，因为老祖祖袁嘉谷考中进士，又考中经济特科一等第一名，被老百姓称为“状元”，所以清廷也多次加封徐太夫人的称谓，1885年被晋封为二品夫人，1910年再晋封为一品夫人。诰封为一品夫人后，朝廷还送了她一尊诰封牌位，用上等木材制成，油漆了好几遍，在太阳照射下，闪闪发光，一直供放在石屏故居的堂屋里，到后来的多次政治运动中，才不知下落。

1914年徐太夫人八十正寿，元孙天泽出生，孙女中也有抱孙子的，已是五世同堂。当时的巡按使任大人正好到石屏巡视，专门到卖米巷的家中看望徐太夫人，并题“五世一堂”榜祝贺。八十岁高龄的徐太夫人，仍然日出而作，日落而息；灌园浇花，喂鸡养猪，督促女眷纺织。走在路上，看到木片都要捡回家，家人不理解，太夫人对她们讲，我不是惜物，我是惜福。到1917年秋，渐渐喜欢困睡，走路要用拐杖。到冬十一月十四日晨，命令家人把她抬到堂屋里，命家人都到她面前，对大家说：我今日趁日光未落，去矣，你们无悲，我入世八十多年，事父母，事翁姑，勤俭自持，教汝辈长大成人。我好善，你们要记住我的话，身体力行。到今日，光光明明，我的事完了，我要上天了，你们不要挂念。说完话，面色平和，没有痛苦。家人喂她吃药、稀饭、牛奶她都不吃，说：我不再食人间烟火，也不需要饮水，闭目不语，面色如常，体温如常，延至申时，竟弃儿孙而去。

徐太夫人一生勤俭谦虚，温厚平和，衣服不讲究华丽，三餐不讲究丰盛，只要有蔬菜吃就满足。

1917年农历十一月十四日徐太夫人寿终，高寿八十五岁。云南省当时的名流，都为她题写挽联，如唐继尧、赵藩、秦光玉三兄弟、杨春洲等几十人。这里仅抄录石屏女子两等小学校的挽联，可代表普通民众的心声。

教育是文明，源头本婆心，兴学校巾帼也须眉，一线曙光贤母惠；

仁爱空桑梓，前后急公义，创社仓困穷资绰裕，千秋佳话女师传。

石屏国民小学教师陈观涛和许赞禹，陈是徐太夫人的孙女婿，许是徐太夫人的外孙，他们两人合写了一首《徐太夫人挽歌》，在全县召开的吊唁大会上，在许振英（赞禹）老师指挥下，由男女学生33人组成的合唱团，演唱了这首歌曲。学生的表演激动人心，观众深受教育，在场的几乎都哭了！

徐太夫人的父亲名叫徐守和，字西道。石屏州西村徐家寨人，先世居鸭子坝。徐守和公是家里的第三子，正当他成年后，遇到土匪横行，家园被毁，徐公痛心地说："我家在此，已经十多代了，现在全没了！吾不能守兔园册以风雪，奉老亲也。"带领家人在废墟上，重建家园。他足不出户，不进城，新家建好，仍然辛勤劳作，精心种植庄稼，使家道又慢慢富裕起来。58岁时卒于家中，有3个子女。老祖祖的外公，在老祖祖的心目中，是一个淡泊名利，就喜欢忙碌于田间地头，很少外出，从来不会惹是生非，安分守己的有文化的庄稼汉。

清代小孩

我的寻根路

我们家原来是有家谱的，可是没有留下。我爸爸在20世纪80年代中期，联合了袁氏几家人，开始重新撰写家谱。那时的条件是很差的，连电话都没有普及，只有爸爸妈妈及几位叔叔、婶婶靠两条腿，到亲友家走访、记录，来收集整理家谱资料。写好的稿件，要请人审查，也不可能复制，最多就是用复写纸，一次复印几张而已，花了他们几年的时间。到爸爸去世前的1989年，才编辑出石屏《袁氏家谱》一册，落款是绩棠、素娥、绩恂、桂仙。从袁会先祖到我爸爸袁绩棠止，正好是20代。他们当时统计，袁氏“活八仙”的后人，在世的一共有350多人。1995年由我母亲华素娥第二次补充，到2002年元旦，我妈妈华素娥又修订了石屏《袁氏家谱》，她主要完善了家谱各成员家庭关系的表述，注明每人的父母亲姓名，增加了新的家庭成员及婚嫁信息。

在无线网络越来越普及，运用面越来越宽广的形势下，我开始在网上寻找家族信息，终于发现一个在河南注册，在洛阳成立的公司“河南省姓氏文化研究会”，专门收集、制作家谱，还有专门的家谱历史研究会，在研究编制家谱的历史。经过多次联系，互相考证，确认他们是真实的公司，我出钱又买回了石屏《袁氏家谱》两本（上下册），买回的家谱就是我曾祖父撰写的，是1909年他去浙江任职前完成的，由袁嘉璧老祖收藏的，我们家族成员家里的藏本，均已遗失，只有上海图书馆还收藏了一本，这个河南的研究会从上海复制回来，又印刷出版卖给我了。

我得到了袁氏家谱，能完整地知道从迁徙祖袁会开始，到我父亲袁绩棠止的20代的祖先名单。我也特别想了解，来到云南石屏之前，我们家族的祖先是谁？在南京溧水县什么村子生活？先祖袁会的父亲、爷爷，叫什么名字？他们又从哪里来到溧水？等等的问题会不停地出现在脑海。

2017年2月我花了半个多月的时间，到杭州、南京采访，收集有关袁氏家族的资料。最后1天专门从南京乘地铁倒公交车，经过2.5小时的路程，到达溧水。找到县政府大楼，找到县志办公室，经过徐科长的热情接待，为我联系上溧水县作家协会潘主席。他熟悉溧水的地方史，在当地认识的人也多，可以帮我寻找有价值的信息。认识以后，我们就用微信联系，他给我很多帮助。徐科长又介绍我认识了县文化局局长，和她一桌吃饭，席间他们给我介绍，明代的溧水县比现在的南京溧水区大。前些年已经从溧水划出去一个高淳县，你们先祖的家庭成员，不能只在现在溧水的范围内查找，也可能是在高淳县境内。

我回到北京后，潘主席常发给我一些信息。他问我知不知道我们家族的“堂号”。要知道堂号就比较好找同一族的人，我记得我们石屏高坡袁氏的堂号是“卧雪堂”，在曾祖父的文集中有记载。我手里还有爸爸收藏的《卧雪堂联语》，是民国时期出版的铅印本，民国癸未年（1943 年）2 月元江受业门人孙乐谨跋。书中收集了老祖祖撰写的全部对联。昆明玉龙堆的袁嘉谷故居里，正屋的一楼堂屋，就被老祖祖取名“卧雪堂”。中华民族非常讲究祭祖、拜祖，时间长了，很难留下完整的家谱，就以自家的堂号作为祭祖的标记，方便记忆、方便后人流传。

过几天潘主席就发来短信，已经找到一支“卧雪堂”的后人，在高淳县境内，是 1500 年前由袁桀带领迁居到溧水的。以家族堂号为依据，寻找本支的先人，是比较可靠的。据史籍记载，孙氏的堂号是映雪，程氏的堂号是立雪。一部分袁氏采用“卧雪堂”作为堂号，是以汉代袁安的故事取名的。袁氏起源于舜裔，出自妫姓。袁氏在汉代逐渐兴盛，传说在河南汝阳县，一年冬天下起鹅毛大雪，县令出门视察，沿途看到不少乞讨者。县令来到袁安的门前，大雪堆起几尺厚，把门都封住了。县令命令扫雪，进门去看看，只见袁安就卧在床上，都快冻僵了，问他为什么这样做？袁安回答：大雪之中，家家都很困难，都在挨饿，我出去也无济于事。县令一听，认为袁安是贤人，封他为孝廉。老百姓都称赞他。袁安后来也做官了，当过县令、知府。他为官清正廉明，不畏权势，敢于直言。以后袁安的后人就自称为“卧雪堂”的袁氏。

当然袁会先祖与袁桀有没有关系，还需要认真核查，不能轻易下结论。

《袁氏家谱》记载，石屏袁氏二十世系直系亲属简介。

《袁氏家谱》

石屏始祖　　袁　会

二世祖　　　袁继光

三世祖　　　袁　玉

四世祖　　　袁　口（家谱缺字）

五世祖　　　袁绍基

六世祖　　　袁桂芳

七世祖　　　袁登云

八世祖　　　袁　荣

九世祖　　　袁本善

十世祖　　　袁耀龙

十一世祖　　袁似锦

十二世祖　　袁　捷

十三世祖　　袁朝绣

十四世祖　　袁　東（1744年四月十九—1773年八月初一）

十五世祖　　袁文治（1765年四月三十—1798年三月十四）

十六世祖　　袁占林（1792年十月初一—1862年五月十一）以上月、日均指农历

十七世祖　　袁德洋（1835—1888）

十八世祖　　袁嘉谷（1875—1937）

十九世祖　　袁丕元（1895—1969）

二十世祖　　袁绩棠（1918—1992）

从始祖袁会开始，到十世祖袁耀龙以前，都是生活在明朝，以习武为多；十一世祖袁似锦到我老祖祖袁嘉谷，都是出生在清朝，老祖祖袁嘉谷是生活在清末、民国初期的时代。

我认真阅读了这本家谱，才知道老祖祖的大哥嘉乐公，也编撰过袁氏家谱，为家

谱写过序言。另外发现老祖祖又为后世子孙，排出新的辈分顺序。袁占林公编撰的辈分十六字，为什么在新的家谱中，没有继续采用？在家谱中没有把道理讲透。我思考了好久，据我的分析，袁占林的辈分顺序，虽然朗朗上口，还有积极、爱国的思想体现，可是只能排 16 代！到我的孙子辈，排正字辈，重孙排道字辈，就用去八个字了，再排八辈，就用完了，再往下就没有字了。老祖祖为了使袁氏能延续久远，新编了家谱辈分用字，从德字辈开始，可以延续 42 代！好处是明显的。所以今后袁氏的后代，就会出现两种辈分取名方式。后代人要注意说明，是采取哪个体系。

老祖祖在他的文集中，还为袁氏的先辈写下《宗人传》，记录了两位袁家的前辈，第一位是族祖袁占云公，读过私塾；后来不学了，改为习武，喜欢行侠仗义，打抱不平，常提着大刀为乡里排难，在乡里威信较高。臂力过人，又从不自大。曾经在路上遇到一只豹子，占云公非常冷静，躲在树林中，看到豹子盯住自己，自己往左，豹子向左；自己往右，豹子向右；占云公就躲在小山坡下，看的豹子在上面，豹子立起身子，四处寻找目标，占云公用气功蓄力，做好准备，抓起一根粗木棍，一跃而起，猛击豹子，豹子一跃而逃。石屏发生匪患，家乡受到威胁，占云公组织乡友，设立团保，保卫家乡。可是匪患不断，乡勇难以维持，就带领家人离开家乡。不几天，原来的村子被土匪烧毁了。大家都佩服他的眼光。1876 年已经是大耋之年（72 岁），又是光绪皇帝登基的第二年，皇帝恩赐他布匹和肉，表彰这位高寿老人。清朝一直有为老人举办寿

溧水区档案馆

宴的习惯。他生于1804年，卒于1884年，享年80岁。

还有一位家族伯父袁祖德，也是好学之人。在家耕读，考过秀才，以后就不参加举人考试了。家里贫寒，住在杨新寨，开个小学馆，教几个儿童为乐。不到城市里生活，淡泊自安。1886年，德洋公去信邀请他到石屏一聚，分别几年后，兄弟见面。这位伯父穿戴着蓑衣就来了，两人开怀畅饮，互相述说生平。离别时，随口吟道：“十载重携手，栖栖留看灯”，佳句啊。没过多久，1891年秋天就在家里病逝了。老祖祖听到这位族伯父去世的消息，非常悲痛。我们一大家人，世世代代耕读为本，会写文章的不乏其人，可是由于世道不太平，文稿常常毁于战火，祖德公只留下这十个字的作品，真是可悲。

在家谱中还记录了老祖祖本人，在1903年随两江总督魏午帅游南京，老祖祖专门去了溧水县。亲自找当地人探访，想找到自己的祖上后人，问他们知不知道“老垦脚”这个地名。问了不少人，就是没有人知道。他还买了一本《江宁志》，希望能找出一些蛛丝马迹。认真阅读后，也没有从中找到线索。2017年3月，我又踏上溧水县（今溧水区）的土地，也步老祖的足迹，去寻宗问祖，可惜还是没有结果。

南京溧水区政府大门

我希望总有一天，我们石屏袁氏的后人，能够找到在南京溧水或者高淳的老家人，把我们的家谱向上回续上更多的年代。从现有的资料知道，老祖祖是第一位开始踏上寻祖路的前辈。我也去溧水实地考察过，我们寻祖的道路还要有人继续走下去。

致富源泉

茶是我们的举国之饮，中国是世界茶的故乡，云南又是中国茶叶原产地的中心。云南的茶有名，完全得益于得天独厚的自然地理环境，高山云雾出名茶。根据历史资料介绍，在汉代西双版纳地区就有采茶的记录。

265—330年，诸葛亮带兵到云南，以政治家的谋略，非常清楚要振兴蜀国，一定要建立巩固坚强的后方，把云南建设成蜀国的大后方，是诸葛亮雄才大略的表现。到达云南后，在日理万机的忙碌之余，他还研究云南的人文物产，发现了茶的优势。在向当地人学习的基础上，再进行认真的总结、提高，把总结出的种茶、饮茶方法，向云南各地进行推广，帮助更多的老百姓学会先进的种茶、采茶、饮茶的方法。因此，云南的茶农、茶商都把诸葛亮奉为茶祖，每年到他的生日那天，都要举行祭祀活动，称为茶祖会。这个习惯，延续了千百年，成为云南文化的重要组成部分。

在唐朝以前，茶的用途，主要是食用及药用，制作方法简单，谈不上加工工艺。从唐朝开始，茶成为贡品，进入了皇家宫殿，才促进了茶的加工工艺，进而引起茶文化的诞生。

普洱茶产自高山云雾之中，远离污染，品质优良，滋味纯厚，具有药用及保健作用，使其声誉长盛不衰。有了名茶，就需要茶叶的经销商，才能使茶叶走出大山，进入日常百姓家。

马帮就是连接茶山和茶叶消费者之间的桥梁，马帮在云南至少有上千年的历史。在思普地区，过去经常流行“打摆子”，就是现在说的“疟疾”，云南人也叫“瘴气”。在诸葛亮到云南时，就发现这个病了！要走西口，跑马帮，可以获得丰厚的利润，也要担当非常的风险。

跑马帮虽然不像人拉肩扛那么辛苦，可是一天也只能行走 50 公里左右，怎么解决路上的吃饭问题？他们要带上食物、饮水，在路边用柴火做饭，遇到水不够用了，他们就把芭蕉叶树砍倒，拧出叶里的汁来做饭。马帮在路上，常吃的食物就是饵饨。

云南马帮的发展，形成茶马古道的辉煌历史，一代又一代的马帮，在创造着历史、创造着文化，也造就了一批云南特色食品，譬如饵饨，应该就是为适应马帮长途旅行的需求，而诞生的云南独有的快餐、方便食品。把云南当地产的大米蒸熟，然后用专门的石臼，放进蒸熟的大米，用粗木棒或石舂棒大米。一会儿工夫，就能舂出一块雪白的大米坨，云南人给它取了一个特殊的名字："饵饨"。饵饨可以长期保存，不容易变质，即使表面出现霉变，只要用刀削去霉变之处，里面的仍然可以食用。饵饨的食用很方便，只要有一堆火，把饵饨切成小块，放在

清末昆明市的烧饵饨摊

火上烤，饵饮变软了，就可以涂上卤腐吃，味道真不错。卤腐就是北方人的酱豆腐，不过云南的卤腐，味道更鲜美。到今天马帮已经消失，不过马帮食品——饵饮，仍然留在云南。过年要吃炒饵饮，把饵饮切成一寸见方的薄片，加入火腿、玉兰片、豌豆尖等时令蔬菜，就是一道美味；还有早上吃早点，是烧饵饮，把一张圆形的饵饮，在火上烤软，抹上芝麻酱，喜欢咸口味，抹上咸酱油，喜欢甜口味的，抹上甜酱油，再夹进一根小油条，卷起来，咬一口，真是香到心里。

石屏茶商

石屏茶商历史

云南有茶庄，或者说，茶庄有名号，历史并不是很久远。据碑帖考证，早期的茶叶经营者，多是以户为单位，每户大约有十家人。茶叶经营户是否有牌号，目前没有找到确切的证据。大约在嘉庆四年（1799 年），庆昌号在倚邦成立，这也是我们目前所知的云南最早的茶号。

到清乾隆时期，就有汉人在易武制作茶团（紧茶），有藏族商人来易武收购，驮运回西藏。那时候的茶树多半是一家人种，自己采茶，自己销售。

由内地去西双版纳六大茶山，指攸乐、革登、倚邦、莽枝、蛮砖、漫撒的范畴，必然要通过普洱山，这就是把六大茶山产的茶叶，统称为普洱茶的原因，普洱山不是茶山。易武茶区方圆几百里，山山种茶，名茶区就有六个，所以有六大茶山之称。

从清乾隆五十年（1785 年）开始，由于西双版纳地区的土司与缅甸打仗，引起各茶山的土著居民纷纷逃走，茶山的劳动力严重不足。大土司才不得不同意小土司们，到石屏招收茶农来西双版纳开垦、种植茶树，这样才能保证完成贡茶的收购任务。这就是引起石屏人大批到达普洱，参与茶叶的种植、采购、销售的客观原因。

石屏是一个较小的盆地，面积不足 30 平方公里，距离盛产茶叶的六大茶山所在地易武、倚邦还有几百公里。为什么石屏会造就普洱茶的辉煌呢？那还得从石屏的地

1 清末马帮

2 清末集市

理环境及历史说起。石屏异龙湖、赤瑞湖的水位比较高，周围的庄稼地经常被水淹没；其他地区，又因为山高谷低，水资源难以利用。在明清时期，石屏地区的农作物产量低，难以维持生计，引起大量劳动力外出，另寻出路。

自从明朝初年，朱元璋组织大批汉人移民到云南，其中一部分来自江苏和四川的汉人，就先后在石屏安家落户，开荒种地。移民到石屏的汉人不断增加，移民人数远超过原住民。时间慢慢地溜走，明朝亡了，清朝的军队占领了石屏，战乱结束，生产恢复。在和平环境中，人口增加很快，渐渐石屏成为滇南的人口大县，可开垦的土地越来越少，石屏人必须找到新的出路，才能养活自己。

大约从清雍正朝开始，石屏人纷纷外出，东走蒙自、个旧，西走普洱，包括西双版纳。在这些地区，荒山野岭中，多有“石屏寨”的寨名出现，寨子里有相传数代到十几代的子孙，他们还能说出，自己家的祖上是石屏某村、某寨人氏。在普洱地区，流传着这样的谚语，“凡有起火烟的地方，就有石屏人”。他们开凿盐井，开发矿山，参与易武茶的培植，商品的流通，各种生产劳动都离不开石屏人。

石屏人在长期的生产劳动中，练就了精明能干、吃苦耐劳、富于冒险、善于经营、善于理财的精神。凭着这身本领，走出去寻找除了农耕劳动以外的谋生方法。中华人民共和国成立前石屏全县在外打工人口数以万计。

有一批石屏人就赶着马帮，跨越红河，翻过哀牢山等高山峡谷，到达西双版纳地区，来到当地傣族、哈尼族、瑶族世居的地方，砍开雨林，与少数民族学习种植茶叶的技术，很快就站稳脚跟。在长期的实践中，运用自己已有的知识，加上向少数民族学习到的技能，不断改进种植技术，积累了丰富的茶叶种植、生产、加工经验。易武在普洱的荒凉边界，石屏人在此落户的很多，这里也是茶叶生产的六大茶山所在地。

一部分石屏人在有了积蓄后，看准了机会，开始参与茶叶的培育制作和销售，开起了茶庄商号，开创了马帮—贩茶—移民—种茶—制茶—马帮贸易的完整历史。

西双版纳地区，本是世居少数民族聚集的地方，也没有街市，石屏人来的多了，聚居在一起，慢慢发展，就形成街，再发展成一个移民城市。最初取名为镇越，后来改为易武。这里原来是一块荒废之地，是石屏人不断地移民来这里，历经明、清、民国数百年的经营，石屏人与当地土著居民一道，共同打造出普洱茶一段不可逾越的历史。

清初思普地区设府厅县，普洱设府，思茅设厅。1897 年《中法商务条约》续约，开思茅为商埠，法国在思茅设领事馆，英国也设立领事馆，国内各省及商帮都在思茅设会馆。一时间思茅贸易兴盛。

石屏茶商主要垄断易武地区的茶叶市场，而思茅茶商主要垄断勐海、勐遮茶叶的运销。思茅本地不产茶，勐海到思茅马帮要走 7 天，勐海的茶都集中到思茅加工，制成产品茶。再运往昆明及滇西各地、西藏地区销售。思普地区也是当时进入泰国、老挝、缅甸的必经之路，所以商业特别发达。

石屏人多地少，所以除了种地以外，只有读书和跑马帮两条出路。石屏的马帮商帮起源于明朝洪武年间，到 1949 年才结束，有 500 多年的历史！屏商是和山西的晋商和安徽的徽商一样有名，只是比晋商和徽商晚出现了一百年，但到全国解放时才停止。

滇越铁路没有通车以前，易武、思茅两地的制茶业，多是石屏人经营。清末民国初期，在云南最有名的茶商是袁氏的“乾利贞”、宋氏的“宋聘号”、刘氏的“泰来祥”、吴姓的“大兴号”，思茅有陈姓的“恒和元”、雷姓的“永丰号”、杨姓的“庆盛元”。这时候下关是云南最繁华的商业集散地，因为下关西通缅甸，西北可进藏，东连昆明，北经会理—成都—重庆，改水运，可以到达长江各大口岸。滇越铁路通车以后，下关的重要性就大大减弱了，逐渐退出商业中心的地位。

在很长时间里镇越（易武）在语言文化、风俗习惯、心理认同上，都是另外一个石屏。还有倚邦茶山的汉族，多半是从石屏移民来的，倚邦的石屏会馆就是清雍正年间建起来的。也是从雍正朝开始，普洱茶被清廷确定为“贡茶”，使得普洱茶在全国走红，有力地促进了普洱茶的需求量，刺激了普洱茶市场的发展。普洱茶的鼎盛时期，在六大茶山附近，靠普洱茶生活的人，达数十万之众，茶叶最高产量达 8 万担之多。历史已经穿越了 250 多年的光阴，今天在易武，还能找到不少操着正宗石屏口音的当地人。可以说没有石屏人，就没有普洱茶的今天。

茶叶生产工艺

种茶、采茶，虽然有较大的利润，不过也是很辛苦的劳动。明清两代，石屏的彝族妇女到思茅茶山为人采茶，还要负责背茶到普洱。走在路途中，她们会唱起山歌："客从迤南来，且问迤南乐。但见少年美，不知少年恶。石屏夷女健腰脚，出门大笑男儿弱，招携远作茶山行，茶叶尖如妾命薄，薄命将奈何，听唱垄匆歌，歌拍双声起双舞，郎心不知妾心苦……"

从每年的农历阳春十月开始采茶，茶叶片还在含苞未放时，采的茶叶称"雀嘴"，最为稀少，是当作"珍茶"，不能与其他茶叶混装。后面采的依次称为"白毛尖""金飞叶""二水""三水"等名，都属于精茶，最后采的称为"老茶"，一直到第二年阴历二月，采茶结束，这时候采的都叫春茶。农历五六月份还能发芽，再采集一次，称为"谷花茶"。

散茶是各种茶混装，就销往近的地区。老茶是带梗的，要剁碎以后，蒸软，压成茶砖，专门销往西藏及藏人聚居地区。

七子饼茶作为贡茶，制作方法是，先将发酵晒干的茶叶，蒸软后压制做成圆茶饼，直径是 6 寸，7 饼为一筒，扎上篾箍，印上"普洱茶某某号监制"字样。每筒约重 5 斤，24 筒为一担，每担重 120 斤，分装两箩，便于马驮。可以算出，每个圆盘普洱茶，重 7 两多一点。

普洱茶主要有三个产区：易武、勐海、景谷。历史最悠久的是易武，清朝初期勐海茶的产量，逐年递增，到民国初期就超过了易武茶的产量。景谷茶是民国初年，才开始生产。勐海及景谷茶，色香味都不逊于易武茶，只有老茶瘾，才能分辨出差别，他们还是特别喜欢易武茶，认为茶味浓厚。三种茶的区别，易武茶冲泡三次，茶味仍然香浓。勐海及景谷茶，冲泡两次后，第三次加水，就毫无茶味，只是一杯清水，差别还是明显的。

三个茶区的茶，对外讲都是普洱茶，都是贡品。在仅靠马帮运输的年代，运到北京的普洱茶有限，京都人士能品到它的，都啧啧称赞，叹不易得，入药还有消积化气之功。

规范市场

茶叶是皇宫贵族到平民百姓，日常生活中不可缺少的必需品。茶叶的流通领域，有不少环节，茶叶的生长周期长，需要不少人管理，经营茶叶能获得较好的利润。在茶叶的流通环节中，总是有人想方设法进行投机倒把，这些不法活动，打击了茶农的积极性，阻碍了茶叶经济发展。在普洱茶发展的过程中，始终伴随着斗争，下面就举两个例子：

1837 年的断案碑

在普洱茶的发展过程中，也发生了一些严重的纠纷，最典型的例子，是发生在清道光十七年（1837 年）十二月的一桩公案，茶农收获了茶叶，要缴纳贡茶，又要给地方缴纳税收，这是茶农的义务和责任，他们希望获得使自己满意的回报。当时有一些地痞无赖，自作主张抬高税率，对茶农巧取豪夺，使茶农难以生存，严重阻碍了茶叶经济的正常发展。

石屏人张应兆，向当地官员报告，希望官员为老百姓主持公道，这些地方官员，不但不理睬，反而把他的两个儿子抓起来，关进监狱里，激起了民愤。张应兆约上吕文彩，把易武的土官告上普洱府衙，当时的普洱府县太爷叫黄主讯，他认真审理了此案，命令易武土官“听其民便，不得苛索”，并下令提高了茶的收购价，减少了税收。断案的结果，使茶农的利益得到官府的保护，促进了茶叶的生产。张应兆为了让后人不再重蹈覆辙，自己出钱立了一

街边茶馆

街头茶馆

块断案碑，将案情经过，刻在碑上，让世人铭记。这个案子的正确处置，规范了茶叶的贸易，保障了茶农、茶商的正当利益，促进了普洱茶的发展。

1908 年包心茶官司

1908 年 12 月的一天，四川叙府（宜宾）的茶商，光仪正、瑞丰祥、衡兴、大亨正、兴顺和、天顺祥、兴义和共七家联名，向主管商业的云南劝业道告状，控告云南际春茶行、天申茶行，将倚邦宋聘号、元昌号两号生产的包心茶，卖给他们。

这个包心茶，指产品茶的外面部分，与内心部分的等级不同，外面包的好茶，合格品，内部是次等茶，在当时的茶行内是属于欺骗行为。茶商应该找官府讨个公道，同时这七家茶商也请云南商会中的袁嘉猷先生，从中调解。他们的要求是，每担赔偿 6 ~ 7 两银子，或者两家茶行派人去叙府，自己销售这批茶叶。

际春茶行、天申茶行只愿意每担赔偿 5 钱银子，再多就超出他们的权限，不能答应。七家茶商联名给劝业道写信，希望劝业道发文给思茅同知，提宋聘号、元昌号之人去叙府亲自卖茶。如能卖出，七家愿意原价付款，还负担一定利息；如果不能卖出，希望本着诚信经营、维护市场秩序的原则，从重处罚。

劝业道看过来信，认为“宋聘、元昌两号，既在思茅坐庄，自当拣选精良，力求佳作，方足以昭信用而畅行销”。现在掺杂包心，“属违犯商律，若不切实整顿，茶业必将立时败坏，于云南商务大有影响”。劝业道把案子发给云南商务总会办理。

1908 年 12 月 20 日下午，在云南劝业道的参与下，到会的有云南商务总会总理、协理、商会各董事、帮董、各省商帮代表，宋聘、元昌两号代表。

会议一开始，宋聘、元昌两号代表自知理亏，先承认错误，只是在减价多少上，讨价还价，也不愿意去叙府，亲自销售茶叶。最后协商达成协议，每担茶叶减价 2 两 7 钱。到会代表一致认为，光减价还不行，对这种败坏商业的行为，一定要处罚，否则不足以昭警戒。大家商议以后，决定每担茶，罚银 3 钱，由际春茶行、天申茶行承担 1 钱，宋聘号、元昌号承担 2 钱。

云南商会没有经费，这笔罚款，就当成商会的经费收入。会议形成决议，要两家商号，接受教训，以后严格整顿茶业，拣选佳品，以利畅销，不得重蹈覆辙。

2 两 7 钱再加上 3 钱，每担茶叶要损失 3 两银子，当时 1 担茶叶只能卖 14 两银子，要赔偿 3 两，剩下的利润很少了，这个罚款算够重的了。这样处罚，足以威慑一般商家了。

这两个案子，都得到正确的处置，使普洱茶的市场，避开了不规范经营的伤害，走上了规范化经营的道路，保证了茶商的利益，使消费者可以长期从市场上购得自己喜欢的合格产品，影响是深远的。

我估计这个官司，使宋聘号元气大伤，难以经营下去，袁嘉猷老祖看到这个机会，就开始与宋聘号商量，合拼乾利贞与宋聘号的整合。

宋聘号和元昌号是茶庄，他们是茶叶的生产和运输者，负责收集茶叶，分级拣出，揉制加工，包装；再分驮，用马帮运输到指定地点。茶行是批发商，茶庄把茶存放在茶行，由茶行将茶叶销售给外省的茶行，或者本省的茶铺，茶行也就是中间商。茶行靠买卖双方的佣金生存，不能参加茶叶的生产和运输过程。整个清代在云南省，只发出了四张茶行执照。

与茶行一样，茶庄也不能在省城零售茶叶，零售只能由茶铺运行。茶铺有专门的执照，茶铺不仅仅销售茶叶，也可以卖槟榔、草纸、烟叶等商品。

袁家茶历史

袁家在石屏世代务农，从袁嘉谷的祖父袁占林公开始，边务农边参加到石屏商帮走西头的队伍中，开始涉足普洱茶的生意，我们家的祖上是靠辛勤劳动富裕起来的。

石屏是靠屏商的马帮，驮出来的城市。袁嘉谷的祖父、父亲就是靠自己的辛勤努力在家农耕、在外跑马帮的艰辛过程中，逐步发达起来的。袁氏到云南的第16代袁占林公，就是这千千万万个走西头的石屏人之一。

云南保山杜文秀起义，是1856年的事。社会引起混乱，石屏土匪到处骚扰百姓，老祖祖的爷爷袁占林公，带着袁德洋公等几个儿子，从石屏逃到思茅边上的六顺开荒种地，在这里开始接触到普洱茶。占林公看到，普洱茶是有利可图的生意，就开始做起茶叶买卖，先是人挑肩扛，搞短途运输、买卖。有些积蓄后，买了几匹骡马，开始了跑马帮的生活，跑马帮比人挑肩扛好一些，劳动强度降低了，路程可以跑得更远了。

占林公就长期居住在六顺，自己种茶，培育茶树、采茶、晒茶、揉茶，再带马帮贩卖茶叶。盖起住宅，和乡亲们建起自己的家园，还带领乡亲大兴土木，盖起了关公庙等祭祀场所，让大家表达心中的信仰，用信仰来规范每个人的行为，在荒山野岭，带领乡亲们延续中国的传统文化，使公共事业能顺利发展。

儿子德洋公长大以后，社会稳定了，全家回到石屏，德洋公能独立挑起养家的担子后。占林公又带上妻子回到六顺，继续经营那里的种植普洱茶的生意。

1862年袁占林公去世，老祖祖的父亲袁德洋公，接过父亲的马鞭，用父亲留下的32两银子，作为本钱，开始做茶叶生意，有了本钱，把生意规模扩大。德洋公又是一位精明的劳动者，开始也边务农，边跑马帮，搞运输。经过几年的努力，就拉起了一支小马帮，把务农的事交给家里其他人干，自己专门进行普洱茶、盐、棉花的运输贸易。不论刮风下雨，都行走在路上，马帮带着茶叶、盐、布匹，利用各地的价差，辛辛苦苦地赚钱。

在1861年左右，他和吴定周、许寅修合伙，在思茅开办了“万庆号”商号，专门经营普洱茶，成为该商号的大股东。那时候土匪多，社会不安定，为了商号马帮的安全，德洋公还要手持兵器，与土匪周旋，保护马帮的安全，在险情中，运出百货，运进茶叶。

1865年杜文秀的起义军，攻下了思茅城，万庆号损失惨重，欠账无法回收。德洋公从石屏赶到思茅，把万庆号的欠账全部还清，并关闭了万庆号，用实际行动维护了袁氏的名义，在生意场上树立了良好的信誉。

1870年德洋公和侄子又在石屏，开启“源庆号”茶庄，还兼营裕丰茶号，继续做茶叶生意。社会生活趋于太平，生意逐渐发达起来，积累越来越多，在石屏城里，盖起来一座占地100多平方米的宅子。把家搬到城里住，有城墙保护，可以躲避土匪的骚扰，让孩子们能够安心学习。这是德洋公的英明之处，他的这个决定，成就了一家人后来的辉煌。

袁德洋公的马帮生意，主要拉茶叶、盐、布匹，以普洱茶为主。没有普洱茶，就没有经济特科一等第一名的成功。

杜文秀起义失败以后，社会又趋于平静。袁德洋公就回到石屏，当时的几大茶庄，也把总号从倚邦迁出，分别在思茅、石屏、昆明等地开设分号。业务扩大了，需要更多的资金和人员，在各大茶庄之间互相整合，新的股东加入，老的股东也有告老还乡的。

茶叶的生产过程，要经过好几道工

1 民国时期昆明街头的茶馆

2 云南早期的马帮队伍

序，要买到好的茶叶，一定要先了解什么地方的茶叶质量好。茶庄都有自己固定的采购点，只能到那里采购原茶，经过精心剔拣后，聘请名师炼制，成品包装精美，流通渠道要畅通。

一般的茶庄，年销售量在200担至300担，实力雄厚的茶庄每年可以销售400担至500担，普洱的七子饼茶，还行销香港、马来西亚、越南、新加坡、菲律宾等地。在香港每驮可卖到50元港币，质量差一些，也能卖到40元港币一驮。1000担茶叶，能收回至少40000元港币。茶叶在运输过程中，人马需要休息、住店，最初是和其他货物在一个客栈休息。可是茶庄的马帮，队伍庞大；还有茶叶与其他货物同存放，可能会引起串味变质。为了减少流通成本，茶商集资在思茅、昆明等地建立专用的客栈。

在清道光年间，广东人在倚邦建了“利贞”号茶庄。1865年江西人赵开乾以“乾利贞”为号，重新开张利贞号，这是公认的乾利贞建号时间。

宋寅号比乾利贞建号稍晚，1868年在倚邦有四个带宋字的茶庄，都是石屏人开的。

从1885年开始，石屏茶帮的店主们就商议，自己合资建立专用客栈。经过乾利贞、庆盛源、永丰等茶号的负责人商量，在昆明建立自己的客栈。这时候的乾利贞经理，先后由老祖伯袁嘉乐、袁嘉谟、袁嘉猷担任。在昆明的屏商，从每家卖出一担茶，分等级，按当日的市价，抽取几钱银两的方法，集资完成筹款需求。从1885年开始，到1895年完成了集资要求，当时石屏茶帮的管事（相当于经理）袁嘉乐、袁嘉猷（袁允升）、杨星泉、雷郎然开始在昆明市区，寻找合适作为商铺的房屋。这个铺面不能太偏僻，应该在市中心，一时还找不到。股东们正在发愁时，石屏士绅罗启堂在昆明文庙街找到一处铺面房，一共三间六耳及下层的四合院一幢，有200多平方米，水井、厕所齐全。主楼为楼房，有3层，其余为平房。他就介绍给茶帮的股东，股东一看，非常满意，当即交钱把房子买下，罗氏非茶帮同人，为了答谢他，茶帮决定给他一间屋子，永久居住。

“石屏茶帮”就正式挂牌营业了。在主楼的堂屋里供奉茶祖“诸葛武侯”的牌位，

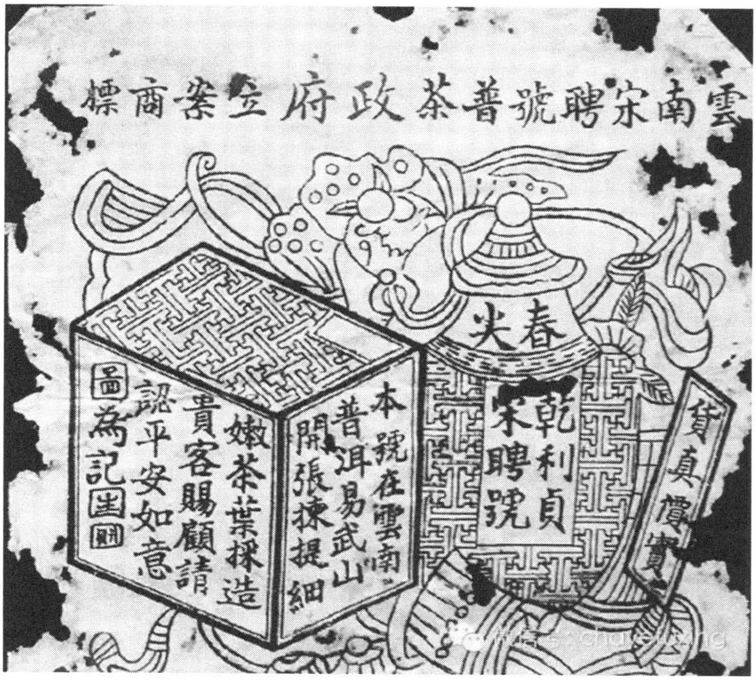

乾利贞宋聘号商标

一旁供奉茶帮祖宗的牌位，前面放上香炉。每当茶祖会祭祀日期，都要邀约在昆的茶帮人员，举行祭祀活动。一些房间就作为茶帮同人及旅昆人士暂时歇脚的地方，还有的房屋就是堆茶担的货仓。

开业后，趁老祖袁嘉谷回乡之际，请他题写了一副对联，挂在茶帮的堂屋内：

为十八行省商会开先，玉茗香浓，金兰谊拥；

与三五友朋乡风共话，莱山梦绕，华圃春归。

匾额是　　云根文彩

落款是浙江提学使兼布政使袁嘉谷提并书字样。这副对联很有气势，把石屏茶帮视为全国的先锋，在全国起了表率作用。

老祖祖的二哥袁嘉谟，当时是茶帮的管事，他也为石屏茶帮题写了一副对联：

三代下第一人生而知之死而后已，

五丈原遗两表存可寄命亡可托孤。

这副对联，简明扼要地总结了诸葛亮的一生。

引用周汝钊先生为袁嘉谟题写的墓志铭：“（袁嘉谟）内斑彩，外锦衣，封二品。生四子，或举孝廉，或专实业，福不可谓不厚！”可见，袁嘉谟的后代更多是依靠自身力量，有的走读书、求功名的道路，也有的继续参与茶帮的经营。

1908年前后老祖的三哥袁嘉猷，也当了石屏茶帮的管事，以及云南总商会的特别会董，代表茶帮参加商会的工作。

在20世纪初，昆明乾利贞的负责人是袁嘉猷。1906年云南省第一届商务总会成立，他被选举为特别董事第一名，在商界有相当的发言权。

1908年到1909年之间，老祖伯袁嘉猷组织了乾利贞号和宋聘号收购和整合，并更名茶号为“乾利贞宋聘号”，注册商标为“平安如意”。可见在当时，袁家的生意是非常成功的，实力雄厚。这时候起，袁嘉猷也是乾利贞商号的经理，袁丕承侄子协助他的工作，参加茶帮及商会工作时，常以“袁乾利”的名义出面。

有资料显示，1912年思茅乾利贞商号的负责人是富鸿文，元江乾利贞的负责人是富鸿谟。他们经营的项目是“专办花茶实业”，也就是说，当时思茅乾利贞的业务主要是棉花和茶叶。他们都是四老祖袁嘉言的夫人的家人，因为袁嘉言的夫人姓富，袁嘉言老祖就是袁家最早经商的一位前辈。可惜袁嘉言老祖去世也较早，为了不使袁嘉言在乾利贞号所拥有的股份外流，袁家将袁嘉谷的长子袁丕元过继给袁嘉言。这样，在家庙中他可以有后人继承香火，同时，家产也留在了袁家。但袁嘉言太太富氏的兄弟仍掌管着乾利贞思茅分号、元江分号的业务。富鸿谟娶了老茶号“同庆号”管事刘鹤年的妹妹为妻，生育了富美珍、富宪珍两兄弟。

乾利贞宋聘号还有两位合伙人，就是宋聘号的宋家和钱家。这几个家族联合起来，有足够的人力，可以把易武、昆明、元江、个旧、思茅、石屏、蒙自等地的各个分号挑起来了。

1911年老祖伯袁嘉猷当选为石屏州知事，负责维持地方的稳定。把乾利贞经理的职务，交给袁嘉璧担任。老祖叔袁嘉璧在 1912 年，当选为石屏第一届商会的经理。他当选后做的第一件大事，就是动员在易武、思茅、墨江、石屏、个旧、昆明的石屏商人，捐资在小河底修一座铁索桥，以便于来往茶山的马帮通行。这是茶马大路上的一件大事，几乎所有的茶商都捐了钱。祖爷爷袁丕基也捐了钱。

乾利贞石屏分号的经理，是老祖袁嘉谷的弟弟袁嘉璧（字谦六），此时他也是乾利贞总号的经理，他掌管乾利贞近 40 年，劳苦功高。这时候乾利贞的业务，则是省货、广货、茶叶、棉花，其实相当于今天的百货和茶叶。

乾利贞的商标是“平安如意”，和袁家有关的茶叶商号还有宋聘号，宋聘号的商标是“本印内票”。宋聘号每筒茶叶的商标是直方形，蓝色，题头为“宋聘号记”，下面的文字是“本铺在（云南）易武山开张，捡

昆明市早期的税卡

提细嫩茶叶，加重尖芽，精工揉造（阳春白尖）发行，贵客光顾，请认内票为记，庶不致误”。

乾利贞号的平安如意商标，画的是一个宝瓶，宝瓶上写着“货真价实”“阳春（不是春尖）”“乾利贞”。货箱上写有“本号在云南易武山开张，拣提细嫩茶叶揉（或採）造，贵客赐顾，请认平安如意图为记”。袁嘉璧执掌乾利贞以后，还在商标上加盖了一个黑色印章，写有：如果假冒本号产品，经由商会重罚，特加新图章与老招牌老内票为据，贵客注意，袁谦六签字。

老祖叔袁嘉璧执掌乾利贞时间最久，多年的历练，使他具有丰富的经商经验。到1923年以后，由于滇西茶的崛起，他们的沱茶，逐渐走红，挤掉了一些普洱茶的市场。袁嘉璧看到这个变化，就开始购买个旧锡业公司、电灯公司及其他公司的股票，来分散投资，分担风险。民国三十一年（1942年），他购买了个碧石铁路的300股股票，1945年又买了200股，1947年再买206股。

从1940年起，袁家老一代的茶帮管理者，纷纷退休，茶帮在石屏召开会议，重新选举茶帮理事、监事会。袁嘉乐老祖的大儿子袁丕承爷爷，当选为茶帮理事，理事共5位；乾利贞石屏分号经理刘子辉为监事，监事共3人；袁丕承的儿子袁济东等为茶帮干事。茶帮的临时周转资金，在不能周转时，还要从袁嘉谟老祖的四女儿袁桐英那里借钱周转。可见袁家在石屏茶帮中，占有不可替代的地位。

在“耕读为本”一章中，我介绍过老祖叔袁嘉璧的身世。在抗日战争中，日本飞机经常轰炸昆明时，他的二位儿媳妇正好要生孩子，不方便躲警报，嘉璧老祖只好带领全家回石屏避难。在石屏，两位儿子不幸染上传染病，早逝了。袁嘉璧老祖的大儿子，到日本留学，1937年回到上海，在淞沪会战时，与家人失去联系，只留下孤儿寡母在昆明。三个儿子都因抗日战争不幸去世。

所以石屏茶帮的接班人，只有交给刘子辉、刘鼎年、刘幼青三兄弟。刘子辉总负责，刘鼎年在石屏管理家事及仓库，刘幼青管理易武和泰国的业务。刘幼青娶了袁嘉猷的四女儿袁菊英，刘家与袁家也是联姻。

如果以袁占林公算袁家涉足普洱茶的第一代，袁德洋公算第二代，从德洋公开始，袁氏普洱茶的生意走向辉煌！那么袁嘉乐、袁嘉谟、袁嘉猷、袁嘉言、袁嘉璧几兄弟算第三代，第四代也有涉足茶庄的，袁嘉乐老祖的大儿子袁丕承爷爷，当选为茶帮理事。袁嘉谟的二儿子袁丕训爷爷，在 1918 年当选为石屏商会的会董，他的茶庄商号是“源顺昌”，主要经营茶叶。袁嘉谟的三儿子袁丕基爷爷也是经营茶帮生意的，在修小河底铁索桥的时候，他是募捐的发起人之一，说明他是具有相当经济实力的成功商人。

第五代的代表是袁丕承的儿子袁济东等为茶帮干事。

从袁占林公算起，袁家连续五代人直接参与了普洱茶的茶庄业务，石屏袁氏依靠普洱茶，与茶打了 100 多年的交道。以茶庄为依托，保障了这个家族的经济来源，使得老祖袁嘉谷及两个弟弟，能够有基本的经济基础，可以安心读书学习，才最后夺得经济特科一等第一名的辉煌成就。

只是给我们留下有关经营袁家茶的文件资料太少，我也不能杜撰，使这个专题显得苍白。

袁氏茶庄经营成就

1917 年的一份文件中写道：“茶号在滇创办乾利贞及宋聘号普洱正山茶业，垂六十年。乾利贞以平安如意商标为记，宋聘号以本印内票为记，设总号于蒙自瓦货街，分号于省城文庙街茶帮、个旧天君阁、易武茶山、思茅南门外大街、石屏太电巷等处。”袁氏兄弟、子侄，分别参与了这些地方茶庄的生意。

从袁德洋公开始，到袁家几兄弟合力经商，做普洱茶生意，使袁家逐渐富裕起来，所以袁嘉猷老祖伯在市场上，搞起收藏文物的买卖，他收藏了唐伯虎的《牧羊图》，钱南园的《马》，还有珍贵的明代汲古阁版《汉书》等珍贵文物。后来不知为什么，《牧羊图》及《汉书》又转到我家，被我爸爸收藏。在 20 世纪 50 年代，我都亲眼见过这两件珍贵的文物，可惜在“文化大革命”中，被抄家的抄走后，再也没有归还我们家，是件非常遗憾的事。

在 20 世纪初，从法国领事拍摄的老照片中，可以看出 1903 年考中进士的三位昆

老照片“三进士”，右起第一人袁嘉谷

明学者中，老祖祖的服装是最普通的布衣。在修建昆明聚魁楼的社会捐款时，老祖祖也是捐得最少的，排在全体捐款人的最后一位。说明这时候的袁家还不是很富裕。另外袁家也是社会公认的勤俭人家，绝不铺张浪费，生活都很简朴。用老祖祖赞美他弟弟袁嘉璧的词句看：“弟走南北京，戏场足迹杳。有耳不辨声，莺燕等雉鹭。珍错等粗粝，藜藿等豚豣。有舌不辨味，百事菜根咬。”老祖祖和老祖叔袁嘉璧关系最亲密，兄弟俩是同车进京，同床睡觉，吃同样的饭菜，近名山名人，远声色犬马，戒浮华虚名，正是当时一个读书人的良好形象。

1909 年 11 月老祖袁嘉谷担任了浙江省提学使，一上任就遇到浙江两级师范学堂的罢课风潮。他力主挽留教务长许寿裳、教师鲁迅、夏丏尊等人，他果断地罢掉了学堂监督夏震武的官，由自己兼

袁嘉谷家族涉茶人士图

任。当时，学堂里有一个叫郑鹤春的学生，十多年后，他成了一个著名学者，中国文献学的创始人。1928 年，郑鹤春以学生的身份为袁嘉谷的《卧雪堂诗集》写了跋。

1938 年，郑鹤春来云南考察茶业，并于同年 12 月任新成立的云南中国茶叶贸易股份有限公司（云南省茶叶进出口公司的前身）经理。此时，袁嘉谷的次子袁丕佑、三子袁丕济，同在云南省政府为官。袁丕佑为省政府秘书长，袁丕济为云南省经济委员会委员，茶业是他主管的项目。云南中国茶叶贸易股份有限公司的创立，袁家两兄弟多有参与，很多文件都是他们起草和签署的。1942 年，袁嘉谷最小的女儿袁玉芬的公公，也就是袁嘉谷的亲家庄永华，当选第三届云南中茶公司董事会董事，代表云南省方面行使富四记 100 股股权。另外，庄永华的堂妹嫁给了李剑卿，后者经营着 1918 年创建的大茶行——公益茶行。可见袁嘉谷家族与云南中国茶叶公司的渊源是多方面的。

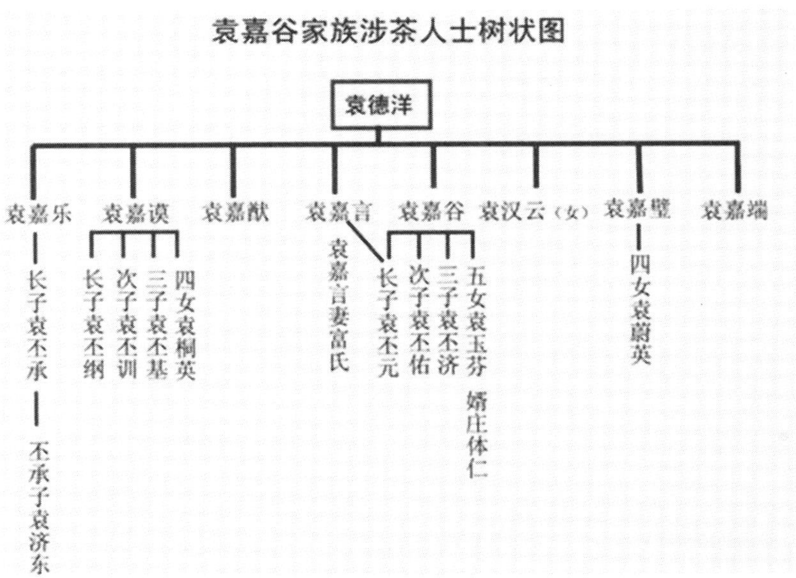

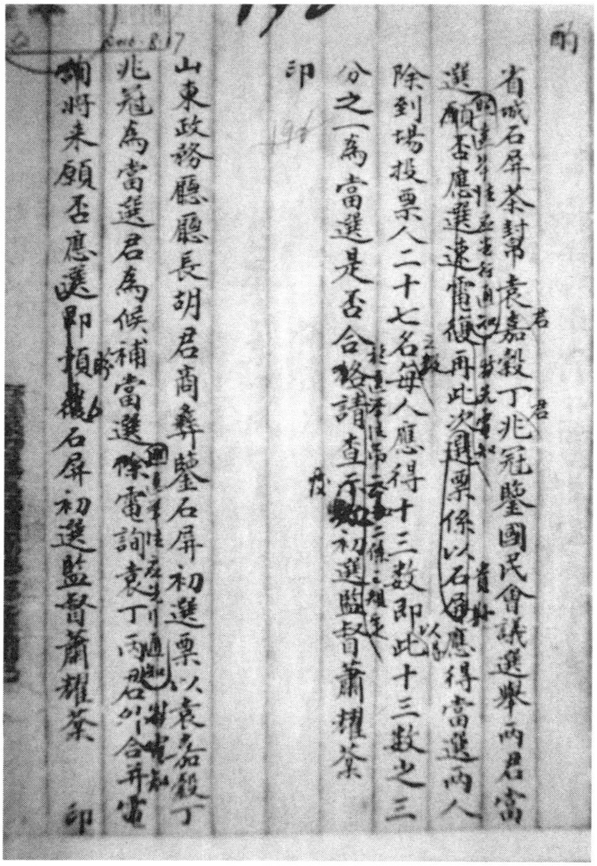

省城石屏茶幫袁嘉穀丁兆冠鑒國民會議選舉兩君當
選願否應選速電復再此次選票係以石屏應得當選兩人
除到場投票人二十七名每人應得十三數即此十三數之三
分之一爲當選是否合格請查所初選監督蕭耀棻
印
山東政務廳廳長胡君商彝鑒石屏初選票以袁嘉穀丁
兆冠爲當選君爲候補當選除電詢袁丁兩君外合并當
詢將來願否應選即頂石屏初選監督蕭耀棻
印

石屏茶帮选举袁嘉谷、丁兆冠为茶帮理事的公文

老祖祖的兄弟几人，熟读诗书，又涉足商场，具备相当好的经济能力，在清末到民国的商场上，占有重要地位。那为什么没有留下更多的文字资料？主要是由于五弟袁嘉谷考中进士及经济特科一等第一名，大魁天下，名声在外。在封建社会里，从上到下都把读书，看成正道。报考功名时，朝廷要审查每一位考生的家庭出身，只有农耕人家出生的读书人，才容易通过政治审查。这种歧视经商的社会风气，使得一般人家，都回避家庭里有人经商的事实。所以在袁家的家谱，在为去世的长辈写的讣告里，简历中都回避他们在经商，做茶叶生意的文字。这就是到今天，连我们袁家的后人，也很少从长辈的口中，听到袁家经商的话题。

事实是没有普洱茶，就没有袁氏连续五代人的茶庄生意，也不可能成就老祖祖袁嘉谷考中经济特科一等第一名的功名。是普洱茶养育了袁氏几代人，为老祖祖等几兄弟能安心苦读，打下良好的学习基础。

清宣统二年（1910 年），袁嘉谷二哥（嘉谟）的长子袁丕纲，在昆明转包了杨季春的“季春茶行”，专做茶叶批发生意。在清代，各行业内部分工界限分明，做茶行的只能做批发，不能零售，也不能做茶叶的生产和加工。茶行必须领取行贴，行贴的有效期是二十年，领贴时要交纳数百两银子的“贴费”。茶行每年还要交纳一定数量的税费，大约是七十二两白银。运进省城的茶叶，除十斤以下的散货，都必须交给茶行。货主如果没有钱，茶行必须按货值的一定比例提供为期几个月的无息贷款。可见，办茶行的人是必须有充足资金的。袁家不仅涉足茶庄生意，而且也加入了茶行的领域。

在老祖祖八百多首诗词中，也有几首诗，提到与茶有关的事实。第一首为了答谢他的恩师伍叔葆，赠送梅花的情意，回赠普洱茶的诗作。

伍叔葆前辈赠梅，以茶报之

计别家山已七年，山南花事梦如烟。

何当共订罗浮约，日暖风轻笠屐天。

琼瑶言报愧非才，九市歌声匝地哀。

只有故乡心一片，普山茶味睡乡来。

离家已经七年，思乡之情无日不在，现在京城，考中了经济特科一等第一名，自己觉得还愧对朝廷，伍叔葆送我“一代声名跨钱尹，两朝鸿博伉彭刘”的褒奖对联，我觉得受之有愧。今天又送我梅花，我手头正好有上好的普洱茶，可以回赠老师，聊表心意。虽然作为具有正统思想的读书人，老祖祖不愿意轻易言商，可是即使到京城任职，也随身带了不少自家炮制的普洱茶，自己平时饮普洱茶，也可以随时拿出来，当礼品送给贵客。老祖祖与普洱茶的关系，可见一斑。

1912 年蔡锷聘请老祖祖为参议，从北京回到昆明，与老友李坤、吴良桐相聚在翠湖海心亭，边品茶，边叙旧，写得一首诗：

夜与厚安、子柏品茶海心亭

一肩书剑返龙池，池上欣然见故知。

① 马帮及马厩
② 昆明文庙大成殿

虫语留人春步月，竹声和我夜吟诗。
英雄广武成名早，朋友平原痛饮迟。
三十九年茶博士，剧怜霜雪上吟髭。

全诗描写了与老朋友夜聚海心亭，品茶、畅谈的愉悦心情，老祖祖还是对茶，有着深厚感情，毕竟从小与茶打交道。

为了写作，到处收集资料。2016 年在石屏县档案馆，查到一份档案资料，是石屏茶帮选举袁嘉谷、丁兆冠两人为石屏茶帮理事。这是民国以后的事了，科举考试已经废除，社会生活中对经商的偏见，慢慢消失，老祖祖才走进石屏茶帮的活动范围，已经不回避经商的经历了。

昆明石屏茶帮

文庙街的茶帮会馆建成后，石屏茶帮在昆明有了固定的住所，茶担可以堆放在院内，经营人员也住在这里，很是热闹了一段时间。后来逐渐发生变化，一来几个大股东，如袁家的、罗家的都先后在昆明购置了房屋，逐渐搬出去住了；另外茶帮的主要生产及经营的总店在思茅，每个茶商都在思茅加工茶叶，按质量分等级，中上等的运昆明销售，下等的运西藏销售，昆明只是个中间转运站，而且销售手段，也改进了。石屏的茶商，也不直接派人到昆明参加销售，只是委托昆明的代理人，进行销售。虽然要交手续费，可是比直接派人到昆明销售，要方便、快捷。所以经过十多年以后，这座石屏茶帮会馆，就逐渐变成旅店，是石屏来昆的石屏地方人士，还有茶帮后裔到昆明读书的居住地。

到 1940 年以后，乾利贞的袁谦六、庆源盛的杨少泉，还有许茂（商号不清）、裕欣祥的雷敬之一起商议，我们几家的前辈，费尽心机，筹借的资款，集资购置了这套茶帮房产，最后却是罗姓来使用。最初只答应他住一间房，现在他们家住了好几间，其余的房屋收取房租，实属鸠占鹊巢。提议向罗氏收回房屋。由袁、杨、许出面交涉、办理，可是交涉无果。

这庄公案，最后是这样解决的，由袁谦六等出面，在石屏举行茶祖会，在石屏的茶帮后裔，不分男女，都派人参加。祭拜过茶祖以后，就举行宴会，共有十多桌客人，这个费用完全由罗氏负担。也就是与罗氏交涉的结果，算是两方面和解了。

抗战期间日本飞机经常轰炸昆明，人员疏散，文庙街也中了日机的炸弹。这事也就无法再交涉，到 1950 年，这座房屋，仍由罗氏管理，到中华人民共和国成立后充公，结束了昆明石屏茶帮会馆近 60 年的历史。

前面讲过，在清代生活的袁家人，都希望能通过刻苦读书，考取功名，改变命运。就得遵守那个时代的风气，经商的人家，是属于“出身不好”的阶层，在参加科举考试时，会有麻烦的，致使我们家里人，很少讲家人与茶帮的关系。为了研究这方面的题材，我主要读了杨凯先生写的《茶庄茶人茶事》一书，上面文字也多是此书中的内容，在此对杨凯先生表示感谢。

勤劳致富

近代勤劳致富第一人

在我五六岁能记事的时候，爸爸妈妈带我和妹妹去舅爷爷家，爷爷奶奶也带我们去过几次，就是王天船的家里玩过。舅爷爷王天船是王炽的嫡长孙，他父亲就是王筱斋。那是 1948 年到 1951 年期间的事。

他家住在昆明的文庙附近，是木结构的两层楼。感觉他们家很大，够我跑上、跑下的尽兴玩；还有一个最吸引小孩的是，他们家有电冰箱！我只要打开冰箱门，就可以吃到冻好的冰棍。在那个年代，冰棍也不是什么时候都能吃到的，街上好像也不是随时有卖的。再加上家长愿不愿意给你买，能随意吃冰棍，真是太痛快的经历了，所以我一直没有忘记。

对于舅爷爷家的其他事，他们家为什么能有冰箱，我就不知道了。再后来，去的也少了，好像他们的生活，也越来越苦了。最后，听说舅爷爷是靠修自行车来养家。有时候我爸爸还会给他送点钱去，爸爸是工程师，有固定的工资收入，每月有 100 多元，当时是相当高的工资了，相对好一些嘛。在整个中学阶段，我再没有听说过他们家的事。

我在昆明上完小学、中学，到大学毕业，1970 年就分配到北京燕山石化公司工作，离开了昆明，更不知道舅爷爷家后来的情况了。直到 20 世纪 80 年代初，爸爸妈妈到北京看孙子，有一次闲聊，爸爸才对我讲，舅爷爷家原来是云南的大商人，很富有，八国联军进攻北京时，是王炽接济慈禧太后逃去西安。还讲了其他一些事，我才开始慢慢知道舅爷爷王天船的家事，揭开了我奶奶娘家人神秘的面纱。从我 10 岁到 30 岁之间，我们家里没有人敢讲奶奶家的人和事，把她家的历史，当成“有罪”的历史，都在回避。他们都希望表现得规规矩矩，少给自己找政治上的麻烦。

20 世纪 80 年代，妈妈亲手抄了陈鹤峰老先生著的《王兴斋在清末经营的南帮票号——同庆丰天顺祥简史》送给我。这个手抄本，我一直珍藏在身边。读了这本书，我才渐渐知道王炽、王筱斋、王天船三代人的历史。后来又读了妈妈送的王炽的同乡葛永才先生著的《清末巨商王炽——同庆丰纪事》一书，更详细地了解了我的外高祖父王炽的传奇人生。这些书给我描述了王炽丰富多彩的人生，一个活生生、有血有肉的人物，站在了我的眼前！

写作参考书

进入 21 世纪，禁锢了人们思想几十年的一些条条框框，都被打破了！强加在我们家长辈头上的各种帽子都被剥去，再用普世适用的价值观去衡量他们，这些“剥削阶级”的人物，又恢复了他们应该受尊重的地位。

今天对这位外高祖父的认识，再不是罪恶的剥削阶级代表了。他恰恰是如今中国人最崇拜的、勤劳致富的典范！王炽是近代中国真正靠勤劳致富的第一人，他的致富道路，依靠的是勤劳勇敢；在他的传奇人生中，表现出来的非凡智慧，完全是从中国古老文化精髓中，学习得到的！他是登上 19 世纪世界富豪榜前十人中，排名第四的唯一一位中国人！再就是因多次为国为民捐钱，被清廷封为一品商人，得到的荣誉超过同时代的所有商人。他是今天所有在致富道路上拼搏之人的楷模，是值得今天认真宣传的商界精英。他不仅仅是富豪，也是学习中国文化的楷模，实践中国文化精髓的楷模！我这么讲，是有充分根据的，听我慢慢给你们介绍。

童年及少年

如今回顾王炽的一生，充满了传奇。他并非出身在达官贵人家，出生在云南弥勒县（今弥勒市）十八寨东门街。这里的王氏先祖以习武者为多，祖上曾出过好几位“武略将军”“武骑将军”这样的职业军人。到王炽祖父辈时，家道早已衰落。他的父亲王勋业先后娶师宗人张氏、虹溪人姜氏为妻；张氏生四子，姜氏无出。王炽诞生于农历1836年四月十二日（公历1836年5月25日），是家里的老四，字昌国。他的家乡人只称一个单字：昌，号兴斋，老乡也亲切地称他是王四。

关于王姓的由来，有八种不同的说法，多数的说法是起源于西周、东周时期，世居中原，有琅邪王氏、太原王氏等望族。传说云南弥勒王氏，正是琅邪王氏的后裔。云南弥勒王氏祖籍琅琊，西晋末年迁至建康（今南京），先祖世居应天府（今南京）山阴县柳树湾石门坎。1947年舅爷爷王天船曾特意到该地寻根。当地的老人们告诉他，这里曾经是明初兵营。说明王炽的祖上的确是行伍出身。20世纪90年代，我曾多次到南京出差，也抽空去探访过，了解到今天南京的中华门附近，就是当年的柳树湾石门坎一带。

明洪武十四年（1381年），明太祖朱元璋命傅友德、蓝玉、沐英为帅，率领三十万大军远征云南，三位主帅共带有十八位指挥官。第十八位指挥官就是弥勒王氏先祖王再一，明军平定了云南土著居民的反抗后，定居陆良伍军屯。又过了几年，王再一来到了弥勒，留守白云冲，从此定居这里，成为虹溪王氏的先祖。从先祖王再一定居白云冲至1996年，时间过了400多年，这里的王氏已繁衍至十九代。

白云冲是王氏定居虹溪的最初驻地。约在五世祖后又分出两个支系，一支在镇东北的石洞村，一支在镇内的东门街。王炽一家，出自东门街支系。王炽在王家的族谱中属第十三代，他的父亲叫王勋业，祖父名叫王澐，曾祖父名叫王笃生。王笃生娶妻师氏，生下王澐；澐娶妻陈氏，生下王勋业；王炽发迹以后，上报朝廷把十八寨改名为虹溪，此名一直沿用至今。父亲王勋业娶师宗人张氏为妻，还娶了虹溪人姜氏为妻，张氏生了4个儿子，姜氏没有生育。

王炽的父亲王勋业生了四个儿子，开始家境还温饱有余，他八岁开始读私塾，读书非常用功，深得私塾先生的喜欢，学习进步很快，打下了较好的国文功底。可惜好景不长，到十四岁时，父亲、兄长相继去世，使这个家庭陷入了贫困的境地。开始两位母亲以纺织谋生，省吃俭用，勉强度日。又坚持了一些日子，还是难以维持生计，母亲只有让王炽弃学。他非常不愿离开私塾，又不得不离开。临走时他抱着私塾先生，实实在在大哭了一场。私塾先生也跟着流泪，说“多好的孩子，多用功的孩子啊！可惜可惜”。私塾先生教给他的孟子语录：“为人君，止于仁；为人臣，止于敬；为人子，止于孝；为人父，止于慈；与国人交，止于绩。”在王炽的心里扎下了根。

仅读了 6 年的书，从此再没有踏进学校的大门。回家务农，帮助母亲干活。1852 年 16 岁时，母亲变卖首饰得银圆 20 两，交给王炽，开始学习做生意，这在信奉“万般皆下品，唯有读书高”的年代，经商是一件让人觉得屈辱的事。

从小聪明好学，在私塾里是老师喜欢的好学生，被生活所迫，只有走上经商之路。可是渴求知识的心，仍然在他的胸中燃烧。外高祖父在

马帮及马厩，马厩用于马帮休息的旅店

跑马帮的路上，他总是带上自己喜欢的书，有空就阅读，不懂就找人问。在路上，他能成段地背诵《史记》的文章，让伙计们钦佩不已。通过学习，他开阔了眼界，了解了中国悠久的历史，他特别钦佩古代那些爱国的商人，早早就把他们视为自己的楷模，定为自己的学习目标，励志长大以后，要成为和他们一样对国家有贡献的人，从小就立下为国建功勋的大志。

云南地处云贵高原，西部是横断山脉，东部是滇东高原，全省范围内只有昆明、陆良、祥云、楚雄、蒙自几个大盆地（云南人称为坝子），其余都是小盆地，盆地之外到处是崇山峻岭，深沟峡谷，江水湍急，山峦陡峭。山峰与河谷，山巅与盆地之间的高差，少则三五百米，多达一两千米，严重地影响了人们的往来。在这样高低悬殊、地形复杂的羊肠小道上搞物资交流，除了靠马帮运输而外，没有其他办法。以昆明为中心，形成了四条马帮干道：一条走滇东北，以昭通作为到四川往来的转运中心；二是走滇西，以下关为集散中心；三是走滇南，经玉溪、元江、普洱至澜沧、景洪，再经勐海进入缅甸转泰国；四是走滇东南，经陆良、师宗、罗平进出广西。在崎岖的山路上走马帮，来去一趟要花费一二十天，再远的路程需要四五十天，更远的路程来回一趟可能需要半年左右，是很辛苦的劳动。当时，在昆明的东门和西门外的好几条街上，都有专门接待马帮的客店货栈，每天人来人往，川流不息，附近也自然形成好几个集散市场。

外高祖父王炽的所谓经商，实际上就是自己带几匹马，驮上货物，加几个伙计组成马帮；或者人挑肩扛穿街走巷，翻山越岭，通过调剂各地物品的有无、多寡，赚取微薄利润。最早是在家乡收购土布，运到竹园、盘溪等地贩卖，再从这些地方收购红糖回到家乡贩卖。

外高祖父白手起家，每天早出晚归、辛勤劳作，慢慢有了些积蓄，又多买了马匹，再雇上一些帮手，扩大了马帮的队伍。凭着天资聪颖和吃苦耐劳的精神，几年后便攒下了百多两银子。这笔银子成了他扩大经营的资金，路走得更远了，在建水、泸西、师宗、丘北一带往返贩运土杂百货。

组织乡勇

1856年前后，外高祖父才20岁时，云南土匪横行，民众生活很苦，引发了回民起义，社会更加动荡。建水回族首领马如龙等聚众响应大理杜文秀起义，攻占开远后向弥勒进攻，附近各地震动。王炽的家乡十八寨也受到威胁，当地乡绅连辅廷置办团练以自卫，他赏识王炽机灵过人，乐于助人，就委王炽为东街门练目，就是东街门的自卫头目。王炽非常愿意为家乡做些事情，就拿贸易所得资财，召集乡勇，组织起一支地方武装，在平时可以作为马帮的自卫武装；家乡有难时，又可以组织这支武装，保卫家乡。外高祖父担任自卫队头目后，他能亲自上阵作战，说明他的骨子里还有武将的基因，就是不怕与敌人刀枪相见。在普通人家出生的后生，不太可能具有这种善武精神。

在外高祖父的事业刚起步时，赶上一个乱世，他带领马帮徒步来往于各州县之间，有时候要绕过乱匪的营地，险象丛生；有时候还要冒着土匪的飞石前进，面对风险他一点没有胆怯。这种面对风险，能沉着应付的精神，是从何而来？是学习中国古代的小说，从书中学到的智慧。

外高祖父到本乡绅士连辅廷家商量组织乡勇，保卫家乡的事宜。看到桌子上放着《东周列国志》，他很喜欢读书，就把书借回家，有空就翻开看几页，看得如痴如醉，特别喜欢书中所讲到的那些大商人。他能背诵《东周列国志》《中高假命犒秦军》这篇文章，以弦高为榜样，每次出发都带着一些礼物，危难时这些礼物就可以帮他度过险情。

开始是盘溪、竹园的回民联合起来，进攻十八寨。他带领乡勇先破盘溪的一股，再退竹园的匪徒，打退了乱匪的围攻。不久马匪又组织了更多的人马来进攻十八寨。王炽知道自己力量不足以和他们硬打，拿出从古书中学到的智慧。他领人牵牛担酒，亲赴建水马如龙营地拜访。马如龙接受了礼物，很赏识王炽的胆识，答应不进攻十八寨。其他匪徒看到马如龙停止了进攻，也都按兵不动，家乡转危为安。后来他又带领乡勇解救了泸西、弥勒、朋普的危险，他的名声渐渐地为人们传诵。在红河地区王炽的名声越来越大。

州城被匪围攻，刺史急招王炽救援，他马上带领三四十人去州城。赶到州城下，见匪已攻入州府。他不畏危险，带领几个乡勇，进城与匪首谈判，对匪首晓之以理，说我们已经来到城外，州府刺史还在组织军队，不久也会赶来会合。你要是坚持对抗，必然是死路一条，还不如趁早投降，我们保你不死！匪首素闻王炽的名声，不敢与王炽为敌，就命令匪徒们撤离州府，州城又恢复了平静！后来他又带领乡勇，解救了弥勒地区好几个地方的匪患，而且都是自筹军粮、自带武器。这样大公无私的人才，当然得到官府的欣赏，要保举他为官，授予武职，都被他婉言谢绝了！

买卖做大了，王炽抓紧时机在宜宾增设商号，直接把货物在商号里销售，利润空间增大了，可以赚更多的钱。

资金用完，又开始跑马帮，两边兼顾。虽然做得很辛苦，可是他怀着要干大事的理想，咬牙坚持下去。并且抓住时机，把赚到的钱用于开店铺。在虹溪的武庙街口，他与本地人李西来、罗万象开了一家商铺，马帮拉来的货物就在商铺里出售，可以获得更多的利润。店铺交给李、罗二人管理，王炽自己继续带领马帮，在崇山峻岭中往来奔波。

多年以后，与自己的亲信朋友谈起这些事，对朋友透露了他的真实思想：“我开始走马帮时，正遇到汉回互斗，田园荒芜；在与匪患周旋的日子里，我看到不少地方民不聊生，大家只知道躲躲藏藏。又有的地方比较安定，农业丰收，价格很低，由于匪患多，没法运输出去，让农作物都堆在村里。这些产品，正是其他地方奇缺的物资。如果冒险进行运输贩卖，这是我很熟悉的行当，跑马帮，搞运输，就能获得较高的利润。对当地老百姓来说，是救死扶伤的好事，何乐而不为？所以我不愿意去当官，就愿意带领马帮，跑运输。”

由于王炽胆大机敏，为人侠义，至他 20 岁余就在滇南一带小有名气，人称“滇南王四”。

智慧源泉

外高祖父自从 16 岁离开私塾以后，就再没有踏进学校的大门。不过他渴望用知识丰富自己的愿望，从来没有熄灭。在读私塾时，他就养成了爱读书的好习惯。一天王炽到本乡绅士连辅廷家商量组织乡勇，保卫家乡的事宜。进门以后看到桌子上放着一本《东周列国志》，他很喜欢读书，就把书借回家，有空就翻开看几页，看得如痴如醉，特别喜欢书中所讲到的那些大商人！他能一字不漏地背诵《东周列国志》第44回《弦高假命犒秦军》这篇文章，可见弦高对王炽的影响极大！弦高犒师是战国时代的故事，弦高是郑国的一位行商，经常来往于各国之间做生意。公元前627年，他去周王室辖地经商，途中遇到秦国军队，当他得知秦军要去袭击他的祖国郑国时，便一面派人急速回国报告敌情，一面伪装成郑国国君的特使，以12头牛作为礼物，犒劳秦军。自己带上4张牛皮，12头牛去找秦军，见到秦军的首领，就说我们郑国的国王，知道秦军要来我们郑国，特别派我来犒劳秦军。秦军将领孟明视和西乞术、白乙丙闻听禀报，脸上都露出“郑国怎么会派出使臣”的疑问目光。就在3位大将犹豫之际，衣冠整洁的弦高，神色坦然地走了过来。孟明视只好上前问：“贵国使臣见我，有什么事吗？” 弦高站稳身子，施礼道：“我们国君听说您率领军队，要路经我国去远征作战，这是一件很辛苦的事。我们的国君特意让我带上皮革和肥牛，前来慰劳您和同行的将士。咱们两国是互驻使臣的友好国家，我们郑国虽然不太富足，但也特意为您与您的随从驻扎、休息等，做好了一切相关的准备。如果驻一天一夜的话，就给你们准备好粮食柴草；如果你们仅驻一夜的话，就为你们安排好夜晚的守卫哨兵。”秦国3位大将眼见弦高送来的皮革和肥牛，以为郑国有了防备，就收下礼物，在滑国驻下来。弦高一面彬彬有礼地同秦国将士周旋，一面设法找到在滑国的郑国使臣，通过传递信件的驿站，派人飞速把情况报告给郑穆公。

郑穆公接到驿站传来弦高犒师的情报，赶紧召集大臣商讨战事。军队将士为了迎战，整理行装，磨好兵刃，喂饱战马，备好战车。刀在手，箭在弦，全国上下，严阵以待。然后，郑穆公派人到秦国使臣居住的地方，委婉地说郑国的鲜肉已经不多了，请他们到异地去亲手捕获。秦国军队在滑国住了几天，徘徊犹豫，进也不是，退也不是。孟明视说：“郑国已经做好了战斗准备，偷袭不行。正面硬打，千里远攻，军队疲惫，也不一定能取得胜利。围困郑国，距离本土的路程又太远，时间长了，粮草接济有困难。不要攻打郑国了，我们还是回去吧！” 一场眼看国亡家破的战祸，由爱国商人弦高机智勇敢、巧犒秦师而摆平。事后，郑穆公在殿堂上隆重地接见了弦高，要重重地奖赏。弦高坚决不接受，说：“保卫国家，人人有责。我做了应该做的事情，有什么理由来居功领赏呢？”他最终谢绝了国君的奖赏，依然行走在经商的路上。俗语说：商人重利，见利忘义。这话，在弦高的身上不灵了。弦高的行为在王炽心里扎下了“为了祖国，运用智勇果断，用个人财物，自觉前去犒劳秦师；救了郑国，又能有功弃赏”的榜样。他视社稷利益高于一切的无私行动与爱国精神，在王炽心中，竖起了垂范后世的道德丰碑。王炽是靠中国传统文化精髓的滋润，才能表现出在商场上的大智大勇！

1858年王炽二十二岁时，在母亲张氏的撮合下，与虹溪李氏结婚。小两口恩恩爱爱，日子过得甜甜蜜蜜。可惜婚后3年，没有生出一儿半子，在同乡好友李西来、罗万象的撮合下，王炽又与芳龄美貌的张氏结婚。本来可以在家乡虹溪过平平安安的生活，享受一下天伦之乐，可是偏偏遇到倒霉事。

过失杀人

前面讲过，明军在3位大将的带领下，进攻云南，下面一共有十八位指挥官，他们的姓氏是：张姜褚马，耿杜刘唐，焦葛袁宣，陶胡简任，隋王。到清咸丰、同治年间，姜姓已经发展为十八寨的大姓，具有很大的权势和众多的族人。

清同治元年（1862年），王炽26岁。泸西的一位大老板周廷升来到虹溪看望亲戚，王炽想认识他，请他帮忙发展自己的生意，就打算请他吃饭。那时候云南稀罕猪肝，用猪肝做菜请客，是很时尚的事情。在村子里只有一家屠夫，几天才杀一头猪，所以要买到猪肝，必须提前去预订。王炽是头天下午去屠夫家，订好了明天一早来买猪肝。

第二天一早王炽就去买订好的猪肝，不料村里中过举人的姜庚也来买猪肝，也是请周廷升吃饭。按理是谁先订的卖给谁，可是姜庚是一个当地有名的蛮横无赖之徒，平时不务正业，仗势欺人，非要买走整个猪肝，连平分都不同意！王炽先和他平静地讲理，姜庚不仅毫不让步，还对王炽开口就骂，推推搡搡；王炽忍无可忍，一气之下，拿起杀猪刀，把姜老爷捅死了！这还了得，他只有逃命去了。告别了母亲和妻子，带领几个愿意同生死的弟兄，先跑到他姑爹姜素翁处躲避。姜素翁对王炽说："事已至此，我也没有什么办法，你们两家，一方是我的族侄，一方是我的妻侄，我不能保护你，也不能为难你，只有给你些路费，你就远走高飞，自奔前程去吧！"

这里插进一段题外话，中国现代数学界的鼻祖熊庆来先生，也是云南弥勒人，他的出生地是弥勒竹园乡息宰村人，他的夫人名叫姜菊缘，就是弥勒县虹溪乡人，就是被王炽捅死的姜爷同族人的后代。后来熊庆来的大儿子熊秉信娶了我爸爸的三姐袁孟仁，我就称熊庆来的夫人姜菊缘为熊亲奶。熊庆来爷爷回国到中国科学院数学所工作，就住在中关村的专家楼里。熊亲奶在世时，我常去中关村，到家中拜访老人家。熊亲奶多次笑着对我说，虹溪的王氏和姜氏是世世结亲，代代结仇！当年我奶奶的爷爷捅死了姜爷，后来熊庆来的大儿子熊秉信娶了我爸爸的三姐，熊秉信成了我的四姑爹，真是世世结仇，代代结亲，有趣吧？

王炽一行，晓行暮宿，三天后到达弥勒寺，他们就进去，看到袒腹大肚、喜笑颜开的布袋和尚塑像，便跪下就拜，并请住持摇出一签，是个上上签！王炽大喜，当下许下心愿，如果今后发迹了，一定重塑佛祖金身，重修姜王两家之好！后来大富之后的王炽，果然不食言，在禄丰弥勒寺前，购置房地产，作为弥勒寺的寺产，又出重金重塑弥勒寺的佛像。还派人找到姜庚之子，把他请到昆明，住在家里，诚恳地对他说，你要是想做官，我出钱为你张罗；如果你愿意回老家发展，我就为你购置家业田产。姜庚之子选择回家务农，这段仇恨就这样化解了。

从弥勒寺出来，王炽的心情好了许多，高兴地对随从讲起范蠡的故事。范蠡，字少伯，是春秋末期楚国人，担任越国的大夫。越国被吴国打败后，范蠡曾到吴国当人质 3 年。回到越国以后，帮助越王勾践，卧薪尝胆，奋发图强灭了吴国。范蠡认识到勾践只能共患难，不能共安乐！今后勾践当上越国国王，就容不下我了，坚定地辞别了勾践，来到齐国，在今天的山东定陶西北住下，改名陶朱公。开始经商，不久就赚得很多钱，他把赚的钱都分给穷苦人，自己和西施住在湖上，过着自由自在的日子。

范蠡对于治理国家，有一套理论。他认为天时、气候是随着阴阳二气的矛盾而变化的。国家的强盛与衰落，也在不断改变。对付敌人要随形势变化来制定政策，强盛时要戒骄戒躁，衰弱时要争取有利的时机，创造有利的条件，转弱为强。他对市场也有独到的见解，认为物价的高低，是由于供求关系决定的。所以主张在谷物价格贱时，由官府收购，到谷物价格升高时，官府再把收购的粮食，平价卖给老百姓。

王炽经常对身边的人讲，弦高和范蠡，都是我十分敬重的两位古人。在去往昆明的路途中，他边走边讲，还为大家背诵司马迁的《史记·货殖列传》。司马迁在2000多年前完成的巨著《史记》，不仅是一本政治历史书，其中也谈到经济，《货殖列传》就是作者对经济问题的精辟论述。这段文字客观地分析了农、工、虞、商之间的关系，指出无商则不通。

《周书》曰："农不出则乏其食，工不出则乏其事，商不出则三宝绝，虞不出则财匮少，匮少而山泽不辟矣。"此四者，民所衣食之源也。原大则饶，原小则鲜。上则富国，下则富家。贫富之道，莫之夺予，而巧者有余，拙者不足。

《周书》里说："农民不种田，粮食就会缺乏；工匠不做工生产，器具就会缺少；商人不做买卖，吃的、用的和钱财这三种宝物就会断绝来路；管理山泽禽兽的人（虞）不开发山林，资源就会短缺。"农、工、商、虞这四个方面，是人民衣食的来源。来源大则富裕，来源小则贫困；来源大了，上可以富国，下可以富家。或贫或富，没有谁能剥夺或施予，但机敏的人总是财富有余，而愚笨的人却往往衣食不足。

外高祖父不仅学懂了这些古人的智慧，还能灵活运用到自己的经商过程中，能够不断地逢凶化吉，在乱世中获得巨大财富，最终成为世界有名的富豪。

喜结良缘

经过近20天的长途跋涉，他们终于到达昆明！王炽虽然在老家娶了两位夫人，可他的心中真正的恋人是昆明的李小姐。这位李小姐是昆明李树勋的女儿，1856年云南大乱时，20岁的王炽带马帮来到昆明，遇到李树勋家的房子被农民起义军烧毁。王炽出钱替他家租了昆明郊区小板桥的住所，李树勋一家才有了安身之处。李小姐此时才八岁，就对着被烧毁的家，发表议论：我们家房子被烧毁了，所幸人都安好，可惜不少人家，遭到生灵涂炭。他父亲听后感叹：这个女孩要是生成男孩，那可不得了！

李小姐今天已经十五六岁了，出落成亭亭玉立、婀娜多姿的少女了。离开弥勒十八寨时，母亲曾嘱咐他，你已经是快30岁的人了，老家的两个媳妇，都没有生孩子，古人言：无孝有三，无后为大。这回你要逃难在外，不知道过多少年，才能回家。如果碰到心仪的女孩，再娶一位，为我们王家传宗接代。

这次见到李小姐，两人先私订终身。王炽找好日子，请媒人上李家说媒，明媒正娶，把新娘娶进门。在昆明租房子，过起幸福的小日子。婚后他们先后生下二男三女，遂了王炽母亲的心愿！大儿子出生时，他已经是三十出头的人了，以后的三四十年间，正是他的事业蒸蒸日上的时期。

外高祖母李氏从此跟随丈夫，到重庆主持内务，后来又回到昆明，管理内务。到58岁时病逝于昆明，比王炽晚五年去世。两人合墓安葬于弥勒五山烟子寨。

婚后的日子平平静静，而王炽心中还念念不忘弥勒寺和尚的话：水火不容，水火相依。里面的道理是深奥的，他一直在等待着机会到来。

一天老丈人带来一个消息，说马如龙已经投降清廷，还被封了一个什么官，现在也在昆明。王炽想起来那年在建水，与当时还是土匪的马如龙打过交道，互相都留下了好印象，后来也有些往来。

马如龙，云南建水人，他先是揭竿而起，带领人马占山为王。后来又投降了清政府，被封为提督军门。王炽登门拜访，两人相见，王炽把怒杀姜庚一事讲了。马告诉王炽，太平天国的石达开要进攻四川，清政府正在调集云南的军队，准备开赴四川。王炽就和伙计们商量，准备应征入伍。这时马如龙在昆明的家里，为老母亲七十大寿做准备。王炽要求马如龙帮忙，必须带上一份大礼。他资金有限，不过他有办法，就买了一块拳头大小的檀香木，请一位技术高超的师傅，按马母的模样，雕了一个檀香木头像。在马母生日那天，送到马府。马母一看，非常喜欢！马如龙也很高兴，就问他，你有什么要求？王炽把自己的想法一说，马如龙答应让他们随军去四川，还送了他一些盘缠。老丈人也把家中的积蓄都给了王炽，还送他一套《资治通鉴》，深情地对他说：贤婿志向远大，家里的积蓄只能帮你一阵子，而《资治通鉴》能为你插上翅膀！

进军重庆

当他们随部队到达宜宾时，就听说石达开已经被打败了。其他人都返回昆明，只有王炽一行继续前进，到达重庆。见重庆商业繁盛，又居水陆交通要冲，宜在此设庄贸易。第一天就看到一条大鱼拜在案头上，暗自心喜，此乃吉庆有余的兆头，重庆称渝，此地正是弥勒寺和尚所讲，水火不容，水火相依，火能沸水的意思吗？他把这些想法告诉李西来等伙伴，大家一听，都觉得有道理，异口同声地说：我们跟你好几个年头了，看出你是大富大贵的人，这里将是你发迹之地。川也，水也，因为有四条江流过，而取名四川；重庆，渝也，渝是嘉陵江的别称。你名字是炽，正好与渝相对，炽带火，渝有水，又看到一条大鱼摆在案上，简直是好的兆头！大伙都认定重庆是能实现理想的地方。这些话，使王炽心里热乎乎的，决定留在重庆，大干一场！

要干好跑马帮，做生意，仅靠自己一个人是肯定不行的，在旅途中，他热情地和合伙人交流，谈心，在多年共患难的经历中，他结交了好几个志气相投，又聪明能干的好伙伴，如席茂之、俞献廷、孔孝纲、姜大有等人。这些人后来都成为“天顺祥”“同庆丰”的骨干人物。

王炽能把一批优秀人才团结在周围，也是从古籍中吸取的营养。战国时代，齐威王使齐国称雄一方的历史事实中，使他学到齐威王励精图治、赏罚分明的治国之道。齐威王在朝廷上对即墨大夫讲，自从派你去治理即墨地区，经常能听到诽谤你的言论，我派人去即墨考察，发现即墨的土地都已经开垦，老百姓生活富足，社会一片安宁。说明你做事老实可靠，不求我身边的人为你说好话。齐威王召见东阿大夫，对他说：自从派你去东阿，我天天都能听到夸奖你的声音。我再派人去东阿看，只见田野荒废，老百姓贫穷，你有那么多劣迹，却派人到我面前为你说好话！最后处死了东阿大夫。大臣们个个震惊，不敢再巧言欺诈了！

还有一次，齐威王和魏惠王出去打猎，魏惠王骄傲自大，故意问齐威王，你们齐

国有什么宝物吗？齐威王回答没有。魏惠王得意地说，我们魏国虽然小，可是也有直径一寸，可以照亮前后十二辆战车的珍珠十颗之多！齐威王这时候才自豪地说，我认为的宝物不是这些，我有个大臣檀子，派他去守卫南城，楚国就不敢来侵犯。我有个大臣叫盼子，派他去守高唐，赵国人就不敢到东边的黄河里打鱼。还有个臣子叫黔夫的，派他去治理徐州，燕国人和赵国人都要按时来朝拜，把家搬到徐州住的就有七千多户。我这些大臣的光辉，能照耀千里之外，何止十二辆战车的距离？说得魏惠王羞愧无语。

这时的王炽经过十多年的磨炼，已经明白，单纯靠马帮贩货赚取微薄利润，是在为别人做嫁衣，于是便租得临街铺面一间，贩卖马帮运来的货物。由于当时王炽的银资不过四五百两，做小买卖没

1 马帮通过碧鸡坊

2 昆明金马坊前繁华的商业街

有多大赚头，做大买卖又感到资金不足，于是他四处寻找融资渠道，想法与当地颇有实力的旅渝滇商合作，由合伙人出资扩大经营。而王炽则组织马帮在重庆购买烟盐土杂贩卖到云南，又将云南的皮毛药材购运到重庆。他找到重庆一位姓王的老板，与他合伙经商，王老板出资，王炽组织马帮从四川到云南跑运输。这支三四十匹骡马组成的马帮，沿途打着“滇南王四”的旗号，亦购亦销，边贩边买，获利颇丰。把业务从仅仅跑马帮，扩大到既跑马帮，又在重庆设贸易庄，向前迈出一大步！

从四川到云南的一路上，多是高山、峡谷，也是强盗、土匪出没之地。1864年7月，“滇南王四”的马帮，在王炽带领下，由四川回云南。这天他们从昭通南行了20多里路，就听到一声炮响，山里闯出“曾么把”的喽啰上百人，把马帮团团围住，赶马人看到这个阵势，跑了不少。可王炽很镇静，他知道，要想跑马帮，就一定要闯过这一关！不把“曾么把”摆平，就别想在川滇路上走。在出发前，他已经做了周密的准备，事先打听了这一路上，可能遇到的麻烦。知道有“曾么把”等土匪，也掌握他们的基本情况，心中有数，做事不慌。他从容地走向一个骑马挎刀的小头领，此人见王炽走来，先是大声吆喝，又拔刀威胁。王不慌不忙，从容地对他作揖，说道：我滇南王四，正是来拜见“曾么把”的，带领的货物都是送给他的礼物，你就带我上山，面见你们的大王吧？小头领见他没有武器，就放心带他和全部货物上山了。

“曾么把”听说“滇南王四”来访，深感诧异，在鸦片床上见他，王炽不卑不亢，镇静地说，自己赶马帮行走在川滇之间，经营些小本生意，旨在养家糊口。我早闻大哥是个讲义气，够朋友的好汉，平时只是无缘相见，今天特备了一些土特产，前来拜会，还望大王笑纳，还向“曾么把”深鞠一躬！“曾么把”听完，感觉王炽是一片真心，马上从床上下来，扶起王炽到床上坐下，开心地聊起来。两人都觉得相见恨晚，“曾么把”下令，设宴款待王炽一行人。分别时，“曾么把”还表示，既然你是一片诚心，我就留下一半的货物，给山上的弟兄们；你带走一半，并传令各山寨，以后见到“滇南王四”的马帮，一律不许抢！

从云南返回重庆后，见到王老板，王炽如实把这一路的经历告诉王老板，并向他道歉，要赔偿损失。王老板高兴地说，“皮之不存，毛将焉附”，所有的马帮都被抢了，你还能保住一半的货物，真了不起！两人的合作，更加牢固。“滇南王四”的名声大振！

随着生意不断扩大，资本也越积越多，王炽就从王老板那里分离出来，在重庆购置了一套房子，逐步实现自己的梦想。既然要开商号，就要给商号取个好名字！他想到刚到重庆时，看到案上的大鱼，和尚讲的火能沸水的故事，寓天顺人愿、吉祥如意的意思，就决定把商号取名“天顺祥”。

1866 年王炽 30 岁的时候，“滇南王四”在重庆正式挂出“天顺祥”的牌子，在昆明和今天的宜宾建立了分号，他的事业走上了一个新台阶！他把宜宾的天顺祥交给孔孝纲管理，重庆的主庄交给席茂之、王佐、姜大有负责。他自己仍然干带马帮、跑运输的活计。

这时天顺祥的业务，还是以马帮运输，就地卖货物为主。到清同治中期，云南形势越来越混乱，内战频繁，给各种生意带来不小的冲击。昆明的天顺祥资金周转困难了，再加上被山西帮挤兑，难得再维持下去，所以王炽忍痛拆了昆明的天顺祥商号，回重庆总店。他发誓天顺祥以后再不回滇设庄！

1872 年王炽回到昆明，再次开办商号，因为原来的誓言，昆明的商号就不叫天顺祥，重新取“同庆丰”的商号。同庆丰号址，原系租用公盛行上房，由于业务日益发达，地址狭窄，不敷应用，乃购获三牌坊邱家巷（即今之昆明市正义路）孔鉴庵的住房三院，空地一块，新盖房屋一院，将该号迁入，兴斋眷属则迁入右侧之旧屋居住。

智取重庆

1873 年唐炯奉命督办川省盐务。他为改善川盐生产设备，急需白银十万两。由于布政司无银可拨，唐炯只得到重庆向商界筹集。然而，商贾们认为，盐茶道借款虽有盐井可担保，但发展盐务并非三五年可见效，何时才能收回本金。感到风险太大，都不敢贸然借出巨款。道署委员张海槎是云南人，与王炽有深厚的交情，便自告奋勇来找王炽。王炽权衡利弊，又与亲信商量之后，便答应在七八天之内即可借出十万两交盐茶道使用。唐闻之喜出望外。说：“各大票号都不敢承担，他不过一生意人，就敢答应，可见此人非同一般。快去请来，我要见他。”第二天，张海槎把王炽请到唐府。唐炯以礼相待。话间再三问及借款之事有无把握，王炽说，不出十日即可送来，决不会坏唐公大事。唐炯疑惑顿释，并告之其汇费每百两年息只给三两，王炽欣然同意。王炽回庄后立即组织清点天顺祥号内存余，不敷之数，以需办货为辞，密向山西帮票号和生意帮以及同乡富有者筹借。由于王炽平时信用昭著，故能有求必应。真是只用了八天，就凑足了十万银圆。他让张海槎面呈唐炯，十万银圆今晚 8 时送到府上。

为送十万银圆，王炽精心设计了一番，先做好灯笼 100 照，每照灯笼上都写着“天顺祥”3 个大字。当天晚上他雇了 100 名挑夫，每人挑一担，每担 1000 两银圆，挂上一照灯笼。这时正值夏季，傍晚的重庆山城凉风习习吹过，老百姓都到户外乘凉，送银圆的挑夫前呼后拥，加上鞭炮声，吹打乐声，好不热闹。重庆的街道忽高忽低，在蜿蜒的山城道路上，这 100 照灯笼分外显眼，远远就能看到，引得人们驻足观看，全城轰动！这次智慧的行动，使王炽在重庆身价倍增。在生意场上，已经做到官匪皆通，官商往来频繁，有存银放银的，多去天顺祥，为天顺祥今后的发展，打下了坚实的基础。“天顺祥”的一炮打响使王炽身价更著，更重要的是，王炽找到了唐炯作为政治靠山，并由此走上了“官之所求，商无所退”的发迹之路。在唐炯的支持下，王炽开汇号并代办盐运，生意做得得心应手。

其实王炽借款给盐茶道，不仅仅是为了巴结官府，他的真实想法是，川盐在云南非常受欢迎，不愁没有市场。不过川盐的产量有限，经常供不应求，所以他资助四川发展川盐生产，可以满足云南对川盐的需求。他这种长远的经营理念，在当时的生意人中还是很稀少的。之后盐茶道借的款，按时还给他，利息也一分不少，“天顺祥”在经营川盐贸易上，有了独特的地位，其他生意人想插足，也没有机会了！有的伙计问他，当时其他商人都不敢借钱给盐茶道，你怎会有如此胆量？他回答：“人是需要得到帮助的，在别人不需要的时候，不要自找没趣；别人确实困难时，你就应该毫不犹豫地伸出双手，这样你的信义就出来了！”

司马迁在《史记》中说，“用贫求富，农不如工，工不如商”，这位老先生已经把商业的特点，对发展经济的特殊贡献讲得很清楚了。

王炽之所以能够成功，除了他个人的聪明和善于捕捉时机而外，还有一个重要原因，就是他善于识人。他依靠的助手、管事、司事、账房先生都是了不起的人才，都是能独当一面，熟悉业务的全才。这些伙计的心里也清楚，一旦得到王炽的重用，待遇是很优厚的。

中华人民共和国成立后的云南省副省长张冲将军，也是弥勒人，很熟悉王炽的故事。张将军在讲到这些事时，都要感慨地说，王炽的作为是其他老板做不到的啊！

开设票号

王炽不是一个头脑简单，把钱看得高于一切的迂腐商人。他的从商之路，一直有着坚实的思想理论基础，就是我们民族文化的精华。赚钱不是王炽最高的原则，他把国家利益看得高于一切，是来自于《史记》《东周列国志》和《资治通鉴》中的历史故事教育了他，使他会正确对待钱财，摆正国家与财富的关系。他曾经自豪地对身边的人说：是《资治通鉴》教我做钱的主人，而不要成为它的奴隶。他每到一地，住下以后，有空就要读书，看不懂的就找人请教。他常说要善于学习古人，我们才会聪明，才会打胜仗。还说：常照镜可以整容，书常读可以医愚，错常改可以完人，心常清可以修身。一部《资治通鉴》，完全可以兼备整容、医愚、完人、修身的作用。你看他多么喜爱我们的传统文化精髓，还能学以致用。所以王炽后来能干成让世界瞩目的大成就，是有着必然原因的！

王炽熟悉《资治通鉴》里面的不少故事，他能够准确地理解故事的含义。比如书中讲到，北魏宣武帝死后，太子元诩继位。因太子年幼，宣武帝的妃子胡贵嫔临朝执政，尊为太后。她诚心要赏给宫中大臣一些布料，就带上全体大臣到后宫里面，在衣料仓库里，允许他们尽自己的力量拿。只要能拿得动，拿走多少，我就送给你多少！每个大臣的表现就不一样，尚书令李崇，彰武王拓跋融背的绢太多，腰都直不起来，没走出几步就倒下了，一个伤了腰，一个扭伤了腿。胡太后夺走了他俩的绢，让他俩空手回家。侍中崔光只取两匹，太后问他，怎么拿那么少？崔光回答，我只有两只手，一手拿一匹，足够了！王炽领悟到，本来两个包子就能填饱肚子，几尺粗布就能做件衣服。贪婪的李、拓跋只能空手而回，知足的崔光却满意而归。这样看来，无形的利诱像磐石一样沉重，能够压伤贪婪人的腿和腰。

王炽也听说，在唐宪宗时社会上就有“飞钱”在流通，他让自己的账房先生把飞钱的作用，详细介绍一番。唐朝是中国经济最发达的时期之一，当时也是流通金属钱币，重量沉，体积大，携带很不方便，各地的钱币生产供应都有限，所以还限制钱币出境。商业经济发达，又需要很多钱币交易，于是各地在京城的商人，就将在京城售货所得的钱，交给当地在京的派驻机构，由他们开出两联的票据，商人拿一联，机构发回本地一联，商人回到本地后，对上联票，就可以取钱。这种联票，就叫飞钱。当然办理飞钱时，要交一定的手续费。王炽对飞钱很感兴趣，心里一直在琢磨这件事。

王炽拿到川东道归还的十万两银圆的汇票，就派出得力的助手席茂之，带上两个人，赶赴北京领取现银。同时任命他到北京后，全权代表天顺祥，负责办理北京、上海两地的设庄事宜。从这时候开始（1874 年左右），天顺祥的国内分号陆续在外地开张。

王炽有个很好的习惯，每当派助手出去办重要的业务，他都要亲自送一段路，在路上把这次任务的重要性、应该注意的问题、碰到困难该怎么应对，都交代清楚。当席茂之等 3 人坐上轿子出发，王炽就跟在席茂之的轿子旁边走边说，给他们讲了几个故事。首先讲唐太宗要求封德彝推荐有德有才的人，过了好久也没有回音，就问他，你怎么一直不给我推荐人啊？封德彝回答，不是我不积极办事，实在是没有找到一个有德有才的人！唐太宗对他讲，“君子用人如同用器皿一样，只取它的长处，只要相对好就可以了。古代的国王把国家治理好，难道是使用早先朝代的人才啊？”说得封德彝惭愧地低下头。唐太宗对太子的老师讲“我从小就爱弓箭，曾收藏了十多把好弓，自认为没有比它们更好的了。我把弓拿给工匠看，谁知工匠说，木心不正，纹理都是斜的，弓虽然很硬，可是射不直！我才恍然大悟，我是靠弓箭打天下的，可是对弓箭的认识还不如一个工匠！如果我不虚心听取意见，总是自以为是，怎能治理好国家啊！”他总是能从读过的古籍中，找到最适当的故事，来教育启发自己的下属，使

他们也能逐步成熟起来！ 最后还对他们说，唐太宗是个有头脑的皇帝，他讲过以铜为鉴，可以整衣冠；以古为镜，可以知兴衰！席茂之等三人深感王炽的知遇之恩，在京城竭力为天顺祥办事。还抓住机遇，多办了一笔，把从上海领回重庆的垫款，做了一次短期借款，原定是3个月归还，实际上还没有到期，就全部归还了，每百两银子，得2两的汇费。一共获得3000多两的红利。汇兑的利润那么丰厚，更加坚定了王炽开展票号的业务。

当时在中国已经有票号了，最有实力是山西的票号，英文把中国的票号就直接翻译成“Shanxi bank”，在昆明也有山西帮的百川通、宝丰隆，浙江帮的乾隆亨、盈泰兴、兴顺和等几家。票号是清朝最盛行的信用机构，也叫票庄、汇兑庄等名称。到辛亥革命以后，票号又改名为钱庄。票号及钱庄基本相同，经营异地存款、取款的机构，从中收取手续费。与现代银行最大的不同，就是票号不搞投资，没有货币资本的运作。

清代镖局马队

王炽富而不惰，以身作则，亲自赶马运货到云南，又由云南办货至重庆，并在“天顺祥”逐步设立了一套已具民营企业特色的较科学的管理模式。在这种新的管理体制下，“天顺祥”获得了长足的发展。

1873年，王炽把重庆的天顺祥贸易行正式改组为票号，不再搞带马帮、跑运输的业务了！改以金融业务为主，办理公私存款，借贷和汇兑，重庆天顺祥是总号，外地的天顺祥是分号。

开设票号了，经营管理模式也要跟上，王炽立马在票号内部，设立股份制，让每个人成为股东，才能把每个人的积极性，充分调动起来。王炽把俞献廷、席茂之、孔孝纲3位骨干叫在一起，商量改组天顺祥的事。最初在渝成立天顺祥时，是王炽与孔孝纲、席茂之3人合伙。孔、席两人均无银本，仅兴斋一人有本。当时曾向外借过一部分资金，由于3人同心协力，营业有发展，每至年终结账均有盈余，但未定股数，视获利多寡，做分配标准。获利多则多分，获利少则少分，彼此均无异言。现俞献廷入号亦无银本，来日方长，不能不定一办法，让大家遵守。商量以后决定，过去的账目截至清同治十一年（1872年）止，告一段落。以后之账，自同治十二年（1873年）起定为42股，孔孝纲分人力红利10股，席茂之分人力红利10股，俞献廷分人力红利10股，王兴斋也只分10股，另提公股2股做酬商号上职工之用。业务仍以买卖货物兼营汇兑为主，数年后统算大账，除开支外，所剩红利银即做银本。以上办法决定后，即照此进行。

作为后人，我今天看一百多年前的外高祖父，非常钦佩他的高明！用今天的话说，整个事业的启动资金，是他一个人出的，成立股份公司了，他自己只认和其他股东同样的股份！就算在今天也是名副其实的高尚行为！

有人曾给“同庆丰”算过一笔账，说自光绪十三年（1887年）至宣统三年（1911年）共25年间，全号红利即达389余万两，此数尚未包括号内遭受的重大折损，时人称“同庆丰富过半个云南”。王炽成为名震南北的“钱王”，被誉为“执全国商界牛耳”的云南金融业开山鼻祖。而“同庆丰”“天顺祥”则被誉为“南帮之雄”，当今的经济学界不少学者认为，王炽的钱庄足以与山西钱庄相抗衡。

同治十一二年间，先在云南省城设立同庆丰，日渐发达，王炽亲赴重庆仿山西帮规例，改组天顺祥，营汇兑存放款事业，以同庆丰为总号，天顺祥为分号，逐渐推广。天顺祥逐渐向全国推广，分别在北京、上海及沿长江两岸的广东、江西及汉口、常德、重庆、成都、贵阳、叙府（今宜宾）均有天顺祥票号。晚清全国分 23 个省，天顺祥在 15 个省份设立了分号，还在香港设立了分号，在越南海防设立了办事处。这说明天顺祥经营的汇兑和存放款业务，主要是在省外，以及国外了。就天顺祥业务所及的地区而言，仅稍逊于“中国金融老祖父”的山西帮，比仅以长江中下游沿岸市镇为活动范围的徽商，则有过之而无不及。总号有资本十万两，京都分号有三万两，其余各一万两……咸丰、同治时期，在帮助朝廷治理滇省的内乱，与中法谅山之役均筹垫饷款，获利甚巨。故资金充裕、款项灵通。两号信用大着，凡协款、丁银、丁赋均归其专办。至光绪中后期，号称“南帮之雄”，与山西帮三晋票号并驾齐驱而驰名于国内。王炽缔造的以金融票号业为主干的商业帝国，享誉一时。

2005 年因工作关系，我到山西太原帮助原化工部第二设计院搞项目设计，该院的领导曾抽空带我去山西平遥参观。山西平遥，是中国最古老的票号之都，专门有一个“日升昌票号”展览馆，展出了 19 世纪到 20 世纪初，全国票号名录。其中只有云南“天顺祥”一家，列在除平遥票号之外大票号之首。也可证明天顺祥票号的实力是全国知名的。

1880 年王炽母亲病故，兴斋接母噩耗，准备回籍奔丧，请李耀庭回渝代理号务。兴斋携眷回滇，将丧事办毕，由十八寨转回省城，租华国寺巷房屋一院居住，每日到号与俞献廷筹商生意事。正拟扩充滇庄后再为回渝，不料献廷一病不起，号务无人继任，兴斋不能不留滇主持，乃决定调李耀庭为渝号管事，坐镇重庆，兴斋则坐镇昆明，亲

山西平遥中国票号展览馆中列出全国票号，云南天顺祥在倒数第二

身主持，以昆明的同庆丰为总号，重庆及外地的天顺祥为分号，同庆丰总理全国的分号业务。李耀庭为重庆分号管事。

急公好义

清光绪八年（1882 年）法国侵略越南，当时的越南是清政府的属邦，相当于中国的领土，不能坐视不管，命令云贵总督岑毓英督师救援，又诏命骁勇善战的鲍超到云南助阵。1883 年十二月法国军队向驻守越南北部的清军，刘永福的黑旗军发动进攻，清政府下令还击，中法战争爆发！

当岑毓英准备率领军队援助越南驻军时，急需军饷 6 万两银圆，一时筹应不及。在这个紧要时刻，达官贵人忙于避祸，唯利是图的商人们都做了缩头乌龟，独有王炽挺身而出，表示愿意独立借垫 6 万两巨款做饷银。岑毓英不敢相信，说这是军饷的大事，万不能耽误，你有什么办法敢承办饷银？王炽从口袋里掏出一文钱，放到他面前，说就是它。官居正一品，掌握有滇黔两省大权的岑毓英大怒，认为王炽戏弄自己，要

昆明新建钱王府外景

推出去砍头。王炽冷静地回答，请大人先听我说完，再砍我的头也不迟？大人你看，钱上有通宝两字，钱要通，才是宝；钱不流通了，就失去宝的作用。我准备随军设立办事处，印发银票，资金全由我负责，见票给银，若有耽误，愿受军法处置。岑毓英听后大喜，当即同意由同庆丰印发银票。士兵都相信同庆丰的信用，乐于使用这种银票。岑毓英解决了军饷的大难题，很快就招募了几万人的乡勇，开到中越边境，配合冯子材率领的清军，刘永福指挥的黑旗军与法国军队大战，最后大败了法国远征军！

今天的人们不禁会问，法国军队已经是洋枪、洋炮了，怎么还打不过只有土枪、开花炮和大刀长矛的中国军队？实际情况是这样的，战斗一打响，中国军队是拿着刀、弓、箭、矛和火药枪与法国军队打阵地战，结果伤亡很重。指战员们经过认真讨论、研究，才决定改变战术，利用中越边境的高山密林地形，先掩护好自己，等敌人靠近了再打，使他们的火炮发挥不了作用。敌人人数少，就包围起来消灭他们；敌人太多就先躲起来。中国军队采用了近战战术，使用落后的武器，打败了拥有先进武器的法国侵略军。抗日名将张冲将军的父亲和姑爹都参加过这次战斗。

在 1885 年爆发的中法战争，是以云南省一省的财力、人力、物力与当时的世界强国之一法国的较量，结果以中国的全胜结束，在中国近代史中是不多的战例！为什么使用土枪、长矛、弓箭，最多有土炮的中国军队，能打赢这场战争？除了中国军人的勇敢而外，主要是参战部队多半是来自云南的农村青年，熟悉山地情况，战争初期，与法国军队开展阵地战，我们也吃了不少亏！后来总结教训，认识到越南和云南一样，以山地为主，就避开阵地战，到深山中与敌人周旋，开展近战、夜战，使法国军队的大型武器，失去用武之地。我们的大刀、长矛，甚至削尖的竹子都是武器，把法国军队打得落花流水！云南军民打得真漂亮！正准备进攻河内的时候，突然收到清政府的停战谕旨。战争打到最后，却是清政府与法国签订不平等的《中法条约》来结束。人们不得不问为什么？就是因为李鸿章那么“无能”？今天我查阅了档案材料，才真相大白！因为当时云南还没有架设通信线路，当带有打败法军密信的信使，快马加鞭日夜兼程赶到四川，由四川拍电报到天津，向清廷报告时，为时已晚。李鸿章与法国的合约早已签订了。当时的清政府根本不相信，云南军队能够打败法国军队。在没有得到战场胜负报告的情况下，就签订了不平等条约，还答应给法国赔款。就因为通信落后，使中国付出了惨痛的代价，永远失去了收回越南的机会！云南人民在这场战争中的辉煌，今天只能在历史书上看到，还有到云南大学会泽院前，那尊中法战争中，中国军队使用过的开花炮前去缅怀吧！

王炽决定为岑毓英贴补军饷时，他的朋友也有人担心，这样做太危险！可是王炽认为，饷银如果不够用，士兵就要哗变，大局将不可收拾！越南与云南唇齿相依，越南亡，云南也将不保。覆巢之下，岂有完卵？我的私财还能保得住吗？他先后垫银 60 万两，岑毓英胜利回来，提议朝廷赠王炽“急公好义”匾额。

1885 年参加中法战争的鲍超部撤至云南，由于饷银不足，发生了扰民事件，王炽又多方筹措资金，借给鲍超。鲍超赠给王炽“义重指困”匾额，表彰他的爱国情怀，深明大义，愿成为清廷的后备仓库。

后经鲍超、岑毓英保奏朝廷，赐王炽为“资政大夫，二品花翎顶戴候选道”。

昆明新建钱王府正房

原云南省副省长张冲，也是弥勒人。他很熟悉王炽的生平。抗日战争时张冲任滇军 60 军 184 师师长，带领部队参加了台儿庄战役，后来又参加武汉保卫战。云南著名作家李乔，就是张冲的部下。张冲离开部队，回到昆明赋闲在家，就聘李乔为秘书兼家庭教师。两人经常在一起，李乔听张将军多次给他讲述王炽的传奇人生，张冲将军对王炽的评价是：智勇双全、细心好学、任人唯贤、关心职工、深明大义。

回馈社会

开发矿业

云南拥有丰富的矿产资源，东川的铜矿早就有资料记载，从东汉开始就有开采铜矿及制造铜器的记载。清代前开采铜矿及炼铜，都是处于自由状态，官府不过问，只负责收税。老百姓积极性很高，朝廷铸铜钱需要的原料，都能保证。到清咸丰、同治年间，云南经常有战乱，东川铜矿遭到严重破坏，损失很大；矿山自行关闭，矿工流离失所。直到同治后期才慢慢恢复。1887 年清廷派原云南巡抚唐炯为矿务大臣，专理滇铜，创立矿务局，招商集资。唐炯又委派王炽云南矿务公司总办，具体负责筹集资金。王炽非常热心这个事业，他奉母亲的意见，前后垫付数十万两银圆作为股金，又亲自去四川、湖南、广东、湖北汉口、浙江宁波、上海等地招商集股，为东川铜矿注入了新鲜血液。虽然也有亲友反对，他的回答是，这是有利于促进地方工业发展的好事，我们不做，难道要让外国人去做？清廷任命唐炯为云南矿务督办，唐炯把王炽视为左右手。经过艰苦努力，矿业才有了起色，每年能炼出几十万斤铜，可以上交朝廷，大大缓解了进口制作铜钱的需求。

经过不懈的努力，东川铜矿总算恢复了部分生产，第一批铜锭在 1891 年运往北京，以后每年两批，每批五十万斤都能按时起运。到 1907 年，从无拖欠。十六年间产铜 3500 万斤，除保证供应北京炼铜钱的用量而外，还可以供应云南及四川省炼制铜鼓、铜钱。这些成就与王炽的热心行动是分不开的。

不仅如此，王炽还仗兴疏财，以财力急国家之急，振兴地方经济为己任，发展地方实业，热心公益事业。

创建兴文当

1889 年 4 月 30 日，为提高云南的教育水平，清政府盐法道汤小秋首先提议，四川、云南、贵州士绅王炽、罗瑞图、万征衡、吴永安、吴德祥等创办“兴文当”。以利息收入，维持昆明经正书院高才生的学费，及到北京参加考试学生的奖学金，及三年一次赴京会试举人的路费，当时称为卷金。这种卷金与现在奖学金、助学金性质相同，其目的在于鼓励及扶助清寒学子有上进深造的机会。对云南省内及各专州县培育人才，振兴边疆文化都有积极意义，故命名“兴文”。

“兴文当”创建之初，由云南盐法道汤小秋，向云南前藩司（财政）提出建议，将该道的税收及外销款等的 15000 两平纹银，加上昆明士绅王炽、吴永安各捐银 1500 两，共计纹银 18000 两为资本，开始营业。兴文当的性质是官督绅办，规定当息以 1 分 5 里计，为鼓励更多的人来典当，当息取的比一般当铺低。把每年的利润分为十股，七股充公，3 股作为工资，分给工作人员。

首任司事（总经理）张廷标、李培厚，他们经营了十多年。周崇恕、李发松主事 2 年，黄河清、杨正芳主事 4 年。

王炽还利用兴文当的利息，在昆明购买了一处房产，定名为“虹溪试馆”，派专人管理，凡弥勒、泸西、虹溪赴昆应试的学生，均可免费在试馆内食宿，十分方便。多年以后，家乡父老每说起此事，多感恩不尽！

辛亥革命后“兴文当”隶属实业公司，由司长李华兼任总经理，后由财政厅厅长陆崇仁兼任“兴文当”董事长，蒋松华任管事，改名为“兴文公当”。当时除经营典当外，并兼营存、放款业务，1922 年又改组为“兴文官银号”，由周守正任总经理，1938 年扩大为兴文银行（地址在现南屏街口）。

最早的兴文当就设在昆明三牌坊邱家巷，就是同庆丰票号的隔壁。随着经营的扩大，营业地点也不断更换，最后是昆明南屏街口，盖起了一座 5 层大楼。兴文银行先后参与了五十多个工商业项目的投资，还经营进出口贸易。它直接掌握着地方派系的经济命脉，所以获利颇丰。抗战爆发后，大片国土沦丧，京、津、沪、杭的银行纷纷到昆明设立分行或者办事处，高峰时期有48家银行之多。在南屏街的兴文银行旁边陆续建起不少楼房，形成昆明的“华尔街”，一片繁华景象，而兴文银行以其规模及气势，一直雄踞群行之首。当然外地银行也会冲击地方银行，所以云南省财政厅在兴文银行内，设立了“劝业”“矿业”“盖华”“光裕”“侨民”银行，和兴文银行成立六行联合办事处。兴文银行在鼎盛时期，有1000多职工，全国各省设立分行数十个，累计资金达1.8亿元国币。

到民国初年，在北京、武昌等地的云南学生，每月每人都还能领到兴文当发给的学费、伙食费！兴文当资助云南学生的公益行动，一直延续了几十年，对云南的教育事业起了非常好的推动作用。兴文当建立两年以后，王炽又响应云南总督及巡抚倡议，要建立云南省的最高学府——“经正书院”，最早的负责人是许广文，后来是陈荣昌，最早招收了24名高才

马帮队伍在休息

生住校学习。所需的费用就是来自兴文当。这批学生就有，昆明的李坤、钱用中、熊廷权、张学智，泸西的陈度，石屏的袁嘉谷、袁嘉端、胡商彝等。后来在经正书院学习过的九十多人，都得到兴文当的资助，对振兴云南文化教育事业，培养优秀人才发挥了巨大的作用。兴文当完全不同于纯获利的典当行业，王炽的可贵之处，可见一斑！

王炽去世以后，兴文当几经改组，虽然不属于王家的产业，仍然坚持王炽创办初期的宗旨，始终没有改变，经营效果非常好。从单纯的当铺，发展成为银行，但仍然坚持以低于其他银行的利息营运，深得一般老百姓的喜爱。存款数目成倍增长，1930 年全年营业额达到 4100 多万两，是 1926 年的 34 倍以上。红利达到 70000 多两，是 1926 年的 17 倍以上。兴文银行经营了几十年，一直坚持创建初期的宗旨，以极低的利息运作，最初是 1 分 5 厘，1926 年改为 2 分，1931 年对 50 元以下的减为 1 分 5 厘。1938 年又恢复原来的原则，不管当额多少，只取 1 分 5 厘的利息，比私营典当行低不少，一般平民都愿意到兴文当投当。

同时一直坚持资助学生，最初是作为经正书院的经费，民国以后负责给考入北平、南京、上海、武汉、天津等地的云南学生提供助学金，还支持地方的慈善事业，每逢水、旱、荒、歉收的自然灾害，兴文当对贫寒孤寡人员都有拨款救济，社会反映良好。

中华人民共和国成立以后，兴文银行由中国人民银行云南分行接管，活跃在云南财经界 60 多年的兴文银行，才完成了自己的使命。

昆明新建钱王府堂屋

开设牛痘局

王炽生活的年代，在云南经常有各种流行病爆发，牛痘（云南人称为出天花）就是当时对老百姓健康威胁极大的一种传染病。他看到牛痘对儿童的严重危害，就找法国驻昆明的领事等人，打听外国人是如何对付牛痘的流行。明白他们是应用种牛痘的方法，就能彻底解决问题。马上投资开创昆明牛痘局，在 1891 年从法国引进种牛痘的方法，逐步在昆明推广，使不少婴儿免受疾病之苦。

乐善好施

1880 年因母亲病故，王炽赶回弥勒奔丧，在虹溪的日子里，他也不忘为家乡做好事。他在弥勒东门办起私塾，请来老师和校董。为了保证今后学校的经费，他还投资给私塾买了学田，聘请东门街的耆老来经营学田，以学田的收成提供私塾的经费，主要用于老师的工资，购买教学用品之用。这些学田一直到新中国成立，才退出历史舞台。

1899 年四川泸州的跨江大桥被洪水冲塌，这里是云南、贵州北上的交通要道，现在只能靠渡船来往，很不方便。王炽得知后，马上通知当地知府，愿意出资在泸州建桥，并积极组织人力施工，只半年时间就建起了泸州的铁索桥。

1890 年陕西、山西两省大旱，黄河断流。全国发起秦晋捐，王炽捐银 2 万两给工部兴修水利。获朝廷旌表，“乐善好施”。据说李鸿章把王炽的义举，称之为“犹如清廷之国库也”。

王炽的家乡弥勒县十八寨，已有 1000 多年的历史，这个名称是依据汉唐时期，在这里生活的少数民族，为了自卫而设立的寨子，一共建立了十八个寨子，而得名。明初在此设立十八寨守御千户所，以后大批江南移民来此定居，已经成为交通、贸易的重镇，政治、经济、文化的发展都非常快，再以“寨”为名，与事实出入太大。1891 年王炽与弥勒地方绅士，经过认真讨论之后，联名上报云南省府批准，把“十八寨”改名为“虹溪”，因为当地有一处胜景是“虹溪春水”。获得批准将弥勒十八寨，改名为虹溪。

1891年云南建水发生土匪骚乱，老百姓遭受蹂躏，王炽捐巨资救助，从弥勒购买大米百担，运到建水发给百姓。

虹溪原有书院一座，学生逐年增多，校舍难以容纳。当地士绅多次想扩建，苦于没有经费。1892年王炽回到虹溪，听说这个情况，马上找人商量，亲自联系在四川、浙江做官的弥勒人，请他们出资帮忙，由虹溪的士绅出面管理。虹溪书院历时三年，终于建成。所花的银两，除去老乡官员捐出的1500两而外，其余4800多两银圆，全部由王炽承担。后来又出资购置学田作为教育经费。

王炽还买了《古今图书集成》3套，一套赠昆明五华书院，一套赠虹溪书院，一套赠弥勒县城的桂香书院和竹园书院，由两院分别收藏，交换阅读。虹溪书院为收藏这些书籍，专门建了“藏书楼”。

新书院建成后，书院原址改建为财神宫。书院义学迁到城外，东西门各一所。东门的义学设在武庙里，西门的义学设于华林禅院内。两所义学也以书院为榜样，集资购置学田，以年租收入作为经费，凡本街居民子弟，都可以就近入学。这些都与王炽乐善好施的义举分不开。

1894年虹溪与华宁交界的盘溪镇南盘江大桥也被洪水冲塌。王炽又捐款修建盘溪铁索桥。桥面铺上木板，桥的两边建有亭子，桥面上建有廊房。行人走在桥上，不怕风吹雨打。该桥一直服役到1958年，在“大战钢铁”的运动中，被拆了，当废铁送进土高炉里，炼成一堆废铁，充好钢上报炼钢成绩。服役六十多年，给当地百姓带来多少方便的一座铁索桥，被毁了！

1896年王炽还捐资在南盘江修建了两座铁索桥，一座位于原弥勒县楷甸镇田房村南面1公里处的垭口上。铁索桥横跨两岸的石壁，位置非常惊险，桥建的非常坚固。过了几十年，田房村的老人们还在讲，造桥时，工程师是法国人，工匠是官府从各地派来的，工匠把周围村子的人家都住满了。修桥的钱是王炽家出的。抗日战争时期，这座桥是在交通要道上，运送过很多军用物资。在著名的松山战役中，发挥了重要作用。解放战争中，为了阻止蒋军逃跑，一度把桥上的木板烧毁。后来为了使主力部队顺利南下，追击敌人，又重新铺好桥上的木板。到了1960年，在附近建好了当时跨度最长的石拱桥——长虹桥，田房村的铁索桥才正式退休。

还有一座铁索桥是建在弥勒县江边村与丘北县交界处，这里水流湍急，滩深浪涌，要打好桥墩，非常困难。据当地老人回忆，光是供工匠吃饭的辣子和盐，就是几十匹马拉来的。一共建造了 3 年才完工，还牺牲了不少工匠。此桥到民国初年在军阀混战中被毁。

清廷为了表彰王炽的这些善举，特别赏封王炽及其父、祖、曾祖三代一品封典，其母兼封为一品夫人；准在家乡建坊表彰，云南名人赵藩为该坊题字。这个牌坊今天还在，已列为红河哈尼族彝族自治州重点文物保护单位。

1898 年南盘江上的铁索桥还在建设中，王炽又捐资在昆明修筑公路，就是从西山碧鸡关到城里的石板路。行人及马车在下雨天，就不用走在泥滑翻浆的道路上。

修好昆明的路，王炽又想到弥勒县的道路，在弥勒虹溪四门的道路都是土路，晴天满街灰，雨天满街泥。他把在昆明筑路的工匠留下，又雇他们到弥勒虹溪去，从勘探、测量、做预算开始。按照昆明街道的样子，好好修理虹溪的街道。计划主路有 5 米宽，路边还有人行道，人行道宽 3 米。还有排水沟。全部费用都是王炽捐助。这四条道路一直使用到 1977 年才改建为混凝土道路。

他还捐银 1500 两重修广西直隶州（今泸西县）城孔庙。

1900 年王炽又捐资 6000 两，修建虹溪财神宫，两边的厢房分设社仓和义仓，提倡殷实人家共同积谷填仓以备荒灾，并以身作则，率先出资购谷充仓。社仓的粮食有借有还，要缴利息，以利息的收益，留给地方作为赈灾财政的收入。

1902 年王炽为了在家乡弘扬文明之风，捐资在虹溪南正街口，建“文明”牌坊一座，该坊与原有的魁星楼、文笔塔等主要建筑在同一条中轴线上。代表文明昌盛的建筑，都汇集在此。采用石座木质结构，琉璃瓦顶，飞檐秀拔，人兽物饰，做工精细，造型雄峻，可与昆明的金马碧鸡两坊相比。1947 年因年久失修，被大风刮倒。

爱国壮举

1900 年帝国主义列强加速要瓜分中国的步伐，引起中国人民的反抗。英、美、法、德等八国联军进攻北京，没有现代化武器的清军，尽管奋勇抵抗，也免不了失败的结果，光绪皇帝、慈禧太后只有出逃。这个关键时刻，北京天顺祥的主管陈爱堂，把北京的形势向王炽报告，慈禧、光绪带领近两万人逃跑，所带银两不足大队人员衣食，向王炽求援。王炽力排众议，认为爱国必须忠君，只有先把外国侵略者赶出去，才能谈自家的事。因此十万火急下死命令：慈禧人马所经地方，凡王炽“天顺祥”分行须全力出资相助。一行人马到达西安后，国库亏空发生财政困难，请西安天顺祥援助，王炽也一口应承。京城还有大批的官僚、富商也要逃跑，可是家里的金银财宝无法带走，他们急得像热锅上的蚂蚁，一筹莫展。王炽审时度势、权衡利弊以后，立刻指示陈爱堂，想尽一切办法把这些资金全部代存。王公大臣们立刻把巨额资金都存到天顺祥，许多商家也急忙抛售货物，换取现金，带不走的，也存入天顺祥分号。王炽出主意，让北京天顺祥的伙计们，每人负责保管一些财物，等动乱过去，按保管的货物价值的百分之一，给该伙计提成，大家都乐意接受。

他敢这样做，又实践了范蠡的策略，“论其有余不足，则知贵贱。贵上极则反贱，贱下极则反贵。贵出如粪土，贱取如珠玉”。

1902 年，慈禧从西安回到北京，天顺祥一如既往资助清廷。此后，天顺祥深得朝廷信任，慈禧太后对王炽更加赏识，曾下旨召见。只是王炽此时已经年迈，行动不便，没有成行。朝廷以“乐善好施，迭捐巨款”赏云南弥勒绅士“二品衔道员王炽三代一品封典”，并建坊旌表。

清廷根据王炽的义举，先后赐“急公好义”和“义重指囷”匾额以旌表彰，并赐四品道员职衔，恩赏荣禄大夫二品顶戴，诰封“三代一品”封典，成为中国封建社会唯一的一品红顶商人，超出了胡雪岩的“二品”商人封号。

当时人们称北有“晋昌源”、南有“天顺祥”，认为王炽的钱庄足可与山西钱庄相抗衡。王炽既善运谋致富，也用财有方。

经营管理的优势

关心职工

王炽常说："我在生意上，获得很多次成功，有人问我，你有什么秘诀？我告诉他们秘诀没有，只有老师，范蠡、弦高、桑弘羊都是我的楷模，值得我永远崇敬和学习。"在谈到用人、选人的原则上，他又引用《资治通鉴》的小故事。吴起做将军时，能和战士同甘共苦，穿粗布衣、吃糙米饭，睡觉不铺席，行军不骑马乘车。士兵中有背上长疮的，吴起亲自为他吸出疮脓。士兵的母亲听了，痛哭起来，旁人不理解，问大将军为你儿子吸脓，你怎么还痛哭呢？母亲回答，你们不知道，早先大将军就为我丈夫吸脓，他爸爸打起仗来，一直冲在前面，最后战死了。今天大将军又为儿子吸脓，我不知道这个儿子又要死在哪次战斗中？我有什么办法？只有为儿子痛哭！

王炽认识到关怀胜过威严的命令，他就是应用这个原则，去团结周围的员工伙计的。凡招进行里的职工，都能领到四季的换洗衣

昆明钱王街上王炽的雕像

服，单衣、棉袄、夹克，还发给水鞋一双，灯笼一个，油纸伞一把。上晚班的，回家时天黑了，店里发给两支蜡烛。店里为工友提供住房，只收取很低的房租。

王炽只要在店里上班，一日三餐一定和员工一起吃，从来不吃小灶！工友中凡有婚丧嫁娶的事，店里都给予优惠的馈赠，特别是碰到家里有丧事，抚恤特别优惠。滇号管事俞献廷病故，王炽是亲自为他料理后事，俞该得的红利照分，而外又送其家人6000两银圆。管事席茂之在汉口病故，王炽立即派人到汉口把灵柩及其家人都接回昆明，灵柩安葬在归化寺。把他的旧账结算清楚，存在号里的钱，都交给席的儿子。由号中所买的房子也作价卖给他儿子。

王炽给票号的大股东立了规矩，平时每人的花销，可以直接从柜台支取记账，分红后扣除支取，多余的钱还可以存入该账号，作为本金。每多存1000两，以后增加分红利1股；存银1万两，加分银本红利10股；如果超过1万两，纵然有3万、5万存入，就不再增加银本分红，只能照算利息。这样做可以使票号之内的资本坚固，如果存银用亏了，以后就没有分红。李、孔、席、俞都认为合情合理，又能公私兼顾而感激不尽。

慧眼识才

王炽之所以能团结员工，组建一个令世人刮目相看的金融王国，与他在长期商场拼搏中，练就的过人本领分不开。他具备慧眼识人的本领，比如对于李耀庭。李耀庭是云南昭通人，原来是宜宾荣任之的伙计，王炽把昆明的天顺祥停业，回重庆路过宜宾，去拜访荣任之时，见到李耀庭，与他聊天，两人一见如故，聊得推心置腹，大有相见恨晚的感觉。在王炽的心里已经暗下决心，要邀请李耀庭加入自己的商行，只是时机未到，不能硬挖荣任之的墙脚吧?

到1880年孔孝纲从宜宾报告，荣任之已经收庄，不做了。李耀庭托人来问，想加入我们商行。王炽马上派孔孝纲和李耀庭谈话，了解他的情况。很快就有回音了，李耀庭有些麻烦，荣任之在收庄时，生意已经严重亏损，从天顺祥借的款项都没法归还，李耀庭本人就欠天顺祥2500两银圆，还欠其他钱庄5000多两银圆。这不是一笔小数目的欠款，他不归还是无法走人的。王炽接到报告，立即回复李耀庭，你欠天顺祥的钱，不必着急归还，可以以后慢慢还。你欠其他庄的钱，先由天顺祥替你归还，问债主能不能同意，五年之内还清。如果债主同意，让李耀庭尽快办完手续，赶到重庆与王炽面商。在昆明，孔孝纲把王炽的信，给李耀庭看了。李十分感动，说："我与他不过一面之交，对我如此厚爱，我将何以报答？"一个月以后，李耀庭将原庄里的事务交结清楚，欠天顺祥2500两银圆，欠外款5000两，这两笔欠款分别于1886年、1889年全部还清。

在昆明交接完毕一切工作，李耀庭稍事休息后，立即赶到重庆，和王炽会面。王炽认定李的才能和精明之处，在席茂之和孔孝纲之上，对李耀庭委以重任，并重新分配股金，增加李耀庭为无本股东，把原来的42股，改为52股。孔孝纲、席茂之、俞献廷、李耀庭和王炽本人每人10股，公股2股。三年一次算大账，赚钱了，大家多分；亏钱了，大家少分或者不分。天顺祥过去的账目截至1880年，从1881年按新的股份执行。如存银一千两，下账加分银本红利一股；存银一万两，加分银本红利十股；一万之外，纵有三五万均不能做银本分红，只能照算息银。所存红利不可妄用，使数账以后，每人之根底加厚，号内之资本亦固。如存银用亏，不账即无银本分红。耀庭对此决定，认为合理合情，公私兼顾，感佩不已。

李耀庭没有辜负王炽的知遇之恩，坐镇重庆把天顺祥的生意管理得井井有条，不断发展。天顺祥能称雄中华大地，李耀庭功不可没。

对于选拔助手，王炽也有过人的本领，同庆丰、天顺祥的管事、账房、司事绝大多数都由他亲自挑选。这些人都有多方面的才能，都能独当一面，把分号的业务搞得令人满意。只要被王炽委以重任，他们的待遇都是相当优厚的，令人满意。

兴斋及耀庭等又亲赴外埠各地如上海、汉口等处，深入调查了解商业情况及各处风土人情，人民生活需要，结合实际情况，更好地制定规划，因地制宜，把生意做得很活，因而加快了业务发展的步伐。

勤俭持家

外高祖父出身在一个勤俭孝顺的家庭里，父兄先后过早去世，他以年幼的身躯，挑起了养家糊口的重担。靠自己从中国传统文化中吸取的丰富营养，加上能吃苦，会用人，走上了致富的道路。他十年致富，二十年大富，富可敌国，受到清廷的多次嘉奖。他生活的时代，又是个充满了铜臭味的社会，骄奢淫逸到处可见。他却不抽大烟、不赌博、不嫖娼，一直过着节省、朴素的生活。

他的日常生活，始终保持与一般家庭差不多的水平，一日三餐都是一荤两素，除非有客人来，才再加一个荤菜。他的穿着也很朴素，一件马褂，一穿就是六七年。每天都在勤奋工作，从早到晚从不懈怠。主要的文稿都是亲自读批，亲自起草，很少由文书代笔，更不用女秘书。他常对身边的人说，自己虽然没有上过几天学，不过我很爱读书，爱思考。不把时间花费在吃喝玩乐上，只有把功夫用到多读书，人才会聪明起来。

尊重顾客

那是清末的一天，外面在下着绵绵细雨，红顶商人王炽的同庆丰钱庄总号大店之内，人来人往，熙熙攘攘。此时一个衣衫褴褛的花甲老者，携着一个六七岁的黑衣孩童走了进来，脸上都脏兮兮的。柜前，许多小伙计正在那忙着算账，见了他们，一个衣着光鲜的小伙计头都没抬一下，“存钱吗？”老人枯树皮似的双手颤巍巍地捧上了一枚油迹斑斑的铜钱，小伙计笑了：“要饭的吧。”老人说：“我活不了几天了，膝下只有一孙，想给他存点钱，等我一死，好让他还有几天饭吃。”小伙计声称：“一枚钱太少，存多了再来吧。”老人道：“钱庄为什么不让人存钱呢？你们行行好，就当可怜我们吧！”他苍白的须发抖动，面含悲色。然而不管老人怎样低声哀求，小伙计就是不答应。无奈，老人与孩子伤心流泪，望着大厅正中的“信义天下”的四个浓浓的墨字黯然离去。

第二天，不利于同庆丰的谣言开始多了起来，在当地引起巨大震撼，同庆丰的客户们也恐慌不已，对钱庄产生了可怕的信任危机，于是纷纷涌到同庆丰提现银存到别家钱庄。事情已极为紧迫，大东家王炽连夜召开会议商量对策，彻查这个事件的来龙去脉。原因找到后，他痛心疾首："人无信而不可以立呀。"最后，他毅然决定，开除那个触犯钱庄约法的小伙计，扣发主管人员半年薪水，并让下人全城搜寻行乞的爷孙两人。王炽亲自出马，率领钱庄全体人员在大门前将老人孩子迎进店中，向他们诚恳道歉，把他们那一文钱设立一个特殊账号，开出了票据，并给了高出别人十倍的利息，以示诚意。此后，人们对同庆丰的误会才渐渐消散，对王炽的表现深为钦佩，给予了高度评价，称他信用有加，不愧为商坛巨擘。于是大量的银子又源源不断地流入了同庆丰钱库。在那个没有多少法治和金融体制保障的社会，王炽的这一英明之举挽救了他的商业帝国。其实，生活中诚信就是一面镜子，闪耀着人性的光辉，每个人都应该为自己的人生，积累一份动人的信义储蓄。因为诚信之力是不可忽视的，一点点欺诈就足以毁掉一切，乃至于我们的一生。背信是祸，诚信是金。

王炽虽富甲全滇，但却不是一个唯利是图的商人。他重德重义，以德经商，对"商道"有着独到的领悟："说我，羞我，辱我，骂我，毁我，欺我，骗我，害我，我将何以处之？容他，凭他，随他，尽他，让他，由他，任他，帮他，再过几年看他……"在昆明新建的"钱王街"，王炽的故居翻修一新的堂屋里，就把这段话，请书法家书写为对联，悬挂在最中央。

王炽在经营上不故步自封，善于借鉴世界先进经验，与强国奋争高低；在个人生活上，王炽富而不奢，始终保持勤俭家风。诚信与德行赢得了包括竞争对手在内的所有人的尊重，成为商界楷模。

先进管理制度

外高祖父给天顺祥、同庆丰确立了一套切实可行的运行管理模式。他常对自己的主要助手讲，要把聪明才智用在经商上面："一个人为小事争吵是愚蠢的，为大事争吵也是无能的。做你该做的事，不做无谓的精神消耗。"每开一个分号，他都要详细听取新任管事的打算，与管事一起分析研究具体措施，自己还要记下要点，经过反复讨论，直到对方完全清楚该怎么做了为止。

凡外埠之管事、司事均由滇派出，饬令先到重庆与李耀庭晤面后，再到指定之地。外埠司事到了任期已满，滇号一时无人派出，即由渝派往接管。滇号与外埠汇兑，勿论收支均报渝号过账，每月由滇开一总册寄渝查对，如有不合即更正。天顺祥各地分号之间的信件，只能讲汇兑及买卖货物等事，另外的互相之间抽调接济之事，要以秘密的信件商酌办理，遇有紧急要事皆专快信报闻。

他的管理制度，拣要点讲，确有在今天看来，也是有效的措施，能激励职工积极性的措施：

> 凡新伙计入店，不需要交本金；全看自己担任的责任大小、学识深浅、个人表现，综合考核后，分给人力红股，也不需要签合同，都是按这个制度办。
>
> 伙友已经上了人力股，分得股份的标准是，按干满3年的职工标准领取，就不领薪酬，每月可以从账房预支30两银圆。年底结算。
>
> 司事进号，根据个人的学历、学识、能力，以及担当的责任大小，发给薪酬；外派出差的，还有优惠的补助。每3年算大账，论功酬劳，酌情给增加薪酬。
>
> 伙友在天顺祥的存款，每年以六厘加息，亏项以八厘加息。司事存款，亏项都以八厘加息。
>
> 每年冬月底，开始结账，造册先报重庆的天顺祥，再报昆明的同庆丰。每年的腊月初一当次年的正月初一计算。凡年账不得过次年三月，即要报到滇号。
>
> 每三年算一次大账，各分店的红利，都拨到重庆的管事统一支用。昆明派出的外地的司事的费用，由重庆拨给昆明使用。
>
> 外埠司事之勤惰优劣，先由耀庭密开一单，预拟酌劳银数，并加考语，吾见此单方好加减酬劳，功则嘉勉，则过加责，批于摺尾，以示奖惩。

留下的公股，作为护本使用。也是每三年算一次大账。护本的作用很大，是外高祖父的智慧之举！外高祖父去世以后，广州的天顺祥管事王风皋对业务处置失当，造成几百万元的亏损！广州分号不得不关闭。广州的亏损数额，由其他省分号调用护本资金，来弥补。如果没有这部分护本资金，这个损失就会拖垮同庆丰。

昆明总号，自得王炽亲自坐镇主持，经营得法，业务飞跃发展，在国内各大城市陆续设分号。外埠各庄由于得所领各处协饷及铜本，每年在数百万两之多，抽调接济，源源不绝，长袖善舞，扶摇直上。而重庆方面又得李耀庭坐镇主持，北京方面又得陈庆堂当其重任，指挥得宜，应付裕如。人才方面经耀廷延揽入号者，自迟从吾（昭通人，名兴周，号从吾）以次计百余人。兴斋在滇延揽入号者亦在数百人，人才济济，盛极一时。各埠管事司事在兴斋及耀廷领导下，协力同心，团结一致，因而在营业上取得了极大成就。在此期间，同庆丰、天顺祥在全国商业战线上首屈一指。天顺祥、同庆丰之所以获得较大成就，是有其一定主客观条件的因素，当时的客观历史条件和王兴斋本人的主观努力，互为影响、互起作用，从而在事业上取得了成功。

与世长辞

1903 年 12 月 28 日，王炽在他创立的昆明“同庆丰”商号内溘然与世长辞，走完了他人生的 68 个春秋。这位富商巨贾的灵柩在其家眷的护送下回到了故里——弥勒虹溪，安葬于青山绿水之中。在《虹溪王氏族谱》上，抄录的先考兴斋公挽诗、挽联汇总 70 副（首），其中有罗瑞图、陈荣昌、袁嘉谷、唐炯等亲朋好友赠送的，也有其他商号赠送的。

时光流逝，他的生命早已化为尘土，然而，他的创业故事、营商谋略、浮沉轨迹、豪情义举，却一直流传于坊间，成为中国商业史上一段最灵动的记录，引人深思。

作为晚清赫赫有名的巨商之一，云南弥勒人王炽的一生充满了奇迹。当年王炽的名字响彻大江南北，可叹的是，如今很多人只知胡雪岩却不知有王炽。王炽一生以利聚财，以义用财，以儒治商，爱国忠君，以惊人的经商天赋和不懈的努力，终于成为一代钱王……王炽究竟有多少钱没有人知道，但“同庆丰”在鼎盛时期曾在相当长的一段时间内，左右大清王朝的金融市场却是不争的事实。

王炽的晚年更以多年经商所信奉的原则“道行、道德、信义”为本，将偌大的资本以股份制的形式加以完善和分配。

王炽成为清末巨商的历程，有着无可避免的半殖民地半封建社会的色彩，但是，我们仍然可以发现，勇于拼搏创新，是王炽能够在众多经商者中脱颖而出的一个重要因素。

一百多年前，地处偏远的云南，出了一位赫赫有名的巨商：王炽。他出身贫寒，白手起家，一生以利聚财，以义用财，以儒治商，完全是靠勤劳和智慧走上致富道路，在近二十年的时间内，是名副其实的中国首富。因为多次为朝廷出力，在全国各地做了不少公益善举，王炽成为中国历史上唯一的“三代一品红顶商人”，是清朝近300年历史中唯一的。晚清名臣李鸿章曾称其为“犹如清廷之国库也”。英国《泰晤士报》评选的20世纪初世界富豪中，王炽排名第四。

清末三位富商的对比

今天我们的国家正走在发展市场经济、富民强国的道路上，市场经济在不断完善的阶段，引起一大批投机者，在追逐着发财的梦，他们都希望一夜暴富。一些官二代、官三代利用权力，走捷径确实实现了一夜暴富。他们的致富，是被广大普通百姓所不齿的道路，与勤劳致富毫无关系。还有人不讲道德，不顾后果，用假货、假药来获得暴利。这是社会公德和国家法律绝不允许的！

国家大力提倡和鼓励走勤劳致富的道路，除了不断完善各项政策外，也特别需要榜样的引领。把中国在19世纪几位著名大富豪进行介绍和对比，看看什么才是真正的勤劳致富道路！

与王炽同时代，中国还有几位有名的富商，比如胡雪岩和盛宣怀，胡雪岩比王炽大13岁，盛宣怀比王炽小8岁。把他们3人的发家史，进行一个比较，就可以看出他们发迹的道路，是不相同的。对他们三人的对比研究，在经济学界已经早有论述了，我是以一个外行来学习、再分析他们。

在中国经济学的教科书中有一份研究报告，特别把这三位同时代的富商进行了比较，详细分析了三人的致富道路。

中国近代资本主义的发展，是随着鸦片战争的硝烟走进中国大地的。整个 19 世纪的一百年，是资本主义在中国发展的时期，她孕育了山西票号的老板，也孕育了王炽、胡雪岩、盛宣怀等等的一大批富豪。

胡雪岩（1823—1885），他也是苦出身，先在钱庄当学徒，由于勤快、好学，很受老板的喜爱，重点培养他，使胡雪岩能顺利成长。后来进入浙江巡抚左宗棠门下做幕僚，为清军筹运军饷、枪械。在杭州设银号，经理官库银务。1861 年从上海运军火、粮食接济杭州清军，被太平军击退。1866 年协助左宗棠创办福州船政局，又为左宗棠办理采买、运输事务，筹供军饷和订购军火，代借内外债一千二百五十余万两。他依仗湘军权势，在各省设立阜康银号，在杭州开设庆余堂药店，并经营出口丝业。他为左宗棠的军务不遗余力的付出，由左宗棠出奏保荐，受二品顶戴，赏穿黄马褂、赐紫禁城骑马之殊荣，成为名噪一时的红顶商人。

左宗棠调任陕甘总督以后，胡雪岩主持上海采运局局务。当官了，继续为左宗棠采办军火，又依仗湘军的势力在各省设立阜康银号 20 多处。同时经营中药、丝茶生意，操纵江浙商业，资金最高时达到 2000 万两白银以上。他在 1882 年创办上海蚕丝厂，耗资 2000 万两，倾其所有，准备大干一场，结果生丝价格日跌。他认为是国内商人各自为政，被洋人控制了价格权，自己出面坐庄，开始与外国人的蚕丝，进行价格大战。在国内收购新丝数百万担，囤积起来。可是正好赶上意大利生丝丰收，加上中法战争爆发，生丝价格大跌，胡雪岩血本无归，国内商人也受损失不小，影响到社会稳定，商人们上告清廷，慈禧太后下令把胡雪岩革职查办，抄家，治罪。1885 年他在一贫如洗的困境中离世，埋在杭州西郊的乱石堆中。胡雪岩走的基本属于官商道路，是依靠官府的势力，去发展自己的买卖。最后只剩下“胡庆余堂中药店”得到老百姓的认同，一直流传下来。

盛宣怀（1844—1916），江苏常州人。用今天的话说，是个官二代。他父亲是清朝的官员，与李鸿章有交。1870 年盛宣怀被李鸿章招为幕僚，受到李的赏识。第二年就升到知府。依靠家庭的财力和李鸿章的支持，开始从事慈善事业，他首创中国的邮电事业、航运事业、上海纺织总厂、中国第一所私立北洋大学（天津大学的前身）等等。盛宣怀是成功的商人，为国家做出了不少值得后人纪念的好事，不过他走的道路，完全是官办商业的道路。

在中国近代工商业发展史上，盛宣怀占有极其重要的位置。中国近代的轮船、矿山、电报、铁路、纺织等产业的建立和发展，无一不是在他的直接控制或参与下完成的。他还是上海交通大学、天津大学以及张裕葡萄酒公司的创办者。盛宣怀对发展国家的教育事业，推进现代科技技术的发展，都起过非凡的作用，但不是我今天要讲述的重点，所以就省略了。

胡盛二人内斗

他们二人不仅致富的道路，与勤劳致富无关，而且两人还一直明争暗斗，进行生死较量。早在 19 世纪 70 年代，架设电报线之争就已开始。然而，真正的决斗却是在 1883 年到来。这一年，法军进攻驻越南的清军，中法战争无可避免。胡雪岩的政治靠山左宗棠再次被招入军机，赶赴京城，而胡雪岩则为左宗棠筹备银两忙得不亦乐乎。此时，盛宣怀趁左宗棠不在两江，准备向胡雪岩下手。

他先是找到上海道台邵友濂，让其暂缓 20 天发给胡雪岩协饷，这笔钱是给胡雪岩，让他偿还向外国银行所借之钱款。在这 20 天时间中，盛宣怀串通好外国银行，向胡雪岩催款，胡雪岩只好将其阜康银行各地钱庄的钱调来八十万两银子，先补上这个窟窿。盛宣怀却给了胡雪岩致命一击。他趁阜康银行空虚之际，托人到银行提款挤兑，并让人四处放风，说胡雪岩积囤生丝大赔血本，挪用阜康银行存款，欠外国银行贷款八十万。阜康银行倒闭在即，引起愈演愈烈的挤兑风潮。胡雪岩除了将他的地契和房产押了出去，同时廉价卖掉积存的蚕丝，却依然无力回天，胡雪岩不久即在忧愤中死去。

商场如战场，其险恶自不待言。然而，真正决定胡雪岩成败的，却决不单单是他和盛宣怀的财技较量，而是幕后人物。真正想搞垮胡雪岩的，乃是盛宣怀的靠山——

清朝重臣李鸿章。

与钱庄学徒出身的胡雪岩不同，祖上世代为官的盛宣怀，1870 年投入正督师入陕，围剿回民义军的李鸿章麾下，任行营内文案兼营务处会办、会办陕甘后路粮台等职，他即随李鸿章从事洋务运动。随着李鸿章的步步高升，他在李鸿章的信任与支持下，也扶摇直上。而更重要的是，他成为李鸿章与左宗棠在洋务及商业利益争锋的一张重要的“牌”。由于李鸿章与左宗棠在洋务及“海防”“陆防”之争上针锋相对，各藏其私，互相拆台。而胡雪岩既商且官的双重身份，不断对左宗棠进行有效的财政支援。所以，对于李鸿章来说，“排左必先除胡”，胡雪岩成了李鸿章的眼中钉。胡雪岩的命运，不是他个人的事了，而是关系到左宗棠、李鸿章二人仕途荣辱的大事。就在胡雪岩死去这一年，盛怀宣终于如愿以偿回到轮船招商局担任督办，实现了控制招商局的夙愿。

甲午战争后，李鸿章被撤销直隶总督之职，盛宣怀失去了政治上的后台，改投湖广总督张之洞，接办汉阳铁厂。1896 年在张之洞等保荐下，盛宣怀经办卢汉铁路，并以四品京堂候补督办铁路总公司事务，同年授太常寺少卿。

王炽的做法

与胡雪岩、盛宣怀不同，王炽是以贸易起家。他的早期所谓经商，实际上就是跟从马帮穿街走巷，翻山越岭，通过贩货赚取微薄利润。

而他的发迹之路，虽然也与官府有关，可不同的是，是官府有求于商界，等于今天所说，官府向社会招标，王炽凭借敏锐的眼光，看到这是为国排难，也是自己可能发财的机会，大胆地接标。比如当时清廷云南布政使的唐炯办盐务，摊派筹借白银十万，当地商贾无不避之纷纷，唯有王炽冒险以“天顺祥”名号在限期内独家承办下来。王炽的天顺祥不但一炮打响，王炽更由此使唐炯，成为自己政治上的依靠。唐炯劝王炽开汇号并代办盐运。王即与席茂之分伙独营，在全国西南、东南各大要埠设分号，专营存放汇兑业务。正是因为洞悉权力的奥秘，王炽对内结交云南巡抚岑毓英，对外则与法国驻云南领事方苏雅结为干亲。

1900年八国联军入侵北京，慈禧仓皇出逃西安，所带银两不足大队随行人员衣食。王炽认为爱国必须忠君，因此十万火急下死命令：慈禧人马所经地方，凡王炽“天顺祥”分行须全力出资相助。慈禧回北京后，国库空虚，资金短缺，王炽发动海外及国内各分行融资接济。晋、陕两省大旱，黄河断流，王炽仗义疏财，捐银数百万两给工部兴修水利，被李鸿章称之为“犹如清廷之国库也”。

而清廷则根据王炽的义举，先后赐他四品道员职衔，恩赏荣禄大夫二品顶戴，诰封“三代一品”封典，成为中国封建社会唯一的一品红顶商人，超出了胡雪岩的“二品”商人封号以及盛宣怀的办理商务事务大臣、太子少保衔、工部左侍郎的官阶。

某种程度而言，王炽地处一隅，正是他幸运之处。他和胡雪岩同属于以商捐官、以巨额捐献而获顶戴的“红顶商人”，不同于以官权招商，头戴红顶官帽纵横商场的盛宣怀。他得以在朝廷政治斗争剧烈的情况下，避开政治倾轧的激烈旋涡，并能够在一个相对稳定的政治环境下，延伸自己的商业寿命。而胡盛二人，则既是官场斗争的受益者，又成为官场斗争的牺牲品。

王炽也和官府拉关系，但是与胡盛不同，他没有和官府勾结，只是看到官府有困难，主动去联系官府，给予帮助，然后得到官府的支持。在社会上获得较好的信用，是在正常商业活动中，应该得到的利润。

研究王炽与官府的关系，可以深入看看，王炽与马如龙的关系。马如龙，别名马献、马云峰，云南建水人。在云南回民起义时，他是起义军的首领，后降了清政府。被封为提督军门，反过来镇压起义军，1965年在云南就掌握了大权，可是社会上物价飞涨，老百姓怨声载道。1866年劳崇义接替了云贵总督，新总督看不上马如龙，使马陷入很被动的地位。王炽在重庆闻讯以后，立刻赶回昆明，找新总督为马如龙申述，也拿出钱财活动总督的身边人员，最后帮马如龙渡过了这道关。事后并没有看到王炽，利用这件事，向马如龙索取什么好处。在王炽而言，完全是为了朋友应该做的！当年他帮助了我，他有难了，我再帮他渡过难关，就和普通的老百姓之间的朋友关系一样。

随着近代工业体系的初步建立，中国资本主义空前发展，这是王炽和胡雪岩得以发展和成功的基本条件。在官僚资本的推动下，随着近代工业体系的逐步成型，为王炽和胡雪岩的经商活动提供了起码的平台，当然他们反过来也推动了这个体系的发展。社会对商人逐渐认可，商人的社会和政治地位逐渐取得突破，这是王炽和胡雪岩受到清廷的封赏的前提。

下面再从四个方面进行对比，深入分析王胡二人的区别。

王炽的红顶子是挣来的，而胡雪岩则是“捐”来的。

1. 不同的经商之路：以德经商与垄断居奇

王炽“坚持以德经商，以儒治商，以善待人，不见钱眼开；以德报怨，不断化解商场矛盾”。胡雪岩则靠挖空国库敛财，“异辞录”载：“光墉借官款周转，开设钱庄，其子店遍布于南北，富名震乎内外。官商寄顿钱财，动辄巨万，尤足壮其声势。江浙丝茧向为出口大宗，夷商把持，无能与竞，光墉以一人之力垄断居奇，市值涨落，国外不能控制，农民咸利赖之。”曾纪泽在《使西日记》中对胡雪岩大加抨击：“十二月初二日，葛德立言胡雪岩之代借洋款，洋人得息八厘，而胡道报一分五厘。奸商谋利，病民蠹国，虽籍没资财，以汉奸之罪，殆不为枉，而复委任之，良可慨已！”胡雪岩腐蚀官场，是官场的帮闲。胡雪岩处世极为圆滑，高帽不离手，随时奉上，马屁不离口，随时拍上。他善于寻找专制制度的漏洞，利用漏洞大发横财；他善于发现大小官员的弱点，针对弱点准确出击。

2. 不同的国家观念：爱国与窃国

胡雪岩利用国库买空卖空，说明他的眼里没有国家观念和国家利益，个人的好处是高于一切的。而王炽则爱国忠君，不故步自封，借鉴世界先进经验，为强国奋争。清光绪九年（1883 年）法国出兵犯越南，云南巡抚岑毓英督师出关救援。当时军情紧急，需饷甚巨一时筹应不及，王炽毅然独自借垫 60 万两巨款作饷银，岑毓英为之赐额称“急公好义”。王炽还从法国人手里买回了滇越铁路的路权，在开发东川铜矿和个旧锡矿上，为了保住国家利益，肯花巨资买下所有权，还投资首先使用了国外先进技术设备。

3．不同的乐善好施：诚实与谎言

看起来，王炽和胡雪岩都乐善好施，但他们的出发点是不一样的。清光绪年间，晋、陕两省大旱，黄河断流，王炽仗义疏财，捐银几万两银圆给工部兴修水利。被李鸿章称之为“犹如清廷之国库也”。王炽对办理地方公益，不遗余力，兴学、恤灾、建桥，设兴文当、牛痘局等等，动辄数万，无稍吝惜，在当时全国商界中首屈一指。

而胡雪岩则是企图用小恩小惠来收买人心，加速向官场靠拢，既使他的财产成倍增加，同时也使自己的不义之财多一分保障。胡雪岩用金银开道，打通各路神仙，然后用公款作为私人资本开钱庄，财源滚滚而来。胡雪岩积极参与了镇压太平天国的战争，他在军中运筹财政，起到了不小的作用，当然也少不了中饱私囊、大发横财。

4．不同的人生态度：勤俭与骄奢

在个人生活上，王炽“富而不奢，始终保持勤俭家风”，而胡雪岩在其事业达到巅峰后，大兴土木，营造庭园，规模甚巨，并拥有众多妻妾，穿衣吃饭模拟王者，生活极其腐化，骄奢淫逸。李宝嘉《南亭笔记》载：“每晨起，取翡翠盘盛青黄赤白黑褚宝石若干枚，凝神注目之，约一时许，谓之养目，洵是奇闻。……胡有妾三十六房，以牙签识其名，每夜抽之，得某妾乃以某妾侍其寝。”

王炽一直恪守“富而不吝，慷慨好义，爱国惠乡”的儒家思想。在那个时代已经是官员腐败成风，吃喝嫖赌横行，王炽确能洁身自好，乐善好施，毫不沾染这些不良风气。

在一定程度上，胡雪岩对后世的影响远比王炽大。有人就在津津乐道“经商要学胡雪岩”，而且学得还很不错。现代胡雪岩不断涌现。他们靠窃国起家，借官款周转；垄断居奇，唯利是图；捐款捞取政治地位，以求保障和掠夺更多财富；个人生活骄奢淫逸；他们腐蚀官场，病民蠹国。

他们忽视了胡雪岩败亡的主要原因，不是在挥霍无度中败亡，就是成为官场的牺牲品。胡雪岩靠王有龄发迹，王有龄在与太平天国作战中战死之后，胡雪岩又与德馨、左宗棠等大员往来亲密，从而得罪了李鸿章、张之洞等人，自己身不由己地深陷于官场斗争中，最终成了官场瓜分的牺牲品。随着我国法制的不断完善，胡雪岩是会不断被正法，并最终完全失去市场。有人或许会说，不学胡雪岩简直就没有出路，现代的社会就是这样。应该说胡雪岩和王炽所处的环境要比现在糟糕得多，现在毕竟有了基本的法制，有了更完备的市场规则。即使处于远比我们现在糟糕的社会环境，王炽那些在现代有些人眼中迂腐的经营主张和人生态度，不是也取得了辉煌成就吗？

胡雪岩不应该是我们学习的对象，而应该是我们批判的对象，对胡雪岩的批判，就是对专制政治、官僚经济的批判。我们应该学习王炽，就是要学习他“坚持以德经商，以儒治商，以善待人，不见钱眼开；以德报怨，不断化解商场矛盾；爱国忠君，不故步自封，借鉴世界先进经验，为强国奋争；富而不奢，始终保持勤俭家风；仗义疏财，乐善好施”，共同来建立起一个健康的市场经济体系。

从以上介绍看出，胡雪岩是靠依附官府起家的，为左宗棠采办军火；盛宣怀是靠政府特权发财，先当官，再依靠特权去发展实业。在当时的中国，只有王炽，是靠个人力量，从带马帮运输、贩卖布匹、盐等货物，开始积累财富。完全是靠自身的力量和智慧一步步发起来的，还常常为乡里办事，为国家排忧。虽然王炽能赚大钱，也是和官府里的唐炯、岑毓英、鲍超等官僚有关系。而这种关系不是勾结，他每次都是官府有难，有求于王炽。王炽是把国家和民族的利益放在第一位，冒风险要为国家排忧，才为官府办事的。当然事成之后，他也得到不菲的回报。这是正常的商业活动中应该得到的利润，和前两位商人所获利润的道路，有着本质的区别！

弥勒钱王足迹

一走进虹溪镇，就打听那很有些名气的“三代一品封典坊”在何处。经镇上人指点，终于来到坊下。

眼前这座高大、雕刻精细的石坊，已经历百年的风雨，和周围的建筑形成强烈的反差，隐隐透出时代的沧桑。这座坊两面均阴刻有“钦赐三代一品封典”字样，哪面看都是正面。坊为三重檐四柱三间，青石雕刻砌成。柱脚石墩有四对石狮相对立，坊顶正脊两端饰吻兽，正中为一镂空的石龙盘抱石匾，两边柱上立有三副对联，石坊台基为垂带式踏跺七级。呈东西向。坊为有“钱王”之称的清末巨商王炽捐资请通海名

王氏家族合影（摄于 1900 年）

匠雕刻兴建，坊建于 1900 年，迄今已有 110 多年的历史。

面前的这座石牌坊雕刻工艺极为精美，具有较高的艺术价值和观赏价值。据说，“文革”期间此坊差一点被作为“四旧”毁掉，幸得当时到北京串联的红卫兵，带回要保护该坊的指示，牌坊才有幸留存下来。如今，石牌坊矗立在并不繁华的虹溪小镇，十分抢眼。只是周围的房屋靠得太近，使这座石坊减色几分。若在坊的周围辟一片绿地，移植一些大树和花卉来做陪衬，此坊将显得更加雄伟壮观。

王炽出生在虹溪，他通过自己的努力和艰苦创业，使自己成为钱庄、商品遍布全国的巨商。光阴荏苒，王炽那个时代的历史遗迹已被风吹雨打去，作为名人故里的虹溪已失去昔日的灿烂与辉煌。我缓缓地流连于虹溪的文庙、书院藏书楼、魁星阁之下，寻觅古屋过去的恢宏气势。远眺对面的群山和矗立在山上的文笔塔，呼吸着山风吹来的清新之气，我在思索为什么在这偏僻的山村小镇，能够崛起王炽这样一位有见识、有才华、有爱心的历史人物……

现在，虹溪文庙是弥勒县第三中学所在地。还存有照壁、泮池、棂星门、中厅、天子台和大成殿等遗址。“书院藏书楼”现是虹溪中学的学生宿舍。书院藏书楼为重檐歇山顶，楼上悬挂着“藏书楼”三字匾额，系清乾隆内阁学士尹壮图手迹。

小镇南边的魁星阁系清雍正年间所建，系木结构三重檐六角楼尖顶楼阁。外围走廊上有一巨大的石狮，雕刻精细，造型独特。魁星阁现为老年活动室。

王炽的后代

王炽生育有两子三女，长子王鸿图，次子王尧图；小女儿没有出嫁就病死了，大女儿嫁到陈荣昌家，二女儿嫁给吴家。

他的家庭照片，我们现在还可以在方苏雅的老照片中看到（方苏雅是王炽的干亲）。通过那些一百多年前的老照片，穿越时空，一睹他的风采。王炽过世后，其长子王鸿图，继承了“同庆丰”。

王炽病故后，其子王筱斋继父经营“同庆丰”“天顺祥”商号。光绪三十二年（1906 年）任第一届云南商务总会协理。宣统元年（1909 年）继任二届商务总会总理，次年倡办昆明耀龙电灯公司，民国三年（1914 年）参与开办昆明自来水公司，其经济实力和经营能力当时曾称雄云南商界。

王鸿图（1874—1932），字筱斋，他在父亲过世后，接手了父亲的生意。从小就生活在富裕环境中的王鸿图，虽然没有父亲的魄力和能力，但也继承了父亲的诚信与德行，为昆明做了很多好事。他开办了耀龙电灯公司，建设了我国第一个水力发电站——石龙坝水电站，筹建自来水厂等。如今提起王鸿图，许多老昆明人还会说，没有他，昆明的水电恐怕还要推迟几十年。

王筱斋为主修建石龙坝水电站时，一共耗资 308890 德国马克，当时相当于 17 万两白银。两位德国工程师的薪金分别是每月 1000 马克和 600 马克。

王炽的大儿子王筱斋出生时，自己已经 38 岁了。从照片上看他们父子，并不是很像，父亲王炽是长脸，儿子王筱斋是圆脸。他们生活的年代也不相同，王炽去世时，王筱斋才 29 岁，虽然成年了，不过掌管同庆丰、天顺祥这样大的家业，他还没有历练成熟。王炽身强力壮时，每天忙于生意，也没有抽出时间，对儿子言传身教。王炽所倚重的那几位老搭档，都纷纷离世。他们的后代之间没有那种创业的激情，也没有同甘共苦的经历，互相不尊重。加上社会不稳定，各种矛盾交织，使得天顺祥的生意渐渐衰落。

不过王筱斋接手时，同庆丰与天顺祥仍然是大票号。在云南省王筱斋仍然是第一大富商，这是不容怀疑的。据同庆丰后来的管家之一于怀清的回忆，同庆丰在王炽时，就在昆明购买了百余处房产，两院街、二纛街几乎全部都是同庆丰所有。掌管好这么大的家业，对于刚刚30岁的王筱斋来说，已经很不容易了。他的干劲虽然远不如父亲，仍然继承了父亲爱国惠乡的精神。他为国家及云南省做的第一件壮举，应该算修建昆明石龙坝水力发电站。

滇池位于昆明的西南，是云南第一大湖，被誉为“高原明珠”。她的出水口，是在西南面的海口，从海口以下的河流，称作螳螂川。在螳螂川流域上，有个石龙坝。石龙坝距离海口13.5公里，距离昆明40公里。滇池号称有500里的水面，有6条河流汇入滇池，却只有海口处一个出水口。所以螳螂川的水流很急，当时的年平均流量在4亿—5亿立方米之间，相当于每秒流量是15.5立方米，最小流量也有每秒2.1立方米，最大流量是每秒41立方米。经过石龙坝，螳螂川在平缓的河道上流过1.2公里，到达滚龙坝。过了滚龙坝向下就是石楼梯，山势就如名字一样，一级一级向下流。徐霞客的描述是：“水横冲直撞，或跨石之顶，或窜石之胁，涌过一层，复跃一层；半里之间连坠五六级，此石龙坝也。”在3公里的河道里，就有34米的落差，河岸还全是石头，真是建造水力发电站的理想位置。

在王炽的晚年，曾经陪同法国领事方苏雅到昆明郊区游玩，就到过石龙坝，发现这里可以建造水电站，方苏雅就对王炽讲了用水力发电的事。王炽当时还不理解，回家对儿子王鸿图讲这件事，年轻人好学，已经知道水力发电的原理，就给父亲做了解释。王炽一听，非常高兴，马上表态：“同庆丰也要搞水力发电，我们不搞，别人会在我们先搞，与其让别人搞，不如我们先搞。”叫儿子立马聘请外国工程师来帮忙。可惜没有等到发电站建设开工，他老先生就撒手人寰。

直到1908年这件事才又提到议事日程上，一方面是法国人以要修滇越铁路为由，需要大量用电，希望把石龙坝水电站的建设交给他们，遭到不少有识之士的反对；另一方面由于同盟会在云南省河口准备起义，清政府面临革命风暴，害怕人民因反对法国人建设石龙坝水电站，激起革命运动，不敢贸然答应法国的要求。所以责成云南劝业道刘孝祚主持地方力量，来建设石龙坝水电站。刘孝祚还算一位开明的官员，也热心为地方办事，他提出倡议，集股筹集“耀龙电灯公司”。

在办水电方面，同庆丰也做了大量的准备工作，刘孝祚就和同庆丰进行多次协商。王筱斋已经是同庆丰的总经理，也是云南商会总理，听完刘孝祚的意见，他想起父亲临终的教导，表示积极支持办理这件事。但是王筱斋也明确表示，不同意官商合办，认为官商合办，官员办事拖拖拉拉，不办实事。他坚持石龙坝水电站的建设，只能商办！争论好几天以后，才达成一致意见，水电站的建设，采用商办，官府只负责维持和保护的责任。这样在王鸿图的热心支持下，成立了昆明商办耀龙电灯公司，在1910年正月里正式成立，办事处设立在昆明升平坡，由王鸿图、董润

法国领事署

章、会董刘诚、袁嘉猷（袁嘉谷的三哥）、吴清源等二十人发起集股商办。大家推荐左曰礼为公司总经理，在省政府立案注册了25年的专利，在此期间公司对本地区电灯照明业有垄断的权利。一切办得是像模像样，用现在的话说，就是一个现代企业！股金先定为25万元，后来经董事会协商，再追加40万元。为了表示自己办水力发电站的决心，王鸿图带头出资6万两，后来又增加6万两，一共出资12万两，几乎占总数的一半。工程进行中，又发生资金困难，还是王鸿图出面借得40万元，帮助公司渡过难关。

昆明耀龙电灯公司成立后，王鸿图到南京参加会议，发电站的建设工程完全交给左曰礼负责。左曰礼总经理就住在石龙坝，亲自监督工程的进展。6月就带领德国工程师到现场测量，绘制施工图；同时派人到乡间去招募工匠，小工，争取早开工建设。他把早一天开工，

1 王筱斋像

2 昆明城内的电线杆

早一天发电，电灯早一天亮起来，公司就可以早一天获利，当作自己的目标，起早贪黑、废寝忘食地工作。很快就招到1000多工人，工人的工资都比较高，工作要求也严，每天早上4点开饭，天明就出工，日落才收工。崩山炸石，分段施工。不管刮风下雨，没有休息天，除了河床涨水，无法施工外，还遇到其他困难，一个是辛亥革命爆发，法国工程师害怕被牵连，逃跑到河内躲起来，还有全部设备、施工用的水泥，都是由西门子公司负责供应。1911年农历二月二十三日，公司与驻省法商安兴洋行订立合同，订购上等红毛水泥30吨，每吨价格银圆79元，连关税运费等在内。并商定自签约之日起，以6个星期交水泥10吨，余下20吨，以不超过3星期，即速运交清楚。结果是该商号不顾信用，自二月二十三日签约至四月初四，只运来3吨零1桶水泥。已经把交货期无故推迟了26天，还只交了3吨，不是合同要求的10吨。直到五月初才交齐30吨水泥。其中还有一些质量问题，使耀龙电灯公司蒙受很大损失。

清政府也在耀龙电灯公司进口设备时，巧立名目多收关税，比如耀龙公司引进的水力发电机，由越南海防运到昆明，“除机器成本要纳税，还要加上由海防至昆明过税银若干，车费若干，这两项加在一起，计入成本收税”。耀龙公司深感“税上加税，不免重征，商情何堪，于情理未协”。

尽管困难重重，但是千余名工人“踊跃从命，年余来不避雪雨风霜，亦不计年节星期……崩山炸石，不顾危险，分段赶做，猛力进行”。这样连续工作了1年零5个月，就把1470米的河床、引水渠、排水渠，还有大坝、发电机房、职工宿舍、办公楼全部工程都完成了。当时基本没有什么施工机械，全靠人工，完成这样的工程，也算奇迹了！

1910年六月开始勘探，七月开工建设，1912年九月昆明市的电灯就亮了，一期工程结束，第一个发电机组是480千瓦，可以点亮6000多盏电灯。23000伏的高压输电线，从石龙坝发电厂到昆明市区，长达32公里，安装了900多根电线杆。发电设备，全部采购于德国西门子公司。

石龙坝发电厂建成，昆明市的电灯亮了，老祖祖非常高兴，为石龙坝题词：“石龙地，彩云天；灿霓电，亿万年。”

1918 年耀龙电灯公司就还清了全部贷款。石龙坝水力发电站，是中国的第一，将永远载入史册。王炽、王鸿图父子的贡献，也是应该永远记入史册的，也是我国第一代水电工程建设者创造性劳动的杰作。

有了电，一贯热心公益事业的同庆丰，马上开始筹建昆明自来水股份有限公司。在 1916 年与法国海防机械建设公司，签订了承建厂房、安装设备的合同；买了两台抽水机，安装在昆明翠湖九龙池上。日供水量有 600 立方米，虽然供水量很少，在昆明也是一件新鲜事。王家又为昆明市人民办了一件大好事。

在昆明盘龙江畔，如今还遗留着一块“商埠界址碑”。据碑文记载，光绪三十二年（1906 年），昆明作为“自辟商埠”开放。其范围为南起双龙桥，北达溥润桥，东至状元楼，西到鸡鸣桥。东西长 3.3 里，南北宽 35 里，周围约 12 里。促成此事的正是陈荣昌、王鸿图等人，1905 年翰林院编修陈荣昌、庶吉士罗瑞图、李坤，广东补用道王鸿图，四川补用道解秉和等人上书云贵总督兼云南巡抚丁振铎，要求开办商埠，以保主权。2 个月后得到答复批准。

同年马启元、王鸿图、董润章、祁奎等人发起组织云南商务总会，呈报云贵总督丁振铎转请清政府核准，同年 3 月在昆明成立总会，总理是马启元，协理是王鸿图，马启元经营兴顺和，是玉溪县工商业大户；

昆明海口石闸桥

总理、协理以下设会董十人执行会务，其中有袁嘉猷、宋升培等人，还有帮董十人，由各业代表中选任，协助会董执行会务，帮董有杨钧、吴清源、周肇京等人。总理、协理、会董、帮董任期都是 1 年，可以连选连任。马启元等任期满后，选王鸿图为总理，董润章为协理。

1907 年 5 月在云南修筑滇越铁路时，为了不让法国人独资建设，王鸿图出巨资买下来滇越铁路的一部分股权，被清政府授予他四品京堂候补的职位。

1908 年 12 月王炽的二儿子王尧图也捐出巨款，帮助赈灾，得到清政府授予道员的待遇。

在家乡虹溪，王鸿图按照父亲的意见，在王氏宗祠内开办织布厂，引进了织布机 60 多台，织布机是铁木结构的。还聘请了上海的技师来指导、培训工人。招收了 70 多名工人，来操作织布机。生产“爱国”牌的各种花色的棉布。这个织布厂的情况，在英法两国的教科书《中国近代手工业资料》一书中，都有记载：“我们参观了一个正在织布的庙宇，一个大院子四周的几间房子里，我们看到排满了织布机，全都在开工织布。在隔壁的一间厅堂里，有几座描金的佛像。有一个人在那里用印度棉纱排经纱……还有其他几座庙里，也有人在干着同样的工作。此外还有大批的布，是在老百姓的家里织出的。除了少数条纹毛巾，白地蓝方格衬布外，完全都是平织布，是用印度棉纱织的。都是宽 15 英寸，长 30 英尺，每匹布重 1 磅又 14 两。中国内地会的史梯劳逊牧师，在云南住过 14 年多，他告诉我们说：‘八年前，云南织布的很少，现在由于四川移民和廉价的印度棉纱，几乎是同时来到云南的。’还有一位云南最有钱有势的银行家王先生（指王鸿图先生），和我们谈话时说，棉纱业

王鸿图手迹

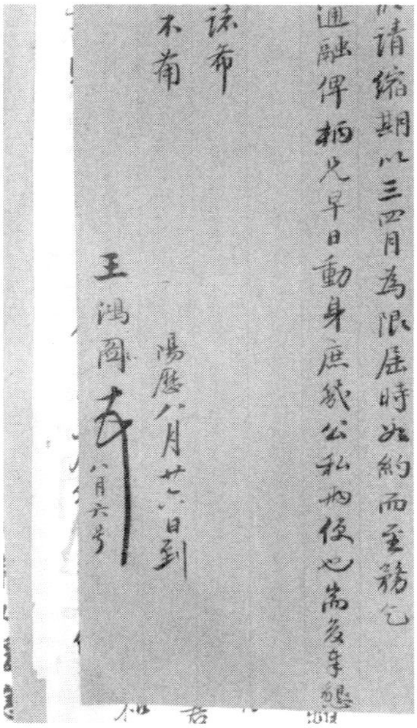
請縮期以三四月為限屆時必約而至務乞
通融俾栖此早日動身庶幾公私兩便也肅多手頌
祗布
不備
王鴻圖
陽歷八月廿六日到

王筱斋与儿子王天船

正在云南快速发展。现在在云南南部，全体人民都是穿印度棉纱织成的布，洋布（指进口的布匹）在云南已经卖的很少了。”

在我小时候，家里人都不敢讲王家的事，不过在茶余饭后，偶尔也能听到一些。比如在吃饭时，说道要讲卫生，爷爷奶奶都讲过外老祖王筱斋的故事，说他从小就特别爱讲卫生，每天都要带一小瓶酒精在身上，他要坐椅子，一定要拿出酒精，把椅子的扶手擦一遍。吃饭时，一定要用酒精擦手和筷子。为什么会这样？可能是那个年代，卫生条件差，常常有传染病暴发，他吸取外国人的经验，用酒精消毒来避免得病。

我的舅外公王天船结过两次婚，第一位妻子生下王尚贤、王任贤兄弟及女儿王静贤，中华人民共和国成立前她带着3个孩子去了法国。王天船又娶了一位夫人，她是天津人，在天津是有名的交际花，抗战时期来到昆明，后期认识了王天船，为他生下一个儿子王佑贤。王天船贫困潦倒后，这位夫人又回天津老家去了。王佑贤在小学参加少先队以后，高兴地要与妈妈分享，专门托人给他妈妈带去一封信，报告这个喜讯，可惜没有回音。

这位舅外公王天船虽然学历不高，只是一位香港中等航空职业学校的毕业生，不过他的出生环境优越，家庭条件好，家里人对他百般呵护，养成了骄横的性格。他不玩一般小孩的玩具，而是专门拆家里的电器当玩具，他拆收音机、电冰箱、汽车玩，慢慢地他也就学会修理收音机、汽车、电冰箱了。中华人民共和国成立后这几样电器，在社会上还是很稀少的，电冰箱只有医院里面有。听说他就去昆明的几家医院，帮忙修理过电冰箱，修汽车的机会就更少了。其实这位舅爷爷，最后是靠修理自行车这个手艺养家糊口了。

我的二表哥回忆，舅爷爷其实没有好好上学，就是爱玩，常常买回汽车和冰箱来拆着玩，所以他很会修汽车和冰箱。

他买过一辆很好的汽车，从香港进口的，运到昆明，被陈赓看

1 王天船

2 在昆明没有通自来水以前，街头挑水的队伍

中，他要了自己用，所以对舅爷爷还算客气，不然很可能拉出去枪毙。他只是被“陪杀场”，就是五花大绑的，把有些人押到刑场，枪一响，打倒几个，还有几个仍然站着，没有死，这就叫“陪杀场”。

二表哥他们小时候常常去王家的老房子里玩，那里被火烧过，在老房子里可以找到很多铜钱，拿到学校去和小朋友玩！可能那时候昆明城里的小孩玩的铜板，都是从那里拿出来的！

今天的王氏后人

2001年在电视台播出《钱王》电视连续剧以后，王炽的传奇人生又深深吸引了人们的视线。《春城晚报》的记者找到了王佑贤的家，采访了这位王炽的后人。他穿着一件灰白色的毛衣，头发有些花白，站在5楼他家的门口。“请问您就是王佑贤先生吗？”我看着眼前这个50多岁的男人，轻轻地问。“是。”他肯定地回答。如果不是他给出一个肯定的答案，我们根本不会想到，他就是一代“钱王”王炽的曾孙。坐下之后，我们打量着屋内的陈设，这里和许多昆明的普通人家几乎没有什么区别。看着我们脸上闪过的惊诧，王先生指着沙发前的两个小茶几说，除了奶奶留下的两三件家具，就再也没什么东西留下来了。“这套普通的房子，是我靠自己的劳动换来的。”他言语中流露出的无奈，让屋内的空气增添了几分伤怀。看着他脸上平静的表情，我们怎样也无法把这套房子和“钱王”联系在一起。他，一代“钱王”的后人，除了拥有祖先留下的辉煌之外，剩下的就只有这样一个简单的家。

王佑贤出生于1950年，他的哥哥、姐姐在中华人民共和国成立前去了国外。他和父亲、祖母一直住在昆明市华山南路，直到1997年，才搬到现在居住的西市区。他的母亲是天津人。现在，他在某工厂工作，很少有人知道，他的曾祖父就是大名鼎鼎的王炽。如今，他家里保存的除了祖母留下的两个紫檀木茶几之外，就只剩下一个梳妆台，是20世纪初的老家具。

王先生一边翻看家里的老照片，一边给我们讲解哥哥姐姐的生活。他的父亲王楫（王天船）育有三子一女，长子尚贤、次子任贤、幼子佑贤、女儿静贤。王尚贤小时候得过小儿麻痹，留下了残疾，只能坐在轮椅上，生活不能自理。他的大哥王尚贤、二哥王任贤、姐姐王静贤都生活在马来西亚，条件比他要好得多。大哥因行动不便，没有正式工作，靠养老金及弟弟的帮助生活；二哥王任贤也是壳牌马来西亚公司的高级管理人员，有自己的专机，现已退休；姐姐原来是法国航空公司下属机构的经理，他的二爷爷，也就是他祖父王鸿图的兄弟王尧图，他的后代几乎都生活在昆明。早年的时候，他们还经常往来。后来，昆明拆迁了不少地方，现在他都不知道对方搬到哪里了，渐渐就没有了消息。说起这一切的时候，他是那样平静，似乎他所讲述的并不是一个显赫家族的历史。

王佑贤先生说，父亲王楫讲得最多的是曾祖父的事情，爷爷的故事听得不多。但爷爷是云南省商会的第二任总理，1907 年，在修筑滇越铁路的时候，为收赎滇越铁路滇段路权，爷爷捐出了十多万两银子。王先生拿出到省档案局查到的资料，当时这条铁路的全名是：滇—越—腾—蜀，可惜后来，腾—蜀路段没有修成。据资料记载，王鸿图组建的铁路公司，派出数人到比利时等国家进修学习，费用全部由王家支付。在公益事业上，王鸿图和他的父亲一样，做了不少好事，1913 年到虹溪开办织布厂，1925 年救济灾民，平抑物价等。

王氏家族由盛转衰

1911 年，辛亥革命爆发，全国的大动荡，与清王朝关系密切的“同庆丰”产生了巨大的亏损。受当地商号倒闭的影响，经营钱庄的各地天顺祥分号损失惨重。当时借贷给清王朝各级官员的公私款，在辛亥革命后，无处讨要。各处天顺祥分号的负责人中，出现了营私舞弊、携款潜逃者，更让王家雪上加霜。“同庆丰”业务一落千丈，不得不逐个盘点收庄。

王佑贤先生说，辛亥革命后，王家在生意上受了重创，这个时候，“同庆丰”的元老们又纷纷过世，他们的儿孙辈也开始要求退出“同庆丰”。其中最为强大的是李耀庭的儿子李湛阳，大约在 1910 年中后期，李耀庭死后不久，李湛阳就要求和王家以长江为界，南北分家。一个庞大的商业帝国，从此支离破碎。王先生说，到中华人

可能是在王鸿图家举行的滇剧堂会

民共和国成立前为止，王家在外省的银号，只剩下王炽在北京创立的“祥瑞兴”。

王鸿图育有四子三女，但只存幼子王楫和两个女儿。大女儿王如璋嫁给袁嘉谷的长子袁丕元，小女儿王如琛嫁给欧阳师吉。

王楫（1918—1981），字天船，14岁时，父亲王鸿图去世，王楫继承家业。但因年幼，产业基本上是王先生的母亲在管理，北京的“祥瑞兴”交给王鸿图的管家陈庆堂代管。1938年，20岁的王楫到香港远东航空学校读书，之后北上，赴北京管理设在那里的商号“祥瑞兴”。中华人民共和国成立后，王楫回到云南，在华山西路王家的房子里，办了一所“建设中学”，后来这所学校的一部分并入昆八中。

再次提起曾祖父，王先生很伤心，他说老人家生前为云南、为虹溪都做了不少好事，可在虹溪五山烟子寨的墓地，不断地遭到破坏。那些墓坊、墓标，雕刻精美，都是文物，破坏了实在可惜。

当人们从100年前法国领事方苏雅的黑白照片中，看到一个身着官服、精神矍铄的老者，看到他的全家福，甚至看到他的“养在深闺人未识”的三女儿……有人在问，他是谁？从种种史料来看，这个与方苏雅关系似乎很密切的老者，并不是朝廷命官。那么他是谁？方苏雅写在照片下面的法文说，他参加了一个大银行家儿子的婚礼，并用法文谐音标出这家银行叫“同庆丰”。

一位比大名鼎鼎的红顶商人胡雪岩还要厉害的人物。“三代一品”红顶商人，这个清廷给予商人至高无上的荣誉，证明了王炽“为国”所做的种种贡献。尽管王炽的“忠君爱国”烙上了时代的印记，但他在中法战争中垫付的军饷、为全国各地人民所捐赠的赈灾银两，无不显露了一位儒商的胸襟和仁义。

尽管因为种种原因，王氏的商业帝国到如今已荡然无存，可他的商道，他的为人，依然有着独特的魅力。采访中，王家的第四代后人对我说：“我们没能继承曾祖父的财富，但他的道德、品格、诚信还流淌在我们血液中。我是一个普通人，可在待人接物上，从没有含糊过。不过曾祖父经商的才能在二哥身上就有体现，他在马来西亚英荷皇家壳牌国际油气集团坐到了老总的位置。”

最后一次到王家，正是傍晚，夕阳洒在阳台上，我们坐在那个 100 年前简朴的小茶几前，翻阅一些照片。谈话的间隙，不知是谁发出一声轻微的叹息，一时间，我感觉自己凝结在时光的河流里。100 年的沧桑，王氏家业从贫寒至巨富，又从富甲一方回到默默无闻，是否正应了“否极泰来，荣辱自古周而复始”的轮回？而今斯人已远。

尾　声

20 世纪 90 年代中期，王天船的长子王尚贤、次子王任贤先后回到昆明，王尚贤早年患过小儿麻痹症，下肢瘫痪，只能坐在轮椅中。他还是很怀念亲情，专门找到住在昆明东风东路的我爸爸家，这时候父亲袁绩棠已经去世，妈妈还在，还有和妈妈住在一起的妹妹一家。王尚贤表示自己有能力，要送我们家的后代去马来西亚留学，本来打算让我的大儿子去，不过他刚大学毕业，已经参加工作；小儿子还在上大学。才改为让妹妹的女儿杨晓培去马来西亚留学一年。

表哥王任贤在 20 世纪 90 年代，曾经回到中国探亲访友，我们在北京见过面，他们夫妻住在北京西二环边的“假日酒店”，我和夫人李琼仙带上两个儿子，专门从燕山进城到酒店大堂和他们见面。他们送了我们一些马来西亚的特产——银器，我们也送他们一些中国的手工艺品，大家聊得很开心，还一起合影留念。可以看出我奶奶的

王任贤、李贵珠夫妇名片

弟弟家人，虽然生活在国外，还是具有深厚的家乡情结。

后人对王炽的评价

朱德委员长年轻时，在云南陆军讲武堂学习过，在民国时期当过云南省警察厅长，他在昆明生活过很多年。20 世纪 50 年代，他又回到昆明，在座谈会上，对云南省的领导说过："在八国联军进攻北京时，中国没有亡国，跟王炽帮助西太后有很大关系，他是对国家有贡献的人。"当时王炽被贴上"大地主，大资本家"的标签，家产都被没收了。朱委员长的讲话，犹如晴空的雷声，引起不小的震动。

陈荣昌先辈挽王兴斋姻伯诗：

一生任侠真无愧，三从成品迥不犹。
少日执戈纾国难，暮年转饷助边筹。
生希刘晏工心计，死效班超正首丘。
我向黄公垆下过，小阳笛起不胜愁。

前面讲过，王炽的大孙女是我的奶奶，因此老祖祖袁嘉谷就称王炽为"姻伯"。老祖祖为王炽写了"挽王兴斋姻伯诗"，一共八十句，四百字，简洁地总结了王炽的一生，给他很高的评价，论他是人中豪杰。

全诗抄录如下：

当代论豪杰，斯人特异常。
贤声动枫陛，世系溯槐堂。
生有岐嶷相，天教险阻尝。
舞庭看象勺，束阁弃缥湘。
忠孝劳家什，边疆启战场。
花门一驰突，粉社几惊惶。
勇气如汪踦，雄心胜卞庄。
歼渠能射虎，逐北屡驱羊。
力与销峰燧，情原敬梓桑。
无何游锦水，从此别珂乡。
铁马功休校，金牛道更长。
牵牛堪养母，解甲便经商。
事自戊渝起，名由蜀汉飏。
设施及燕粤，开拓到江阴。
根据归蒙诏，支流入夜朗。
列尘半寰宇，阅岁历星霜。
鹤吊闻凶耗，阅岁历星霜。
麻衣奔道路，柳翣引山岗。
营葬同韩信，兴戎见越裳。
将军铭汉柱，士卒绝陈粮。
兽困犹能斗，鹰饥不可扬。
指困凭鲁肃，借箸比张良。
货布筹无失，盐铜政并详。
唐蒙资筴画，卜式足流芳。
握手芩桓国，倾心鲍武囊。
能教群帅服，奚愧万夫望。

1 同庆丰的铜板
2 天顺祥的秤盘

1

2

义问原非偶，仁施未易量。
偏灾成水旱，美意拯凶荒。
惠泽追东里，枯骴掩北邙。
分泉苏鲋涸，利涉架鼍梁。
令誉周闾闬，恩言出庙廊。
湛露方优渥，明星应寿昌。
有风撼乔木，无索系斜阳。
大运龙蛇厄，佳儿麟凤行。
庭阶森宝树，筵几奠琼浆。
遗像留图画，英光佥剑芒。
春应绝邻相，琴不共人亡。
任使长才没，谁能盛德忘。
他年编史传，猗顿竟辉煌。

赵藩先生送了挽联：

是豪侠人材，固瑕瑜不掩也；
当商战世界，宜中外共惜之。

赵藩先生是一位非常善于评论人物的文学家，这副对联，最后两句写得真好，作者已经看到世界在发生大变化，将来一定是商战风云的时代，那么王炽老先生的经历，一定值得借鉴，不仅值得中国人借鉴，也值得外国人借鉴。可惜他的预言被埋没了几十年，才又引起人们的注意。

耕读为本

老祖祖袁嘉谷有七位同胞兄弟，还有一位姐姐。他的父母先后生了13个子女，8个男孩，4个女孩，实际存活了8人，人称“活八仙”。下面我把他们按长幼年龄，包括他们的后三代一一介绍给大家。

袁嘉乐及其后代

大祖伯袁嘉乐是袁德洋公的长子，字征祥，号雪樵，生于1856年，卒于1891年，享年36岁。夫人是吕氏，育有四子一女（墓志铭记录4子，家谱只有3子）。嘉乐公从小聪明，14岁进入庠，在学校喜欢作诗，受到州学使汪蓉洲的喜爱，因为他特别擅长创作古体、今体的诗歌，被提拔为优等生选补廪膳生。我估计就是没有通过正式考试，是因诗歌写得好，被州学史特别提拔为廪膳生的，就是有伙食补助的秀才，可以住校读书。

在家平时少言寡语，也极少外出，但一谈到古今往事，就语出惊人，能深刻评价古人的长短；在与熟悉的朋友交谈时，常常表示，沽名钓誉是儒者的耻辱，我虽不热心功名，但特别喜欢写诗，是用心在写诗。从小爱读书，收藏了几百册书，包括《古诗源》《全唐诗》《宋诗抄》《金元诗选》《明诗综》等书，还喜爱书画，研究起书画，常常到废寝忘食的程度。听说哪家有好书，一定要借来读，连续读书几个月，都不知疲倦。石屏州曾经推荐他担任训导，就是管教育的初级官员，都被他拒绝了。就是一心在家读书，生活来源是什么？主要依靠父亲手上传下的茶庄生意。

他自己也是小有名气的诗人，平时爱写诗，写过不少诗歌。老祖回忆，大哥写的

1 昆明东郊归化寺

2 昆明东岳庙

诗，有上千首，可惜是随写随扔，不留底稿。他去世以后，他的恩师许五塘先生曾收集到 30 多首，集在《滇诗重光录》中，弟弟袁嘉谷又收集了一些诗，出版在《雪樵诗集》中。

在德洋公去世以后，嘉乐公因为是长子，就担当了“乾利贞”茶庄的负责人，由他发起石屏茶帮的成员讨论会，准备在昆明购买文庙街一处房产，作为茶帮昆明总部使用。可见嘉乐公在茶帮的发展大事上，是有发言权的。可惜正当他应该大干一场的时候，不幸患病去世，袁家痛失一位好管家。老祖祖为大哥写了墓志铭。

在墓志铭中老祖祖把大哥定位于诗人，他 14 岁就考中秀才，因为诗写得好，被选拔为优等学生。每谓生徒曰：“吾肆力于诗，刚曰经，柔曰史，探诗本也。”特别喜欢阅读《白香山集》《苏东坡集》，朋友们和他开玩笑：“明前后七子，习唐伪体，袁伯修中郎始以白苏救之，君其斯意乎？”兄笑曰：“斯亦伪白苏也，吾将以真白苏救之，仅仅学伯修兄弟乎哉？”学之数年，一变学社。当时在石屏讲学的先生，首推袁绘山、许心葵、杨田宇、许五塘诸先生。嘉乐公先后都跟他们几位学习过，特别是五塘先生最喜欢他。

老祖祖说在外人眼里，他是我哥哥，在我自己眼里，他是我老师。嘉乐公是个好学、稳重的，全家人的大哥，他自己非常爱读书，可是为了全家的生活和前途，他毅然担负起大管家的责任，忙碌于“乾利贞”茶庄的业务，安排家人日常生活，忙得不亦乐乎。嘉乐大哥比老祖祖年长16岁，几乎可以算长一辈的人了。

德洋公在1883年退养在家，有空闲时间，命令大儿子嘉乐老祖，开始着手编撰石屏《袁氏家谱》，在我的老祖祖新编的家谱上，也收录了他大哥嘉乐公的序言。从这篇序言中可知，石屏高坡的袁氏始祖袁会，随沐英等统帅到云南，他的确是直接参加战斗的士兵，从曲靖一路节节胜利进入云南，最后打到石屏驻扎下来。嘉乐老祖的家谱序是1884年完成。

既然老祖祖把他大哥定位于诗人，我们应该读读他的诗歌。

我在《石屏县志》中找到袁嘉乐老祖祖的三首诗，摘抄两首：

送明含章出军

战马嘶风夜幕中，边城烽火接天红。

请君此去莫回首，他日凌烟第一功。

把战场的人喊马嘶，烽火连天的激烈战斗气氛描写得非常生动；鼓励出征的战士要有视死如归的英雄气概，努力争取战功。

游思陀路经元江

万马争腾处，江声动听闻。狂流奔日月，浩荡镇乾坤。

波熟红生瘴，沙深白走银。他年泛横舸，应类五湖春。

全诗前半部，把激流奔腾的大江一泻千里的气势，描写得很生动。后半部抒发了作者的胸怀，是那样豪迈大气。

在我从郑州家谱协会买回的家谱中，收录了嘉乐老祖的14首诗词，我从中抄录几首。在他的祖母去世17年的忌日，他想起她老人家，写下四首诗：

南山有薇，北山有梅，悠悠祖母，云何其来？
南山有桑，北山有杨，悠悠祖母，云何其伤？
霜露俱降，木叶尽脱，祖母之灵，九原可作。
酌彼清酒，展我素思，祖母之容，如或见之。

庚辰秋，明含章相约从戎，因亲意不许，行役不果，赋诗两首：

高坡半亩田，云自先人留。年封与岁欠，不劳坐待收。
西效值八月，仆夫催我骝。收获也何少，征税亦何道。
村酒旨且酽，於世寡戚忧。万钟本非望，贫贱无复羞。

朝游异湖东，暮栖屏山北。身非屈大夫，何有憔悴色。
星言欲速驾，我马忽疲力。北风吹沙漠，秋云暗天黑。
世途多险巇，周道苦荆棘。偷安非予志，所愧不称职。

秋又中矣，忆弟兄少时期，壮年有成，今已31矣，束手无事，吟成一章。

回首髫龄似眼前，艰难世事历千千。心游江海身强健，梦到云山思渺绵。
廿载功名多蹭蹬，卅年辛苦倍伤怜。月中攀桂寻常事，应笑蓬莱第二仙。

老祖袁嘉谷读完大哥写的诗歌后，兴奋的写下了一首《读雪樵兄诗集题后》：

空山鸣鹤水分犀，古锦诗囊手自携。
秋月亦能听逸韵，夜阑人静下庭西。

嘉乐公的夫人吕氏，她活到七十多岁，在她七十岁时，老祖祖为她撰写了祝寿的文章《诰封夫人袁母吕夫人七十寿序》。老祖祖回忆，1873 年，在我才 1 岁多时，吕氏就嫁给我大哥，作为大嫂，一直协助徐太夫人管理这个大家庭，到今天已经 50 多年了。这个大家庭有 200 余人，10 年前主要是徐太夫人持家，近 10 年就是吕夫人持家。大家庭中，人多口杂，常常会为一些鸡毛蒜皮的小事，引起口角，大嫂总是能巧妙地化解这些矛盾，使大家相处得和和睦睦，受到我们全家人的爱戴及尊重。1885 年石屏卖米巷的故居建成，了却德洋公的心事，一大家人团聚在一起，每天的吃喝，油盐菜米，养猪、喂鸡，等等的琐事，都是大嫂协助徐太夫人在做，从不计较。对自己总是节衣缩食，见到被人废弃的木头、竹片都要捡回家，储存好，以备不时之需。吕夫人生了三个儿子，皆成才，女儿

袁嘉乐后人五世合影（摄于1938年）

嫁给苏家，他家也是读书人。吕夫人又孙男孙女十余人，长孙英拔能诗，次孙习武，曾孙幼读，一家四代同堂，曾孙出生时，徐太夫人还健在，对太夫人言，就是五代同堂！这个第五代应该取名为“天”字辈，徐太夫人为纪念自己的寿辰，改为祖字辈，所以我的堂哥，原来昆明市体委的离休干部，名字就是袁祖武。儿孙满堂这是两位太夫人的福气。

老祖祖的夫人，愿意把朝廷给她的二品夫人的头衔，赠送给大嫂，以表达自己对大嫂为这个家庭做出贡献的敬意。

今日石屏诸天寺大门

根据我爸爸妈妈编制的家谱，嘉乐公的大儿子袁丕承，二儿子袁丕绪，三儿子袁丕纶，嘉乐公之女是苏袁氏。嘉乐公的大儿子袁丕承，和老祖祖差不多一样大，平时也一起读书学习。

袁丕承与我老祖是叔侄关系，不过实际年龄相当，小时候还在一起学习。丕承爷爷后来就回忆他的同学，也是叔叔的老祖祖是多么聪明，爱学习。他说，嘉谷叔只要读 1～2 遍，就能背诵，我们要读 5～6 遍，才能背出。

丕承爷爷又回忆，全家搬到城里住，大家都在读书楼里学习，嘉谷叔常常要读书到半夜，其他人已经趴在书桌上打盹了，嘉谷叔就大声背诵《满江红》，大家只能又打起精神，把油灯挑亮，陪他读书，直到诸天寺里的钟声敲响，才休息。正是“读书楼外五更天，诸天寺里一声钟”。

袁丕承是云南陆军讲武堂 15 期的毕业生，和叶帅是同学，叶帅是 13 期（网上查是 12 期炮兵科）的学生；据《石屏县志》和《云南省讲武堂同学录》记载，袁丕承爷爷的两个儿子袁绩禹、袁绩汤也都是讲武堂的学生，袁绩汤是步兵学员。一家人竟然有 3 人先后就读于云南陆军讲武堂！

袁绩禹从讲武堂毕业以后，没有从军，又进学堂学习，大学学士毕业，也有一些诗词留世。袁绩汤，字济东，后来成为乾利贞第四代掌门人，也是最后的乾利贞总经理。嘉乐公及他的儿子、孙子都喜欢习武，嘉乐公原本是要应征入伍的，因家里人坚决反对，才没有去成。从这些迹象看，嘉乐公及儿孙们的身上，还留有袁氏习武的血统。

袁绩禹还是位诗人，创作了诗词多首，我抄录几首让后人学习，了解他的志向。

郊　行

野平山峻草萋萋，垂柳如烟绿一溪。
隔岸鸣鹂三五个，声声引步过桥西。

袁嘉乐老祖的后代 2006 年合影

登铁峰

危岭阻长虹，巍然耸碧穹。野平城历历，湖阔水蒙蒙。

落叶崖悬树，飞云蹬绕空。西山高万仞，对此势谁雄。

中秋夜宴小园

行云流水日悠悠，一度西风一度秋。

好景遍宜村夜赏，桂花香月碧山楼。

袁绩禹伯伯的词也不错。

静夜思·眼儿媚

梦魂不到翠湖西，攲枕拥和衣，几回风过一阵，细雨四壁，虫啼悠然。

去路青山隔何日，是归期。花开花谢，月圆月缺，只自悲凄。

袁嘉谟及其后代

袁德洋公的二儿子袁嘉谟祖伯，字铭泉，晚号叟泉。人称广文先生，生于1857年，卒于1912年，享年56岁。育有五子六女。

嘉谟公在读书时，是州前铺廪生，考中过贡生，就是石屏州政府向清朝廷推荐的好学生。也是孝廉方正。

他孝顺父母，友爱兄弟，和睦乡邻，对人诚恳，做事厚道，人品超群，文思敏捷，擅长对联。袁嘉谟老祖曾任云南嵩明、巧家、永昌（今保山）的训导，在明清时代，在府设教授，州设学正，县设教谕，掌管各级教育所属生员，其副职都称为训导，是从八品的官员。后来龙云还派他去开化、永昌、会泽等地任职，他婉言谢绝了，没有到任。回归田园，专心于农耕，还在石屏茶帮及商会里担任经理等职务。

袁嘉谟老祖的精神世界，受了云南一位著名僧人圆泰上人的影响，他们俩是好朋友。袁嘉谟受圆泰影响颇大，佛家的教诲令他被时人尊为“孝于亲，友于兄弟，和于

乡里”的典型。他无心于官场，“官训导嵩明一年，巧家六日，开化、永昌，会泽皆辞不赴”，“隐于乡间”，超然物外，圆泰曾亲自编了一个竹座椅送给袁嘉谟，“宜其契也”。袁嘉谷从二兄处不断得到圆泰的消息，看着他在佛学修为上能日益精进，不禁感慨良深。每每在二兄处坐一坐圆泰赠送的竹椅，心中升起的便是一种无言的感动。

袁嘉谟老祖在家休闲的时光，著有《冷官余谈》一书，全书分为两卷。书的内容是记录石屏、云南的历史、地理的杂记，涉及山川、水利、人物、古迹、名胜、逸事等，足以成为地方志资料的补充，这里只抄录两则，可见一斑。

第一则黑龙山有墓碑曰刘某者，大书“榜眼及第”四字。或曰“吴三桂所取者”。这位刘某，实际是吴三桂取的榜眼，不是真正全国科考中的榜眼。

第二则石屏白马庙后，石壁苔封，刻有“洞口长春”四大字。苍劲类宋，元人笔。经袁嘉谟老祖考证，这四个大字是元

1 2017年家族聚会袁嘉谟老祖后代合影

2 袁嘉谟老祖著作

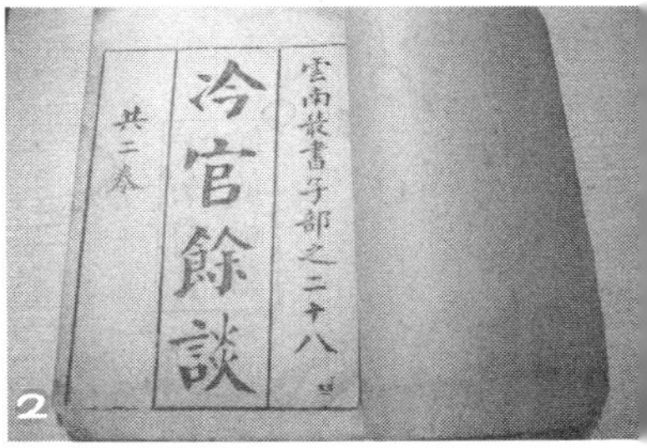

朝时候的人写的。

在古代冷官是指地位不重要、事务不繁忙的官职。唐张籍《早春闲游》诗：“年长身多病，独宜作冷官。”苏轼《九月二十日微雪怀子由弟》诗之一：“短日送寒砧杵急，冷官无事屋庐深。”宋陆游《登塔》诗：“冷官无一事，日日得闲游。”袁嘉谟老祖把自己称为冷官，是自嘲。在老祖祖编辑的《石屏县志》中，收录了袁嘉谟老祖的诗词两首，这里我抄录一首。

乾阳山仙洞

故寻幽僻避嚣尘，北郭青青眼界新。
世纪年华天建子，山空风月洞长春。
三生幻梦呼仙侣，两屐游踪伴牧人。
指点神州烟九点，茫茫毕竟有谁真。

作者为读者描绘了一幅人间仙境，也抒发了作者对国家前途的思考。

老祖在家谱里也收录了二哥嘉谟的一首长诗《异龙湖捕鱼歌》，我特抄录，以飨读者。

湖上风光好放船，渔家大半伴鸥眠。
终朝晒网望晴天，疑乃一声口流涎。
三村两村赛龙泉，扑得锦鳞易万钱。
终日不改旧山川，沽得酒来仿古贤。
醉中知老不知年，妇子无愁天外天。
停舟绿树柳荫前，日落又傍西岩前。

袁丕基爷爷辞职信

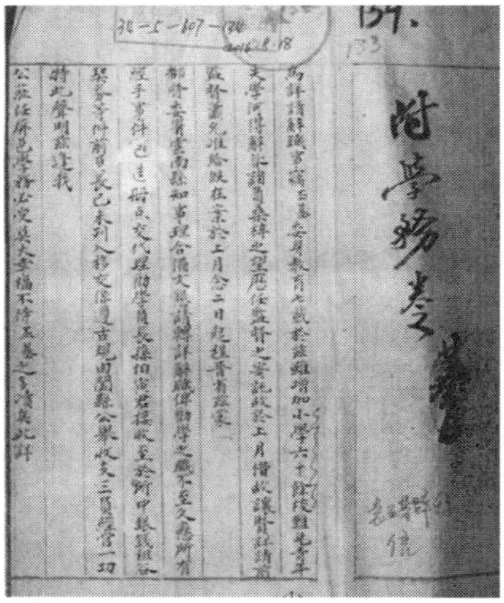

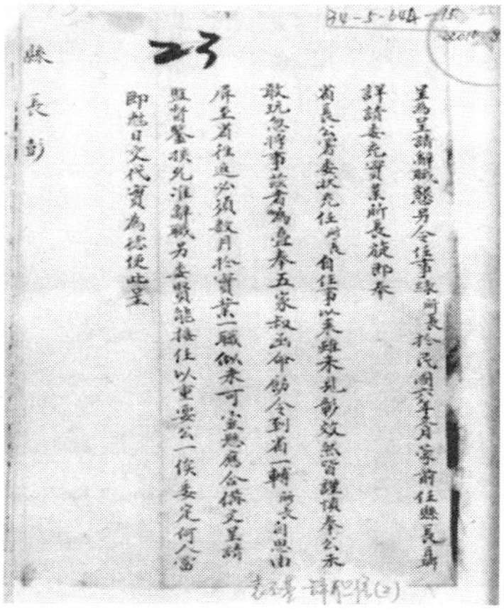

水月寺中听参禅，骚人提句联诗篇。
跨鹤之翁亭上眠，梨花深处水绕床。
何妨醒梦大罗仙，岳阳三醉古来传。
乾坤日月荡胸前，煦菴大笔如云烟。
瀛洲蓬莱阆苑然，何必学士开琼筵。

嘉谟公大儿子是袁丕纲，二儿子袁丕训，三儿子袁丕基，四儿子袁丕理，五儿子袁丕箴；大女儿张袁氏，后辈尊称她为张大姑奶；二女儿许袁氏，后人称她许四姑奶；三女儿袁梅英，四女儿袁桐英，五女儿袁桂英，六女儿袁榕英。

大儿子袁丕纲，缺乏资料，无法详细介绍。在 2017 年 9 月 10 日的聚会之后，通过手机微信，我认识了袁丕纲的重孙子袁骏，他

1 从照片看袁丕纲爷爷和我爷爷袁丕元非常像

2 2017 年 9 月聚会时袁丕纲爷爷的后代

现在在安徽生活，他给了我一张袁丕纲爷爷的照片，照片背面有他爸爸写的 3 个名字：袁丕纲、袁筱泉、袁小泉，都是这位爷爷的名字。

袁丕纲爷爷活了 60 岁，他的儿子袁绩武曾经在上海的金融机构上班，也是英年早逝，30 多岁就在上海去世。他的儿子袁天祥 1929 年出生在石屏，在南正街故居生活了 25 年，1954 年离开老家，到合肥投奔姑妈，后来考上安徽医学院，毕业后到安徽六安市人民医院工作，任骨伤科副主任，现在离休在家。

二儿子袁丕训，1918 年当选为石屏县第三届商会的会董，他有自己的商号“源顺昌”，主要经营茶叶。也在六顺县担任过县佐，是正八品的官员。

三儿子袁丕基，年轻时在东陆大学读书，当时正好是我外公华秀升担任东陆大学代理校长。为了响应全国抗日的热潮，学校组织全校学生举行军训，队伍带到昆明黑龙潭集训，袁丕基爷爷也参加了这次军训活动。在返回学校途中，因枪走火，袁丕基被打伤了屁股。华校长严肃地处理了私自玩枪的队长，把袁丕基爷爷送到医院治疗。

在 1913 年修石屏小河底铁索桥时，他是募捐发起人之一，因为这时候他也是茶庄的老板之一，一个成功的商人。云南省教育司指令第 741 号，石屏州知事周汝钊，经查袁丕基任劝学员资格符合标准，应发给委任状，委任状是民国二年（1913 年）4 月 17 日发出的，上面盖有云南省教育司长由云龙的大印。在劝学员的职位上，丕基爷爷为发展石屏的教育，买回大批的教科书，在任上工作了七年，为石屏县增加小学 60 多所。他还任过祥云、禄劝、大姚的县长。

四子袁丕理，也是缺乏资料，待以后补充完善。

五子袁丕箴爷爷的年龄比较小，1986 年我回昆明探亲时，还在我们家里见过这位爷爷。我爸爸对他很热情，他每次到我家，爸爸总是盛情招待他。他对我讲了老祖祖在北京、在云南会馆的事，叮嘱我回到北京，一定要抽时间去找找在珠朝街的云南会馆，看看老祖祖写的“南北一家”等对联，还在不在。我回到北京，抽出周末休息时间，从燕山乘公交车，经过近 3 个小时的颠簸，才来到宣武区珠朝街，找到了云南会馆的地址，是珠朝街 4 号。里面住户很多，不仅原来院子里的老房子住了居民，后来还在院子里的空地上，又盖起不少简易房，不仔细分辨，都看不出原来院子的模样

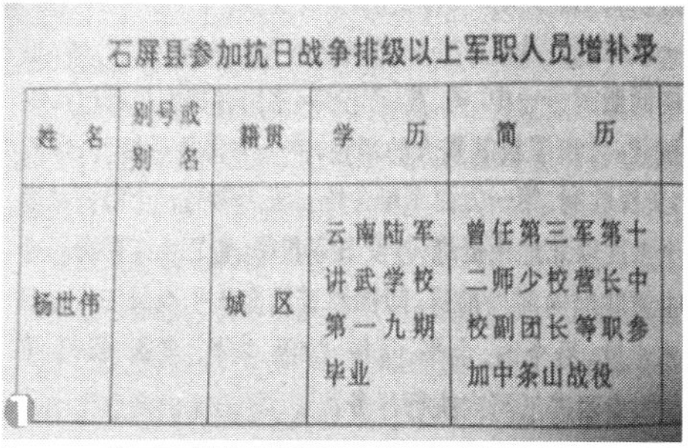

石屏县参加抗日战争排级以上军职人员增补录

姓名	别号或别名	籍贯	学历	简历
杨世伟		城区	云南陆军讲武学校第一九期毕业	曾任第三军第十二师少校营长中校副团长等职参加中条山战役

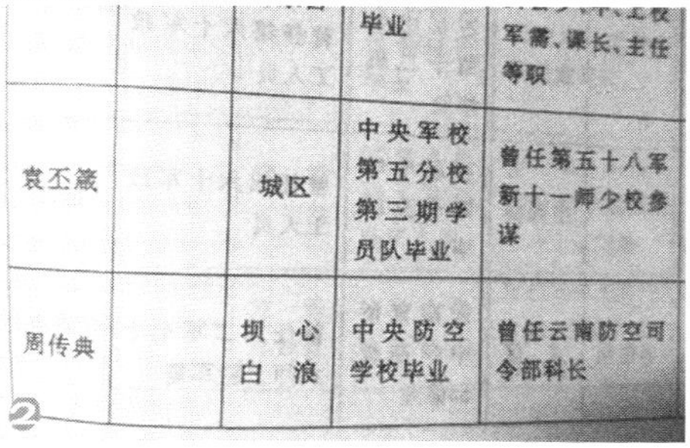

			毕业	军需、课长、主任等职
袁丕箴		城区	中央军校第五分校第三期学员队毕业	曾任第五十八军新十一师少校参谋
周传典		坝心白浪	中央防空学校毕业	曾任云南防空司令部科长

了。在院子里没有看到对联、匾额之类的东西。又找到居委会，才搞清楚，原来挂的匾及对联早就没有了。

抗日战争爆发时，袁丕箴爷爷还是个青年，1937 年老祖祖已经是暮年了，仍然以国家利益为重，就在自己去世前，亲自把他送去报名参军，到昆明绥靖路的廖行超家，廖是滇黔绥靖公署的参谋长。老祖祖亲自带自己的侄子来报名参军，表达为国出力的决心。廖参谋长非常感动，对老祖祖说："老伯爱国热忱可嘉，我一定照办。"3 天后就安排袁丕箴爷爷，到中央军校五分校三期学员队受训，第二年毕业后，袁丕箴爷爷就分配到滇军 58 军新编 11 师，任少校参谋，随军出征，参加抗日战争。他直接参加过台儿庄战役，在《石屏文史资料选编》第 5 辑中，石屏参加抗日战争排级以上军职人员名录中，仍能找到这位爷爷的名字。

1 2 石屏县参加抗日战争排级以上军职人员增补录

3 袁丕箴爷爷与我合影（1986 年）

袁嘉猷及其后代

老祖伯袁嘉猷，字伟勋，号允升，是我老祖祖的三哥。嘉猷公生性谨慎厚道，人很聪明，深得父母喜爱。年幼时就进入私塾读书，读书能心领神会，诗文俱佳，应童子试考中第一，在乡里小有名气，经常上午率领弟弟们读书，下午大家一起临帖，到天色暗了，又换到月光下继续写大字。这样刻苦地练习，在几兄弟中他的书法最好。他学过欧阳询、王羲之、颜真卿的字帖，特别擅长临写欧阳询的字。父亲去世以后，按照母亲的"战略部署"，他和四弟嘉言负责经商，提供全家人的生活及弟弟的学习费用。几个兄弟先后离家出门深造，他留在家里赡养亲人。1909 年考取孝廉方正，辛亥革命以后，被公举为石屏知事，保卫家乡的安定，为民造福。他也是石屏商会及石屏茶帮的经理。1917 年母亲徐太夫人去世后，嘉猷公安葬了母亲，就把石屏的家业交给儿辈管理，自己到昆明颐养天年。

袁嘉猷爷爷因为一直负责经商，具体管理"乾利贞"茶庄的生意。本来还有嘉言爷爷帮忙，嘉言爷爷又早逝，只剩他一人在忙碌，也使他掌握了较多的财富。他花钱收购了珍贵的书籍、字画等文物。

嘉猷公淡泊名利，泰然自得，尊敬长辈，诚信朋友，好舍财济贫，一生不改。二儿子袁丕钧 1921 年因病去世，嘉猷公把他葬在昆明东郊的归化寺后，他自己也看中这里的风光，在寺的左面，为自己买下了一个墓穴。1922 年春大儿子袁丕镛把父亲接到晋宁奉养，当年 3 月 7 日在晋宁去世，享年 62 岁。

袁嘉猷老祖的夫人姓苏，后人称为苏太夫人。他们育有 2 个男孩，4 个女孩。4 个女孩都是师范学校的毕业生。二女儿名叫袁兰英，她嫁给何瑶，就是接替华秀升担任东陆大学校长的何瑶。三女儿名叫袁惠英，嫁给宋小轩，民国时期曾在云南省政府工作，任过龙云的秘书。曾经给聂耳通风报信，使其避免了因为是地下党员，而被逮捕的厄运。

长子取名袁丕镛，字笙阶（陔）；次子取名袁丕钧，字百举。袁丕镛曾留学日本，在明治大学获法学学士学位，学成回国历任牟定、乔后、晋宁县知事。次子袁丕钧毕业于北京大学，文学学士学位。

2012年袁嘉谷130周年诞辰聚会老三房后代合影，主要是袁丕镛、袁丕钧的后代。第一排右一是魏群智，右二是陶琨，他是华罗庚的第一届研究生，原昆明大学校长。前排左起第二人袁遗辉，她是我高中的同学

袁丕镛的夫人是吴夫人，育有3个男孩，老大是袁绩昌，老二是袁绩融，老三是袁绩美。还有4个女孩。袁丕镛的长女袁增辉，嫁给了魏述征，魏后来成为云南省最著名的老中医。魏述征还是位长寿老人，一直活到100多岁才去世。袁丕镛的4个女儿都是师范学校的毕业生。

袁丕钧的夫人是李瑞谷，袁丕钧是云南省有名的才子，是老祖祖最器重的人才。他和夫人育有一个儿子袁绩藩，还有两个女儿，即袁令辉和袁春晖。这家人是故事比较多的，容我慢慢叙述。

先讲讲袁丕钧爷爷，字百举，生于1892年，从小非常聪明，5岁开始读书，是舅父苏少环为他进行启蒙教育，父亲及伯父都指导过他，所以8岁就能背诵不少古诗文，读经史子集，都能领悟其中的内容。1900年随父母从石屏来到昆明生活。

1904年参加童子试，名列前茅。书法是专攻王羲之父子小楷。清代的科举考试停止了，他就改进学堂。1905年12岁就进入云南优等师范学校学习，接受全面的知识教育，包括国文、史地、外

语、算术、理化博物等科的知识，同班同学有几十人，表兄许赞尧孝廉、五兄丕绪、七兄丕基都是同学，而他是最年轻的，非常聪明，初看他不是一个刻苦学习的学生，没有见他挑灯夜读，可就是能做到过目不忘，各科考试均列第一，成为公认的才子、神童。1909 年到贵州成亲，一路颠簸，婚礼上又豪饮多日。贵州提学使陈荣昌和他见面以后，评价他是老成人。1910 年到杭州，见到叔叔袁嘉谷，在定香亭里赋诗对答，提笔写下“有石拔出怒而张”，气势咄咄惊人，这七个字还刻在定香亭中。老祖祖与丕钧侄子讨论人性，老祖祖同意孟子的说法“人之初，性本善”，丕钧爷爷不同意。在杭州他写了不少诗词，都收录在他的诗集里。

先到北京，先考进高等师范学校，校长是陈宝泉先生，对他寄予很大希望。他就是英文稍差，自己苦学了几个月，终于赶上来了。学习期间的生活费，除了吃饭外，全部用于购书，所以藏书丰富。辛亥革命期间，带领家眷回云南。1912 年再返回北京学习。1913 年考入北京大学文科。在北京大学他和同学组织了文社，金谨庵、顾颉刚、刘赜等都参加这个文社。在北大跟陈介石、黄学刚、朱希祖等先生学习，云南省政府每月给他 12 银圆的生活费。专攻中国文学，也涉及经学、小学、韵学、史学、诸子学、辞章学、中国哲学、欧西哲学、印度哲学、历史、地理、英文、日文、德文、佛学、伦理、格致（就是物理化学的总称）。大纲细目，灿然秩然，盖百举成学之日也。这是老祖祖为袁丕钧写的悼词中，对他最珍爱的侄子的评价。

袁丕钧爷爷虽然去世早，毕竟是有名的才子，一生著述等身。如《大学毕业论文》一卷，《小学言》《北山文集》一卷，《诗集》《海月楼诗话》一卷，《滇南文化论》一卷等著作。在《滇南文化论》里，论述了自庄蹻开滇以来，至清代的治乱、人物、著作、金石等有关文化方面的史事，又有《历代文学变迁论》，分为上古至春秋，战国至东汉，三国至陈，隋唐至五代，宋至明及清等 5 个时期，论述中国文学在中国纵横变迁的历史。这也是他在北京大学的毕业论文，深得多位教授的好评，取得全年级第二名的优异成绩。

1916 年从北京大学毕业，毕业考试获得甲等第二名，是北大校长胡仁源亲笔签署的毕业证书。回到云南师范学校教授国文和哲学。他注重国学的研究，除上课教书外，还利用业余时间，创作诗歌、著作，从未间断。还与朋友组织“尚志学社”，每月出版杂志。

1917 年 10 月下旬，孙中山发动“护法运动”，需要组织各路军阀北伐时，派中华民国政府秘书长章太炎去联络南方的军阀，章由广州、香港经越南来到云南联络唐继尧。云南都督唐继尧派老祖祖袁嘉谷接待章太炎，他们畅谈了好几天，两人都有相见恨晚的感觉。袁丕钧爷爷在这期间，认识了章太炎先生，把自己的著作请章太炎批注，后又拜章先生为师。章太炎先生在自定年谱中记录，“在民国六年七月，跋涉所至一万四千余里，初到云南……所得人士，云南袁丕钧、湘西修先桢。亦一方之秀。”由此可见章太炎在昆明收下袁丕钧，作为及门弟子，心情是很高兴的。章太炎先生在昆明的百忙之中，欣然阅读了袁丕钧的著作，1917 年 11 月他离开昆明前，写下了《与袁百举书》，是给袁丕钧的一封信。章太炎还在读过袁丕钧的《北山诗集》后，写下“五言遒逸，似谢康乐；七言律，绝亦清”。

另外袁丕钧爷爷也受聘于云南省政府秘书处，任过龙云的秘书。

1919 年夏天，突然想出门远游，认为柳州的山水好，可以拓心胸，养疾病，就放下纸笔，参加了滇军，被任命为滇军一师参谋长，还参加了东征。老祖祖为他的行为感到难以理解。他随军到达广东韶关，不幸从屋顶摔下，脑袋摔破，还得了脑震

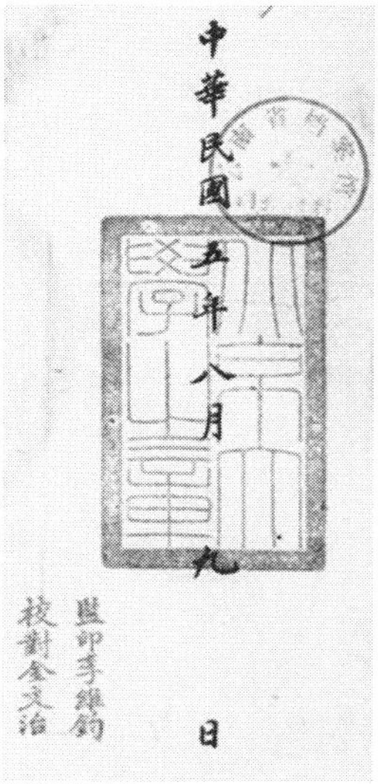
中華民國五年八月九日

監印李繼鈞

校對金文治

北京大學民國五年滇籍畢業學生一覽表

姓名	籍貫	科門	年歲
袁丕鈞	石屏	文科中國文學	二十五

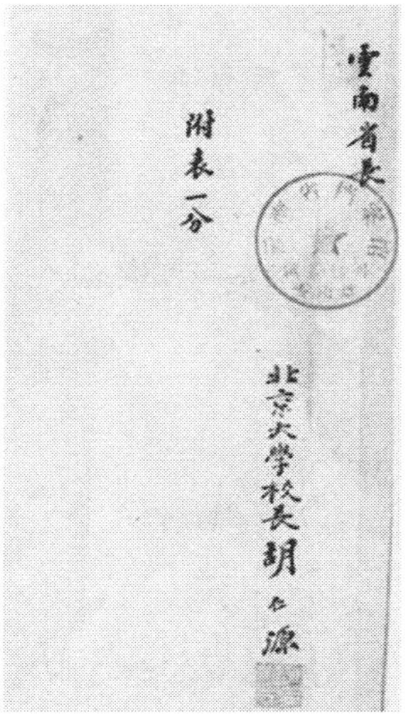
雲南省長

附表一分

北京大學校長胡仁源

袁丕钧爷爷在北京大学的毕业证书

荡，好在亲友及时救护，送达医院，经大夫及时医治，渐渐恢复健康，又返回到云南。

1920 年再出任师范学校的老师，但一直心情郁闷，常常自言自语。只要一谈到古今中外文学，马上又滔滔不绝，一字不误。1921 年仍然在学校任教，因学校开除 6 名学生，丕钧爷爷坚决反对，以辞职抵抗学校的做法，最后以学校让步为止。后又突然想研究宪法，到处找有关宪法的书籍。就在这个时候，不幸染上传染病——白喉，而英年早逝，1921 年 8 月去世，年仅 30 岁。老祖祖看到自己最钟爱的侄子病逝，非常悲痛！大声疾呼：天下之读书种子不应死，竟死？读书何赖焉！

这段时间昆明传染病肆虐，先后流行白喉、猩红热。按云南监察厅的统计，患白喉的有 8750 人，患猩红热的有 2837 人，两种病都得的 931 人，死亡人数达到 3892 人。还有的医生回忆，瘟疫传染之厉害，几乎没有一家可免，死亡之多，应该在上万人。这次流行病爆发，还轰动了世界医学界，不断有国外的医生来昆明考察。

袁丕钧爷爷去世以后，章太炎先生为他写下 600 多字的《石屏袁百举丕钧墓志铭》，由李根源隶书抄写，张一麟篆刻，

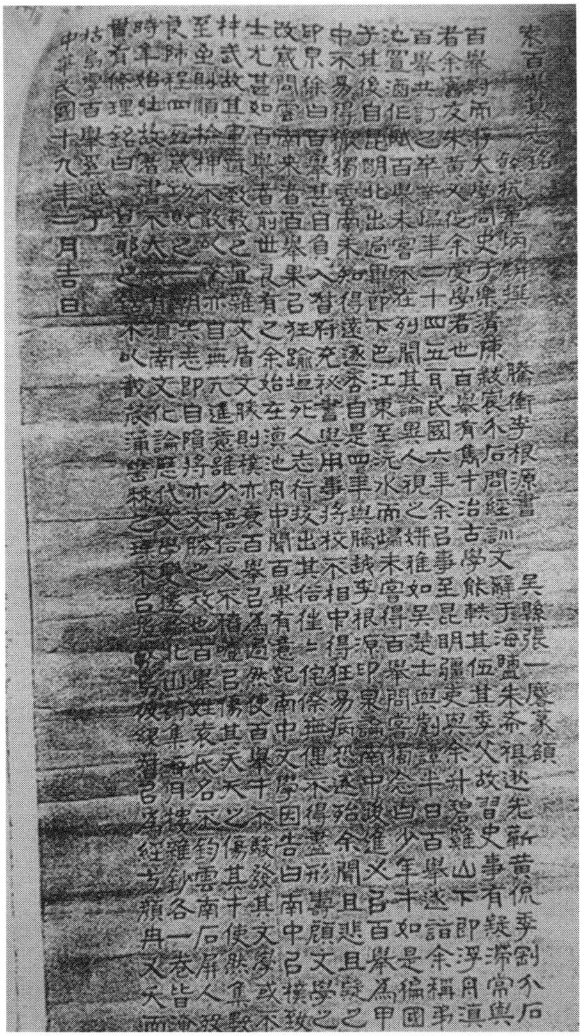

石屏袁百举丕钧墓志铭

制成高八尺、宽一尺八寸的石碑，被世间称为“四名珍品”，指名人墓碑、名人编撰、名人书写、名人篆刻！可惜在“文化大革命”中毁于一旦。

袁丕钧爷爷的书法也不一般，可惜我没有收集到。

袁丕钧爷爷的诗歌很多，我抄录一些如下：

伺母游通海秀山

秀山城郭外，日暮绕炊烟。蹬道松间出，飞楼壁上悬。
花红高下树，林密有无天。扶母登楼望，湖光聚眼前。

寄怀笙陔兄牟定

与君相别两悠悠，四海东坡与子由。
千垒云山边塞远，无更风雨蓟门秋。
每怀子姝常青眼，永忆江湖易白头。
欲舍琴书径归去，三公岂復願孙刘。

笙陔是袁嘉谟老祖的字。

沪上与元良妹婿相见得诗一首

乱后相逢语益亲，此身喜似见天伦。
客中沽酒聊为醉，别后闻诗莫厌频。
暮雨孤帆双旅雁，长风短褐一归人。
与君又会知何地，远泛重洋更怆神。

这位元良妹婿要远赴德国，在送别他时，感慨离别情。

海月楼感赋

东西南北乍归人，历遍天涯歌此身。
且喜清阴能驻客，何劳华养使偷亲。
洒巾喜醉陶潜酒，掩扇防污庾亮尘。
一任江湖同鼎沸，安元抱素守吾真。

归家遇雨

渐与乡关近，乡音似又非。江山怜物换，风雨喜人归。
野阔连秋色，山深余落辉。莫嗟行路难，白日倒戈辉。

袁丕钧爷爷的儿子名叫袁绩藩，出生于1918年4月21日，去世于1974年4月11日。他毕业于美国密西根大学，学成回国，就在云南大学任教，在授课之余，他独立及与其他人合作，翻译了几本美国人写的经济学著作，很有参考价值。其中最有影响的是《繁荣与萧条》一书，是美国人哈伯勒著，作者是哈佛大学的经济学教授。此书是作者专门研究资本主义经济周期性运动的理论分析，在美国是1957年初版，朱应庚、王坤、袁绩藩译，蔡受百校，商务印书馆1963年第一次出版，1995年再版，并印刷了四次，可见此书很受欢迎。

袁丽英及其后代

老祖祖的姐姐袁丽英，字汉云，端正文静，刚正诚笃，深明大义，孝亲敬长，怜贫扶老。曾担任女校校长，爱学生如家人，乡人称“贤大姑”。她夫家是许韵璋，许先生也是举人出身。育有三子三女。以夫贵封孺人；以子贵，封孺人；以弟贵，封二品夫人。老祖母生于1887年，卒于1919年，享年53岁。

老祖祖的姐姐袁丽英，排行老四，也爱读书写字，特别善于女红，针线活做得特别好，在自己的梳妆台上，都放了一些书籍。古称“不栉进士”，专指善读书的女子。老祖祖认为他的四姐就是这样的女子。她嫁给了石屏望族许家。

许韵璋的先祖是康熙年间的许贺来，字燕公，少年就失去双亲，成为孤儿。康熙二十四年（1685年）考中了进士，授翰林院庶吉士，改编修，升待讲。后来告老还乡，捐助了54石粮食给家乡，作为童生金。著有《赐砚堂集》，是为云南省开启文风的人物。许韵璋的父亲许重光是1849年的拔贡生，1885年的举人。许韵璋继承了祖上的荣光，学问出色，累中功名，后来官居四川顺宁的教职。在任上辛勤工作，专心于发展地方教育，一直到去世于任上，去世时家徒四壁，是一位清官也，一位可尊敬的前辈。

姐姐没有随丈夫去任上，她本可以随丈夫到四川，但心里明白，家里的老母徐太夫人已经年高，还有一位姑姑，都需要有人伺候，于是留在家里侍奉母亲和姑姑，整天忙于油盐柴米，浆洗缝补，家里盖起新房，忙里忙外。同时还担任石屏女校的校长。他们育有3个儿子，3个女儿。长子许赞尧，从小爱学习，也考中过秀才。

姑姑先去世，过了两年，母亲也去世了，姐姐也随之而去，

清末的昆明东寺街

享年 53 岁。

四姐去世后，老祖深感心痛，姐姐对我教诲不少，我怎么报答呢？姐姐叮嘱我，为姐姐写墓表，非你莫属！可我一想起她一提笔就泪流满面，下不了笔。又过一年，姐夫也去世了，弟我更悲痛，昏昏地过了 6 年，才回石屏拜姐姐的墓地，到姐姐十年忌日才提笔，完成这篇墓志铭。

袁嘉言及其后代

五子袁嘉言，太学生，志向远大，文思敏捷。经常带领几个兄弟读书学习，长枕大被，片刻不离。曾对五弟袁嘉谷说，你不努力读书，我将来靠谁？又见五弟偏爱诗词，婉言劝导，过去的诗人已经有很多，李白、杜甫、韩愈、柳宗元已经很出名了，你还能超过他们吗？这些话对老祖祖的影响不同于一般，深深印在他的脑子里。

老祖祖的四哥，性好山水，春晨秋夕，经常独自一人，边喝茶，边观风景。爱写作游记，文章写得流畅有趣，语言稀奇和谐，辞令杂以诙谐，往往微中闻谋者，有友人中把他的文章，比作东方朔的著作。

嘉言成年以后，奉母亲的安排，一直就从事袁家茶的生意，到昆明经营茶庄等袁家的生意。他不辞辛劳，不停地骑马往返在个旧、蒙自、昆明之间，为茶庄的事奔忙，专心一意投入，使茶庄的生意红红火火。

在四哥去世 5 年以后，老祖祖带上刚刚出生的儿子袁丕元（我的爷爷），去给四哥上坟。我爷爷的小名是单字“绳”，在四伯的墓前，刚一岁的小孩，什么也不懂，只会一会儿笑，一会儿哭，完全不理解爸爸此时悲哀的心情。在墓前老祖告诉哥哥，你有后人了，可以安息了！

1910 年因弟弟袁嘉谷的功名，被授予资政大夫，嘉言的夫人姓富，富氏被封为二品夫人。嘉言祖伯生于 1869 年，卒于 1890 年，享年 22 岁，富夫人也在前几年去世，还没有自己的一儿半女。老祖祖非常怀念四哥，按照母亲徐太夫人的意见，把自己的儿子，我的爷爷过继给四哥。富氏是 19 岁时嫁到袁家。老祖祖回忆在他年少时，总是早早起床读书，这时候就听到院子里有扫地的声音，原来是四嫂已经在打扫卫生了。她平时少言少语，懂得忍让，是非常贤惠的女人。富氏是1887年去世的。老祖祖在杭州任职以后，回到石屏。还去四哥、四嫂的墓地祭拜，告诉他们，我爷爷已经长大成人，还到北京进了“京师大学堂”，在那里肄业了，相当于考中秀才，得了主政的职务。兄嫂可以得到安慰了。

富氏的后人也经营普洱茶，在滇南办了好几个茶庄。

写到这里，我一方面为嘉言老祖、富氏老祖母的英年早逝，而痛心；另外也可惜，都是有文化的人了，为什么对他们当时去世的病因，没有一点记录。不能分析真正使他们英年早逝的是什么病。那么有才、有理想的前辈，继承了前辈的“乾利贞”商号的接班人，会早早去世，太可惜了，而且连什么病使他们双双离去，都不知道。

袁嘉璧及其后代

老祖祖的大弟弟袁嘉璧，字谦六，生于1874年端午节，巧的是与哥哥袁嘉谷生日相同，整整差两岁，卒于1952年，享年78岁，是老祖祖的八兄弟姐妹中，最长寿的一位。娶妻董氏，生育三子六女，均受过良好教育。

老祖祖曾赞誉他：有子学士列，有女针神巧。嘉璧公生性严谨，倔强，聪慧，自理能力强，身体健康，重义气，知书达理，尊老爱幼，深得徐太夫人器重。是族人、乡里人公认的“大善人”，石屏人都尊称是“袁七老大人”。

嘉璧老祖叔自幼就随父亲及兄长读书，与他们同游古寺，看到寺中匾联，就牢记在心，回家就立即模仿练习。老祖祖曾在1934年写下的《端午节寿六弟兼自寿诗》中，夸他：“归来效其中，述联并明了。……唐诗五七言，口颂心了了。亦喜通俗诗，咏书咏花草。”以上诗句看出兄弟二人的情深意切。

成人以后奉母亲的命令，在嘉言兄去世以后，接替他继续经营“乾利贞”茶庄，以供在石屏的全家人生活之用。嘉璧公办事公道，又不抽烟、喝酒，不许亲友给自己祝寿。布衣布袜，粗茶淡饭，一生节俭。在路上看到一颗钉子，都要捡起来，完全继承了徐太夫人的精神。他讲：“物尽其用，不能丢弃。”平时沉默寡言，老祖祖曾评价六弟：“弟之德，笃而直；弟之境，渐而进；弟之识，华而实。”

袁嘉璧老祖两份委任书

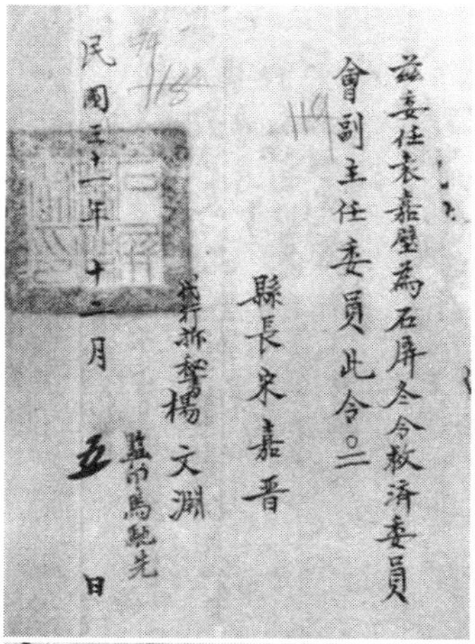

茲委任袁嘉璧為石屏冬令賑濟委員會副主任委員此令

縣長宋嘉晉

民國三十一年十二月 五 日

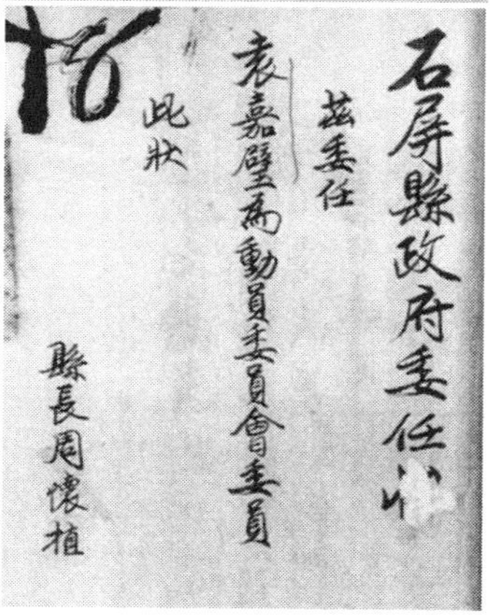

石屏縣政府委任狀

茲委任

袁嘉璧為動員委員會委員

此狀

縣長周懷植

1897年随老祖祖进京，晚上同眠一个长枕头，沿途看到民众生活疾苦，亲历行路之艰难，萌生要为民修路的念头，此时才年方24岁。一年后随哥哥，回到昆明。老祖祖到杭州任职，嘉璧公又带夫人去杭州探亲。杭州的酒有名，他不饮；杭州的山水有名，他也不去游览，每天陪他哥哥。在杭州学台衙门里，不少老祖祖的幕僚都夸奖他，是可以做大官的人才！嘉璧公只是一笑了之。在杭州待了半年，辞别哥哥，回滇了。老祖祖又夸他是“天性孝、友之人，省兄者，友之；省兄后，归之，孝也”。评价他是天性孝友之人，来杭州看我，是友情；来杭州一段时间，必然要回去，那是去尽孝。高堂在彩云间（云南），怎能不归呢？是不可以商量的。嘉璧公是一位有强烈责任心的人，答应大家要做好生意，保证在石屏一大家人的生活，他绝不会半途而废。在杭州定香亭里写下诗句，在石上刻下对联，老祖祖认为这是送自己最好的礼物。

嘉璧公到杭州，没有去游览其他美景，却没有忘记拜祭岳飞！看到很多老百姓想祭拜岳飞，结果守门的岳家后人要收钱，才开门。弟回家把这事对哥哥讲了，岳飞是圣人，哪能收费获利？老祖祖回到衙门，责成钱塘县令，筹款付给岳家后人作为报酬，然后大开墓门，随便参观，拜祭精忠报国的岳大人！

嘉璧公回到石屏以后，又忙于乾利贞茶庄的生意，在四处奔波，云南的思茅、普洱、石屏、昆明，还有上海、香港及缅甸、泰国都留下了他的足迹。在石屏家庙旁，就有一座马厩，养了好多匹马。都是用于跑马帮的马匹，去思茅、普洱驮茶叶用的马匹。为了上路方便，嘉璧公就住在马厩旁边

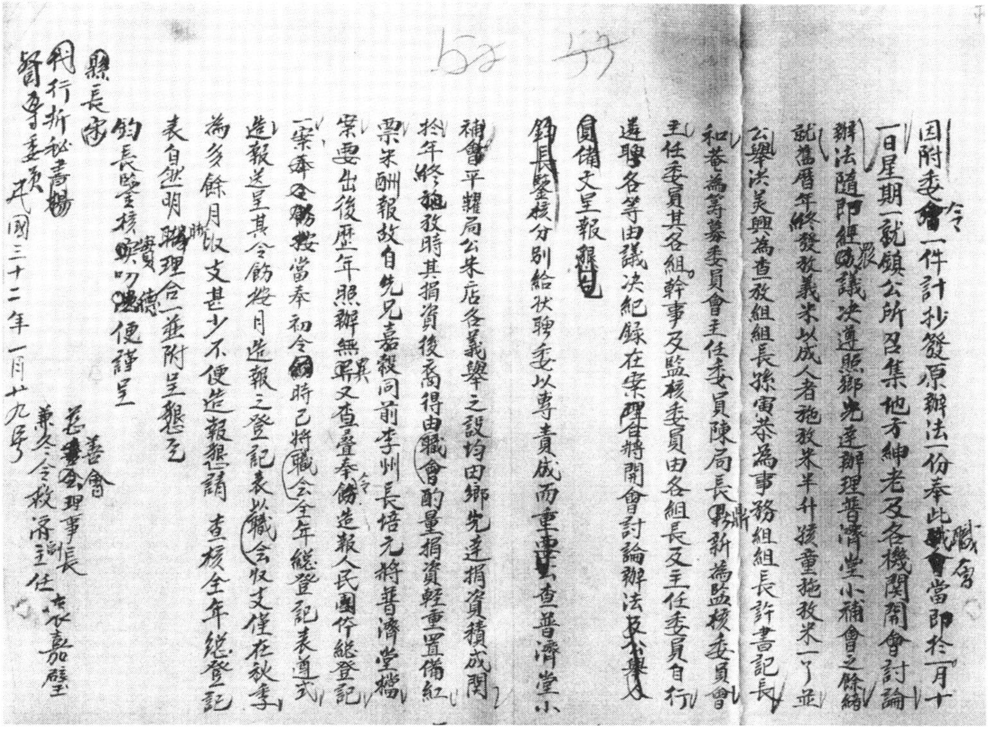

袁嘉璧老祖工作笔迹

的偏院里，方便起床后，立刻出发，不影响其他人的休息。乾利贞是从德洋公手中传下来的，到嘉璧公这一代，在石屏做得红火，现在石屏袁嘉谷故居纪念馆的两旁，左侧有 3 个铺面，右侧有 4 个铺面，就是德洋公为 7 个儿子准备的铺面，让大家可以不愁吃穿，能保证基本的温饱生活。

嘉璧公是八兄妹中在石屏生活得最长的，他在石屏除了担任石屏商会的总经理外，还担任过石屏团绅，负责维持地方治安。还任过石屏慈善总会理事长，石屏县劝学员，石屏冬令救济委员会副主任，一直兢兢业业为石屏地方的公益事业效力。石屏州长还保举嘉璧公参加调查石屏的地方公共财产。

嘉璧老祖是石屏商会的第一任总经理，商会会址就在城内东岳庙东边的耳房内。1935 年陈鹤亭、李恒升及其他商号捐助，又在石屏县政府左侧，石灰巷口，建石屏商会办公大楼，楼上、楼下共计 20 多间，200 多平方米。此楼在 1948 年解放石屏的战

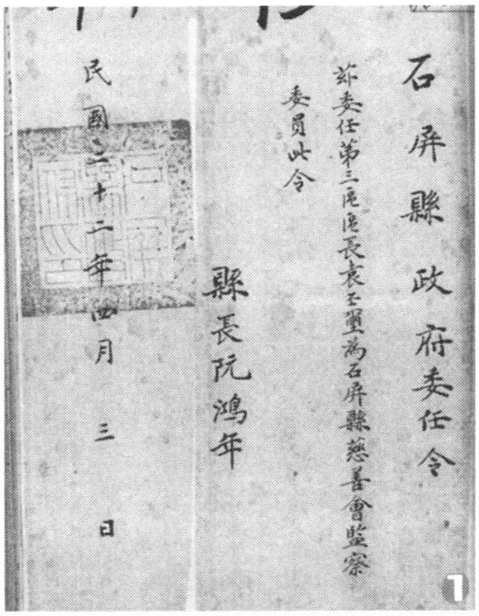
石屏縣政府委任令，
茲委任第三區區長袁嘉璽為石屏縣慈善會監察
委員此令
縣長阮鴻年
民國二十二年四月三日

火中，被烧毁。

1950 年公米店要交给新政府了，嘉璧公特别在报纸上，向社会登报公布石屏公米店 33 年间的财务报表，表示愿意接受群众的监督。

嘉璧公的大儿子是袁丕明，在日本留学，1937 年毕业于东京商科大学，获得商学士学位，回到上海工作。就因为抗日战争爆发，与家人失去联系，从此下落不明。仅留下孤儿寡母在昆明。在日本飞机对昆明狂轰滥炸的日子里，次子袁丕玺，已经成家生子；幼子袁丕彤也成家，两位夫人这时正好怀孕，无法和一般老百姓一样，经常跑警报！两兄弟不得不带上怀孕的妻子及儿女，从昆明回到石屏，在石屏生下孩子以后，两位父亲，却不幸得了传染病。石屏缺医少药，袁丕玺 30 多岁，袁丕彤才 20 多岁，就去世了！二女儿袁采如曾任石屏女校的教师，五女儿袁荷英在

1 袁嘉璧老祖委任令

2 2017 年 9 月袁嘉璧老祖后代合影

1933 年与陈佩芸女士一同创建石屏幼儿园。四女儿袁薇英毕业于昆华女子高级中学，历任小学、幼儿园教师，因兄弟早亡，终生未嫁，成了父亲的帮手，七房的管家。六女儿袁芷芬毕业于北京大学金融系，毕业后回到昆明，先在云南大学工作，担任会计；民国时期曾在金城银行工作过，后来又当过中学数学教师。

1945 年日本投降以后，嘉璧公又带领全家回到昆明，强忍丧子之痛，又继续外出经商，以养活全家，还可以补助其他兄弟家庭的生活。在昆明桃花庵，就是后来的昙花寺附近，买了一块坟地，占地有几亩，还在周围购了一院平房，雇人看守墓地。1937 年老祖祖袁嘉谷去世，就埋在这墓地里。嘉璧公考虑袁氏家族人口多，已经多数在昆明生活，所以买下了较多的土地，可以埋葬各房的后人，让大家死后还能聚在一起！每年清明、冬至他都要带领儿女们前往扫墓。20 世纪 40 年代，嘉璧公还两次以乾利贞商铺做保，出面保共产党地下党员出狱，还把家中书房提供他们住宿、开会。

嘉璧公是 1952 年在昆明去世，享年 78 岁，成为他们 8 位兄弟姐妹中，活得最长的一位。1961 年妻子董氏病逝，这时昆明金马山上的墓地已经被征用了，夫妻二人的骨灰就存放在昆明西山的海会塔中。

嘉璧公在昆明先后购买了 3 处房产，分布在景星街、大西门、拓东路。

袁嘉端及其后代

老祖祖的八弟袁嘉端，字少凝。生于 1879 年，卒于 1910 年农历七月十三日，享年 32 岁。1911 年 1 月葬在石屏金钟山。嘉端公生育了二子二女，长子袁丕典，次子袁丕榕，长女袁美英、次女袁涪英。

袁嘉端老祖与五哥袁嘉谷一同就读于云南经正书院，也是该书院的高才生，喜文以司马迁、班固为师，喜诗以苏东坡、陆游为师。他的学识深得当时云南省的提学使张建勋的赏识。1897 年和五哥袁嘉谷一同进京赶考，两人同吃、同住，一同在灯下攻读，晚上共枕一长枕头而眠。考试结束，两人又回到家乡。

从 1900 年开始，嘉端老祖就被派到邻水县工作，先担任盐税官，多慧政，深得当地百姓爱戴。从 1909 年开始担任邻水县一把手，使他有机会放手干一场，实现自己为民办事的抱负。他为邻水县具体办了以下实事：开办了好几个技术协会，促进全县各项生产的发展，比如设立教育分会，改革私塾，开办了几十所中、小学堂；开办农业实验场，推广新种子、种植新技术；开办各种中等技术学校，培养专业技术人才；还在该县第一次建立宣讲所、研究所、警察局等新兴机构。他还亲自带领县政府工作人员，清理县政府财政。正在他踌躇满志，准备继续大干的时候，不幸病逝于县长任上。当地百姓为他建了“袁公祠”，树立起“为民疲命”的横匾。老祖祖誉他：天下守令众矣，如君者几人哉？

八弟去世后，老祖祖给邻水县的乡民写了一封长信，信中谈了几个问题。

今年5月是我们的母亲寿诞，邻水县乡民送给母亲祝寿的对联，八弟刚到任半年多，就得到乡民这样的爱戴，我们家人万分感激！刚过去6个月，就收到噩耗，回忆与八弟在家乡分手，送他到四川任职，先是管理盐税，在任上干了9年，没有出过差错，得到蜀民的爱戴。1909年被派到四川邻水县任县长。他是去年7月到贵县上任的，到任之日，就给五哥写信，说邻水绅民与我亲信如家人。他把“为民疲命”作为自己的目标。每天“黎明而起，日晡而食，夜深而寝。除会见绅耆外，尤以恤民清讼为重”。

我们兄弟俩约定，每月互相写两封信。在春季写的信中，他向哥哥报告，从正月初五至初十，参加会考高等小学毕业；十一日调查盗窃案，十二日勘察煤矿。十三至二十日考全县师范、会同劝学员研究改良私塾教授方法；二十一至二十三日召开议会及成立自治事务所的问题；二十四日赶到顺庆拜见郡守，二十八日又赶回县署，整整20多天，没有休息一天。

第二封信讲，到任半年了，如教育分会，如农业试验场，如推广习艺所，如开办实业学校，如自治筹办事务所、自治研究所、自治宣讲所，如戒烟施药所、戒烟查验书差所，如公益集议会，如天足会，如因利惠济局，还有整顿警察局，清理财政分所，以及改良私塾，改良春帖。那时候过春节，家家都要帖春联，可是有不少春联包含封建迷信的内容，需要改良。都纳入他亲自过问的内容，不肯遗漏一件，事必躬亲。

邻水县老百姓爱抽鸦片，也种植了不少鸦片，嘉端祖对鸦片深恶痛绝，决心铲除！嘉端爷爷考虑到要禁烟，还要安排好老百姓的生活，不能使他们失业，断了生活来源。他明白，老百姓种植鸦片，主要是为了生存，不能简单地用行政命令解决，他研究了邻水的土地适合种植什么，又到县里组织因利惠济局，给农民安排新的出路，找到适合种植的新农作物。技术人员教会农民新的种植方法，才下令今后不准再种植鸦片了。

后来信渐渐少了，我以为是他的政事繁忙，精力有限，没时间写信了。他正是年富力强的时候，理应为国操劳，这是他的本分。最后是发来电报，报告已去世。七月二十七日老祖祖在杭州浙江衙门里，因下轿子不慎，扭伤了左足，现在想想是八弟去世，兄弟心灵的感应啊。他的孩子都还年幼，我已派仆人去邻水，把他们接到杭州，一直就由老祖祖抚养。

按我们国家的习俗，死于任上的官员，都要受到吊唁，我担心你们过于破费，违背了我弟弟的廉洁自持之本意！所以我恳请各位，凡是慰问八弟的钱财，我们一概不收！在八弟任内留下的公文、信函，恳请你们花时间抄录后，邮寄给我们，以增加我们编写家谱之内容，使亡弟死而不朽！我会万分感激。老祖祖把他能想到的，与八弟去世有关的问题，都一一交代了，充分显现了在100年前，一个本分自爱的典型读书人的精神世界。

我在地图上找到了邻水县的位置，是在四川与重庆交界的地方，属于有名的华蓥山地区，现在属于邓小平的故乡广安市所辖，是一个丘陵地区。当年交通一定极不方便，信息闭塞，不少新鲜事物还和邻水无缘。今天来看袁嘉端爷爷在邻水县的作为，可以说是他，把这个还处于愚昧状态的山区县，引进了现代化的轨道。可惜英年早逝，不然邻水县一定能够走得更远！

嘉端老祖也留下一些诗作，写得对仗工整，用词优美，不愧云南经正书院的高才生。

袁嘉端老祖的后代合影

倒扑金钟有感

再拜先茔感慨多，生平事事恨如何。
回思昔日教儿语，怕听今朝飞鸟歌。
二十年来悲幻梦，八千里外望高斜。
回头不识斜阳近，一路凄清暮雨过。

来鹤亭有怀

独步东郊夕阳红，危亭耸立翠微中。
湖天剩有三分月，渔舫遥闻一笛风。
春意融融鱼鸟活，风光淡淡古今同。
黄粱大梦醒何日，笑问重霄跨鹤翁。

乾阳洞记游

崎岖鸟道与天齐，著屐乾坤万木低。
洞里神仙闲放鹤，山中岁月听鸣鸡。
桃花贴地红千叠，竹雨飞空绿半溪。
携得新词同谢朓，劀来石壁藓痕迷。

杂　诗

万类人为灵，形影相依附。
琴酒聊可娱，悟到无言处。

嘉端老祖还留下一篇《拟甘露白乌颂 并序》，是一篇记录云南悠久历史的文章，收录在《石屏县志》中。文章不长，开篇就点明主题，讲云南的人文历史，是始于西汉；而建学校之初，是始于东汉元和时期。嘉端老祖说，我查了历史资料，东汉元和时期是指公元84—86年之间，元和中期，相传蜀郡王为太守，政治开明，社会繁荣，从滇池中飞出四匹神马，甘露降，白鸟现，云南就开始办学校。另外考证滇人许叔，就生活在这个时代，他到中原去参观学习过，回归故乡，办学校育人。传说与历史记载，不谋而合，说明云南是在东汉时期，开始出现学校，这是比较可靠的。可惜那个时代的文字，一页纸也没有留下！我这里仿照汉代的文风，冒昧地写一篇文字，补齐不足，斗胆献丑：

大汉立国，讫于元和。三百余年，岳岳王公。巴蜀人英，来治于滇。文教聿兴，以儒而吏。以吏而贤，高矣太华。白乌何来，来巢其间。瀼瀼湛露，下令丰草。上濯山树，太守曰嘻。我境我民，教遵轨度。圣人作训，牖心一志。定一纲常，生际盛时。敢不追美，泰古胶庠。懿彼成周，丹凤翔游。以偃甲兵，其在有虞。卿云所被，日月之光，诰尔父老，文教广运。长乐休祥，南国万里。岂无傑彦，永兹文明。

因为我的古文水平有限，对于嘉端老祖的文章，只能大概明白。全文是叙述云南在汉代开发以后，云南发展的历程。不过全文四字一句，排列整齐，用词造句的水平很高，充分显现出正经书院高才生的水平。

老祖兄弟的后代

聂耳的初恋（以下文字全部由袁春晖姑妈的儿子李彤先生提供）

袁嘉猷的二儿子袁丕钧的二女儿袁春晖，聪明好学，活泼美丽，爱好音乐。在东陆大学预科班上学，她是和姐姐袁令辉一起到东陆大学学习的。

这时候聂耳在云南第一师范学校读书。聂耳祖籍是云南省玉溪市，不过他是在昆明出生，成长的。聂耳出身在一个中医家庭，父母亲都不是搞音乐的，他父亲还早逝了，是母亲一手带大的。他母亲是一位勤劳、上进的傣族妇女，丈夫去世以后，为了

四位男生左起张庚候、聂耳、陶汝泽、李奂若，前排右一袁春晖，左三是袁令辉，春晖的姐姐。照片中后来陶汝泽与袁令辉结婚，李奂若与袁春晖结婚，十一个人的合唱团，我们家就有四人

养活全家人，她完全靠自己的努力，通过了医生的资格鉴定考试，获得正式挂牌给人治病的资格，同时仍兼成春堂制药、卖药的经营，勉强负起全家的经济重担。

聂耳是家里的老四，还有三个哥哥。她的母亲喜欢哼小曲，会唱很多民歌，他是在妈妈的摇篮曲中长大的，母亲是聂耳的第一位音乐启蒙老师。聂耳的耳朵特别灵，不论什么曲调，听几遍就能哼唱。幼年的聂耳就爱去茶馆听滇剧清唱，逢年过节则到近郊看花灯、听民歌。聂耳在昆明生活了 19 年，这 19 年为他最后走上音乐的道路，打下了坚实的基础。

后来聂耳走上音乐道路，除了母亲而外，还遇到了四位老师，第一位是他家姓邱的邻居，是位木匠，但擅长吹笛子。他的笛声打动了聂耳，邱师傅答应收他为徒弟，教年仅十岁的聂耳学习吹笛子。他很快就掌握要领，使邱师傅甚为惊讶！第二位是他的小学音乐老师，就是私立求实小学的音乐老师。在这所学校里，聂耳参加了学生音乐团，在团里他学会了拉二胡、弹三弦，还担任过指挥。第三位就是张庾候，当时是聂耳的中学音乐老师，也是他的街坊，而张庾候又是袁春晖的亲戚。张庾候擅长小提琴和曼驼铃，聂耳及袁春晖都跟张庾候学习小提琴。跟着张庾候学习，聂耳的乐理知识打下了坚实的基础。聂耳的第四位音乐老师是在云南有名的柏希文，柏希文是云南美术专科学校的钢琴老师，又在“英语学会”的夜校里任兼职英语老师，聂耳就是与朋友去英语学会学习英语时，和柏希文认识的。后来就向柏希文学习钢琴和欧洲音乐，学唱了不少当时欧洲流行的革命歌曲。

这些爱好音乐的年轻人，在 1928 年左右，自发组织了一个“九九音乐社”，也叫“九九合唱团”，一共有 11 位团员，4 位男生，7 位女生。男生有张庚候、聂耳、李奂若、陶汝泽，女生是袁春晖、袁令辉、李家珍等。李家珍年龄稍大几岁，是这个音乐社的主心骨，她是李奂若的堂姐，她也是昆明一女中的地下党员赵琴仙的学生。赵琴仙在 1927 年当选为共青团昆明市执行委员会书记，1928 年在昆明被害。李家珍中华人民共和国成立后到北京，在中央音乐学院工作。由于李家珍接近地下党组织，她有时也会带领音乐社的成员，去参加一些相关活动。聂耳与地下党组织的联系，就是这个时候开始的，以至于险些因此被捕，都和李家珍的影响有关。

九九音乐社是云南省有文字记载的第一个混声合唱团，他们的活动地点多半在昆明威远街的李公馆举行。

袁春晖比聂耳小一岁，有副天生的甜美嗓子，十分爱好音乐，性格温和稳重。聂耳和她很谈得来。聂耳的父亲早去世，袁春晖的父亲本来是省立第一中学的国文教师，也英年早逝。两人有共同的爱好与经历，使两人有更多的共同语言，很快成为好朋友。

因为聂耳排行老四，小名就叫“聂四哥”，聂耳又养了一条小狗，经常跟在聂耳的身后跑，袁春晖就和他开玩笑，不叫他聂四哥，而叫他“聂四狗”。聂耳也给袁春晖取了一个外号“吹吹灰”，用袁春晖名字的谐音和她开玩笑。

平时两人都在学校忙于学习，不能经常见面，要到节假日才能相聚。他们俩都喜欢打网球，也喜欢去昆明周围的风景区游玩。每次见面聂耳都要给袁春晖带些小礼物，比如松子、瓜子，有时是几块糖。有一次袁春晖无意中说，她听说有一种很贵又很好吃的东西叫巧克力，她很想尝尝。聂耳暗记在心，攒下钱为她买了一块巧克力，春晖第一次吃到巧克力，心里美美的！

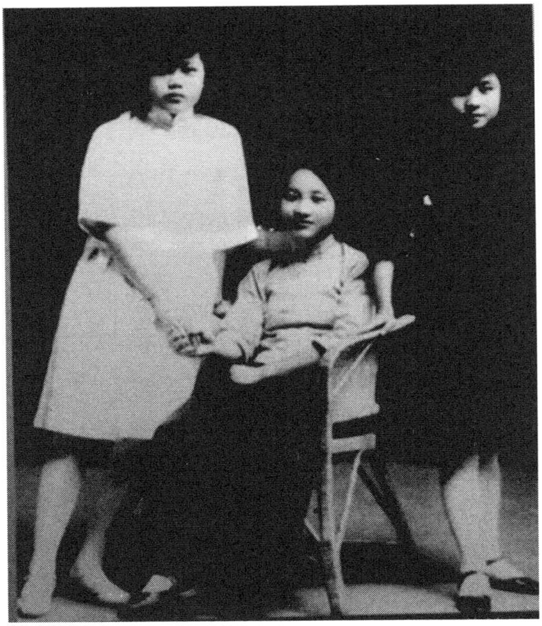

右起第一人是袁春晖

袁春晖和当时昆明的很多年轻女孩一样，喜欢在胸前佩戴一朵缅桂花，聂耳也很喜欢缅桂花，特别爱闻干枯的缅桂花的清香味。两人见面，聂耳看到袁春晖佩戴了缅桂花，一定会把花要回去，夹在书本里，或者带在自己身上。

聂耳除了喜欢乐器外，也喜欢演剧，是学校演出队的骨干，经常和同学们排演中外名剧。聂耳上的师范学校是一所男生学校，没有女生，所以要演剧，常为没有女生而犯愁。聂耳因为个子不高，又擅长模仿女生的口音，常常被剧组安排了男扮女装。这时候聂耳需要的女生服装，都是袁春晖负责为他借，还负责赶到学校，为聂耳化妆。有一次学校要排演《雷雨》，聂耳被安排出演鲁贵。在学校里两人又见面了，聂耳就问袁春晖，你来扮演四凤怎么样？春晖一听，马上生气地说：我才不和你演这种隔着辈分的角色呢！这是一句发自春晖内心的独白，聂耳一下子脸红到脖子上，马上低下头。他听懂了姑娘的心里话，心里乐滋滋的。

聂耳一直要求进步，靠拢进步组织。他们出去郊游，坐在田埂边，聂耳会把口袋里的进步书籍，或者小册子，借给袁春晖看，鼓励她进步；春晖总是叮嘱他，参加学生运动时，要提高警惕。

聂耳常去东陆大学大门里的台阶下等袁春晖。时间久了，春晖的同学发现了这个秘密，一伙男生在背后议论。怪了，堂堂的东陆女生，会看中那个又穷又酸的“稀饭生”（师范生的谐音）。春晖听到，一点不理睬，也不接受其他男同学的求爱表白。聂耳的母亲也看出自己的儿子喜欢袁春晖，1929 年就准备托人去袁家提亲，找聂耳商量。聂耳坚决反对，不是他心里没有春晖，只是觉得自己还是个学生，一事无成没法谈婚论嫁。母亲看儿子态度坚决，才放弃了提亲的打算。

袁春晖的父亲袁丕钧本来是龙云的秘书，不幸去世后，曾祖父袁嘉谷又把春晖的姑父宋小轩推荐给龙云当秘书。1930 年的一天，宋小轩在办公室分拣公文时，发现有一份向龙云报批，准备逮捕进步学生的名单上，有聂耳的名字！他马上压下这份文件，没有立即呈报龙云。利用中午回家吃饭的时机，回家就问夫人袁惠英：“是不是小三晖有个朋友叫聂守信？”得到证实，马上又说：“叫春晖马上通知他，不能回家了，马上跑！”袁惠英没有吃饭，马上跑去找袁春晖，袁春晖也马上跑到云南省师范学校，找到聂耳，拉着他就往学校外跑。到大门外，叫了一辆人力车，两人坐上去，还拉下布帘子，要车夫一直拉到威远街的李公馆，这个李公馆就是九九音乐社成员李奂若家。交给李奂若照看着，聂耳一直在李公馆待了 3 天。风声小些了，袁春晖又来，给聂耳换上女式服装，戴上一顶女式的宽边帽子，由李奂若陪同，也是乘坐人力车，把聂耳送到昆明的大东门外，才分手。聂耳就顶替他三哥聂叔伦的名字，到上海去当店员，终于躲过被捕的命运。

聂耳到上海后，给春晖写过不少信。在信上讲，他打算多挣些钱，留给春晖，把春晖接到上海，学习音乐。1932 年聂耳在上海，收到了袁春晖寄给他的一张照片，春晖上身穿的白衬衣，下面穿的黑裙子，朴实又淡雅。聂耳看到后激起他心中的爱恋，提笔在照片背面写下了一首小诗：

记得你是一朵纯洁的白兰，
清风掠过，阵阵馨香，
我心如醉，

愿人间常留你的芬芳。
记得你是一只小小的骊莺，
百转千回，娇娆娉婷，
声声迎来阳春似锦，
辽阔大地，请容和我共鸣。

骊莺是春晖的小名，诗的感情真挚，让人感到浓浓的爱恋！

聂耳在日本遇难以后，朋友在整理他的遗物时，在他随身携带的箱子里，发现不少从昆明带去的，已经干枯的缅桂花瓣。离开昆明多年了，他心里一直留着那份爱！

1978 年在昆明各界为聂耳墓迁葬的庄严仪式上，主办单位特别邀请了袁春晖老太太，出席庆典活动。谱写出《义勇军进行曲》的聂耳，他的成就是不朽的。聂耳也是有着满腔热情的诗人及作曲家，聂耳的爱情也是那样能感天动地的。

袁春晖姑妈后来是与九九音乐社的成员李奂若结婚，过了幸福、平凡的一生。她生于 1913 年 1 月 26 日，病逝于 1985 年 8 月 5 日，享年 72 岁。结婚后她多半在云南个旧生活。中华人民共和国成立后，袁春晖姑妈一直担任扫盲老师，教了 5 年业余夜校。同时也担任个旧市工商联家属学委会主委。

个旧李家

聂耳去世了，袁春晖姑妈最后是嫁给了李奂若，这位姑爹也是九九音乐社的成员之一。在昆明参加九九音乐社时，他刚从日本留学回国。李家是云南个旧的大家族。

李奂若姑爹生于 1906 年 8 月 2 日，病逝于 1960 年 12 月 6 日，享年 54 岁。

李奂若姑爹的爷爷是李光翰（1841—1914），字文山，号鸿江，汉族，生于个旧。李光翰的父亲叫李万有，是个旧的矿业巨户，在清代曾以贵诰封三代荣禄大夫。李光翰是李万有的长子，幼年时天资聪慧，勤学苦读。稍长一些就集合邻里的少年，拜师习武，后来创办乡团。性情耿直，善于谋略，敢作敢为。清同治年间，因军功先后授四品顶戴花翎，遇缺前选用知县。三品顶戴花翎四川补用同知直隶州，深得云贵

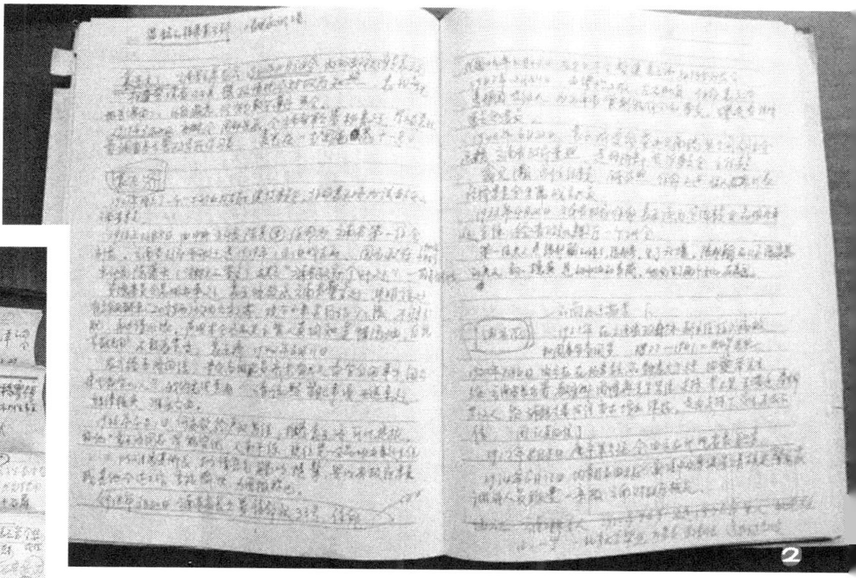

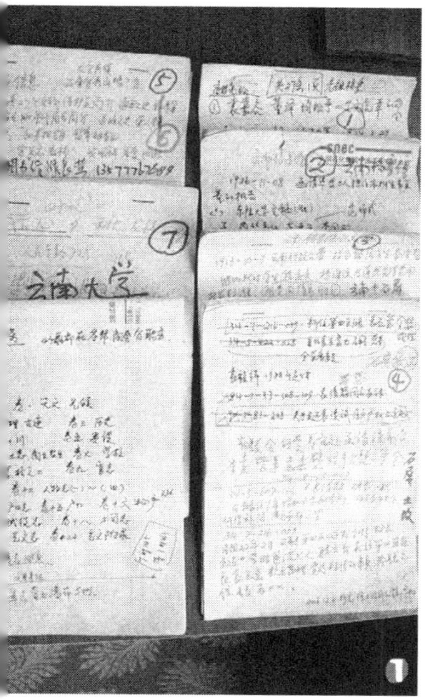

1 为写作收集资料的笔记

2 从笔记整理为方便利用的资料

总督岑毓英器重。光绪八年（1882 年）个旧矿区械斗频发，厂商损失惨重。李光翰邀请个旧绅商，禀请云贵总督府在个旧设立官职，得到政府重视。第二年云南省布政使司厂务招商局，在个旧设立了第一个官营锡业机构——个旧厂务招商局，并委派李光翰担任董事，主持局务。光绪十一年（1885 年）岑毓英奏报朝廷，在个旧设立个旧厅来管理个旧矿业，得到批准。向个旧派驻了文武官员，加强了矿业生产次序、地方安全次序的管理。

后来爆发了中法战争，李光翰受岑毓英的委托，督办军粮。中法战争以后，李光翰进入越南，请求把部队移到蒙自驻防，使大批身染瘴气的士兵得到及时医治，获得将士的拥戴。

光绪十三年（1887 年）李光翰奉命随军征战，这次是到彝族聚居区打仗。他深明大义，为避免与彝族兄弟的互相残杀，先只身进入彝族地区，与头人谈判，获得成功，使彝族同胞免受血光之灾。彝族同胞给他送了万民伞，他又被朝廷授予二品顶戴花翎，广东即补道员，朝廷赐他博奇巴图鲁名号。

光绪二十九年（1903 年）朝廷批准英法隆兴公司，开发包括个旧在内的七府矿产，引发云南民众的强烈不满。李光翰为保护地方开矿的主权，于光绪三十一年（1905 年），代表个旧绅商与个旧厅同知雷元澍，向云贵总督及云南矿务大臣呈请官商合办个旧锡矿，抵制英法掠夺矿权，获得批准。同年 8 月，云南当局投资与个旧锡商合股成立个厂官商有限公司，开启了个旧官商合营企业的先河。

李光翰的一生是公认的热心地方公益事业，全心为发展个旧锡业努力，还积极开办地方书院，兴文教、赈灾荒，在个旧声名远扬。个旧的地方官常常找他商量地方要政，云南巡抚王仁和誉其是“滇绅第一人”，翰林院编修邵章、浙江解元郑永禧为他作七十寿序。1912 年为了尽快建成个碧石铁路，他和朱朝瑾等人 3 次联名上书云南都督蔡锷，请修筑个碧石铁路，并提出抽取锡炭股款及添收砂股，作为修路资金的方针。蔡锷批准了这个建议，表示积极支持，希望尽快落实。

1914 年李光翰先生在自己家中去世，这时的山东提学使陈荣昌为其撰写神道碑文，并作《李文山观察年谱序》，“贤劳在疆场，德泽在闾里，庇荫在子孙，义声在朋友。古魁伟俊杰大有为者，不过如是”。他育有四子，都入仕，有两人中过举人。

李龙元（1864—1925），字云卿，号少鸿。李光翰长子，就是李奂若的爸爸。

少时就按父亲的安排，拜石屏名士朱越宣、蒙自名士刘沅兰为师。1882 年参加乡试中举，为个旧文科第一位举人。第二年与师越宣赴京会试不第。1898 年又和弟弟凤元再次进京应试，还是落榜。同年应大挑得到河工知县，去到汴梁供职。在汴梁干了一年，被派到浙江，以大挑知县加衔候委，升至二品顶戴花翎，军机处记名道员。

1902 年任温州府永嘉县知县，上任两天就接到母亲病故的消息，只好告假回家，为母亲守灵。以后就留在个旧，被聘为个旧养正书院的山长，他重教兴文，得到学生的一致好评，送给他“泽绍延年”的匾额。1911 年又派赴浙江金衢严分道任，兼三府总理军务处。到任不久就遇到辛亥革命，他站在革命队伍一边，拥护共和，被浙江社会各界特别大会推举为金衢严副都督，兼浙军分府衢州府民事长，临时政府授予他三等金星宝星，中央政府特为他颁发六等文虎勋章，军务院特颁拥护共和章。1913 年按照父亲的安排，辞官回个旧，奉养老人，就再也没有踏进做官的途径。1921 年被推举为县议会议长。

纵观李龙元先生的一生，为官时颇有政声，也富有文采。青壮年时北上京城，后来又游历了上海，在浙江杭州、湖北等地为官，在当地的名胜古迹都留下一些作品。回到个旧，没有进入政坛，在个旧引领文坛多年，一生有很多作品。1931 年出版的《个旧县志》二十卷，收录了这位老先生的诗、词、曲、歌、记、序等 80 余篇。个旧的“个中八景”就是他所选定的，并赋词而传开的。1924 年个旧的京剧票友，为给他 60 寿辰在李家宗祠举行了票友活动。

李奂若姑爹就是李龙元的第四子。中华人民共和国成立后李奂若一直在个旧生活和工作，由个旧市工商联会员，参加到云南省政协担任省政协委员，云南省第一、二届工商联合会的副主任委员，还有个旧市工商联筹委会主任委员，个旧市工商联及民建会的创始人，个旧市文教局副局长。这么一位学成归国的才子，刚刚年满 50 岁，正是年富力强、经验丰富的大好时期，1957 年却被划为右派，到 1980 年才平反。这时李奂若姑爹已经去世 20 年了！他于 1960 年冬天去世，享年 54 岁。

年轻时都是朝气蓬勃的热心青年，晚年却活得凄凉，李奂若姑爹至死都没有看到平反的日子，袁春晖姑妈在得到丈夫平反的消息，过了 5 年也离开了人世，肯定是带着悲痛离开人世。

与时俱进

云南人的状元情节

昆明聚魁楼

云南省在元朝之前，是相对独立的区域，云南人是不参加科举考试的。从元朝开始，云南人才有机会参加中原地区的科举考试。在这时候就有云南人考中举人、贡生等，只是人数比较少。明、清两朝，云南省就出现了不少的秀才、举人、进士。清代全国是分为 18 个省份（不含东北、新疆、西藏），清末还没有考中状元的省份，只有山西、甘肃、青海、宁夏和云南五省。中原地区科举制度的昌盛，让云南人觉得羡慕，云南人也期盼着状元的诞生。可是直到清朝后期，还没有出现过一个状元。云南的官员和百姓都不甘心，希望早日出现个状元，为云南人争气！

在昆明市的金汁河上很早就有一座十分古老的桥，名叫桂林桥，到康熙年间，桂林桥摇摇欲坠，当局决定修复、加固，老桥修复好，还在桥上盖起一座 3 层的桥楼，给来往的行人挡风避雨，歇脚休息。刚修好时，给它取名是魁楼，魁是第一的意思，指这座桥是由东方进入昆明的第一座楼之意。经过数百年的风雨，此楼几经修缮，一直保存了下来。在 20 世纪初，把这座 3 层楼，改名为聚魁楼。此楼一直开了一个城门洞，供行人通过。

清光绪十八年（1892 年）时，云南提学史张建勋（广西人，1889 年状元）倡议重修聚魁楼。因为魁斗星是主文运的，希望上天保佑，让云南人也能出一个高中金榜的状元！重修聚魁楼的费用全部从民间捐款解决。云南的富商以及普通百姓，以及读书人都捐了款。最有趣的是，石屏的一个年轻人袁嘉谷，当时家境不太好，只捐了六

钱银，是最少的。聚魁楼建成后，按捐款多少，刻上全部捐款人名单，他排在倒数第一。

聚魁楼是 1895 年重修完成的，八年后，1903 年的夏天，名不见经传的袁嘉谷考中了经济特科一等第一名。消息传到昆明，全城沸腾，云贵总督魏光寿提议褒奖袁嘉谷，由书法家钱登煦书写“大魁天下”四个大字，挂在聚魁楼上！从此聚魁楼就被云南的老百姓誉称为状元楼！光说经济特科一等第一名，大家不熟悉，不知道是什么含义，云南人盼望出个状元，今天云南人袁嘉谷终于在全国考试中夺得第一，按当时流行的习惯，就把袁嘉谷称为“状元”了！

云南毕竟地处边远，接触内地文化比较晚，不能和中国内地的文化先进省份相比，如苏州（含所属县），仅清代就出了 23 个状元，仅苏

1895 年重修的“聚魁楼”老照片

州市（清代称苏州府长州县）在清代也出了7名状元。而云南人盼望了六百年，终于盼到在全国科举考试中，云南人考得第一的事实，其兴奋和喜悦是可想而知的。再说两年后，就取消科举考试，所以云南人把这个“经济特科一等第一名”的称号看得很高，是和科举状元完全相等的！

袁嘉谷究竟是什么人？为什么他能在一夜之间脱颖而出，使云南人觉得脸上增光！请朋友们跟着我，去看看袁嘉谷的家乡石屏的民风，再看看少年、青年时期的袁嘉谷的生活环境，以及他是如何学习、如何生活的，你就能得到答案！

昆明的聚魁楼（俗称状元楼）辉煌了不到六十年，和北京城的城墙一样，在1953年因为要扩建道路被拆除！这件事使云南的文化人很伤心！

状元杨慎

忽必烈的蒙古大军进攻南宋，是采用迂回包抄战术，先灭云南梁王的政权，又灭了大理国，设土司治之，然后以云南为基地，进攻内地的南宋江山。但是元朝的政权存在不过百年，就被朱元璋领导的农民起义军推翻了。

明朝初期，云南的民族与文化状况，与西藏、新疆、蒙古、越南（明初曾设行省）情况相同，长期与中原文化相抗衡。上述这些地区，只有云南在明代完成了与中原文化的融合，这有赖于两个重要的因素：一个是卫所移民，一个就是中原文化传播者杨升庵。

卫所移民，就是指朱元璋派傅友德等三员大将带领30万大军，进攻云南，把元朝的势力彻底打败。后来又从江南地区先后移民数十万人到云南，使云南的人口民族结构，发生了巨大变化。后来汉族移民不断迁徙的云南，包括流放的人士，到清朝乾隆中期，汉民族的人口总数，就超过云南省全部兄弟民族总人口，占绝对优势。

杨慎（1488—1559），字用修，号升庵，四川新都人。明正德六年（1511年），他24岁殿试第一，考中状元，曾任翰林院修撰（用今天的话说，就相当于国务院办公厅的高等秘书，专门为皇帝服务的人）。整个明代，他是四川省唯一的状元！他出身于四川新都一个显赫的家族，人们称为“一门七进士”，指他们家祖父、父亲及兄弟子侄五人均为进士，“两朝宰辅”指他的父亲杨廷和，在明代当过两个皇帝的宰相。杨慎自幼聪明，兼有良好的学习氛围，很早就表现出了过人的才华。

杨慎一生刻苦学习，不停地写书，是明代著名的博学家。他不仅对经、史、诗、文、词曲、音韵、金石、书画无所不通，而且对天文、地理、生物、医学等也有很深的造诣。

滚滚长江东逝水，浪花淘尽英雄。是非成败转头空。青山依旧在，几度夕阳红。

白发渔樵江渚上，惯看秋月春风。一壶浊酒喜相逢。古今多少事，都付笑谈中。

读过《三国演义》的人，相信对这首《临江仙》词，一定印象深刻。词中表现出来的悲壮与旷达，为世人所称道。其实这首词的作者并不是罗贯中，而是杨升庵，这是升庵先生所著《廿一史弹词·说秦汉》中的一节。清初年的文人毛宗岗，在修订《三国演义》时选为卷首语。20 世纪 80 年代，台湾作家琼瑶的小说以《几度夕阳红》命名，曾流行一时。琼瑶的小说又改编为同名电视剧，在大陆热播，这首词广为传唱，可是歌词的原创作者杨慎却几乎被人们忘记了。

嘉靖三年（1524 年），明世宗嘉靖帝，要加封其生父兴献王帝号，不少朝臣反对，因为嘉靖皇帝（明世宗）朱厚熜，是明武宗朱厚照的堂弟，朱厚照的父亲明孝宗的侄子，因朱厚照无子，故由朱厚熜继承皇位。就是说朱厚熜不是接父亲的班，而是接了堂哥的班。

按照封建王朝规矩，朱厚熜应该算明孝宗的儿子，尊称明孝宗为“皇考”，而称自己的亲生父亲、已故的兴献王为“本生父”或“皇叔父”，决不能称为“皇帝”，这是中国封建社会的一贯传统。多数大臣，包括杨升庵和他的父亲杨廷和的意见都是这样。但也有少数阿谀拍马的大臣，认为朱厚熜是入继大统，不是过继。故应称本生父为“皇考”，而称明孝宗为“皇伯考”。

现在来看，本来不是什么原则问题，但在封建社会就是违反“大礼”的原则问题。朱厚熜为了证明自己的“合法地位”，自然非常赞同后一种意见，并责问杨廷和等人说：“难道父母可以更换吗？”双方各执一词，互不相让。此时，杨慎的父亲任内阁首辅，父子俩都参与了“议大礼”的“哭谏”。明世宗大怒，停了杨慎的俸禄。后来他又参加群臣的“哭谏”，皇帝更怒，处杨慎“廷杖”之刑，把他打得半死，决定判他到外地充军。为什么会发配到云南充军呢？据说有这样的故事。

当知道儿子将被逐出京城，发配充军到边远地方去吃苦受罪，同案被削职为民的父亲杨廷和心里非常着急，思来想去没有办法，只得约请自己的好友杨一清来商量对策。杨一清人称“杨天官”，是云南安宁人，说他刚正不阿。杨廷和深知这位告老退职的前任宰相，人称“四朝元老”，曾两次出任宰相首辅，人称“出将入相”，威望卓著。皇帝对他很信任，几乎言听计从。杨廷和遂将自己的难处向好友诉说，说自己眼下有两块心病，想请老友帮自己解脱。一是怕皇帝将儿子，充军到塞外边关去受苦；二又怕皇帝将他发配四川老家，尽管那里是天府之国，但

考虑儿子的心理承受力，怕他无颜面对家乡父老。杨一清老先生心领神会，说这并不难，让我去跟皇帝说说，就让侄儿到我们云南去吧，那里可是四季如春的好地方啊。杨廷和虽然没有到过云南，但深信这位老友的家乡人，决不会亏待自己的儿子，就点头同意了。

杨一清就去面见嘉靖皇帝说：启禀皇上，我受罪臣杨廷和之托，想请皇上开恩，杨升庵的意思，是希望充军到四川成都府，不要充军去云南碧鸡关。因为他听说："碧鸡关，离天三尺三，人过要侧脸，马过要下鞍；初一山上石头滚，十五才到高峣村；三十里长坡，四十里板桥，这头踩着那头摇；那个鬼地方，跳蚤有半斤，蚊子有八两，天天割草喂，叫得嗡嗡响。"恳求万岁不要把他充军到那里去。嘉靖帝一听，好你个鬼才杨升庵，正因为你平日恃才倔傲、目中无人，不把朕放在眼里，才落得今日之下场。你想得怪美。你想回老家的天府之国，朕偏不同意，就是要让你去到云南那"蛮野之地，瘴气之邦"受罪吃苦。于是，嘉靖皇帝当着杨一清的面下旨，将杨升庵发配充军云南永昌卫（今保山市）。杨一清心中大喜，但面子上仍显出十分尴尬和痛苦的表情，当即跪地连呼谢主隆恩、谢主隆恩！

这里又出现一个和云南有关的人物，杨一清。在上面这个流传的故事中，杨一清对昆明风光的描述是很生动的，我们在小时候就常常听老人讲："跳蚤有半斤，蚊子有八两。"

杨一清是不是云南安宁人？一种说法是出生在安宁，还有一种说法是他的祖上是安宁人，他是出生在广东化州。他父亲杨景是云南举人，到广东化州当官，杨一清就出生在广东化州。老祖祖袁嘉谷也有不少歌颂他的文学作品。

杨升庵是明代有名的三大才子之一，其余两人是：徐渭和解缙。他的名声，云南人早有耳闻。在衙役的押解下，经过一年的长途跋涉（因为他是犯人，不能骑马，只能步行，所以走了那么长时间）到了昆明安宁。安宁州太守王白庵，亲率州府官员热情迎接、款待杨升庵和解差一行。他们早就备好酒菜，在路边等候。官员、士绅和百姓都迎上前去，先把衙役们伺候好，说你们一路辛苦了，先好好休息几天，杨升庵就交给我们吧。我们负责把他押送永昌，又送给衙役银两。衙役乐得在云南休息几天，就打道回府交差去了。

解差一走，王太守便像接待宾客一般，安排杨升庵住下。并热情邀请他留在安宁讲学，还专门筹款为他建盖了一座雄伟壮观的“遥岑楼”作为学馆。安宁官府还为状元公另外修建了一座升庵书院，供他在此藏书、读书和安静地写作。杨状元就在云南安定下来，开始了他的讲学、著书的生活。云南人热爱他、保护他，使他有条件充分发挥自己的特长。在云南的三十多年，是他一生中最辉煌的时期，他为云南人民起到了开文明之风、传播中原文化的作用。

杨升庵先后在保山、大理、昆明、安宁、建水等地寓居过。今天大理感通寺的乌韵楼、昆明高峣的太史祠、安宁的遥岑楼、建水的小桂湖、保山的一鉴楼等遗址，就是他当年读书、著述、讲学的地方。大理一塔寺，安宁温泉、曹溪寺等处，迄今还保存着他的诗文碑刻。他还写了不少诗文歌颂云南，特别是大理秀丽多姿的风光景色。在精神上饱受压抑的情况下，他还保持着旺盛的精力，坚持学术研究和文艺创作，实在难能可贵，令人钦佩！

上面提到的历史遗迹，今天还存在的，多半不是杨升庵当年的真迹了。在史无前例的“文化大革命”的民族劫难中，大多数毁于一旦！现在为了搞旅游，又重建的。虽然表面上还是“原样”，已经失去了不可再生的文物价值。

杨升庵作为正德、嘉靖两朝的文坛泰斗和学界领袖，从 37 岁到 72 岁，长达 35 年在云南设馆讲学、游历考察，广收学生，孜孜不倦地写作和研究，出版了大量轰动一时的学术著作。再加上他百科全书型的知识结构和不畏强权、坚持正义的强大性格感召力，使得云南各族人民在他之后，形成了一股学习中原文化的巨大潮流。据统计，除明初战乱已毁书籍，杨升庵充军云南前，云南只有二十多人写有著述四十多种，杨升庵赴滇以后至明末，滇人共有一百五十余人，写有著作二百六十余种，其中百余种写于杨升庵同时期或稍后。他还在云南培养出了第一个少数民族学派——“杨门七子”。正是基于这些文治教化，才有清初雍正四年（1726 年）的“改土归流”，就是把任命土司官，改为任命朝廷的官员，在云南大部分地区废除土司制度，完全实行与内地一样的府县行政管理制度。

杨升庵一生最为后人尊敬和做出的最大贡献，就是开拓南疆，使云南各族人民逐渐从精神上进入中华民族大家庭的功绩。老祖祖为杨升庵写了一首诗《高峣杨升庵词》，全诗一共 18 行，180 字，热情洋溢地记录了他的一生，对云南人民私祀杨升庵的爱心给予高度的评价。

诸葛亮和杨升庵，先后对云南融入中华民族大家庭，都做出了不可磨灭的贡献。他们使用的方法，不是武力镇压，而是攻心和文化渗透。这些文治的方法，起到了千军万马起不到的作用。正如云南近代名人赵藩先生，题在成都武侯祠里，那副至今脍炙人口、言简意深的对联所表达的深刻含义：

能攻心则反侧自消，从古知兵非好战；

不审势即宽严皆误，后来用兵要深思。

作者在这副对联中，总结了诸葛亮治理蜀国的经验，是攻心为上，以理服人。这副对联，过去受到不少政治家的推崇，也值得今后的政治家借鉴和深思！

培育状元的环境

文献名邦——石屏

云南省有一百多个县城，以烟草出名的是玉溪，以电影《五朵金花》出名的是大理，在现代旅游的推动下，丽江、香格里拉等地，都越来越火。而西双版纳州一直以热带风光而出名，相比之下石屏的名气要小一些，不过要从历史上来讲，石屏可是文献名邦！

石屏也是一个坝子，她和昆明、大理等历史名城一样，是具有湖泊（异龙湖）的坝子！中华文化的发生与发展总是与山、水分不开的。是石屏的异龙湖水养育了那里的居民，她的养分特别适合滋养文化人。

石屏作为一个县级行政辖区，是从元朝1270年开始的。在夏商周时，石屏属于中华九州之中的梁州。先秦时期，楚将庄蹻带兵进入这个区域，把石屏纳入楚国管理的范围。汉朝，她又属于益州郡胜休县。建兴三年（225年）属兴古郡。西晋太康二年（281年）属宁州之梁水郡。隋唐两宋时，属昆州所辖。唐天宝十一年（752年），改名为石坪邑，隶属通海郡（宋朝改为秀山郡）。元朝1270年设为州，隶属临安府。历史上此地的名称，采用过“石坪”“石平”。明朝初年，才改为石屏，一直沿用到今。1913年改为石屏县，直到今天也是县级行政区域。

据《云南通志》和《临安府志》记载，225年，诸葛亮南征，到了石屏一带，看到“北望云凝如盖，恐蛮兵埋伏”。派马忠前去打探军情，就云之团聚处，掘土尺余，遍地皆石，其形如盘，外回旷俱土，占云：“石为云根，云为文采，千余年必有规方，是域诸文俨中州焉。”意思是：这里有很多石头，石头是云彩的根基，云彩代表了文采。千百年以后，此地的人物要与中原比美！不过也反映了云南人民对诸葛亮的崇敬！

在元朝至正年间，石屏州又建起了孔庙，成立庙学。

1381年朱元璋派傅友德、蓝玉和沐英带领三十万大军去征服云南。石屏原住的居民只有6020人，而明军来了三万人。在石屏屯垦的明军可以把家属带来，也可以在当地娶妻成家！这三万人分为“十五伍”，袁嘉谷的先祖袁会一家人是分配在第七伍，这些人来自南京附近的溧水县，其他明代移民还有的来自浙江金华的，来自金华的住在石屏县城外的郑营，号称云南第一村。

从这时起，先后有数百万江南籍的汉民来到云南定居，带来先进的农业生产技术，促进了云南的经济发展，也带来了汉文化。石屏本来山川秀美，所以很快出现了“家家机杼声，人人诗书契”和“民俗安耕凿，士风敦义礼”的景象。到明永乐年间，1403年就办起学校，石屏开始有了地方教育。明清时期，更加重教兴文！所以到明万历年间，石屏就有“文献名区”的赞誉！清雍正六年（1728年）知州龙为霖为石屏题联“山川东迤无双境，文学南滇第一州”。乾隆十七年（1752年），知州史鲁璠又题“文献名邦”匾。在云南出名的文献名邦只有三处：大理、剑川和石屏。而且剑川和

大理是脱过科的，即有几次科举考试是没有人考中。石屏是从来没有脱过科的，每次都有考中的弟子！

明清两朝，在石屏先后建起“龙泉书院”“州前书院”“五庙书院”“宝山书院”“玉屏书院”等九座书院，还有私塾、家塾、教馆上百处。“龙泉书院”建在1534年，这是当时的知州甘柯（江西丰城人）捐钱建的，一直办到清末。特别值得一提的是，在石屏还兴办了不少义学！如宝秀秀山书院义学、海东义学、龙朋义学等，真是“成人有德，小子有造，自古重兴贤有才”。

石屏成为文献名邦，是几百年的历史积淀形成的，石屏人自古以来就重视读书学习。正如民谣所言：“沙至萧家海，翰林进士满街摆”“五步三进士，对门两翰林”“举人满街走，秀才家家有”。清朝的进士张汉（字月槎）在康熙癸巳科考中进士，授翰林院编修，到乾隆丙辰年又应“博学

玉屏书院

鸿词”科考中第三名，授翰林院编修。他一个人考中两次科举，成为美谈！在举人中，有兄弟同科，明万历癸卯科，杨忠海和杨忠国兄弟俩同科考中举人；还有父子同科，乾隆庚子科的陈万里和陈覆和是父子，同科考中举人！石屏南关铺有“进士里”之称，在这条街上，有七个进士，两个翰林，孙、涂、许、陈四姓兄弟中，同科六人，解元二人，故名“进士里”。

石屏在明、清两朝一共出了65名文进士，翰林15人；武进士11名；文举人488名，武举人150名。以考中进士的人数来比，在云南省是排第三名的，只比昆明、大理少一点。

清末停科举，兴学堂。民国间，石屏出大专院校毕业生142人。其中，留学日本的12人，留学美国的6人，留学法国的1人。

只有肥沃的文化积淀，才能孕育出茁壮的禾苗！

吃墨少年

袁嘉谷自幼好学，他五岁就开始读书，先是听父亲袁德洋口授《千字文》《三字经》《千家诗》等启蒙教材。听过几遍，他就能背诵其中的一些诗歌，使父亲非常高兴。有时他随父兄去游览石屏的秀山寺、来鹤亭、文庙风景名胜时，每见到匾联，他都要认真地读，遇到不懂的字，就问父兄，然后默记在心，回到家中，他就能背诵出来。6岁跟着几个哥哥，读完了“四书”。这么小小的年纪，就能学习这样深奥的儒家经典，还能对其中一些段落小有解悟，使父兄们都夸奖他：“五弟真会读书！”

他爱学习，学习进步快，也是几个哥哥耐心教导的结果。三个哥哥，就是他的启蒙老师。7岁跟着大哥袁嘉乐学习读《史记》《易经》《诗经》，学了三年，对经史打下良好基础；10岁跟着二哥袁嘉谟学习诗词、联语，二哥讲解诗词、歌赋，循循善诱，很快就使袁嘉谷入门，并掌握了要领；12岁跟着三哥袁嘉猷学习书法，初学欧阳询，后学王羲之，旁通颜真卿、褚遂良、米芾。在这样好的学习环境里，他受到很好的文化及修养的熏陶。

10岁那年，逢城里赶集，熟精诗赋的二哥带他及几个侄子去赶集，一路上有说有笑。走到黑龙坡时，二哥信口说出一联：“近看黑龙坡。”问五弟能不能对出下联？五弟马上回答：能！随口说出下联：“远望白马庙。”二哥又出：“雷打火烧铺。”他马上对出：“风吹瓦头窑。”又出上联“游西准堤”，他也很快对出下联“进东岳庙”。二哥非常高兴，和侄子们一起高喊：对得好！对得好！弟兄们去郊外游玩，到达黑龙坡上的“七伍庙”，看见野火烧山，哥哥出上联“野火烧山，好似红云过岭”，年幼的老祖祖马上对出下联“窑烟出洞，恰如黑龙钻天”。

也是在老祖祖才十岁时，父亲袁德洋公要修祖坟，几个哥哥与父亲商量好墓碑的文字，就去墓地书写墓碑。在家的父亲又认真思考以后，感觉碑文还应该修改，要增加十几个字，把年幼的老祖祖叫到身边，把要补充的那些字，要老祖祖背下来，然后到墓地去，告诉几位哥哥。年幼的老祖果然一字不漏地传达给哥哥，圆满地完成了父亲交给的任务。

12 岁那年的夏天，他去小瑞城（石屏异龙湖里的小岛）游玩，回来就写出了一篇精彩的《游小瑞城记》，其中有不少精彩的句子，如：“癸未夏，复登舟往，一岛苍翠，峙于湖心。不阔而嶒崚，不危而崚，不燥而静，不湿而润。无端而以城名，盖取形似。渔人家其滨，邻比而居，如城市然。我辈城外人，游之反教居者难。不航不游，不晴不游，不酒不游，不友不游。今竟游矣。”这样清新的好句子，得到父兄的好评。他在这篇文章中，特别表达了对石屏的一些有名文人爱慕、崇敬的感情。

也是在 12 岁那年，父亲把他送进私塾学习，拜石屏先生彭文杰为师，彭先生是道光年间，庚子、辛丑恩正并科的

小瑞城中来鹤亭

举人，很有学问。他对这个学生，要求严格，使袁嘉谷的进步一天天在变化，他跟着老师学文、读史，知识面拓宽了不少。

13 岁时，父亲和他在院子里休息，看到鱼池里的金鱼，让袁嘉谷写首诗。他稍作思考，提笔就写出："活泼泼地，一盆清水。惟我知鱼，悠然一喜。"和"春草青青，游泳自得。惟鱼知我，地界天阔"。小小年纪，就能写出自然、生动、有趣的诗作。

在袁嘉谷的少年时期，中国是一个受外国人欺负的国家。1884 年，在他十二三岁时，法国军队攻占了越南（当时是中国的属国，称为安南）的几个地区，迫使清朝政府和他们在天津签订了《中法会议简明条款》。入侵越南的法国军队，后来又挑起谅山事件，被中国老将军冯子材带领的清军打得大败而逃，中国军队收复了谅山，取得"镇南关大捷"。可是清政府却和法国签订了屈辱的《中法会定安南条约》。以后法国势力不断伸入云南省。袁嘉谷知道这些事以后，心中愤愤不平，写下了《闻人道安南事》的两首七律诗，抒发了爱国的正义呼声。这些诗都得到父兄的好评。他们欢喜之余，继续要求他，还要加倍努力，才能取得更大的成绩。袁嘉谷的学习劲头越来越大，这年的端午节，他和侄子正在专心学习，二嫂给送来了热乎乎的粽子和红糖汁。袁嘉谷一心在书本上，拿取一个粽子，拨开粽叶，眼睛还看着书本，一面拿着粽子去蘸糖，哪知却蘸到砚台的墨汁里！"哈哈，五叔吃墨了！五叔吃墨了！"侄子们开心地叫起来。后来这个插曲就成为他专心读书的美谈！

艰苦求学路

随着年龄的增长，他的学习劲头越来越大，他善于从古代英雄的身上吸取营养。岳飞的《满江红》是他从小就喜爱的诗词，"三十功名尘与土，八千里路云和月，莫等闲白了少年头，空悲切！"悲壮的诗句，一直鼓励着他刻苦读书。

那时的年轻人读书学习，就得学会写诗。他也常常写诗歌来表达自己的抱负。在 14 岁时，写出《乙酉秋日侍家大人游金钟山》这首诗：

山村茅屋两三家，篱豆花香杂稻花。

好上青云最高处，吟诗遥对海山霞。

表达出他立志要登上高高的云端，向满天云霞去吟唱诗歌！他已经学会借景抒发少年的壮志，把写景和表达志向巧妙结合起来。

他读书，不仅全神贯注，而且勤于思考，善于思考。在《登楼望乾阳山》中，表达了这种勤读多思的愉快心情及感悟："日与书史游，不暇游山水。天助山水趣，移山近十里。"还有"书檐压山巅，山势飞不起。一读一看山，静中得妙理"。

1885 年，袁嘉谷 13 岁的时候。经过父亲多年的辛勤劳动、辛苦经营，积攒了一些钱，在石屏城内的卖米巷（今天叫南正街），盖起了占地近 400 平方米的四合院，全家终于在城里有了安定的生活与学习环境。袁德洋置地建新家，就是希望儿孙们有一个安静、舒适的环境，方便大家学习与生活。在这个院子里，德洋公专门为孩子建了"读书楼"，老祖祖书写了一副对联：横批是"读书楼"，上联：读经史易礼春秋，下联：书真草隶篆文章。

这副对联，今天还在石屏袁嘉谷故居的读书楼上。

老祖从小就表现出勤学苦读的品质，嘉乐公的长子袁丕承一直随五叔读书。他回忆在跟随二叔嘉谟公读书，学习《三字经》《百家姓》《千字文》等，我们要读五六遍，才能背诵，五叔只要读二三遍，就可以熟练背诵了。

大家都在读书楼里学习，常常学习到半夜，其他人慢慢就睡着了，只有五叔还精神抖擞地唱起岳飞的《满江红》，把大家叫醒，继续学习。直到五更天，读书楼附近的诸天寺里的钟声响了，他才和衣入睡。他以"读书楼外五更天，诸天寺里一声钟"，记录了刻苦读书的日常生活。

1887 年 5 月刚刚 15 岁的他，补州学生员，正式成为学生。校长是戴鸿慈，看到这个少年学习刻苦，很欣赏他。少年的袁嘉谷就立志："如果庸庸碌碌过一生，不如苦学而死！古人都说，真学问只能来自苦学苦读！"

16 岁时，应科试就取得名列一等的好成绩。补廪膳生员，就是成为一个县里发给口粮的学生，不用家里出钱了。

他也不是“两耳不闻窗外事，一心只读圣贤书”的书呆子，也注意锻炼身体，常提醒自己不要久坐，要多活动筋骨，来锻炼身体和缓解疲劳。

虽然生活在滇南的小县城里，他心中也装满天下事。对于法国侵占安南（今越南）和英国侵占缅甸，都表示义愤填膺的感情，写出《王骥论》一文，文中指出：“英占领缅，且窥中国矣。”王骥是明代的大将，1378年出身于河北省束鹿县（今辛集市）西吕村的一个普通农民家庭。28岁中进士，后一直在朝廷任职，49岁开始在兵部任右侍郎，后担任兵部尚书，在保卫中国西北、西南边界的战斗中屡建功勋，直到八十九岁死于任上。袁嘉谷借王骥的功名，抒发对中国的边境被不断侵扰的担忧！

全家正在新家过着幸福的生活，不幸的是灾难不断，先是石屏地震。好在新房很结实，经受了地震的考验。不过很多乡亲的房屋倒塌了，他的父母亲毫不犹豫地把建新家剩下的木料，无偿送给受难的家庭使用。母亲还把自己头上的金簪拔下，也捐献给灾民。紧接着，家庭的顶梁柱父亲袁德洋不幸病逝，享年56岁。父亲去世后，母亲召集全家人开会，为使大家庭的生活不受父亲去世的影响，让老大、老二持家和务农，老三、老四接过父亲的马帮去经商，让还未成年的袁嘉谷和两个弟弟安心学习。在母亲的带领下，这个家庭没有垮下。袁嘉谷后来能取得科举考试的优秀成绩，与家人的支持和帮助是分不开的。

1890年18岁的袁嘉谷，与石屏名儒张竹轩的女儿张灵芝结婚。据他的年谱记载，他们两人的相识到结婚，非常有趣。张竹轩是袁嘉谷的老师，又和袁嘉谷是同辈人，称袁嘉谷为五弟。他很喜欢袁嘉谷这个学生，自己有个女儿，也是知书达理的女子，就征求女儿的意见。女儿毕竟是个才女，就交出一副对联给父亲，说谁三天之内能对出下联，就随父亲做主。她的上联是：“荷花朝上，蕉花朝下，二支朱笔，点尽天文地理。”老师把上联交给袁嘉谷，没说别的，只要求他三天之内交出下联。袁嘉谷第二天就交出了下联：“日光照昼，月光照夜，两团宝镜，射遍山海乾坤。”老师看后大喜，就主动上门找袁嘉谷的母亲提亲，“伯母，我想把大女儿许配给五弟，你看如何？”袁母徐夫人笑道：“这样，我俩不就成同辈人了？”张竹轩答：“不敢，我只是想让他们俩合起来，夺取一个状元啊！”徐夫人听了很高兴，他们的婚事就定下来了。

婚后第二年，袁嘉谷又到昆明参加乡试，不幸落榜，对年轻的他刺激很大，连日来辗转反侧、思前想后，他把这些积极思考的结果，写成一份《悔箴》14 则，就是一份自我总结。从起居饮食、读书治学、谨言慎交，到寡欲戒游等几方面给自己订下规矩。每个人的奋斗之路，都不可能一帆风顺，只有不怕失败，勇于拼搏的人，才能登上理想的境界！

21 岁时他又参加岁试，考试结果，名列第一！让云南学政高勉之很高兴，把他调入五华书院，作为优等生深造。在昆明，五华书院是仅次于经正学院的好学校。学习一年，又在省里科试中夺得第一，高勉之又把他调入经正书院，这是当时云南的最高学府，经正书院名师荟萃、藏书丰富。名师有许印芳、张竹轩、朱廷珍、陈荣昌等著名学者。他的同学也是一批优秀人才，进入这个书院，可以从名师，和老师们反复切磋。在这样良好的环境中，他如鱼得水，学问得到大步的进展，知识上升到一个崭新的水平。

在经正书院，老祖祖博综子史，擅长考证，汉学宋学合并研究。他认为古人说，读书有一目十行的人，可我认为要十目一行，才是真正做学问的态度。

23 岁时应光绪辛卯、甲午并科优贡试，就是选拔优秀秀才的考试，名列第一。后来又参加了甲午科云南乡试，名列第二，成为举人了！

1894 年 11 月 29 日（农历十月初十）是慈禧太后六十大寿，为显示她不可一世的威风，要朝野内外为她举行隆重庆典。朝廷六部（礼、户、吏、兵、刑、工）尚书为讨好老佛爷，以求加官晋爵，纷纷捐出自己的“养廉银”，聘请能工巧匠，修缮彩绘紫禁城，使之金碧辉煌，焕然一新。几个省的封疆大吏也准备向老佛爷贡献巨金以做寿宴的“点景费”（就是给太后生日宴会的装修费）。当时的中国内忧外患，国内很多地方发生灾害；对外，中日之间危机重重。这时英法两国，已经逐步占领了越南和缅甸，并且窥视着中国，逐步向云南、广西、广东渗透，形势危急。

这件事引起云南学政高勉之的反感，以此为题，要求经正书院的学生作一篇作文。有的学生认为此文难写，可是袁嘉谷很快就交上一篇作文，题目就是《拟请节点景之费以赈灾黎疏》。刚二十岁出头的袁嘉谷，血气方刚，充满正义感，他的文章写得大胆、坦诚，先平静地和慈禧讲理：皇上一贯是以孝制天下，现在太后万寿，群臣祝贺，全国欢腾；各省又准备献上“点景费”来祝寿，好不热闹？可是有了这个点景费，并不能增加孝的作用，没有点景费也不会伤害了孝！为皇帝祝寿，是老规矩了，虽然不能废掉，但总可以改进一些嘛。接下来他就详尽地介绍了各地的灾害情况，特别说明云南先是干旱，以后又发大水的灾情。出现这些灾害，过去皇帝还要拿国库的钱去救济，现在何不就命令各省领导，把点景费，直接用于救灾！这样才是既尽孝了，也爱民了，多好的事啊。有理有据，讲得头头是道！如果没有对老百姓的热爱，没有爱国的强烈责任心，没有勇气，是不可能写出这样的文章的！

事实上，由于中日甲午战争爆发，慈禧太后的六十大寿也没能如愿举办，只是草草收场了。

1897 年冬，经正书院的山长许印芳，看到老祖祖的进步，心中的喜悦溢于言表，专门为他写下了一段勉励的文字：“袁子嘉谷，吾州后起之翘楚也。自少有书癖，长而耽玩典籍，与皇甫士安书淫同等，其好古之笃可知矣。所著诗古文词，抗心希古，一意独造。欲作社陵惊人语，虽或斧凿之痕未化，而得心应手之篇，已嘎嘎生新，与古人争胜。从此加功精进，勿自矜，勿自画，由洗练而臻浑成，由怪变而归平淡，卓然成家，当于文坛独树一帜矣。勉旃勉旃。”评价非常高，对老祖祖的未来，寄予厚望，对老祖的鼓励鞭策，使他铭记终生！

两次进京赶考

昆明距离北京近万里之遥，现在从昆明到北京，乘飞机只要三小时左右，就能到达。乘火车也只要两天的时间。可是 20 世纪初期，从昆明到北京，只能走路或乘马车，没有 3~4 个月的长途跋涉，根本到不了。袁嘉谷是举人到京参加会试，可以乘坐马车去。这种马车俗称“公车”，只要进京赶考的举人都可以免费乘坐，不过回程就不免费了。他还带上弟弟嘉瑞一起去北京，让弟弟也见见世面。他们是 1897 年 12 月出发，一路上不辞辛苦，除了读书准备考试而外，也处处留心观察老百姓的生活，写

下不少诗词，收集在《公车集》中。在路过贵州时，他写下两首《黔道杂诗》，其中一首是：

> 万峰争欲刺天青，寒雪隆冬睡亦醒。
> 我与奇山斗奇句，长松卓笔写山灵。
> 土瘠田荒户口稀，碧烟如雨草离离。
> 道旁广峙穹窿石，都是黔官德政碑！

他们是冬天到达贵州，天寒地冻，晚上睡觉都会被冻醒。他没有只顾自己，还关心贵州的老百姓。看到当地土地贫瘠，人口稀少，为什么呢？就是当地的官员，没有治理好这块土地，他自己无法惩罚那些不尽职的官员，只能发出愤怒的呼声，让贵州遍地都是巨石山包，永远记录下他们的作为，成为谴责贵州不尽职官员的碑文，表达了作者深知百姓疾苦的情操！

2017年春，我到南京调查、收集祖辈的资料，参观了南京科举博物馆。博物馆里展出了清康熙四十四年（1705年），云南举人万贞元与他的同乡，从建水出发，赴京参加第二年的会试。万贞元把沿途的

1705年云南举人万贞元绘制的《公车图》

所见所闻、风土人情绘成图画，并配上名人诗句，整个作品取名《公车图》。博物馆中展出其中 8 幅珍贵画卷（复印件），形象地反映了科举时代，地处祖国边陲云南的知识分子，为求取功名，千里迢迢赴京赶考的艰难历程。我拍了图画的照片，从中可以看出，在云南及贵州境内，山高路险，行路真是难啊。

1898 年的春节他们是在衡阳过的。又经过一个月的跋涉，历尽艰辛后，在 1898 年 3 月到达北京，住在原宣武区（现为西城区）珠朝街的云南会馆里，准备参加会试。

1898 年春天，袁嘉谷第一次来到北京参加会试。那一次由于各种原因，他落榜了，没有考上。他毫不气馁，鼓励自己“大丈夫不作楚囚泣”，这一年昆明人张学智考中了进士，是二甲 63 名，张学智后来和我们家几代都有联姻关系。

1903 年他又经过长途跋涉，先来到开封参加会试，就住在大相国寺里。为什么要在开封进行会试呢？因为 1900 年的庚子之乱，八国联军侵入北京，在议和的条款中，就有五年之内不得在北京举行科举考试的内容！对这个强加在中国人头上的不平等条约，袁嘉谷非常气愤，在诗中写道：“二百年来开变局，六千里外住公车。”诗人向上天，发出了大声的询问，清朝已经建立二百多年了，还从来没有过把公车停在六千里外的荒唐事！这是愤怒的表达，不平的呼声！

所以 1903 年的会试，在这个屈辱的条约约束下，只能改在开封举行。当年 4 月又到北京参加殿试和经济特科考试。

他最后的功名是：癸卯科二甲 62 名进士，癸卯年经济特科一等第一名。经济特科一等第一名和状元有什么区别？哪个的级别更高？这是云南人常常要问的问题。要搞清楚这个问题，首先要介绍一下中国科举制度的演变过程。

会馆也是伴随科举考试而发展起来的，为了给各地的赶考举人，提供一个好的休息和学习环境，各地的官员和商人在京城盖了不少会馆，有的是官办的，也有商人出资建的，所以到清朝，全北京有数百家各省的会馆！云南省的会馆就不止一家，有的州、县都在北京盖会馆，所以最多时有几百家会馆，真是盛极一时！关于会馆的详细情况，后面还要专门讲述。

老祖参加的全国考试

科举制度介绍

中国的科举制度，是经历了漫长的演变过程，逐步发展起来的。现在西方国家正在深入地研究我国的科举制度，西方有学者把它称为，中国对世界的第五大发明！我也想过，为什么中国的封建制度会发展得那么“完善”？在宋、明、清时代，中国经济也很发达，为什么就不能产生资本主义的因素？我不是这方面的专家，不敢随便下结论，只想斗胆提出一个假设，科举制度，可能就是维护封建王朝的一个有力武器？今天科举制度早已废除，可是不了解科举，就无法懂得中国文化的演变。我觉得还是应该把它认真介绍一次。我查阅了几本介绍科举制度的书籍，总结起来分别叙述如下：

先说科举制度的“科举”两字是什么意思？从字面上讲，是分科举士的意思，是一种通过考试选拔官吏的制度。

如何选拔各级官员，从周朝开始，就是国王和大臣们的重点研究课题。在中国历史上，选拔官吏成为一种有章可循的定制是在汉代。西汉初年，大官僚的子弟和拥有十万资产的富人（商人除外）可以到京师做皇帝的侍从，陪伴皇帝和伺候皇帝，得到皇帝认同和喜爱，就可以补授其官职。由于这种制度难以选拔到真正优秀的人才，后来又实行自下而上的推选制度，即察举制。其办法是由各郡国及公卿，向中央推荐有学问、有道德、有才华的各种人才。对人才的考核，是分科进行的。具体科目包括孝廉、茂才、贤良方正、文学等。魏晋南北朝时期实行九品中正制，由中央任命“贤有识鉴”的官员，兼任各郡的“中正”，负责察访当地所属的士人，评列为九等，作为朝廷授给官职的依据。可是各地的中正，均为士族官僚贵族的成员，所以他们在评定士人品级时，一般只重视出身门第，而不重视才学，造成“上品无寒门，下品无士族”的情况，阻塞了普通人晋升的渠道，也不利于统治阶级选拔人才。

到了隋唐，一种凭借客观性考试，来选拔官吏的制度，取代了魏晋南北朝时期的九品中正制，这种制度就是科举制。隋朝建立后，废除了九品中正制，在地方设

清代科举考场蜡像示意

立州、县学。里面的学生可以通过考试，晋升为朝廷的官员。考试科目就叫秀才、明经等，由此而取得官职。各州也可以保荐文章华美的士人，参加考试。隋炀帝统治时期，又创立了进士科，以考试诗赋为主，科举制度至此确立。

唐朝建立后，科举制度有了进一步发展。唐代科举有两种：每年举行的称常举，由皇帝临时决定举行的称制举。这个制举就是清朝特科考试的前身。

唐代科举考试是分科进行的，其中常举考试，分为秀才、进士、明经、明法、明书、明算、一史、三史等科目，分别考试文章、诗赋、儒家经典、律法、书法、算学、历史等内容。在以上各科中，明经和进士两科最为重要，而进士科又比明经科更加受到人们的重视。因为唐代重要的官员大多出身于进士，考上进士者被视为“登龙门”，以后民间就把考取进士，比喻为“鲤鱼跳龙门”。

参加唐代科举考试的人士，是来自两方面人员，可以是国子监（国学）和地方州、县学的学生；也可以是所谓乡贡，即在家自学成才的人，他必须自己向州县申请荐举，经考试及格后，由州县送到中央参加考试。

制举科目有文辞清丽科、博学通艺科、武足安边科、军谋越众科等百数十种，平常人和官吏都可以参考。考中以后，原来是官吏的，可立即升迁，原来不是官吏的，也立即给予官职。

制举和常举的区别，主要是考试的期限不同，以及参加考试人员的资格不同，常举是定期召开的，另外考生只能是在校学生，或具有同等学历的百姓；制举是不定期开考，考生可以是学生和百姓，也可以是在职的官员。

宋代和元代继续实行科举制度，又进行了一些改革。宋代进士和其他各科的功名分为“及第”和“同出身”两种，后又改为“及第”“出身”和“同出身”三种。宋太祖时建立了殿试制度，即礼部考试后，由皇帝亲自在他的大殿上，也就是平时他和大臣们开会的地方，再次进行考试，由皇帝赐给功名。北宋时，殿试第一名称榜首，第二、三名称榜眼，他们可以都称状元。南宋以后，改称第一名为状元，第二名为榜眼，第三名为探花。

从以上简介可以看出，科举制度是由隋朝开创的，在后来的朝代里，又经过不断改进，才逐步完善起来。原来的常举和制举，到明清时期，改称为常科和制科。

明代科举制度的一个重要特点，是开始同学校制度紧密结合，只有府、州、县学的生员，才有资格参加乡试。国子监的学生，可以参加会试考试。不过国子监和地方州、县学关系，只是学习地点不同，最后都要通过考试，才能成为秀才、举人和进士。不是今天小学、中学、大学的关系。另外国子监的学生，多为在职官员的儿子，凡是在京的四品官，外地的三品官，武官中的二品官，都可以送一个儿子，到国子监学习，还有就是地方推荐的优秀学生。

南京夫子庙附近，在地下建了中国至今为止最大的“科举博物馆”，展厅共有地下三层。全面准确地对科举制度进行了介绍，想要了解古代的科举考试，这个展览就值得一看。

清代科举考试

清代童子启蒙教育，除富人延聘家庭教师，教授子弟外，公共教育机构为私塾、书院两类。

书院是集人才培养、学术研究、藏书及刻书、祭祀等功能于一体的，是中国古代一种独有的文化教育组织。自唐代到清末，绵延千余年，数量多达数千所的书院，遍布全国各地。

私塾可以是私人办的，也可以是宗族或地方社会所办。私塾的课程主要有：识字、写字、读书、作对和练习写作几个内容。经过启蒙教育的小孩，就有参加县、州、府学的入学考试的资格，称为童生。童生经过考试合格，入官办的府学、州学、县学学习者，称生员，又称庠生、茂才、博士弟子等，俗称秀才。换句话说，清代的生员（秀才），也就是国立府、州、县学的学生。

科举考试允许读书人自由报名，既无年龄限制，也不规定读书人的出身高低、家庭贫富。他们只要带上身份证明材料，前往户籍所在地的官府报名即可，报名材料上要包括：学生父、爷爷、曾祖父三代的姓名、籍贯、年龄，是否在父母的丧期等内容。每位考生还需要三人担保，这三人必须是廪生、族人、乡里，他们必须在官府的文件上签字，称为“结状”。

廪生，是秀才中经过考试，成绩优秀的少数学生，由政府发给粮食或饷银，可安心读书的府、州、县学学生。

清代士人在应科举以求功名的路上，要经过考取秀才（生员）、考取举人和考取进士这三个级别的考试。每级资格考试，都要经过多次考试，才能完成。

童生考取秀才，须经本县、本府和学政的三级考试。

县试由州县官主持。县试，一般共考五场，每日一场，黎明前点名入场，即日交卷。第一场为正场，试《四书》文两篇，五言六韵试贴诗一首；题目、诗、文的写法皆有一定格式和字数限制。第一场录取者，才可以参加府试，其余各场是否参考听考生自便。

府试由知府、直隶州知州、直隶厅同知主持。第一场录取者，就可以参加院试。

院试由学政主持。各省学政在三年任期内两次巡回各地，主持生员的岁考和科考。岁考是对生员的学习情况的考核，相当于今天的期末考试。科考是对能否参加乡试的资格考试，相当于今天的毕业考试。科考通过了，还要经过院试，才能成为秀才。院试是考秀才的最后一关。院试录取的新生即秀才，表明他有资格参加以后的乡试考试。不到考试日期，仍然在学校学习，由政府发给生活费。

乡试的时间和考试内容。清代乡试三年一科，逢子、午、卯、酉举行，称正科；遇皇帝万寿、登基等庆典，增加一次，称恩科。如过庆典之年适逢正科之年，则改当年正科为恩科，原正科改在此前或此后一年举行。乡试于八月举行，亦曰秋闱。乡试分三场进行。以初九、十二、十五日为正场，考生于每场正场前一日入场，后一日出场。清代乡试考场称贡院。新科举人第一名称解元，第二名称亚元，第三、四、五名称经魁，第六名称亚魁，其余称文魁。均由国家颁给20两牌坊银和顶戴衣帽匾额。

进士系列的考试，包括会试、复试和殿试。会试考中者称贡士，其第一名称会元。会试的中取者，就取得了进士的资格，再参加殿试。只是为了选取状元、探花、榜眼，以及进士的排名了。会试是进士的资格考试，殿试是进士的排名考试。

殿试试卷的评阅，由皇帝任命读卷大臣进行（由于殿试在名义上是皇帝做主考，所以称读卷而不称阅卷）。读卷大臣共八名，首先由礼部开列大学士及进士出身的尚

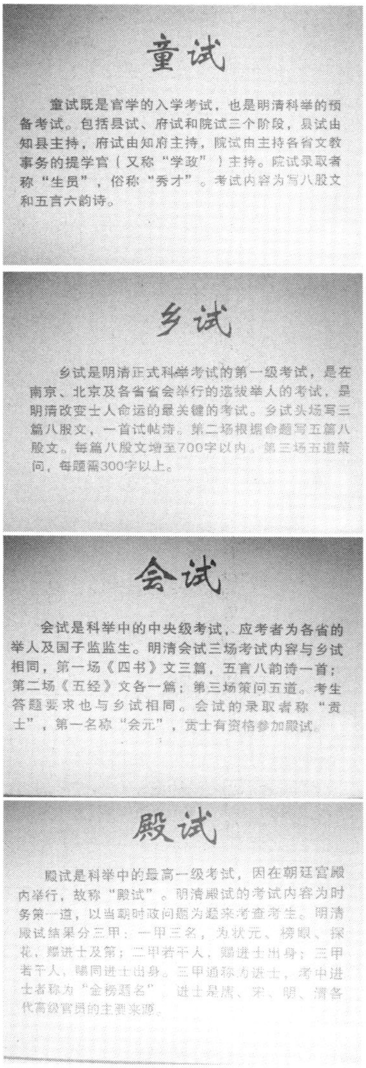

中国科举展览馆中科举考试说明展板

书、侍郎、左都御史、左副都御史、内阁学士的名单，奏请皇帝从中选派。殿试翌日，读卷大臣集于文华殿阅卷。阅卷的方式是，将全部试卷平均分给八名读卷大臣，各自先阅自己所分之卷。然后互相轮看，称转桌。最终成绩一般由首席读卷大臣确定，其他人参加意见。成绩评定后，向皇帝进呈前十本考卷，由皇帝钦定名次并公布引见，称小传胪。就是说，读卷大臣只有挑选出前十名优秀试卷的权利，他们可以把这十个人排出名次。最终名次的排队，是皇帝的权力。皇帝看谁答得最好，用朱笔（毛笔蘸朱砂），在他的试卷上画个红圈，他就是状元了！所以叫点状元，点状元是皇帝独有的权利。

几日后在太和殿公布全部名次，称传胪。殿试名次的排列分为三甲，一甲共三名，第一名称状元，第二名称榜眼，第三名称探花，赐进士及第；二甲若干名，赐进士出身；三甲若干名，赐同进士出身。殿试传胪后，颁发上谕，一甲第一名授翰林院修撰，是六品官；第二名、第三名授翰林院编修，是七品官。

殿试传胪后五日，在保和殿，举行进士朝考，以选拔翰林院庶吉士，这次考试不是淘汰赛，只是为进士排名的考试，称馆选。

除常科外，清代科举也有制科，举行的次数很少。制科由皇帝在大殿亲自进行。康熙十七年（1678 年）、乾隆元年（1736 年）两次开博学鸿词科，令中央和地方的官员举荐当地的品学兼优、文辞卓越之人，不论是否已经当官，或是老百姓，都可以参加考试。光绪二十三年（1897 年）又举行了经济特科考试，也是由各省的官员推荐考生。

明朝和元朝都没有进行过特科考试。

从以上介绍我们能看出，科举制度是一种相对公平的人才选拔制度，所以在封建社会里，不论什么出身，都愿意通过科举考试去争取当官的资格。我认为科举考试制度，本身是先进的，可是科举考试的内容太狭窄，或者说教材太单一了，一千多年了，没有改变。“四书”“五经”虽然是中国文化的精华，但毕竟只是思想修养方面的知识，相当于今天的思想修养、历史、诗词、文学和初等数学的内容。中国古代也有很多科学的研究成果，像数学、力学方面的成就，都没有总结成教材，纳入学校教

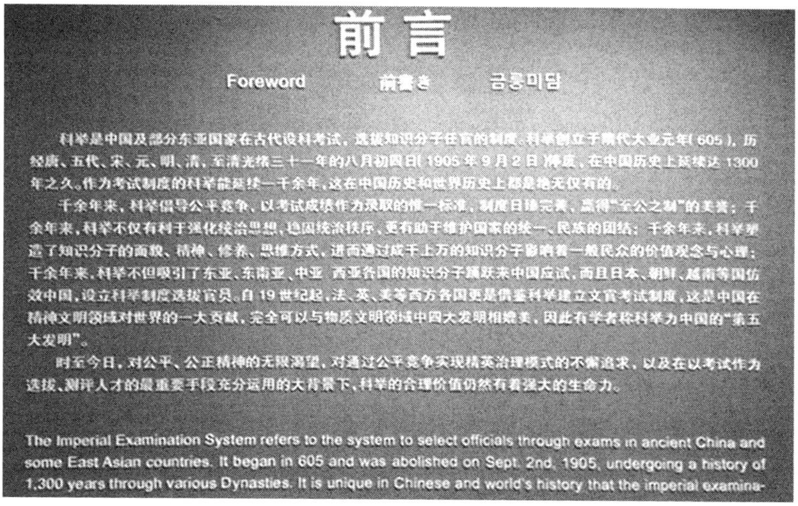

南京科举博物馆前言，对科举考试做了客观的评价

育中，更没有纳入科举考试的考题中。跟不上时代的发展步伐，起不到促进社会进步的作用，科举考试培养不出科学家，是必然的，所以科举制度被废除了。

从以上介绍，可看出常举和制举，就是选拔干部的方法，常举（常科）是定期进行，而制举（制科）只能由皇帝临时决定进行，次数很少。至于它们之间哪个考试级别更高，是没有衡量的标准的，无法区分。后来的人们议论起来，也是仅凭分析、认为的主观意见来讲。如果一定要讲客观标准，是否应该从两个现在看得到的实际来分析：一个是在北京孔庙的进士碑里，看有没有经济特科的碑。另外一个是看，考试结束从朝廷授予的功名中去比较。

北京孔庙里，树立有元朝到清朝 1905 年的最后一科考试的进士碑，一共 198 块。1903 年和 1905 年的进士碑都在，在 20 世纪 90 年代时，这两块进士碑的字迹很清楚，今天已经看不清楚了。不过 1997 年我到孔庙，与管理者协商后，缴费 500 元，得到一份 1903 年的进士碑拓片，现在保存在云南石屏县袁嘉谷故居里。

孔庙就是没有为经济特科考试立碑，两次博学鸿词科的考试，也没有立碑；前面讲过状元是授予翰林院修撰（正六品），对袁嘉谷朝廷是授予翰林院编修（正七品），只对应于常科考试的榜眼、探花的地位。经济特科一等第一名的功名，只等于榜眼和探花，不等于状元。同样，雍正及乾隆时期的鸿词博学科第一名，也是授予翰林院编修，不是修撰。

当然老百姓习惯讲他是状元，是从尊敬的角度讲，完全没有错。也可以说“特元”比“状元”更难，科举三年则有一状元；清代267年间，能考中特元的，仅三人而已，而当年的状元也未能考中经济特科第一。只是“状元”与“特元”，是不同取仕的科制，我认为两者不具有可比性。

故袁嘉谷在世时，从未自称过“状元”，他挥毫作书时常用的一方印章，印文是：“经济特科第一翰林。”

袁嘉谷如果活到今天，听大家爱议论状元和经济特科第一名，哪个级别更高？一定会捻着下巴上的胡须，笑着说：争这些问题有什么意义？有时间还是多做些实事，多教几个学生吧！

科举与会馆

1898年3月，27岁的袁嘉谷第一次来到北京，参加当年的会试，据他的纪念文集介绍，就住在珠巢街的云南会馆内，这是当年云南学子进京赶考的住处。1990年我按父亲袁绩棠提供的线索，到宣武区找到了珠巢街，现已改为珠朝街。通过向老住户了解情况，确认现在的珠朝街4号就是当年的云南会馆。在院内空地上又建了一些平房，有几十户人家居住。除了几棵老树外，不可能再看出当年的情景了。珠朝街5号是中山会馆。

后来在东单的“古籍书店”买到一本《北京的会馆》。书中介绍在明清两代，北京城里先后建过至少七座“云南会馆”，两座建在明代，五座建在清代。书中也介绍了北京会馆的发展历史，明朝永乐年间，会试的考场，由南京转到北京。每次科举考试全国有六七千人参加。这些人来到北京，如果住旅店，老板一定要狠宰这些穷举人。他们有的还带着仆人、家属，上万人来到北京，吃和住，都是一件麻烦事！再说六七千人参加考试，能考中的，也就有300人左右。落榜的举人，由于各种原因，只能在北京读书，准备三年后再考，他们也需要一个读书的环境。这些困难，被已经考中进士，在京的官员看到了，他们邀请同乡中的官员、商人及名士商量，决定集资，在北京城内购置房产，修建房屋，专门招待来京会试的同乡举人。会馆就是进京赶考的学子们的“家”，大家口音相同，进会馆就像回家了一样，很亲切！这种有同乡会性质的旅店，就在北京迅速增长。

清军入关以后，在北京城采取皇城外，内城（相当于现在的二环内）里只能住满人，汉人居外城的政策。为了防止满人被汉化，以及各省文人作乱，又做出禁止在内城建立会馆的规定。明代建在北京城内的会馆，都逐渐废除，或迁至城外。所以清代以后，北京的会馆都在原来的宣武区和崇文区（现为东城区），而且多半在宣武区。

由书中提供的线索，我又到首都图书馆查到一些资料及北京城的老地图，搞清楚这七个云南会馆的现今位置。

建在明代的云南会馆，据《京师坊巷志稿》记载，有两个，一个在朝阳门内北小街，今已废。另一个名叫“云征会馆”，建在崇文门内北鲜鱼胡同，离明清两代科举考试的考场——贡院很近。

清代建的五个云南会馆，都在过去的宣武区内。这五个云南会馆是：

“云南北馆”在现在的宣武区校场头条胡同。此馆建于乾隆年间。云南北馆的门牌号是7~9号，这是一条南北向胡同。它的位置在中国图片社以南，宣武门外大街的西边，北面是达智桥胡同，南面是校场口胡同，东面是宣武门外大街。

“云南理化会馆”在现在的宣武区福州馆街，一条东

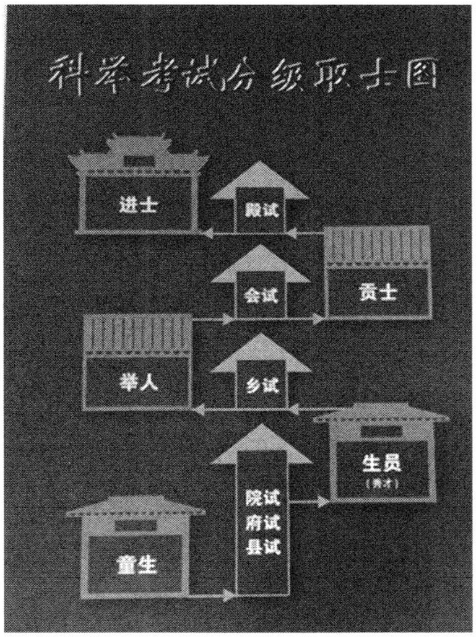

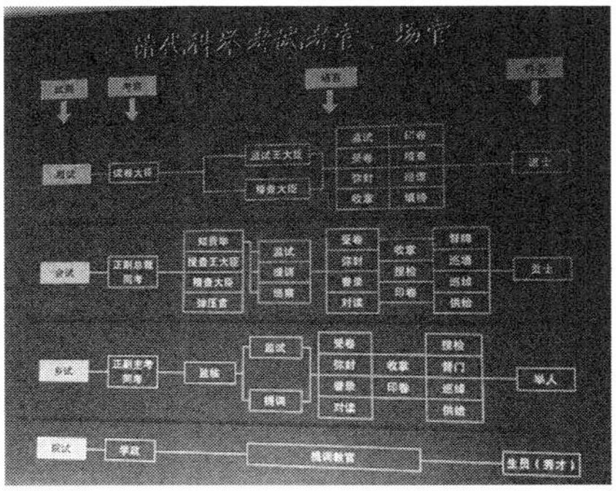

科举考试分级取士图

西向胡同。她的位置在虎坊路以西，湖广会馆以南。“理化”是什么意思？据该书作者分析，清朝云南有大理府，毗邻有蒙化府，因而取名“云南理化会馆”。

“云南南馆”在现在的宣武区迎新街路西，当时叫阎王庙街，民国时叫延旺庙街，该馆又叫景忠祠，是清乾隆年间为纪念赵冀而建。赵冀是明末云南昆明人，在崇祯年间，他担任侍御史，李自成攻克北京后，他殉身祭明。云南南馆在路西的一个大院里，门牌号是17～19号。这是南北向的胡同。

“云南新馆”在现在的宣武区珠朝街，当时叫珠巢街。云南新馆在这个胡同的4号内。

还有一个“云南会馆”在现在的宣武区白帽胡同，附近有法源寺。白帽胡同已经拆除了，没有了。估计该馆建得比较早，当时只有一家，没有在名称上区分。

袁嘉谷在北京先后住过三个地方，他第一次来北京是1898年3月，参加当年的会试，就住在珠巢街的云南新馆。1903年又到北京参加当年的殿试及经济特科考试，也是住在这里。考中“经济特元”后，1904年去日本考察一年，1905年9月和夫人一道住进延旺庙街，我估计就是那里的云南会馆，为寄托思乡之情，把住宅自题为“望云轩”。1908年1月3日全家才搬到铁门居住。我先后查找了几本资料和当时的地图，证实铁门就是现在的铁门胡同，铁门的名起于明代，当时是虎圈，也就是动物园，因而取名铁门。铁门胡同在菜市口南，虎坊桥西。

在2000年以前，铁门胡同内有北京经济报社，共有100多个门牌号。胡同宽5米左右。

袁嘉谷第一次来京会考，当时并不富余，只能住会馆。搬到延旺庙街，也是住的会馆。在京为官几年后，有些积蓄才搬出会馆，自己在铁门租房住，直到1909年11月任命为浙江提学使。辛亥革命后他回到云南省，蔡锷任命为国会议员，又回到北京参加国会，也是住在铁门老家。

1998年5月的一个星期日，我和两个儿子去宣武区实地考察了校场头条，福州馆街，铁门胡同和迎新街。找到了这几条胡同，从头至尾走了一遍，想到百年前，我们的曾、高祖也在这里生活，心里对这些陌生的胡同也感觉到格外亲切。据《北京近代教育史》记载，1906 年一批居京的云南官员联合倡议，在珠巢街的云南会馆内创办了一所“滇学堂”，学堂建成后袁嘉谷又被推举兼任学堂监督（校长）。这是在各省会馆内建得比较早的现代学校，在校内还建成了四面墙上镶玻璃的室内运动馆。当时在北京城也算得是“豪华型”的运动馆，说明当时的这些云南籍京官很重视学生的体育锻炼。

近几年北京在大搞城市的改造，过去的小胡同被拆了不少，估计五家云南会馆，剩下的不多了。我最近去过铁门胡同，由于道路扩宽，只剩下半条胡同了。

1903 年的各次考试

1898 年维新运动（戊戌变法）时，贵州学政严修提议，要召开“经济特科”考试，建议“各部院寺堂官正卿及各省督抚学政保荐，有学问淹通，洞达中外时务者，悉心延揽”。就是要求各位中央及地方的官员，要注意考查你们地方的优秀人才，把精通各科学问，而且熟知国内外政治经济的人，推荐参加经济特科考试。后来慈禧太后反对维新变法，把已经准备举行的经济特科考试也取消了。到 1903 年，才又举行这次考试。

1903 年对袁嘉谷来说，是一生中辉煌的一年！他先后在开封和北京参加了会试、殿试和经济特科考试，取得了“进士”和“经济特科一等第一名”两个称号！我认真查阅了相关资料，基本搞清楚每场考试的时间、地点和考题。他在 1903 年一共参加了四场国家考试，分别是：1903 年 2 月抵开封（当时叫汴京），参加会试，考题有三份。首场录取为 136 名，复试以后取二等第 118 名。4 月入京殿试，登王寿彭榜二甲第 62 名，赐进士出身。五天后参加朝考，取为一等第 9 名，钦点翰林院庶吉士。7 月 10 日参加两场经济特科考试。

这一年他应该写出十份试卷，这些考试的考题，和清政府编制的《钦命四书经义题》中列出的考题进行对比，发现原来流传的考题名称，都有一些微小的错误，正好利用这个机会可以更正。

如会试第一场，经义题是：“敬事而信节用而爱人义”，过去流传的是“敬事而

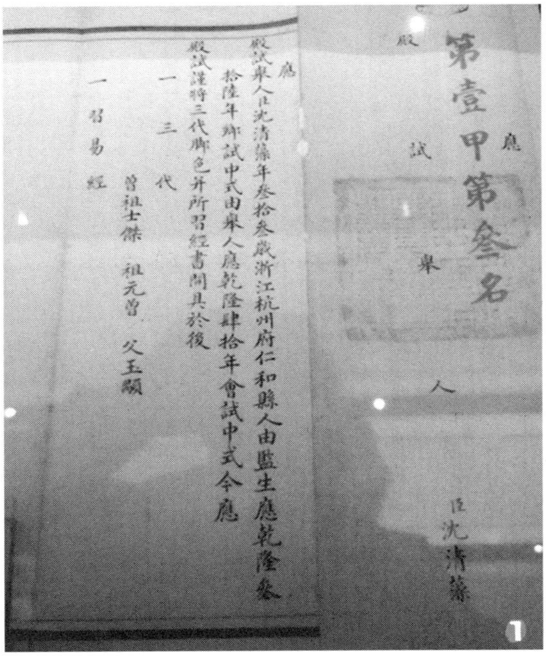

① 科举展览馆展出的探花卷

② 科举展览馆展出的进士卷

信，节用而爱人论”。

会试第二试题，经义题是：“陈思谦言衡之弊论”，过去流传的是“陈思谦言衡之弊端”。

会试第三试题，经义题是：“日本学制改用西法收效甚速然改制之初急求进境不无躐等偏重之弊东国名宿类自言之取长舍短宜定宗旨策”，过去流传的是“日本学制改用西法，收效甚速。然改制之初，急求进境，无躐等偏重之弊，东国名宿类自信之，取长舍短，宜定宗旨策”少了一个“不”字。

又于当年 4 月入京参加殿试，殿试的题目有两个：

1. 农而食之，虞而出之，工而成之，商而通之论。

2. 牧民揆官疏。

考完后，登王寿彭榜二甲第 62 名，赐进士出身。

5 天后举行朝考，考取一等第 9 名。钦点翰林院庶吉士。朝考的试题没有见到记录。

同年 7 月 10 日内、外臣工共奏保 370 余人在北京保和殿参加经济特科考试。云南省被保举参加经济特科考试的有两人，老祖祖袁嘉谷及昆明人萧应椿。

经济特科先后有两场考试，首场考试的考题是：

大戴礼：保，保其身体；传，传之德义；师，导之教训，与近世各国学校德育智育体育同义。

次场考试的考题是：

汉武帝造白金为币，分为三品，当钱多少，各有定值，其后白金渐贱，钱制亦屡更，意未通行，宜用何术整齐之策。

考试后，袁嘉谷取二等第 7 名。这次考试，按读卷大臣的意见，是取梁士诒为第一名，杨度是第二名，还有一等 48 名和二等 79 名。名单报到光绪皇帝和慈禧处，慈禧不喜欢梁士诒，说他是梁头康尾（梁启超的“梁”字，康有为字祖诒的“诒”字），取消了他的第一名的资格，又找不到中意的人选，把本次考试成绩作废，安排复试。这事看起来的确荒唐！不过规矩就是这样，点状元的权利，只有皇帝一个人，读卷大臣只有推荐的资格。

7 月 21 日又在保和殿复试。复试也是两场，首场考题是：“《周礼》农工商诸政各有专官论。”次场考题是：“桓宽言：‘外国之物内流而利不外泄，则国用饶，民用给。’今欲异物内流，而利不外泄，其道何由策。”

奉上谕取袁嘉谷为经济特科一等第一名，授职翰林院编修，免其散馆。翰林院编修是正七品官员。而状元是授予撰修的职位，这是正六品的官员。

这就很清楚，1903 年内袁嘉谷共参加了四场全国考试，共写下 10 篇考卷，包括会试 3 篇，殿试 2 篇，朝考 1 篇，经济特科 4 篇，应该有 10 份试卷。

1997 年云南省举办了“庆祝袁嘉谷先生诞辰 125 周年”的各种纪念活动，活动搞得很成功，起到弘扬先进文化的作用。可是有些记者，不认真考证，随便就写云南发现唯一“殿试卷”的报道，这种风气非常不好。袁嘉谷参加过的考试题目，在云南是很容易找到的，只要有大专以上文化水平的人，把那些“殿试卷”拿来和考题对比一下，就不会那么写了。事实上，这些公开的考卷，只是会试的卷子，根本不是殿试的

光绪二十九年（1903年）进士碑拓片

考卷。迄今为止，国家档案馆只收藏了一份明代的殿试卷，是国家一级文物的待遇，可见殿试卷的珍贵程度。

我是亲眼见过一份曾祖父的考卷，记得在上初中的时候，有一天爷爷拿出曾祖父在考经济特科时的试卷给我看，那时虽不懂这个试卷的重要，但是试卷纸张的洁白和坚硬，上面还印有水印，给我留下深刻的印象。曾祖父那一丝不苟的书法，简直让我看呆了。一个个字是那样的整齐，和印刷体完全一样，但又比印刷体更有活力，更有生气。爷爷还给我讲了试卷的来历（是他妈妈讲给他听的），原来这份试卷本是故宫的馆藏资料，一直放在故宫里。1924年冯玉祥将军顺应历史，进驻故宫，把溥仪皇帝请出故宫。又组织人认真清理故宫中的文物资料，发现了这份试卷，派人把它送到云南交给曾祖父，并附着一封信。信中讲了如下的意思，您的为人和业绩使国人钦佩，这份试卷就还您本人保管。可惜在“文革”中这份宝贵的资料，被人从我爷爷家中抄走后，至今下落不明。希望有物归原主的一天。

老祖祖最后夺魁的试卷是“《周礼》农工商诸政各有专官论”，有必要认真介绍这份试卷。

考题要求应试者从《周礼》取材，论述西周农工商管理的专官制，表明观点。老祖祖的试卷一气呵成，写了3400多字。

老祖祖深刻理解题目的要求，在他的论文中，紧扣题意，列举了西周农工商官制结构密、分工细、工作精的大量事实，赞扬了专官职；论述了专官应有的素质，以及如何培养专官，全面回答了题目的要求；进一步指出时政要害，提出了自己的政见主张。也就是文章所写到的：“合学校，选举，官制而一贯”，即从学校教育入手，培养知识全备且具精通一面知识的人才。通过任人唯贤的认真挑选，使其成为精通业务的农工商各方面的专官，让这样的专官管理国家政务，达到改革官（吏）制的目的。显然，老祖并不是在讲经济建设，而是论述一个经国济民，官（吏）制改革，振兴国家的政治问题。

文章破题写道：“天下事，败阙者敝，全备者精：泛骛者疏，专一者密。”作者用世间万物共有的规律说明“全备”和“专一”的关系，作为立论的基础。承题深化主题写道“学全备而专一，遂以立官人之原”。就是说，一个人倘若具备了比较全面的知识，并有精深的一面，就具备了做官的基础。这要形成一个制度，那就是：没有哪个官不是从学校选拔的，也没有哪所学校不用心地培养专官。

怎样才能使专官获得“全备”“专一”的知识呢，文章写到，“稽我中国，其唯成周之盛乎？夫成周之盛，盛于周官。周官之隆，隆于学校”。即，考察一下我们中国的历史，西周算是兴盛的朝代了吧？西周之所以兴盛，乃是由于西周官制之兴隆。西周官制兴隆的原因，是西周教育的发达。那个时候，“下至乡遂（地方学校），上至成均（国家的最高学府），学焉无弗专，专焉无弗成，成焉无弗行，行焉无弗效”。也就是说，那个时候，没有一所学校不重视专业知识的教育。有了专业知识的教育就善始善终，而且重视实践，做得很有成效。像这样的教育成效最显著地体现在农业、手工业和商业方面。

在接下去的起讲部分，文章写道：西周专官的设置是细密而全面的，对此做了大量的列举。为了精简文章篇幅，这里只就农业管理方面来说明。

文章说，为了加强农业的管理，西周设“大司徒”辨别十二种土壤适宜种植什么作物；设“遂人”管理各诸侯国的土地，并给他们以土地，（通过培训）使他们掌握种植的方法；设“遂师”“遂大夫”巡视耕作，调遣劳力协助救灾；设“草人”管理土壤，检查测定土质，并教会耕作者；设“司稼”巡视管理郊区的庄家，区分早熟和晚熟的庄稼，掌握种植和收获的时间；设“稻人”管理水田和洼地有关的农务，用蓄水池蓄水，用大大小小的沟渠排水、分水、放水、泄水，使耕作者能涉足田野，用镰刀去割除杂草；设“匠人”负责修通各种沟渠；设“廪人”“仓人”管理谷粟的统计和贮藏；设“雍氏”负责处罚违犯保护庄稼法令的人；农业专官扩大到山林、河流、沼泽、丘陵等领域，西周又设立了“林衡”“泽虞”“川衡”“山虞”等专官。扩大到果园、猎苑领域，设立了“囿人”“场人”这样的官。扩大到水产养殖方面，设立了“渔人”“鳖人”“掌氏”这些官。扩大到道路方面，设立了“田仆”“野庐氏”这些官。总之，在西周，一切农事有专官去管，项项农活有专官去抓，西周的水陆产品日益增长，社会繁荣兴旺。

文章就是这样，用充分的论据（古人读书重牢记背熟，能根据题目的要求，从“四书”“五经”上摘取有关内容背诵默写出来，是评定文章等级的一个重要方面）肯定了专官制。

知识的全备和专一是专官应该具备的条件。那么，专官应该具备什么样的素质呢？文章写道，专官要“典其职”（忠于职守），“忧其份”（为份内事操心负责），“举其辨”（敢于提出问题，明辨是非），“明其隐”（有了缺点和错误不护短，敢于承担责任和检讨）。

专官还应该像周公那样，有“夜以继日”“坐以待旦”，不断学习的刻苦精神；有“一沐三握发”“一饭三吐哺”的忘我工作的态度；有“朝读百篇，暮见七十士”，“贽而师见者十人，友见者十二人，穷巷白屋先见者四十九人，进膳百人，教士千人”那种虚心求教、礼贤下士、广聚众长、广结良缘、从善如流的处世态度和工作作风。文章指出，专官的良好素质必须通过教育来培养，要挑选农人、手工业工人和商人的优秀分子加以培养，让他们接受学校教育而成为农工商的专官。

作者分析说，本来，西周有了很好的专官制，但是，为什么后人就继承不下来呢？这是因为，我国“封建之俗相沿未改，官府之司琐而近滥，世卿世禄情私不公，宗臣亲臣尾大不掉”，一句话，是官制腐败的结果。

写到这里，老祖的激情再也控制不住了。他心里想，皇恩浩荡啊！皇帝下诏开经济特科，说得很明白，就是要在制科之外“另辟蹊径，延揽杰出的社会实用人才”，“旁求俊杰”呀。皇上（于二十六年十二月初十日，即1901年1月29日）颁布的《新政上谕》已经明确指出，我国当今“法令不更，锢习不破；欲求振作，当议更张”；更指出，“我中国之弱，在于习气太深，文法太密，庸俗之吏多，豪杰之士少”，“下诏求言，封章屡见，……一则袭报馆之文章，一则拘书生之成见”，都是一些无用的文章。因此，才开了经济特科取士，务求“洞达时务”者。想到这里，联系到我国自鸦片战争以来，国家遭受的重重耻辱，作者的一腔爱国热情，一腔义愤涌上心头，写下了一段激昂慷慨的文字。

他写道：“天下之事，不知来，视之往；天下之理，穷则变，变则通。”“国家有无尚的权力”，一切可变可不变的权力都在国家。应该在全国选拔有卓越才能的人为国家兴利除弊，而不能再让放荡庸碌的蠢材损公肥私。要改革现行的官制。在我国的历史上，探索官制改革者不乏其例。西汉末年的王莽，西魏时期的苏绰，北宋的王安石，明朝的方孝孺他们也都效法西周的官制，作过若干的改革。但是，他们不善于运用，结果一事无成失败了。隋唐以来，官制实行“三省六部制”，算是职责比较明确的官制了。但是，也还有一些虚设的官。这些官，他们无所事事，成天追求名利，害国害民；而一些亲近皇帝的官掌握了实权，更是滥用权力，这些官制的奇怪现象怎不叫人痛心。说明老祖对清朝现行的官制的弊病，是心中有数的。

文章说，以史为鉴，迷途知返。现在改革，正是时候。抓住关键，纲举目张，国家就能走向复兴。应该看到，官制腐败，问题严峻；财政困难，国家贫弱固然如此，但并不是问题的根本。问题的根本在于人才的匮乏。国家在世界上的威望不高，不是因为国家的贫弱，贫弱只是现象，问题的根本在于国家难以严肃法纪，政令不能克服反复无常的状态，这才是国家贫弱的根源。国家针对时弊改革内政不是内乱，那种无原则的宽容，得过且过以求平安，或听任他国摆布，等待后人更新的态度，才是内乱的症结所在。国家在某些方面出了些乱子岔事并不可怕，可怕的是人心的沦丧和风俗、语言、文化的毁灭。

出路在哪里呢？文章引用孔子的话写道：“为正在人，取人以身，修身以道，修

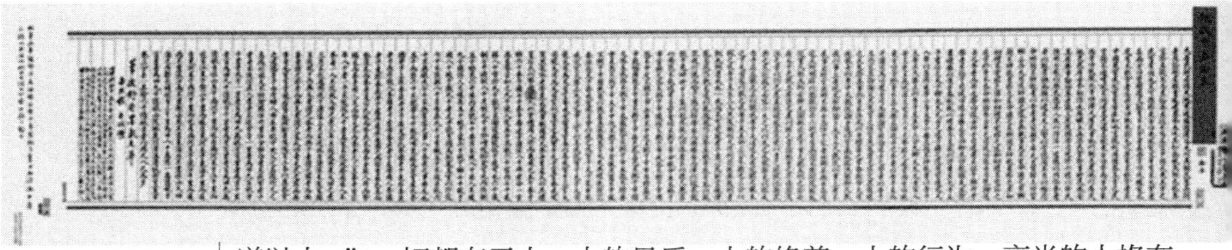

道以人。”一切都在于人，人的品质、人的修养、人的行为。高尚的人格在于教育。要寓人才培养于教育之中，把通过教育培养人才、挑选人才、改革官制三位一体结合起来。在挑选人才时，要就其名而查其实，听其言而观其行，使被选拔的官吏名副其实。他们做官从政要法古而不泥古，能因地制宜，励精图治，奋发图强。倘若做到这些，我认为，我们的国家是一定能够摆脱危机、找到出路、走向富强的。

对老祖祖的这篇试卷，阅卷大臣们的批语是：“精博和厚，似姚秋农一流文学”；“升冕群英，足添玉堂佳话”；“万言书如一笔书，非枝枝节节而为之者”。这三段评语分别说的是：试者袁嘉谷的这篇文章，在解释经意上精神厚重，就像嘉庆年间礼部尚书姚文田的文字一样；在一群经济特科试的英才中，他是第一，给翰林院又增添了许多美谈；他的文章一气呵成，很流畅，很有条理，不是枝枝节节拼凑起来的，的确不同于一派书生。这些评语固然评价很高，但笔者认为，阅卷官都是从文学文字方面做出的评价。文以载道，取义是第一位的。所以笔者试加一条：“切中时弊，直言敢谏，有独到的见解。”我想，这样也才符合经济特科取材的要求。

金榜题名以后

考中经济特科第一名以后，朝廷举办了隆重的仪式，大臣们也为朝廷选拔出的人才，写诗、题字祝贺！大学士王文昭书：“经济特元”，孙家鼎书：“国朝第三人”，还有伍叔葆赠一副对联：

老祖袁嘉谷的会试卷之一

一代声名跨钱尹，

两朝鸿博伉彭刘。

钱尹指钱南园和尹壮图，他们都是乾隆年间的朝廷大臣，又都是云南人。彭刘，指的是康熙年间的鸿词博学科第一名彭孙遹和乾隆元年的鸿词博学科第一名刘纶。这副对联，表彰袁嘉谷的功名，已经超过钱南园和尹壮图，和前面两位鸿词博学科的第一名不相上下！

慈禧太后和光绪皇帝，在颐和园仁寿殿一起两次接见他。这个时候的光绪帝和慈禧太后是百感交集，国家一天天走下坡路，他们希望有人出面帮他们扭转局面。光绪夸他是“无双的学士”，听到皇帝亲口当面夸奖自己，他心里很高兴。正好云南个旧锡矿发生了工人大罢工，慈禧和皇帝希望他能带兵去镇压，就征求他的意见，如果能同意去，一定可以授予很高的官职。不过他很清醒，虽然得到皇帝的高度评价，也没有忘乎所以，一口答应带兵去个旧，而是婉转地向皇上讲明，自己只是一个读书人，完全不懂带兵打仗之事，如果派他去，肯定不能完成这个任务，等等。一篇论述，说得慈禧和皇上没有发威，没有再让他去带兵打仗，而是派他去日本考察学务和政务，并担任云南留日学生的监督。从慈禧和光绪皇帝来讲，看他不愿带兵去平定地方的罢工，我们就不能重用了，只能给你个闲职，到日本考察去吧！对袁嘉谷本人而言，这正合他本人的愿望，能够尽情发挥自己的特长，做出应该有的成就。他认为，这样更能实现他的报国愿望。

据记载，慈禧和皇帝还询问了，老百姓对在云南修筑滇越铁路的反应，他都如实回答了。

两次接受慈禧和皇帝召见回来，袁嘉谷踌躇满志写下一副对联，寄给石屏友人！

帝曰无双士，惭愧臣心，励此生古谊忠肝，窃比魏国书云，元之应雨；

南来第一楼，潆洄乡梦，对当前画桥驿路，更愿长卿题柱，孟博登车。

金榜题名是在各位恩师的提携下，经过多年奋斗，才得到的，心中的喜悦、激动

是可想而知的！这种心情全部倾注到这副对联中。不过用了一些典故，不做解释，不容易理解，因此得费些笔墨。

“帝曰无双士”，是说光绪皇帝借用刘邦称赞韩信的话，来称赞袁嘉谷。《史记》记载，刘邦云：“诸将易得耳，至如韩信，国士无双。”国士指国中的杰出人物，国士无双就是说这样的杰出人物没有第二个。因袁嘉谷是一等第一名，自然无人能与之相比，所以光绪皇帝称他“国士无双”是恰当的，无虚美。面对皇帝的称赞，袁嘉谷觉得心中有愧，唯有激励自己，以赤胆忠心来报效国家和皇帝的知遇之恩。

“魏国书云”，用的是宋代韩琪的典故。韩琪，江西人，任陕西经略安抚招讨使，与范仲淹一起在军队服务，保卫边疆。边疆的民谣唱到：“军中有一韩，西贼闻之心胆寒；军中有一范，西贼闻之惊破胆。”后被封为魏国公。“书云”是指他于天圣中举进士，宣布名次时，太史奏五色云见，以为吉兆。“元之应雨”用的是姚崇的典故。姚崇，字元之，唐玄宗时任丞相，为中国历史上的名相之一。据《开元天宝遗事》记载：“明皇在便殿，甚思姚元崇论时务。七月十五日，下大雨，道路泥泞，皇上还是让仆人，抬上轿子去接姚崇。那时他只是翰林学士，皇上就那么器重他，朝廷内外都羡慕他。”

北京孔庙进士碑

下联的“南来第一楼”指昆明的聚魁楼，因楼上悬挂着“大魁天下”的匾，因此而出名，成为滇南第一楼。由聚魁楼，而顿生家乡的思念。“潆洄”，水回旋的样子，比喻思念家乡的梦，如水一样回旋于脑际，挥之不去。又由乡思而回想到离乡赴京赶考的情景。“画桥、骄路”，指入京之路。“长卿题柱”，用司马相如（字长卿）的典故。据《华阳国志·蜀志》载：成都“北十里有升仙桥，有送客观。司马相如初入长安，题市门曰：‘不乘赤车驷马，不过汝也。’”《太平御览》卷七十三引作“题桥柱”。“孟博登车”，用范滂的典故。范滂，字孟博，东汉汝南征羌人。据《后汉书》记载，他年少就有大志，为州里百姓所佩服。当时冀州饥荒，盗贼蜂起，朝廷命令范滂为清诏（官名）去冀州视察。范滂登车，拉起马的缰绳，心中充满要澄清天下之志。来到州郡，太守自知贪污了巨款，这回难逃处罚，只有望风解印逃离冀州。

袁嘉谷用“魏国书云”的典故，意在表明自己高中经济特科第一名，受到皇帝的极高评价，心中暗喜，认为自己有魏国公的运气。用“长卿题柱”的典故表明自己赴试前像司马相如一样，已下定决心，不取得功名，誓不还乡。从这两个典故的使用，可以看出袁嘉谷夺魁的喜悦心情。不过，对联仅仅表现袁嘉谷的踌躇满志，意思就不大了。有意思的是上下两联，都采用篇末点题的手法，深化对联的思想内涵。作者在上联用姚崇的典故，表明自己要以他为楷模，施展治国安民之才干，干出一番轰轰烈烈的事业来，也不枉活一生。下联用范滂的典故，表明自己也有“澄清天下之志”，虽肝脑涂地，也在所不惜的决心。后来范滂未能申其志，就因遭党锢之祸被害，令人惋惜！但他的事迹，已载入史册，流芳百世，并成为楷模。

此次，他走上要实现自己远大抱负的道路！

老祖在北京

考中经济特科一等第一名后，袁嘉谷就留在北京，除了去日本考察教育一年而外，再没有离开过北京。那时他和家人先后住过宣武区的珠朝街、延旺庙街和铁门胡同，直到 1909 年 12 月去杭州上任之前，都在北京为官，先后待了七八年，三女儿袁淑芬、三子袁丕济都是在北京出生的。这几年由于他工作出色，从翰林院编修（正七品官）被提拔到图书编译局局长（从三品官）。

日本考察一年

1904 年 8 月奉命，与云南同乡吴石生太史、张幼逵仪部派赴日本考察学务、政务，在天津登上赴日本长崎的轮船上，又与同科进士东郭調白同行，在航行途中，写下了一首诗《长崎舟中东郭太史調白同年》：

暮云横断海天秋，回首中原泪欲流。

我愧龙门李元礼，神仙差幸郭同舟。

诗中表达了老祖祖此时的心情，乘轮船航行在天水相连的大海上，回望中原大地，思乡之情油然而生，我愧先人，怎么能完成好这次考察的任务？幸好在船上遇到了东郭調白先生，与他结交，使我心情又好起来了。东郭調白先生也是癸卯科进士，两位同科进士相遇在轮船上，有说不完的话题。

老祖祖又被聘为云南留日学生监督（相当于校长，正六品官）。从 1901 年清朝就不断派出留学生，到日本和西方国家留学。当时国家的状况，让热血青年们都想学到本领，来报效国家！所以都愿意走上留学之路。由于路途近，费用少，文字相近，所以到日本的留学生是年年增加。1901 年去了 280 人，1903 年去了 1300 人，1904 年达到 3000 多人！形成留学日本的热潮。

中国的第一批现代意义的留学生，是曾国藩在 1872 年派出，到美国留学的幼童。老祖祖去日本考察，比第一批留学生出国，晚了 32 年。

三天后到达日本，此时在日本的云南留学生已经有 100 多人。这些学生的爱国热情都很高，他们自己办起了翻译社和杂志社，把日本的好书籍，翻译后出版。袁嘉谷非常赞赏同学的做法，给予热情的鼓励。

袁嘉谷热心与留日学生交流，指导留学生正确选择适合自己的专业。根据学生及日本的教育情况，他建议留学生重点学习四个专业：政治、实业、师范、军事。同学们都同意他的意见，按照自己的能力，分别选学以上的专业。如师范和法政科的学生有：秦光玉、周钟岳、顾视高、钱用中等。这些人后来都成为云南省文化及政治领域的佼佼者，周钟岳曾任国民政府内政部长、考试院副院长。学习军事的有：李根源、唐继尧、李鸿翔、顾品珍等。他们后来就是领导云南辛亥革命及护国运动的将领，李根源还当过朱德的老师。袁嘉谷三哥袁嘉猷的大儿子袁丕镛，当时也在日本留学。

每到节假日，袁嘉谷就把学生召集在一起，与他们谈话。他总是语重心长地给学生讲国家的命运，从列强的侵扰，到民众的苦难，来激励同学们努力学习，掌握科学技术和有用的本领，将来回国后好报效国家！

袁嘉谷还认真地履行考察的使命，不到一年的时间，就先后去了东京、长崎、札幌、江户等地，走遍了日本三岛。在考察期间，他和许多日本学者、政府官员、普通百姓交谈，与日本一些著名诗人饮酒对诗，大家都很高兴，成为好朋友。这些人包括：长冈护美、小川。长冈护美是日本子爵，还有专门研究中国文学史的教师古城贞吉。袁嘉谷还拜访了日本早稻田大学的创始人、维新功臣大隗（名重信），和日本老资格的教育家伊泽修二等日本名流；参观了上野的六所学校，弘文学院，高等师范学院；会晤了生物学家秋千博士；还去听了人类学的讲座。通过考察访问，袁嘉谷对日本明治维新以后的变化，留下深刻印象。他觉得中国与日本有很多相似之处，应该认真思考如何学习日本，使国家也走上富强的道路。这是他在日本考察期间，思考最多的问题。他了解到日本自从明治维新以后，认真学习西方的经验，引进西方的先进科学技术，使自己的国力不断增强。使他明白西方列强一方面欺负我们弱小，这是我们不能容忍的；另一方面也得承认，他们的科学技术很发达，我们要强大，只有向他们学习这些先进的经验。他身体力行地做出榜样，自己花钱，买了日本出版的百科全书，寄回国去，送给云南的学校，希望云南的学生，能早日掌握这些知识，为国家做贡献。

他也访问过不少日本人的家庭，发现几乎家家都有一本孔子的《论语》，而且把它放在家里，供神像的位置，并以此为荣。这使老祖祖非常感动！回想在国内，这些经典已经被束之高阁，不如日本人重视，心中说不出的伤感。

在参观日本高等师范学校时，学生在上历史课，学生采用的历史教科书，竟然是中国人崔东壁的《考信录》。这本《考信录》，又是袁嘉谷的石屏老乡陈覆和刻的版本，这是件让他骄傲的事情，他写诗记录了这件事。

后来陈荣昌也来到日本考察，他当时是云南高等学堂的校长，他们过去是师生关系，两人在日本相见，都很兴奋！又一起饮酒对诗。后来一起结伴在一个多月里考察了大、中、小学，师范学校，图书馆，博物馆，自来水工厂，农场，医院，甚至监狱，马不停蹄地参观、学习。最使他们难忘的是参观札幌的农学校，他们在学校里看到一位学生，背着一个背篓，篓中装满许多草木枝叶。他们问学生，干什么用？学生回答，是出外旅行时采集的，带回来制作标本。他们感叹：日本学生真是无事不学，无时不学！在农校的标本室里，还有几百种中国云南的植物标本，也使他们觉得惭愧，日本人在研究我们的植物，我们自己还在视而不见，国内还没有人研究！

还有一种很细很薄的草，把这种草贴在纸上，就像画一样。陪同参观的老师说：这是从朝鲜采回的标本，可是朝鲜人看了以后，坚持说这是画，不是草。老师讥笑朝鲜人，如此没有知识，怎能不亡？听完介绍，两位学者心情沉重，他们的共同心愿就是，要记住这些话，希望我们的国家能强大起来，不被日本人小看。

札幌农业学校把试验田分给每个学生，每人一小块，自己种，自己管理，收获也归自己，以资鼓励。这些做法都是两位学者，过去从未听说过的新鲜事！让他们也觉得，在这里当个农夫是件愉快的事，没有那种“万般皆下品，唯有读书高”的优越感了。他们向该校校长要求，要多派几个学生来学习。听校长说，预科班的学生已经招满，只有农艺科，还有两个名额。他们立即商量，从现在日本的云南留学生中，挑选两个日语及基础课成绩都好的学生，来札幌农校学习。

这一年的考察，对于袁嘉谷来说，收获不小。他亲身体验到日本明治维新以后的新鲜气氛。在和日本友人的吟诗唱和中，感受到进行革新是非常必要的，也看到日本的教育经验，是注重实际经验，不只学习书本知识，比中国现行的教育方法好多了。

立志回国后，要把这些先进的思想和做法带回中国去。

统编中小学教科书

光绪三十一年（1905 年），清廷宣布停止乡试、会试，废除延续了一千多年的科举制度，成立“学部”。刚从日本考察回来的袁嘉谷，即奉命调入学部，筹建编译图书局，后任该局首任局长（从三品官）。

根据清朝的组织原则，朝廷只任命局长一人，副局长两人；其余下属人员，都由局长自己去招聘。袁嘉谷就被聘为第一任的局长，王仁俊、杨兆麟被聘为副局长；贵州遵义人杨兆麟，是光绪二十九年（1903 年）中一甲第三名（探花），后来留学日本，获早稻田大学法学博士。王仁俊是江苏吴县（今吴中区）人，他是光绪十八年（1892 年）进士，他出版了我国第一部敦煌文献资料集《敦煌石室真迹录》。

编译图书局的局长由学部任命，由局长根据实际需要去聘用局员，不再设立其他官员。就是说全局只有一名局长，两名副局长，没有其他闲职，全是具体编书的职员和必需的总务人员。办公地点在当时的学部西边，四译馆旧址的后院，就是今天北京宣武门外大街的校场头条附近。编译图书局下设编书课、译书课，任务是研究编写全国统一的官定中小学校的教材。这几年中国接连败给英美为首的资本主义国家，中国需要强大，知识分子更是身体力行，为国家的强大，做着自己应该干的事情。

袁嘉谷刚刚从日本考察回来，切身体会到中国和日本的差距，急切地希望马上开始努力工作。他分析了中国落后的原因之一，就是教育落后！

我们的科举教育，本身是通过公开的、公正的考试来选拔人才，在今天看来也是正确的。只是我们使用的教材，只局限于过去的先贤作品，没有选入科技进步的成果。袁嘉谷深知时代不同了，再用过去的办法培养学生，是不能和日本的学校培养出的学生相比！要改变落后面貌，首先需要教育改革，要做好教育改革，必须要有最好的教材。由他负责编写中国的第一套中小学校的统编教材，是他最愿意做的事，是一个发挥自己特长的最好时机。

他认真地广揽人才，组织了一个 60 人左右的编译局，基本包揽了当时一批刚从国外留学回来的优秀人才，成为中国官方第一位中小学教科书的编写组织者。他聘用的局员有：王寿彭（癸卯科状元）、黎湛枝（癸卯科二甲第一名）、高步瀛（癸卯科进士）、刘焜、刘大绅、王国维、严复、刘福姚、夏寿田、樊炳清、蒋甫、缪筱珊等名流。

在图书编译局内集合起来的六十多人，为了尽快把各级中小学校办好，尽快编出达到世界水平的教科书，他们分为几个组，分别编写世界地理、世界历史、中国地理、中国历史，还有音乐、图画、植物、动物课教材，对于物理、化学课，在小学阶段统称为格致学，到中学阶段再分为物理及化学。

编译局有严格的工作制度，每周休息一天，每月请假不能超过两天。首先翻译英国、日本、俄国的教材。编写的程序是先由编者自己写初稿，自己认为满意后，就向全局的职员宣讲，局长也参加，大家讨论最后定稿，就可以交付印刷。

在 2001 年和 2003 年我多次去到中国国家档案馆（它位于故宫西门皇史晟里）查看清代的档案。找到几十份清代学部图书编译局的资料，全是原件，很珍贵。里面有 1906 年、1907 年、1908 年三年里，图书编译局全体职员的合影，照片的背面有每个人的姓名。

附清代图书编译局 1907 年职员名单：

第一排：11 人（坐）

胡大勋　王寿彭　蒋　黼　刘大猷　史宝安　袁嘉谷　黄　陂

章　梫　陈宝泉　常福元　董瑞椿

第二排：13 人（站）

杨庚瀛　周裕如　刘思绶　李长纶　水祖培　刘润民　邵恒济

常万杰　汪　檠　刘用烺　王国维　樊炳清　杨祖惠

第三排：19 人（站）

赵寿龄　种荫乔　贾　熙　赵国钧　胡　藻　乔克昌　李人杰

杨寿龄　刘振华　赵秉明　高毓彤　张景山　高步赢　匡翰卿

刘大绅　王用舟　陈祖培　王振先　王岱龄

第四排：12 人（站）

杨懋贵　孙毓麒　张毓田　胡宝璞　杨毓芬　储庆林　谷德龄

陈云诰　朱　鲁　辛祐培　邹仁本　曹振勋

照片上一共有 55 人，1908 年的照片上有 60 人。从名单可以看出，被老祖祖选中的职员，都是当时中国文化、科技方面的佼佼者。

各种教科书的编写中，自然会遇到一个“新名词”该怎么处理的问题。1909 年，编译图书局设立了一个新机构，统一规范教科书中的名词术语。袁嘉谷亲自参加了新词的制定工作，主持制定了很多统一的名称。把七天一周，制定为中国的“星期”，就是在袁嘉谷主持下制定的。我国古代历法把二十八宿按日、月、火、水、木、金、土的次序排列，七日一周，周而复始，称为“七曜”；西洋历法中的“七日为一周”，正好与我国的“七曜”一致；日本的“七曜日”更是抄用我们的名称。但袁嘉谷感到不顺口，使用起来不方便，与同事们商量后，将一周称一星期，表示每周是以天象确定的，既符合科学原理，又具有中国文化内涵。以“星期日、星期一……星期六”依次指称周内各日，这就是既与国际“七日一周”制接轨，又具中国特色的“星期”的由来，一直沿用到今天！还有“音乐”，也是这个时候确定的新名词。

下面是我从中国国家档案馆抄到的部分教科书编制情况：

书　名	编译者	册　数
第一种简易识字本	王用舟、曹振勋、高步瀛	六册
进行曲粹	高连科	一册
诗经古谱	高连科	一册
高等小学唱歌教科书	高连科	二册
中国铁路全图	邹仁本	一幅
微积分初步	王永灵	一册
立体几何	邓国贤	一册
经学修身	王寿彭	46 册

我在资料中查到，高连科是河北人。后面还要专门介绍《诗经》古谱的来历及编写经过，高连科就是具体编纂者。他对音乐有深入的研究，所以专门编写音乐教科书。老祖祖还请高连科，给岳飞的《满江红》词谱曲，让文武学校的学生传唱！今天大家喜爱的歌曲《满江红》，注明歌词作者是岳飞，歌谱作者是来自古谱，我分析其实真正的歌谱作者，应该就是高连科。

袁嘉谷在图书编译局供职期间，主持全国教科书编辑工作，开创了我们国家学校有统编教材之先声，对推行“中学为体、西学为用”的教育思想和宗旨起了重大作用。相继出版了初等小学《国文教科书》第1、2册，《修身教科书》第1、2册和《教授书》 第1、2册。至1909年，出齐了小学各科教科书和教授书及《简易识字课本》《国民必读课本》。他们还编写过大部头的《五洲地志》。

在编写历史教科书时，袁嘉谷根据当时中国的现状，主张要重点宣传敢于反击侵略的爱国将领，如丁槐在洮南、宣关大破法国侵略军；老将军冯子材谅山大捷；杨玉科自镇南关出击，在文渊阵亡的事迹等都写到教科书中。到1935年丁槐在北京病重，名医施今墨来为他医治，还对丁槐的家人谈到，他小时候就是通过上历史课，知道了丁槐先生的。可见那些教科书的作用。

由于政权的更迭，由图书编译局编制的这套教科书，在全国范围内使用的时间不太长。不过，至少也有上百万人是作为启蒙教材铭记在心的。

在编写教科书的过程中，要引用及参考日本的教科书，在学部担任翻译的日本人，竟以此对清廷提出责难，是对日本的侵权行为。听到日本人的非议后，老祖祖驳斥他们，中华文献传到日本，历经多少年，我们从来没有向你们要过版权税，你们怎么能有脸向我们要版权税？问得日本翻译目瞪口呆，一句话也说不出来！

老祖祖任学部图书编译局局长期间，还认真统计过当时全国小学生、学龄前儿童的数量，制成下表：

时　间	初等小学生（人）	蒙养院儿童（人）	半日学堂学生（人）	女学生（人）	总　数（人）
1907 年	895471	4893	18222		918586
1908 年	1153780	2610	22831	755	1179958
1909 年	1481380	2664	25251	13493	1522793

从上表可以看出，三年期间，每年在校学生的总数，都在增加，增速都在 25% 以上，特别是女学生的数量，从零增加到一万多人，成绩斐然啊。

在图书编译局里，有一个人很受袁嘉谷的重视，就是王国维。王国维到图书编译局工作，是通过学部参事罗叔蕴推荐的，罗向老祖祖推荐了王国维、樊炳清、蒋黼，老祖祖对这几位局员都非常满意。樊炳清编写教科书，异常迅速。

1927 年王国维死后，袁嘉谷非常难过，在昆明东陆大学，发表了一篇感人至深的讲话。他说我这一辈子就佩服三个人，王国维是其中之一。他让我佩服的原因有：第一是只愿意编书，不愿意当官！第二他本来是研究中国古文化的，善于动脑筋，结果研究出了新的成果，这是很不容易的，例如他对甲骨文的研究成果。

1906—1909 年，他在图书编译局工作，负责编写哲学方面的教科书，并修订了《亚洲地志》。他平时就像庄子说的木鸡一样，一言不乱发，一事不乱为，在局三年不曾说上一百句话。王国维每日只是坐在座位上，永不离开，别人在大声讨论问题，他就像什么也没有听到，仍然专心干自己的事。

总务司是仕途要道，荣庆尚书看他工作很认真，要调他到总务司兼差，将来可以做官。王国维去了一天就回来了，对老祖祖说：“我别的事不能做，只能编书。自到局以来得先生优待，每月得薪水百两银子，足敷应用。至于日行公事全不相近，只愿与先生编书，不愿再到总务司去。”袁嘉谷认为：此人实在难得，做官不愿，只愿编书。他人求之不得，静安（王国维，字静安）不求而得，得而弃之，实在是难得的人才。

他对于外文不能读，却能看，极高深的也能看懂。

袁嘉谷考虑到，过去中国的学堂，只读书不学习唱歌，对培养全面发展的人才不利。决定以后在中小学开设音乐课，我国的中小学校才开始有音乐课。袁嘉谷知道王国维擅长辞赋，为了给音乐课编写教材，就让他作一首暑假歌，没几天，他交了卷。

广庭寂寂日行天，参差树影园，朝朝夹策学堂还，如今又半年；从此日，得休闲，迢迢一月间，北窗且自理陈编，清风入几筵。

这首暑假歌，民国时在全国中小学中唱了很多年。

王国维在图书编译局工作了三年多的时间，在这段时间里，除了完成编教科书的任务外，其他时间他可以潜心研究，没有任何干扰。袁嘉谷局长为他创造了宽松的环境，在他一生编写的 62 种书籍中（据《辞海》统计），大部分是在图书编译局时，或者以后出版发行的。无疑图书编译局，是王国维迈向成功道路的重要一步。由于他工作非常认真、负责，所以老祖祖特别关照他，他每次请假，都照样付给工资。

在老祖祖离开编译局，到浙江任职前，与局员饯别，王国维也参加了为老祖送行的活动，大家都以诗、书、画相送，还一起合影留念。最后将大家写出的百余首诗、词及画卷，合影照片编辑成《惜别友声集》。

与王国维分别后，老祖祖仍然关心他的活动，知道他在民国以后，学问突飞猛进，老祖认真阅读了他的著作：《殷周文》《鞑靼考》《观堂集林》等书，发现王国维的研究成果，不是一般人能做得到的，相当了不起，在考证学中另辟一片新天地。

后来袁嘉谷得知王国维是由于生活潦倒，才自杀的，更是懊恼。因为袁嘉谷曾经向东陆大学推荐过他，希望学校把王国维请来教书，不过没有办成。如果能成功，学校给予他合理的报酬，王国维就不会走到自杀的地步了。所以袁嘉谷感叹，国家应该有一个好的政策，来保护像王国维这样的优秀人才，不会因为生活潦倒而走上自杀之路。老祖认为自杀是违背佛教教义的，他说：“我痛朋友，爱之深，责之深。我思之再三，连夜不能成眠，为中国惜，为世界惜。”

实际上，王国维自杀的原因，并不是生活潦倒，老祖祖和王国维已经分开20年了，不知道王国维的近况及思想活动，所以分析王国维的死因，多是个人的主观臆断，不足为凭。只是老祖祖热爱人才的苦心，仍然可见一斑。

挽救敦煌国宝

敦煌石室遗书是一个谜，至今不知道具体是什么时候、由什么人把它们藏在那里的。旧时由于洞口封闭，数百年来不为人知。光绪二十六年（1900年），湖北麻城道士王圆箓云游到此，他想把这里的佛教窟寺，变为道教的道场。一天上午，在清除第16窟通道的积沙时，一处绘有佛像壁画的崖壁出现了裂缝，敲打起来发出回声。王道士顺裂缝挖下去，发现了另一个洞窟——第17窟，里面竟然堆满了经卷、文书、织绣、画像等物品。王道士挑选了几个卷子呈送给县衙门，县长汪栗庵又将其中一部分转赠给当时的甘肃学政、著名金石学家及藏书家叶昌炽。叶昌炽判明这些卷子是唐代以前的物品，建议运往省城保管，但藩台衙门不愿意出运费，只是命令王道士将藏经洞重新封闭起来。故中国学界未能得知这一重大发现，而洞中经卷已开始在西北地区零星流失。此后几年间，相继到我国古西域一带探险考古的俄国人奥勃鲁切夫、英籍匈牙利人斯坦因、法国人伯希和等先后用少量的钱物，从无知的王道士那里，骗换走了大量精心挑选的经卷写本，盗运至俄、英、法等国。

宣统元年（1909年），袁嘉谷任京城图书编译局局长。这年的秋天，法国人伯希和在回国前，将已运至河内的敦煌遗书中的一部分，带到北京修裱，并在六国饭店（今天的北京饭店）举办展览，向中国学界炫耀他的收获。袁嘉谷闻知，与部员罗振玉、王国维、王仁俊等前去探看，见其中有《沙洲志》和老子的《化胡经》等。从这些书的书写方式、装裱特点一看，就是珍贵的古籍。袁嘉谷与诸同事商议，认为“真稀世之宝也！”他们立即向学部侍郎严范孙（严修）等领导报告了此事，并提出了处理意见，后来就由学部急电陕甘总督。电文是：“请饬查检齐千佛洞书籍解部，并造像古碑，勿令外人购买。”宣统元年（1900年）己酉八月二十二日（见《学部官报》

第 104 期）。

此时，又有大批敦煌文物被盗运至陕西，等待出售，某国商人已持数千金前去购买，听到风声紧，只好溜走了。数千卷古籍得以及时追回，由学部收管，现存北京国家图书馆。此事在任继愈主编的《中国藏书楼·中国藏书大事年表》中有相关记载："宣统元年（1900 年），清学部发出'行陕甘总督请饬查检齐千佛洞（按：敦煌莫高窟）书籍解部并造像古碑勿令外人购买电'，并将劫余的 8679 卷运至北京，收藏学部图书馆。"此举为国家挽回了不可估量的损失。此后不久，袁嘉谷就离开了京城，到浙江任职，未能进一步接触敦煌遗书。而当日同去的罗振玉、王国维、王仁俊等，后来则成了著名的敦煌学专家。王仁俊在现场，发现文物的珍贵，当时就拿起笔抄录。后来是带上烧饼去抄，从他身上可以看出，那时中国知识分子的爱国热情，仍然值得今天的人们去学习和发扬！

这批将近九千件的国宝，后来成为国家图书馆敦煌馆藏的主体，是研究中古时期中国及中亚和东亚等地区的历史、考古、宗教、社会、语言、文学、艺术的重要资料，具有极高的文物价值和文献价值。经过近百年的陆续搜集和调拨，国家图书馆珍藏的敦煌遗书已增加至 16000 余件，与《赵城金藏》《永乐大典》《四库全书》一起并称为四大镇馆之宝。

整理《诗经》古谱

中国上古时代的《诗经》是我国第一部诗歌总集，共收入自西周初年至春秋中叶，有五百多年间的诗歌三百零五篇，《诗经》共分风（160 篇）、雅（105 篇）、颂（40 篇）三大部分。风、雅、颂都是音乐名称。"风"的意义就是声调，古人所谓《秦风》《魏风》《郑风》，就如现在我们说陕西调、山西调、河南调；"雅"是正的意思，周代人把正声叫作雅乐，犹如清代人把昆腔叫作雅部，带有一种尊崇的意味；"颂"是用于宗庙祭的乐歌。

就是说在古代，《诗经》不仅仅能读，而是可以唱的。可是谱失传了，只留下诗，使《诗经》只能读，不能唱了。多数研究者认为，到了魏晋时，诗的唱法就已基本失传，唐宋以后《诗经》的乐谱消亡，只留下诗词的形式格律，明清时只读诗词、不唱。即使有人唱，也是即兴作的曲子，唱时记谱，后又根据该谱传唱，与原来的唱法相去甚远，有很多连“变异”都算不上了。正是由于诗之“乐”早已失传，所以汉以后的研究者大多是研究《诗经》的“音”而非“乐”，属于上古时代的《诗经》之音乐典籍记载很少，几乎无人问津。从东汉郑玄《诗谱》(已失传)、晋徐邈《毛诗音》、清王筠《毛诗双声叠韵说》、孔广森《诗声类》、江有诰《诗经韵谈》、钱坫《诗音表》、民国林之棠《诗经音释》、姜亮夫《诗骚连绵字考》到现代王力《诗经韵谈》、丁声树《古今字音对手册》，全都是研究音韵学的。

袁嘉谷在图书编译局时，组织发现整理的《诗经》古谱就是一件了不起的大事！最后经高连科负责，把它整理出版了。1907 年，清廷学部图书编译局出版了老祖袁嘉谷整理的《诗经古谱》上下卷。其中的古谱，系南宋的赵彦肃依据《开元十二诗谱》，对 12 篇诗歌的曲谱进一步修订而成。虽然不是春秋时期的原貌，不过也是一千年前的乐谱，还是很珍贵的。

时间到了 21 世纪了，当年袁嘉谷在图书编译局整理、出版的这份《诗经古谱》也找不到了。李乔先生生前，在文章中提到这件事，特别呼吁社会人士帮忙，务必找回他的恩师经过多方努力，为中国文化留下的财富！ 2001 年 5 月 25 日云南省图书馆历史文献部副主任、副研究馆员李怡萍说：根据《云南日报》的消息及李乔先生研究文章中提到的线索，她花了 3 天时间从 19 万多册历史文献古籍中，查找到一本名为《诗经古谱》的书。书的出版时间、内容、篇目与李乔所说的袁嘉谷《诗经古谱》完全吻合，只是未著有整理编纂者姓名。是否就是所要寻找之书，还需进一步研究认证。经过李乔先生及云南大学的多位教授的鉴别，确认就是失散多年的《诗经古谱》。

该书为一册，另有 4 册复本，石印本，有光纸印刷，书卷端题名“《诗经古谱》卷上”“《诗经古谱》卷下”，未署编著或整理者姓名，扉页背面题有“光绪三十四年（1908 年）春二月学部图书局印成”字样，篇目目录与李乔先生所介绍的袁氏《诗经古谱》完全一致，目录之后有佚名所写“题识”。全书共 53 页，收录了《诗经》中

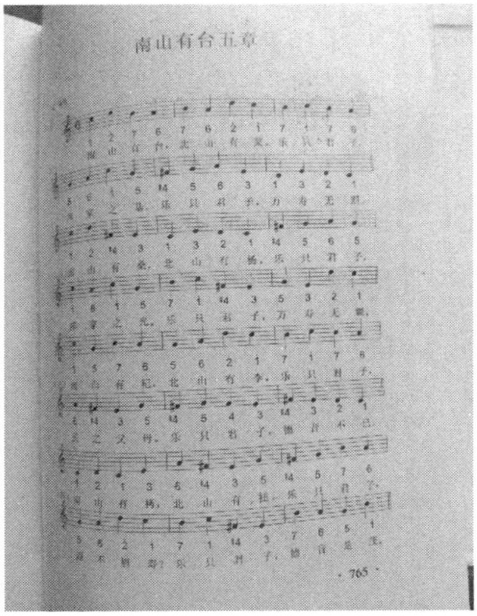

《诗经古谱》

"鹿鸣三章"等32篇诗章的曲谱，每一曲谱均注明调式、拍子，同时用五线谱及简谱注音。根据我在国家档案馆查的编者名单，可以确定当时注明的作者，应该是高连科。此人对音乐比较有研究，由他编写了几本有关音乐的教科书，但找到这些古谱，并对它的真伪负责的人，应该是编译局局长袁嘉谷！

云南人民出版社在2001年出版了《袁嘉谷文集》（共三集），在第三集中收录了《诗经古谱》卷上和卷下的32首曲谱。

老祖整理编制的《诗经古谱》样本，有歌词、五线谱、简谱，使用非常方便。

1905—1909年主持修建中国第一条铁路——京张铁路的设计师是詹天佑。京张铁路是中国人自主设计的，由于路段坡大，外国工程师都不敢承担设计任务，是詹天佑凭借自己刻苦学到的知识，创设"竖井开凿法"和"人"字形线路，使火车可以爬坡的愿望，付诸实施。这些先进技术震惊中外！京张铁路建成以后，詹天佑总工程师特邀北京的一批知名人士，作为特邀嘉宾，出席隆重的通车典礼，并试乘第一趟列车。老祖祖和当时在京的云南人张学智、赵藩等都在被邀请之列，有幸乘坐了这趟中国人自己设计，自己施工的第一列火车。这几位云南的文化名人，有机会乘坐让国人扬眉吐气的火车，兴奋之情、自豪之情可以想象！

浙江小学台

处理“木瓜潮”

在北京图书编译局的任上三年以后，1909 年 12 月被派任浙江提学史，1910 年 3 月兼任布政使。什么叫提学史？什么叫布政使？这两个名称，都是清代省级的官员。清代把中国分为十八个省，还有一些自治区。掌管地方军政大权的是总督，当时全国一共有八个总督，每个总督管理 2~3 省的军队及地方行政事务，总督是封疆大臣，就是直接由皇帝任命的。每个省还有一个巡抚，巡抚是主管一省的军事、吏治、民事的官员。总督权力比巡抚大得多，但与巡抚之间没有直接的上下级关系，总督和巡抚都是直接听命于皇帝。不同的是总督可以管数省，侧重军事，巡抚只管一省，侧重民政。而提学史和布政使是一个省的官员，级别比巡抚小一点，提学史主要管理全省的学校，比如聘任教师，新办学校，主持各级学校的考试。而布政使是管理全省财政和民政的官员，当时一个省，就只有这么 5~6 个省级官员，全省所有的事，都是由他们 5~6 个官员去处理。

1909 年 12 月上旬离开北京，走了十多天，才到达杭州。为了早日到任，他没有带家眷，只带了两个仆人，就上路了。1909 年 12 月 24 日到达杭州，休息了两天，12 月 27 日上任。

他到任时，正好赶上浙江师范学堂的一次学潮，鲁迅当时是该校的教员，后来他把这次学潮，称为“木瓜之役”。这个事件是发生在杭州的两级师范学校。事件的起因是，杭州两级师范学校任命了新校长——夏震武。此人是个守旧派，他写了一封信给前任校长沈钧儒，要求在他到学校对全校师生训话时，全体老师要按自己的级别穿戴好朝服，学生也要列队，按照古制，听他训话。

当时已经是辛亥革命前夕，民众希望革新，不愿意再搞复古的仪式，对于夏震武的作为，老师和学生都非常不满！以教务长许寿堂和教师鲁迅为代表，反对夏震武的言行，当面对他提出质问，夏震武恼羞成怒，离开了礼堂并宣布停课半天！

本来这所学校的秩序很好，教师和学生都有积极的教与学劲头，夏震武的行为深深伤害了他们。他的专横做法，更激起许寿堂和鲁迅等教师的反抗。在他们的带动下，决心举行罢课！夏震武上书巡抚，请求辞职，巡抚不允。他就发函到学校，斥责许寿堂“离经叛道，非圣侮法”，要他辞去教务长职务。在信中还侮辱学校全体教员。他的顽固守旧恶劣态度，再次激起了教员们的公愤！教员们纷纷辞职离校，携带行李集聚到湖州会馆，并电告学部，上书浙江巡抚和提学使。

这事传开后，杭州的一些学校都同情许寿堂和鲁迅等人，起来支持他们的斗争。为支持两级师范学校的师生，一些学校也开始罢课。一时间，把杭州城闹得沸沸扬扬，满城风雨。袁嘉谷刚刚上任，第一天就碰到这件事，他究竟应该如何处理？

夏震武宣布收回罢课老师的聘书，开除这些老师！这个事件是发生在1909年12月22日，新任提学史袁嘉谷是12月24日到达杭州任上的，他了解事件的经过以后，很快就做出决定，先劝说夏震武向许寿堂等人认个错。夏不准备认错，反而要提前放假，想以放寒假来改变僵局。这些做法，引起全省的公愤，浙江省有11个府，都先后向巡抚及提学署询问，是否同意放假的做法？袁嘉谷明确回答：“提前放假，明显是违背了学部的章程，办好学校是我到浙江的责任，凡有不符合学部章程的做法，必实行干涉！”

他的目的很明确，要让学校尽快复课，不能无限期地停课。在征求巡抚的意见以后，下令免去夏震武的校长职务，先由自己代理校长，并着手考查其他人，尽快选拔合适人选来当校长！他还派人立即去湖州会馆，请回许寿堂、鲁迅等教员回校继续任教。学校很快就恢复正常。

前后二十一天的“木瓜之役”就顺利得到解决，当时上海的报纸《申报》和《时报》和浙江的《全浙公报》都对此事进行过报道。在事件的开始阶段，都对事态的后果表示非常担忧。到袁嘉谷妥善处理完“木瓜之役”之后，这些报纸还专门发表评论，赞扬袁嘉谷才能非凡，处置得当，我们都为浙江的教育前途高兴，为朝廷有优秀的官员祝贺！当时袁嘉谷刚刚 38 岁，是一到任就碰到这样棘手的事，因为迅速处理完事件，打击了顽固守旧的势力，保护了积极的教师势力，所以杭州的一些人士，送给袁嘉谷一个亲切的称呼："小学台"，道出了浙江民众对新到任的提学使的爱戴和信任。

他正确地处理了这次学潮，使学校很快恢复了正常教学秩序，说明他是一个称职的领导。在 20 世纪 80 年代对这次学潮，也有过很多讨论。今天看来，所谓袁嘉谷不是"彻底的革命派"的评论是经不住时间考验的，在一个正常的社会中，一个称职的领导，就是应该这样处理问题。

朝廷可能也是看到他的办事能力，所以很快又给他一个新的任命，担任浙江省的布政使。这个职位是当时省级领导中的第二把手，从二品官员，负责全省的财政和民政事务，包括储备粮食、发展农业、水利、抚民等事项。不论朝廷和浙江百姓都认可了他的工作能力，这是难能可贵的。

那时流行给新上任的官员敬奉钱财的风气，当下属送给他钱财时，他义正词严地批评他们：这是陋习，我不能这样做，否则就是让这些陋习来伤害我的心。他还几次写下《与属员教》的条例，用一种完全平等的态度对待属员，向他们讲明，哪些是应该做的，哪些是不应该做的，讲得明明白白！后来又有属员来问：你的生日是哪天？他马上又写一份《与属员教》，说：你们问我生日，是要请我吃饭？那是鄙视我，不如我自己先鄙视我自己。如果是以诗文庆我，那是耻笑我，那么我先耻笑我自己，连唐太宗都说：我的生日是父母的劳累之时，庆祝我的生日，相当于庆贺父母的劳累，能这样做吗？这样的文字，从字里行间表达的是一身正气！他一辈子都坚守这些诺言，到生日那天，干脆带上全家人去西湖游玩，主动避开这些陋习。

小学台办学校

浙江省原来已有一个在全省开办简易识字学塾的计划，袁嘉谷到杭州后，为推行这项计划，做了认真的调查研究，先深入到县、乡、镇去做调查。他去的时候不兴师动众，只带一个随从。浙江民众都说："往昔学使，车后骑卒并肩，今袁使官，仆一。”意思是，过去的官员下乡，一定要前呼后拥，大摆排场。今天的袁提学史下乡，就带一个仆人，真是难得！

在得到第一手资料后，他发现原计划虽然好，不过还有不切实际的地方，他立即进行调整。原计划中，各地办识字学塾的数量，与当地文化及经济发展的水平不匹配，要实施起来，会有很多具体困难。还有学期的长短太死板，不利于愿意多学的人。他和同僚及上司认真讨论后，马上修改了原计划，使这项利民的措施，得到顺利的实施。浙江省的文化普及一事，在短期内就得到较好的发展。在教育经费的分配上，原来的办法是，只有杭州府的经费是省里解决，其他府的办学经费，完全靠自行筹集，严重伤害了地方的办学积极性。袁嘉谷经过请示以后，把浙江省的教育经费，全部改为省政府支付，把原来各府筹集的教育经费，还用于本府内新办基层小学的经费，使全省新办的中小学数量很快增加了几千所！有报道说，他任职的三年内，浙江省新建中小学的数量是 4000 所左右。

在提学史的任上，他还有一个贡献，就是大力培养浙江省的中小学老师。他认为要发展教育，首先要培养教师，要办好师范学堂。1911 年正月的一份报告中，他写道：“浙江的初级师范学堂已经有 18 所，学生一共 1288 人，其中有完全科学生 419 人，简易科学生 869 人。全省小学教师中，师范毕业生可占十分之一。”在当时已经有十分之一的老师是师范毕业生，是很了不起的。因为过去一般地区，只有秀才、童生，还没见过师范学堂的毕业生呀。

这些作为，为浙江省文化教育事业的发展，打下了良好的基础。他在浙江期间的工作作风平易近人，到乡下视察都是自带干粮，深受浙江人民的尊敬。

在浙江视察学政的时候，浙江已经成立了小火轮公司，可以拖带民船，拉客运输。对这样的新鲜事物，袁嘉谷本来是很支持的，不过，航运的初期，对原来的河岸没有进行加固，所以小火轮一过，河岸被冲毁，还有地势低的稻田，也被冲毁，所以人们反对的声音很大，小火轮被迫停运。听说布政使兼提学史下来视察，公司老板主动和袁嘉谷联系，希望他乘坐小火轮回杭州，很快就能到家。袁嘉谷考虑，老板明是给我送行，实际是要我对小火轮开禁令。虽然小火轮是件好事，但人们还没有做好准备，希望给地方政府一些时间，加固河岸，才能不因噎废食。所以决定乘摇橹的船，慢慢回杭州。还为此事写下一首诗《小火轮》。他不是盲目地支持新生事物，而是从实际出发，为民众考虑，把事情办得更完善一些，要把好事办得大家都受益，他的爱民之心处处可见。

改建浙江图书馆

《四库全书》是中国历史上规模最大的一套图书集成（其次是明朝的《永乐大典》），清乾隆三十八年（1773 年）开始编纂，历时 9 年成书。共收书 3503 种，79337 卷，装订成 36304 册，近 230 万页，约 8 亿字。整套书收录了从先秦到清乾隆前大部的重要古籍（一部分被列为禁书），涵盖了古代中国的几乎所有学术领域。整套书分为经、史、子、集四部，44 类。清乾隆三十八年（1773 年）二月朝廷设立了“四库全书馆”，负责《四库全书》的编纂，由乾隆皇帝的第六个儿子永瑢负责，任命文华殿大学士于敏中为总裁，大学士以及六部尚书、侍郎为副总裁，命令著名学者纪昀（纪晓岚）为总纂官，开始编纂这套卷帙浩繁的丛书。曾参与编撰并正式列名的文人学者达到 3600 多人，而抄写人员也有 3800 人之多。

《四库全书》为了美观与便于识别，采用分颜色装潢，经部绿色，史部红色，子部月白色（或浅蓝色），集部灰黑色。四部颜色的确定，依春夏秋冬四季而定。《四库全书总目》因为是全书纲领，采用代表中央的黄色。

乾隆四十九年（1784 年）四套书陆续完成，全书共抄 7 部，分别藏于北京紫禁城皇宫文渊阁、京郊圆明园文渊阁、奉天故宫（今沈阳）文溯阁、承德避暑山庄文津阁，合称“内廷四阁”（或称“北四阁”）。又在镇江金山寺建文宗阁、扬州大观堂建文汇阁、杭州建文澜阁，即“江浙三阁”（或称“南三阁”），各藏抄本一部。副本存于京师翰林院。其中文渊阁本最早完成，校勘更精，字体也更工整。

杭州的文澜阁在太平天国运动时，曾经遭到严重破坏，《四库全书》已经损失大半！后有丁氏兄弟努力，收集回部分残书。袁嘉谷上任后，决心恢复这部中华文化宝书，在抓教育、办学校的同时，也抽时间过问文澜阁的《四库全书》，派出不少人，

民国九年（1920年）云南省图书馆合影，前排左起第三人袁嘉谷

到承德的文津阁、故宫的文渊阁去抄写、影印，共找回4497卷。又组织人进行严格的刊校，先后经历了两年，终于补齐了这部《四库全书》！

国宝补齐了，可是原来的文澜阁，已经破烂不堪，不能再用它藏书了。他又上书皇帝，建议“改行宫为图书馆”。把皇帝行宫“圣因寺”改为图书馆，这也是需要勇气的。为使这个建议，不会流于形式，他先做了认真的调查研究，实地去勘察行宫，哪些地方需要修缮，哪些地方需要改建，都弄清楚了，才给朝廷打报告。报告很快就批下来，把行宫改建图书馆的工程，到1910年竣工。国宝《四库全书》终于有了安身之处。袁嘉谷为保护浙江的文献，做了他应该做的事，也是他留给浙江人民的一份珍贵纪念，所以“小学台”的口碑越来越好，有人称赞他“石屏袁公，学海砥柱”。

值得一提的是云南图书馆创建之始的藏书中，有一大批来自浙江的善本书，这批藏书也是得益于袁嘉谷。在他出任浙江省提学使时，创办了浙江省图书馆，并把原官书局的书板和印刷设备，交给了浙江图书馆继续印刷图书。云南图书馆成立以后，同样接收了官书局的一部分书板和印刷设备，继续印刷图书。经袁嘉谷和云南提学使叶尔恺（浙江人）协商，云南图书馆每印刷一种书，就送给浙江省图书馆一部；浙江省图书馆每印刷一种书，也送给云南图书馆一部。通过这样的交流，云南图书馆从浙江省图书馆获得了《九通》《二十二子》等数十种“浙本”藏书。同时，袁嘉谷还亲自从浙江的文澜阁《四库全书》中抄录了一些有关云南的图书，如《滇略》《沧海遗珠》等等。因此，云南图书馆成立之始，除了收集昆明三个书院的书以外，就以这批浙本书为大宗。

新建的浙江图书馆

破格推荐留美学生

袁嘉谷在浙江任提学使期间，还办了几件实事，其中之一就是“为国家振拔人才”。1910 年为选拔利用庚子赔款的留美学生，清朝政府分给浙江省 8 个名额。那时的分配原则是依据各省上交赔款数，占总数的比例而定。经袁嘉谷组织的考试后，有 14 名学生成绩优异。他以人才难得，不顾名额所限，将 14 名人选均报中央，还写信说明这些都是人才，不能轻易挡在留学的大门外！经京城复试，他推荐的 14 名青年学生均合格，故派赴美国留学。

他自己有过在日本考察一年的经历，深深体会到中国和世界的差距，不仅在教育水平上有差距，在文化、工业、农业等各方面都有差距！他非常希望把国内更多的人才送出去，接受了先进的教育后，再回国来建设自己的国家。

这 14 名学生都有谁？哪些人是幸运者？我很想了解一下，决心要找出这份名单。在访问清华大学校史办公室时，得到一本《清华大学校史选编》。在这本书中就有 1909 年、1910 年、1911 年三年中，用庚子赔款送到美国留学的学生名单。1909 年是第一届派出留美学生，有 630 人参加考试，录取了 47 人，其中有梅贻琦和张子高；1910 年有 400 人参加考试，共选送了 70 名留美学生。

1910 年从浙江派出的留学生一共 14 人，他们当中就有：张谟实、徐志芗、陈天骥、钱崇澍、竺可桢等名人。不用我多介绍，对这几位，今天很多人都非常熟悉，后来都是在中国文化界有着巨大影响的人物！如果袁嘉谷按部就班地操作，这些人中，就只有三分之一的人能去留学，其他人不可能实现留学的梦想，中国也就失去了这样一批文化名人！

浙江省人才荟萃与地方教育息息相关。人才还要靠选拔，在当时，中国废科举、兴学堂、办新学的转折时期，袁嘉谷一度作为浙江省最高教育行政长官，为振兴教育，选拔人才，做出了一定的贡献，得到浙江民众的爱戴。

总之袁嘉谷在浙江的三年，是深得浙江民众喜爱的，浙江名士郑鹤声在他的文章中说："袁公离浙多年，父老至今犹传诵不置。"

不忘家乡百姓

1906 年、1907 年、1908 年间，石屏发生连年大旱，在袁嘉谷写的《公米店丰备仓碑记》有详细记载。大旱连续了几年了，满目是寸草不生的土地。当时石屏有十多万人，家有粮食的不到一半。其余的人，如果还能走动的，就出去帮人家干活，都不要工钱，只求能有饭吃，还是有一些饿死他乡。老弱病残只能在家，找树皮草根填肚皮，有的就抱着大树死去，还有的走着走着，倒下就再也爬不起来。

袁家由于兄弟几人的努力，家有存粮。可他们没有忘记乡亲，母亲每天拿出一合或一勺粮食，相当于 2 两（因为 1 石 =120 斤，1 石 =1000 合，1 合就相当于 60 克）

去发给灾民，虽然数量不多，总能帮助几个人。母亲还命二哥嘉谟、弟弟嘉璧出去找粮食，在昆明的三哥嘉猷也去募捐，回来帮助穷苦人。

袁嘉谷当时任图书编译局局长，在北京得知消息后，他向孙家鼐、荣庆、严修反映了石屏的灾情，希望得到这些官员的帮助。通过他不懈的努力，共得一万七千余两白银的募捐款，如数汇回云南，交陈荣昌先生去赈济灾民，万千灾民才免于一死。为了防范以后还有灾年，他提议要做好充分准备，使用剩下的捐款买了3000亩田地，并建盖一座可容纳万担粮食的“公米店丰备仓”，俗称“丰米店”。每年所收租谷藏于仓内，遇灾荒时，即开仓赈济，取之于民，用之于民。据著名作家李乔回忆，不是灾年，只要到春节前，每个家庭也可以到“丰米店”领取粮食，好过一个温饱的春节！李乔先生小时候还在灾荒年从丰米店领过粮食，用于度荒，说明丰米店一直为石屏老百姓服务了很多年。这些惠民的举措，在今天也是值得颂扬的！

石屏公米店丰备仓

公米店开张的那天，又是石屏筹办女子中学的日子。要办女中，缺乏经费，袁嘉谷的母亲又捐出一些黄金，用于办女中。

袁嘉谷1912年回到石屏，参观丰米店，看到店中还有空房子，还有桌椅，存放了几十本书，他很高兴，说这就是一个图书馆！我见过的大图书馆不少，石屏地方小，人口少，用不了那么大的图书馆，这个小图书馆足矣。图书少，今后还可以增加，增加的办法，可以是公款买，也可以是捐赠，还可以是把家中暂时不读的书寄存在这里三种方法。他在《石屏图书馆启》中，具体规定了图书馆的管理办法：

1．书要登记，而且是分购买、捐赠、寄存三类，每类一册。

2．书要分类，可以按经、史、子、集；也可以按甲、乙、丙、丁来记；如果有新书，不能按以上原则编类，就另取一个名字。

3．图书馆工作人员，就由丰米店的人员兼任，不另发工资，以节省开支。

4．凡是图书馆的书籍，要加盖图书馆印章，寄存的图书不能盖章。

图书馆的开馆时间，要根据四季的变化而改变，随时公布。

阅读图书，要爱护书籍，不能损坏，不能折角，不能涂写。阅后，放回原处。事无巨细都有详细规定。

他为什么要这样做？在这份启事的一开头，就清楚表明，老百姓没有智慧，就不能生存；不经过学习，不可能有智慧；没有图书，就谈不上学习。古今中外都承认这个道理，我们石屏是文献名邦，一定要有自己的图书馆！

老祖祖回到昆明，还抽空观看了安宁的茶花，他特别喜欢茶花的娇艳，写下《三泊学校茶花有序》，记录了这样一件事，在安宁古泊一古寺里，办了一所小学，古寺里原来有一棵古茶花树，每年要结不少花朵，把茶花朵采下，卖的钱就足以支付小学校一年的开支，还有剩余，称得上是荫庇后人的“圣花”。他为茶花写下一首诗：

培土如培树，艰难回不伦。
岂知千岁木，翻树百年人。
天艳霞无色，花浓寺永春。
雄州古南诏，物与地常新。

后来，老祖祖就大力提倡，把茶花命名为“省花”。1983 年 3 月 10 日，茶花被正式确定为昆明的“市花”，经过八十年的时光，老祖祖的愿望，终于实现了。

社会变革中的老祖

1911年春，老祖祖为发展浙江省的地方教育，发出一道公文《通饬学款文》，号召地方愿意兴建学校的士绅捐款办学。得知天台山的僧人通慧和尚，在杭州开设孤儿院，老祖祖以布政使衙门的名义，下达支持通慧和尚的文书。

1911年4月浙江遭遇水灾，老祖祖马上把自己的俸金800银圆，捐献给灾区。这时候中国已经处于辛亥革命的前夕，老祖祖仍然坚持自己的信念，在职一天，就要为浙江老百姓，做出力所能及的贡献。

1911年10月9日，浙江宣布独立，支持辛亥革命。老祖祖在第二天就命令两个侄子及友人带上家眷去上海。3天以后，他处理完公文，到总督衙门了解情况以后，决定弃官，离开杭州，晚上到达上海，与侄子等亲人会合，住到永平里寓元记客栈。浙江人劳纯一等革命者，都到上海劝说他留下，但老祖祖都婉言拒绝了，就和家人在上海住下。12月长子丕元、次子丕佑因为京师大学堂停课，从北京来到上海，与家人会合。正好有难得的闲暇工夫，1912年2月4日，在上海把两个儿子的婚事一起办了。3月底老祖祖决定，率领全家返回云南，只是囊中羞涩，当了七八年的官，没有什么积蓄，要回云南老家，全家人的路费还成问题了。浙江人士纷纷解囊，为“小学台”捐助路费，全家才能顺利回到昆明。

大儿子袁丕元的夫人王玉若（字如璋），是19世纪末期，在世界上都有名的“红顶商人”王炽的大孙女，她的父亲是当时云南商会的会长王筱斋；二儿子袁丕佑娶的是舒家的小姐舒华芬，舒小姐的父亲，叫舒翰才，是云南鹤庆的官宦人家。舒老太爷和袁嘉谷也是很熟悉的朋友，常在一起吟诗。

从1912年2月他回到云南，到1923年东陆大学成立的十多年里，在中国是一个寻找出路的年代。虽然孙中山先生给国家指出了一条反对帝制、走向共和的道路，可是中国经历了几千年的封建体制，而且这个体制是近乎“完美”的。科技革命带来的资本主义，不是从中国的土壤里产生出来的。当孙中山提出要使中国真正站起来，必须走共和之路时，大多数中国人还不理解共和是什么，共和具体要怎么做。

在这样的国家背景下，对袁嘉谷来说，也是一个思想和精神的转折期。他在清朝已经是一个省部级官员，从二品大员，但这些并不是他奋斗的目标，追求功名，是为了报效国家。在为官的近十年时间里，自己一直尽力把工作做好，工作的成果也得到社会的认同。他为官这些年的努力，虽然不能改变国家的命运，可是确确实实推进了社会的进步。生在那个时代，整个国家的大厦都已经摇摇欲坠，他的努力能起什么作用。

在这个社会大变动的时代，他写了一首七言律诗，以表达自己的志向：

本无幽思作离骚，岂有归魂赋大招。
花鸟笑人新宇宙，湖山迎我老渔翁。
欢承彩服躬烹菽，怕惹红尘扑种蕉。
往来古今一瞬耳，林泉书史自逍遥。

还有一首：

尚有余生可读书，读残风雨岁将除。
梅花报道春消息，香在诗人旧草庐。

辛亥革命成功，他是被推翻的朝廷官员，不过新政权的领导，都清楚他是个什么样的人。顺便讲一个从爷爷那里听到的故事，也是他妈妈讲给他听的。那是辛亥革命发生时的一天，革命军已经包围了杭州城，蔡元培先生派人给袁嘉谷送了一封信，信上说：我们定于某日进攻杭州城，请小学台携家属早早离城，免得发生意外。寥寥数语，字里行间渗透着革命军的情意。

不论在杭州，还是到上海，有不少人劝说他留在当地，继续工作，也许给他相当的职务，都被他一一谢绝了。如果只想升官发财，他可以留下。从他的本性而言，努力工作就是为了造福老百姓，对得起国家。正如范仲淹在《岳阳楼记》中所说的那样："居庙堂之高，则忧其君；处江湖之远，则忧其民。"这是中国传统知识分子的"共性"。

在对新政权还不完全了解的情况下，袁嘉谷选择了回老家去，做一个离开红尘的老渔翁，回到家乡去尽力为老百姓做一些好事、做一些实事。所以离开杭州，离开上海带领全家老小，走上回昆明、回石屏的道路！

袁嘉谷非常热爱家乡，对家乡、对石屏的爱，在他的诗作中比比皆是，如长达210句的《异龙湖歌》，在异龙湖歌刊印的跋语中，他写道：我游历中原十三省，又游历了日本、越南两国，觉得风土之胜，还是不如石屏好，我就喜欢石屏的风光。还有他题在北京云南会馆大门上的对联：

云霞万里，南北一家；
天章云汉，人物南州。

前排右起第二人即袁嘉谷

20 世纪 30 年代袁氏家族合影，老祖是戴帽右手抱孩子的老者

这副对联写得多好，很通俗易懂。上联的两个字头，下联的第三字合起来，都是云南，真绝！不仅表达了对云南的热爱，也表达了云南和全国是亲密的一家人！

题在云南蒙自的石屏会馆门前的对联：

石为云根，会堂结彩；
屏开画本，馆阔增辉。

也是把石屏会馆四个字，巧妙地写在四句的第一个字里，充分反映出他娴熟运用文字的能力，也生动地反映了他的家乡情结。在那个动乱的年代，他选择返回家乡，是顺理成章的事，完全符合他的性格特征！

1912 年底回到昆明，当时担任云南都督的蔡锷，马上聘他为参议，后来又举荐他担任参议长，都被他推辞了。1913 年要在北

京召开国会，蔡锷推荐他作为云南参议院议员，去北京开会。他到北京后，住在铁门胡同，这里是他原来在学部图书编译局任职的住所。在这里又和钟爱的侄子袁丕钧相聚，侄子在北京大学读书，叔侄二人高兴地讨论读书的体会，侄子向他汇报在北京大学学习的收获，看到自己喜爱的侄子又有进步，叔叔不由喜从心起。

后来袁世凯破坏民主，下令解散国会，还收缴了136名议员的证书，国会是开不成了，他准备回昆明。当时的民国总理熊希龄特意挽留他在北京，要他担任总理顾问。老祖祖没有同意，婉言拒绝了。

就在袁嘉谷留在北京的期间，民国政府成立清史馆，赵尔巽任馆长，聘请袁为协修，他同意留下编写《清史稿》。我们中国早就有修史的习惯，唐朝的历史，由谁来写？不是由唐朝人写，因为本朝人写本朝的历史，一定会受到皇帝势力的影响，写不出客观的作品。历代都是后面一个朝代，在国家基本稳定以后，由后一朝的人去为前面的朝代写它的历史。这样作者可以站在一个相对客观的立场上，去总结前面朝代好的方面、好的经验，当然也要不留情地批评它的错误，找出它走向灭亡的原因。作者不用害怕，批评了前朝做得不好的地方，而遭受打击报复。今天来看这个修史的做法，还是有可取之处，实质是帮助统治者，不断地修正治理国家的方针政策。直到今天，研究历史的人，还是把修史官员编写的历史，看作正史，认为是最可靠的依据。一个朝代的统治者总把自己描绘得多么辉煌，其实没有多少实际意义，真实的历史要由后代去总结。

赵馆长把编写《选举志》《文苑志》《大臣传》《地理志》中有关云南的内容都交给他写，这件事是他乐于接受的，所以欣然同意，留在北京编写《清史稿》。他还和梁启超、缪荃孙、朱希祖、王桐龄等名人，一起讨论《清史稿》的编写原则和提纲。梁启超主张，盐法是清代的一项重要财政收入，应该单独写为一章，不能和其他食品混在一章写。袁嘉谷不同意，理由是，虽然说盐法很重要，但他还是食品。如果放到食品之外，反而不合常规，如果担心食品的篇幅太长，可以分为食品一、食品二。最后大家决定采用他的建议来写。袁嘉谷先后为国史馆撰写了《国史功臣列传》《国史忠义传稿》《云南地理志》等部专著。1915年4月3日在任清史馆协修期间，被赵尔巽馆长派回云南，调查撰写《清史稿》的相关事项，清史馆特别给云南省图书馆发文，由云南省巡按使署政务厅厅长秦光玉，巡按使任可澄批复，图书馆馆长由云龙准此。文中说“袁协修此次回滇，调查纂修清史，一切图书掌故须赴图书馆详加参考，广为收罗。纂修清史，调查图书掌故，事之要政，袁协修不论何时到馆，应由馆长妥为招待……”

这段时间袁嘉谷还参加编写“云南丛书”，这是赵藩为总编辑，他是作为副总编参加工作的，三年以后全书编写完成。后来“云南丛书”被专家学者称为“云南近代史上，社会文化方面的三大突出事件之一”。（见马曜《云南简史》）

1915 年 12 月袁世凯称帝，云南都督蔡锷、唐继尧等人发起“护国讨袁”运动，组织起护国军，也聘请袁嘉谷为参议。他积极支持蔡锷将军的壮举，热心为护国军服务。

在民间还广为流传一段蔡锷、老祖祖和王筱斋之间的故事，说老祖祖刚回到昆明，蔡都督了解到他生活清苦，便派人给老祖送去一包礼物。老祖打开一看，是一个大银锭，心里很不舒服，自己肯定不能要，也不能退回去，那是不给蔡都督面子。他决定送去“兴文当”，捐给社会。兴文当老板王筱斋打开包袱一看，非常惊讶：“这个银锭我认识，是我送给蔡都督的，我是给他当军饷的！”

1916 年袁世凯在全国人民的声讨中，先是宣布取消帝制，不当皇帝，紧接着就在郁闷中死去。云南民众为了纪念护国起义，捐资在昆明修建了一座铜制的护国门。袁嘉谷专门撰写了《云南护国门碑记》，颂扬了云南的护国运动，碑文最后几句是：“天南一隅，支柱中原；兴师仗义，劳我滇人。乃筑国基，乃辟恒门；来者勿忘，亿万斯年。”碑文由陈荣昌书写，一直耸立在昆明护国门边。可惜五十年后在“文化大革命”中被毁坏了，真是对不起护国起义中牺牲的将士。

蔡锷是一位有强烈民主意识的将军，他领导了两次反对帝制的武装起义。他担任云南都督，为了表示和封建意识彻底决裂，把自己的工资几次下调，从每月 600 银圆，减到每月 60 银圆，还反对在都督府里，搞特权活动。

蔡锷病逝后，袁嘉谷送的挽联是：

民族英雄威壮河山全无敌

国家元勋名震乾坤殁有神

从这副对仗工整、气势非凡的对联中，也反映出袁嘉谷全心全意支持国家走向民主、走向共和的态度！

1917 年 8 月孙中山以维护《临时约法》为号召，发动“护法运动”，讨伐段祺瑞。9 月孙中山派护法政府秘书长章太炎到云南联络唐继尧，发兵东下，与广东护法军会合。唐继尧听说章太炎是位学者，就请袁嘉谷出面，代表他会见章太炎，这两位文化名人有了一次促膝谈心的机会。9 月 26 日两人见面，坦率交谈，十分投入。见面以后，章太炎与学生刘文典讲：“袁君精研史学，我不如他。”表现了对袁嘉谷知识的敬佩！

他一回到云南，只要有时间，一定要回石屏去看看母亲和乡亲们。1917 年冬天回到石屏以后，看望了 85 岁的老母亲。老母亲还担任石屏“天足会”会长，亲自推进石屏革除妇女缠足的旧恶习。袁嘉谷抽时间到老母亲办的女子学堂讲课，动员学生参加《天足会》。这时他看到姐姐袁丽君创作的“天足歌”，这首歌词写得很朴实，完全口语化，采用两人对话的方式，把不缠足的好

袁氏老照片

处，讲得具体、形象。袁嘉谷帮她稍作修改后，又采用了当时著名作曲人黎锦辉《麻雀与小孩》的曲子谱上，就可以传唱了。很快这首歌从学校唱到社会，鼓励妇女把裹起的小脚放开，起到了倡导新型社会风气的作用。

在辛亥革命后的这十多年里，袁嘉谷以一颗清醒的头脑，顺应历史潮流，不计较个人得失，尽自己的力量，在促进社会进步，促进国家富强方面，做出了不少值得后人记住的努力。

在这段时间，也碰到一件倒霉事。袁世凯死后，副总统黎元洪决定 1916 年 8 月 1 日召开国会，云南省的国会代表团，由唐继尧的堂弟唐继虞、袁嘉谷、王九龄等十几人组成，唐继虞为团长，袁嘉谷为副团长。代表团去北京参加国会时，一个随员，为了得到回扣，竟然冒天下之大不韪，偷偷在代表团的行李中，藏下不法商人的二万两鸦片！结果在上海被英租界警察查出，当事人干这种伤天害理的事，肯定是要瞒着全体代表的，而行李是以云南代表团的名誉办理托运。当时唐、袁已经不在上海，所以上海监察厅向全国发出通缉唐、袁的命令。他们只有返回云南，唐继尧另派代表去参加国会，唐继尧又命令云南组成军事法庭审理此案。法庭经过认真的调查及听证，认定唐、袁两人都和此案无关，但是没有起到监督责任，还是罚他们“反省三十日”，并电告总监察厅撤销了通缉令！

正直的国文教授

1923 年东陆大学成立，从那时起，袁嘉谷就一直受聘为该校的国文教授，直到逝世。在校任教 15 年，主要讲述国学，也就是史学、经学和诗词。由于他学识渊博，在师生中声望很高。不仅文科学生爱听他的课，各科学生都爱听他的课，甚至校外的学者也来听讲。到他讲课的时候，东陆大学的至公堂里，常常座无虚席。那是个能容纳五六百人的大礼堂啊！可见他的讲课多么受人欢迎。

1924 年 1 月 1 日，唐继尧特聘老祖祖为私立东陆大学名誉校董，发给了聘书。同年 3 月底，云南省公署发文颁发命令，云南护国军总司令唐继尧授予袁嘉谷、董泽二等文虎勋章。

在讲学中，他主张因材施教，学生可以自选专题学习、研究，不拘一格。对每次考试或作业出题，他都出不同的多种题目，由学生自己选择做，他多次对学生讲“我所出的课题，你们即使十年、二十年交卷，都可以”，意思就是要求学生要认真思考，认真学习，完全学通了，再去完成作业。他平易近人，对学生循循善诱，耐心教导。所以学生们下了课，也喜欢围在他的周围，向他提出问题，再听他的讲解。到了暑假他还来到学校，给没有回家的外地学生上课，给他们讲解书法和诗词。同学们问他放假了，您为什么还来学校？他笑着回答：放假不是乐事，给你们上课才是高兴的事！

他鼓励学生课余创作诗词，他认为创作诗词，既可以锻炼思想，又可以培养写作能力。他还把学生写得好的作品加以编辑，成为《东陆诗选》，由学校刊印发行。还把其中优秀的作品编入他的《卧雪堂诗话》中。

他先后培养了数百人才，听过他讲课的学生有上千人之多。发现有的学生家庭困难，可能由于交不起学费，将被迫停学时，他会非常着急，一定要想办法为学生筹集学费，使学生能继续学习。

唐继尧把他在昆明北门街的私宅，改为东陆图书馆，聘请袁嘉谷为馆长。他是很高兴地应聘了！去东陆图书馆看书，要专门的入场券。他考虑到东陆大学的学生去看书，不方便，就专门印制一种永久入场券，发给东陆大学的学生。他常常殷切地嘱咐学生，要向老师学习，但不要永远学习老师，以后要争取超过老师！古语说“教学相长”，如果只能老师教学生，我岂敢承担。这些诚恳的话语，说得同学们心里暖洋洋的，更充满对老师的崇敬！他还把同学的优秀作品，编辑为《东陆大学诗选》，出版了三集。《云南大学诗选》一集，在每集中，老祖祖都亲自作序，勉励同学们继续努力。

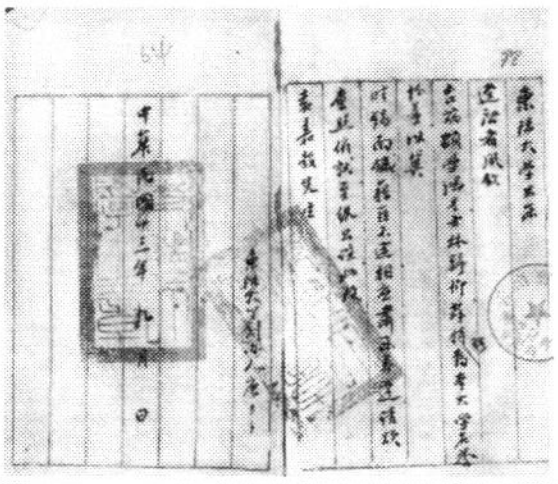

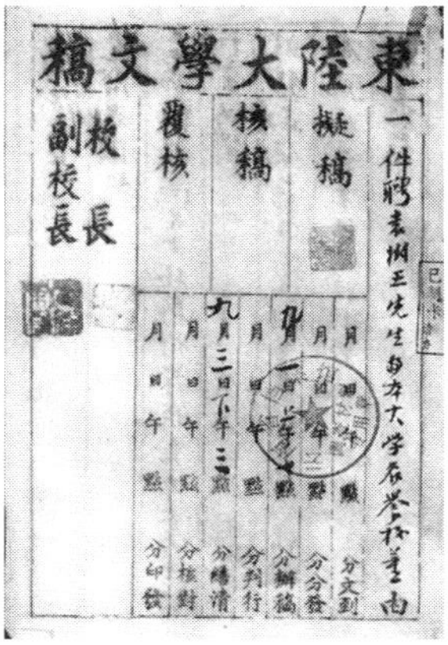

唐继尧聘袁嘉谷为东陆大学校董的相关文件

1927 年石屏的彝族年轻人李乔，经过艰苦的努力，读完了初中，那时大汉族主义流行，一个彝族青年虽然毕业，但找不到工作。李乔只得含着眼泪，带上简单的行李，到昆明去找出路。在昆明也找不到工作，他又举目无亲，在走投无路的情况下，听说东陆大学的预科班招生，便决心去报名。经过认真的准备，考上了！在一位老乡的资助下，交上学费，成为一名大学生了！进入东陆大学，李乔非常想听袁先生的课，但学校规定，预科生不能听本科生的课，他就早早来到至公堂，在最后一排的座位坐下。袁先生的课非常好，他经常去听，还和本科生一样，给袁先生交上自己的作文。有一次，收到父亲的来信，谈到家乡遭受水灾，家里的几亩菜田，都被淹了，没有收成，生活困难。他有感而发，写了一首小诗《家信》交给袁先生。没想到袁先生看后，还帮他做了修改，并加上一段评语："自古以来，不少人都是在逆境中不屈服的挣扎，奋斗而成功的！"这几个字，在李乔冰冷的心中投进了阳光，温暖了他的心扉，使李乔到了九十多岁高龄，都念念不忘！后来李乔经常去袁先生家做客，使他难忘的是一次关于云南少数民族的谈话。袁先生对他讲：你们彝族的祖先，在云南披荆斩棘，开疆拓土，对国家有很大贡献，但汉人的官吏看不起少数民族，甚至当作牛马看待，很不公平。后来明清的军队进入云南，又驱逐土著民族，把他们开垦的土地占为己有，这也很不公平！现在你们只能住在大山里，生活很不方便，所以读书人少。你能读到大学，很不容易，要珍惜这个机会，努力学习！我们是同乡，也就是一家人，你以后有什么困难，尽管找我！在 20 世纪 20 年代，袁先生能说出这番话，足见他不迂不腐，是通过自己的学习，真正掌握了真理后，说出的肺腑之言！袁先生在李乔心中的形象越来越高大！袁先生知道李乔家里困难，又通过石屏中学校长，给他家送去 30 元钱。后来还为他筹集到美国留学的经费，可是不巧，偏偏此时李乔去了上海，不在昆明，没有成行，使他后悔莫及！袁先生又帮助李乔在昆明介绍了不少工作，如电力公司职员、小学教员、财政厅公务员等等，使他能继续读书学习。如果没有袁嘉谷的无私帮助，李乔不可能成为后来写出《欢笑的金沙江》三部曲等多部小说，而享誉全国的作家！

张希鲁是云南昭通人，出生于 1900 年，家里有兄妹八人，他排行老六，父亲是清朝的秀才，1923 年考进东陆大学中文系学习。他酷爱历史，早下决心要干出一番成绩，只是不知道怎么做？袁嘉谷看他很努力，就给他精心指点，“读书的方法，以记忆通悟为主，要做到这点，最好的方法就是勤记笔记，笔记多，记忆力就强，通悟就广。”后来他研究史学，都做笔记，写了很多札记，把札记交给老师批改。老师批改札记，非常认真。一方面肯定他的治学观点，也毫不留情地在课堂上，批评他文笔草率的毛病，有一次足足讲了半个小时。以后张希鲁每写一字都很认真。他的家境不太好，先生还介绍他到省图书馆兼职，就住在图书馆内，为他创造了良好的学习环境，送给他很多必需的书籍，保证他的学业不中断。在昭通老家，有 3 位亲人去世后，没有钱买棺材，就草草埋在浅土里，老祖祖知道后，马上送钱给他，为他解困。浦汉英、邓子光两位同学，利用回家时期，到张希鲁家，督促他的家人把亲人妥善的安葬了。

张希鲁就住在省图书馆左侧的小楼里，自己把小楼命名为“西楼”。老祖非常支持，说这个小楼，住过许五塘、张竹轩，我也住过，今天你为她命名，可以流传下去了。以后张希鲁就把自己的著作，编辑为《西楼文选》。

张希鲁一直跟着老师学习了七年多，毕业后，回昭通一直任中学的老师。在业余时间，极尽努力地投入研究云南文史的事业中，有不少成绩。主要著作有《西楼文选》等，由张希鲁先生的挚友浦光宗编选并签署，云南的著名学者方国瑜、邓子琴序。

1935 年国内形势比较稳定，老祖祖嘱咐省教育厅出资，帮助张希鲁游览祖国的名山大川。老祖对他说，昭通文化开发早，但是进化比较慢，希望你能走出去，看看云南以外的世界，能帮助你发展所学，所以想法让他走出去。在老祖帮助下，张希鲁游览了大江南北，沿津浦路北上，谒孔林，登泰山，到北平拜见先生的老友高步瀛，深蒙指导，在北平待了八个月；次年春，又随先生之友方臞仙到大同，探云岗，过巩路，攀太华，浴于华清池；然后折到夏口，登黄鹤楼，渡九江，上庐山，过苏州拜见章太炎；游西湖，然后取海道回云南，到昆明特别拜见了先生。

于乃仁、于乃义两兄弟是袁嘉谷晚年收的学生，他们一家本是昆明的书香门第，从他们的爷爷起就开办了“双水静舍”藏书楼，藏书丰富，是昆明的主要藏书楼之一。于乃义11岁丧父，兄妹五人，赖寡母辛勤抚养，因生计艰难，13岁时即到百货店当学徒，晚上随舅父简思植授读诗书，刻苦自学，15岁就读云南政治专门学校。1932年17岁时进入云南省昆华图书馆（云南省图书馆前身）为馆员。后被提拔为编选部主任，得以博览群书，打下了坚实的国学基础。在图书馆工作了五十年，是有名的"活字典""活资料索引"。于乃义不仅是图书馆的才子，还精通佛学，又通晓中医，还是一位诗人。

1935年于乃义刚刚二十岁，他的活字典技能，打动了袁嘉谷。经过交谈觉得是个难得的人才，把他收为得意门生。他们兄弟二人很崇拜袁嘉谷先生，在老师去世后，为纪念先生，他们编写了《屏山学案》，对袁嘉谷一生的学术成就、人品、道德进行了全面的总结，给后代留下一笔宝贵的文化财富。

20世纪40年代，于乃仁家里就有多处房产，两部小轿车，七八部大卡车。为教育救国，身为一代名士的于乃仁变卖了几乎所有资产，全部捐出来办学校。先在1942年创办了五华中学，后来兄弟俩又创办了云南省第二座私立大学——昆明五华文理学院，钱穆、刘文典、方国瑜等名流都是该校的教师，于乃仁为院长，于家捐献了三万册藏书给学院，给图书馆取名"怀清图书馆"。学校虽然只开办了五年多，可是从五华中学及五华学院毕业的中学及大学生超过500人。

中华人民共和国成立后于乃义受到多次不公正的待遇，先是被诬陷为"盗窃图书馆的书"，后又被戴上"历史反革命"的帽子，开除公职，判三年劳动教养，后来又被划为右派。"文化大革命"中，1969年又被强迫下放到农村劳动。先后20多年一直受到不公平待遇，可是他本人一直乐观向上，被诬陷为"盗窃图书馆图书"，他笑答："我家没有图书馆的书，倒是图书馆里有我们家的书。"他在劳动教养和下放劳动改造中，没有怨天尤人，没有自暴自弃，利用在农村的机会，认真研究中草药，收集整理了当时已经散落在民间的《滇南本草》原稿，然后和妹妹于兰馥共同完成了新版《滇南本草》的编辑工作。在农村下放时，自己找草药，免费为老百姓治病，还编写了《安宁中草药志》。后来回到云南省图书馆，也是作为临时工上班，他仍然一心一意地工作，又完成了《云南人民反帝斗争史》《昆明历史资料汇编》等著作的编写

工作。尽管他的命运多磨难，始终坚持自己的人格信仰，不屈服。他的人格魅力，在今天也是值得钦佩的！

在东陆大学私立时期，袁嘉谷认为办学初期，资金不足，所以主动不要薪金，看到办学有困难，反而捐款千元给学校办学。从1923年到1932年东陆大学改为省立大学之间，袁嘉谷都没有在学校领过工资。

老祖祖表面上是清政府的遗老，其实他始终保持了一颗年轻的心，随时接受新鲜事物。云南有位著名的天文学家陈一得先生，他研制了一台“步天规”，用于观测星宿。老祖祖知道以后，专门去找陈一得先生了解、学习，很快掌握了“步天规”的操作技巧，亲自对星宿进行了观测，结果与天文台的实际观测数据，完全一致。老祖祖还自备无线电收音机，与昆明的广播电台配合，在昆明推行标准时间报时。

老祖祖在云南大学讲课的至公堂

援救地下党学生

1930 年前后，由于叛徒出卖，云南地下党遭到严重破坏，大批地下党员被逮捕、杀害。被捕的人中有：东陆大学第一班学生浦光宗、第五班学生李子坚，还有昆一中学生杨东明。浦光宗和李子坚都是袁嘉谷的学生。

他的学生浦光宗，学习刻苦，成绩优秀，深得袁嘉谷器重。他的作文曾得到袁老先生的很高评价，先生从自己的藏书中，选出十部，作为奖品送给浦光宗。浦光宗受老师的影响，也喜爱古籍。1930 年 8 月浦光宗在浙江铁路上从事党的地下工作时被逮捕，关在浙江监狱。袁嘉谷得知后，马上请当年在浙江工作的老朋友帮忙营救，不久浦光宗就被释放了。浦光宗回到昆明后，袁老先生又从生活、学习方面帮助他，还亲自写了一副对联送给他：

读书须识得头脑，

为人宜立定脚跟。

这几个字成了浦光宗终生的座右铭。

袁嘉谷逝世后，蒲光宗在贵州威宁，含泪写了一长篇极为感人的悼文，回忆了恩师对他的教诲，对他的帮助，使他能绝地重生。现在恩师去世了，可是他的著作还在，他的精神能够永存！蒲光宗后来担任云南省交通厅副厅长，为云南省的公路建设，做出了不少贡献。在他九十多岁高龄时，把他收藏的袁嘉谷墨宝，都捐献给石屏的袁嘉谷纪念馆。

李子坚的父亲在昆明一家商铺工作，知道儿子被捕心急如焚，就来找袁老先生帮忙。袁先生听完他的叙述，就劝他先不要着急，给我点时间，让我想想办法。经过袁嘉谷的努力，没过了几天，李子坚就被释放了。

杨东明是石屏青年，在石屏开了一家书店“东明书店”为掩护，开展地下工作，他也在 1930 年被捕。他和李乔认识，李乔去石屏的监狱看杨东明，就托李乔帮他把一封信交给袁先生。信上说，他有病，希望保外就医。袁嘉谷看了信，问李乔：杨东明是什么人？李说是石屏青年，很好学，现在被关在监狱里。袁感叹：一些会读书的青年人被关在监狱里，太可惜了！他写的信不用向上送了，我替他写封信给云南省主席龙云。很快杨东明就释放了。为感谢他的救命之恩，杨东明带上家乡石屏特产的豆腐干去送他，哪知袁先生却坚决拒绝，并对他说："我不能违背孔夫子的话，你们要好好读书，对社会有贡献，就是对我的最好报答了！"杨东明深受感动，回答："您的救命之恩，我全家人永世难忘！我还想请先生给我写几个字，留作纪念。"袁老先生提笔写了一副对联送给他：

自古大才难为用，

故国平居有所思。

被国民党视为匪的杨东明，在袁嘉谷看来是一个大才，希望他不要做个书呆子，要关心国家民族的兴亡，要记住"国家兴亡，匹夫有责"的古训。

杨东明出狱后，到外地当老师，仍然秘密进行地下党的活动。他在石屏的妻子伏瑞珍是小学教员，也是共产党员，也被秘密逮捕了，丈夫不在身边，怎么办？她也想到袁老先生，含泪给老先生写了一封信求救。袁老先生与她毫无关系，仍然把她救出监狱。她也去感谢，袁老先生还是说：用不着感谢，这是我应该做的事，以后你要不卑不亢。中华人民共和国成立后，杨东明曾担任过云南省图书馆馆长，为云南文化事业做了不少有益的工作。

袁嘉谷故居

现在翠湖边的昆明市文物保护单位"袁嘉谷故居"，是建于 1920 年的老房子。是袁嘉谷回到昆明，近八年后才建成的。那时和袁嘉谷一起生活的有几十口人，没有一处大的院子，怎么住下这些人？夫人就经常叮嘱他，赶快建起自己的家，不要总租房住。

他虽然是清朝的二品大员，工资是每月一百多两白银（据国家档案馆资料），在清朝当官近十年，有一些积蓄。可是他也常常慷慨地捐款，1904年在日本考察时，自己出钱购买《百科全书》等书籍，送给滇省学堂。1910年浙江遭遇灾害，他捐出800两银子！

回到昆明后，在东陆大学成立前，虽然有一些社会职务，都不是固定的职业，也就没有固定的收入。他主要的生活来源，是靠书法作品卖钱，养家糊口。还有就是在浙江为官的一些积蓄，补充生活费用。

所以盖成玉龙堆的新家，多半不是他自己的全款。可惜我们没有从长辈人的口中，听到盖新家的钱从何而来。因为在“以阶级斗争为纲”的年代里，对“剥削”得来的一切，都是要回避的，否则一定要给自己的家人引来麻烦。今天我已经无法和长辈们对话了，只能根据一些线索来分析。在袁嘉谷专辑中是这样记载的，在亲友的帮助下，多方筹措，建成新楼。不幸的是，新居落成前，夫人因为乳腺癌去世，没有能住进新居，使袁嘉谷心中非常自责，也说明筹集建房的钱，不是一件容易的事。另外从新楼房屋的分配上，也能反映一些问题。这个房子的主人，应该是老祖祖袁嘉谷，按照当时的规矩，主人应该住正房。实际上他是住在楼上，而正房是他的大儿子住。大儿子怎么能这样不懂理呢？那么说明这个新房建设的投资人，至少是投资大部分的人，是大儿媳的父亲——王鸿图（字筱斋），当时云南商会的会长。王鸿图就是清代同治年间的中国首富——王炽的大儿子。

这个房子现在是翠湖北路5号，占地286平方米，坐北朝南，是云南明末清初典型的四合院式民居建筑，由正房、东西厢房和倒座房构成。采用穿枋式做法，四枋房屋连通，正房和倒座的前檐柱，同时作为两厢的山柱。是云南、昆明地区典型的走马转角楼结构。主楼是三层，厢房是两层，院子外面带一个小花园，是一处很幽静的住宅。住人最多时，有几十口人。我就是在这个院子里出生，度过童年的。

房子建成后，大家高高兴兴迁入新居！袁嘉谷给新居取名“颐寿楼”，大门上的对联是“居临翠海新门第，派衍龙湖旧世家”，书房的对联是“古今贤将相，风月大山林”，客厅悬挂的对联是“杨在卢前于心有愧，楷见广后觉言之烦”，这副对联，

效果图右上角是老祖祖的诗《小园口赞》，由石屏袁氏第22代后人舒畅书写

在最后一章，还有讲解。

到了中华人民共和国成立后，减租减息运动里，这座老房子被卖给云南大学，把得的钱用于退还农民的剥削款。过去我认为既然是剥削来的财产，交还给农民，也是对的！可是今天，在中国又出现很多靠“剥削”农民工生活的人，他们也在盖豪宅。从此以后，我的爷爷、奶奶一直是住在租的房子里直到去世。

这座故居从1952年左右由云南大学使用，先后做过教师和学生宿舍，直到2006年云南大学把它出租给私人。在前五十年中，仍然散发着文化气息，可是现在成为一间饭馆。饭馆和文化氛围就相差甚远了！这样使用袁嘉谷的遗产，是对他的不敬！我建议尽快商量出一个妥善的办法，当然不是五十年前的办法，把它改为一处“云南名人纪念馆”，精选出生于云南，或长期在云南生活、工作的名人，把他们的事迹编排出来，办个永久的展览，让这座历史文化名城，再增添一处永久的文化符号！我已经正式向昆明市委提出这个建议，也得到他们的支持和肯定。

现在玉龙堆的袁嘉谷故居，已经只剩下主楼了，老祖祖特别喜欢的澍园，早已被拆除了。为了让后人认识当年的全貌，我根据老祖祖的描述，还有小太娘袁玉芬、庄爷爷的回忆，重新制作了玉龙堆故居三维效果图，可以让后人一睹这个老祖祖特别喜欢的故居及澍园。

曾祖父的终身成就

袁家书

袁嘉谷毕生研究书法，他的字被称为“袁家书”，以峭拔俊秀称胜。他早年学习欧阳询，后来学习王羲之，旁通米芾、颜真卿、褚遂良，自创一体。北京、江浙、云南很多地方都有他的手迹。

他的书法成就，主要来源于自己的刻苦训练，也来源于他的家风。父亲袁德洋为了帮助儿女们学习，买回了不少名家字帖，如王羲之、欧阳询等人的字帖。另外他的三哥袁嘉猷的书法就很好，这位三哥是他的书法启蒙老师，从 12 岁起随三哥学习书法，得到三哥的具体指教，进步很快，写出的字也很像三哥的字体。

现在昆明西山的三清阁下的路边，还留有的“石林”两个大字，安宁碧玉泉明清摩崖刻石群中有六处遗迹，有两处是记录他及好友于 1925 年、1926 年两次游览温泉的文字。还有行书“石林”两字，篆书“有太古意”，楷书书写的“南无大乘妙法莲华经”，还有直上而下用楷书写的“杨文襄公故居”，这是为怀念杨一清而写的，表明这是他的祖籍，也表达他对先贤的崇敬之情。在昆明五里多小学里，也有他书写的，纪念元朝云南第一位“省长”赛典赤的碑文。在石屏的文化馆里，收藏着他在接受慈禧及光绪皇帝接见后，在皇宫内用御赐金龙印纸上书写的那幅“帝曰无双士”中堂。

刻于昆明大观楼公园的袁嘉谷书法

虽然他平时工作很忙，可始终不忘对我国书法艺术的继承和发扬。1921 年任云南省立图书馆副馆长时，于 1925 年把多年通过征集得来的滇人书画，筹办了展览！还从中挑选出一些精品，编辑为《滇南书画集》，共有书法 14 集，画 6 集，他亲自题写了序言，送到上海商务印书馆印刷。可惜时值日本侵略者轰炸上海，这些书稿全部毁于一旦。所以后来他把父亲留下的王羲之拓本碑帖，钱南园和其他名人的书画，都拿出去影印，为了“影印出来流通广，原物虽失，不足惜也！”

在东陆大学讲课期间，遇到寒暑假时，或者平时有空，也都对学生讲书法。并且提笔示范，具体讲解执笔方法，如何表达书写神韵、风格，以及创新等内容。据他的学生回忆，他对书法的风格与神韵有很生动的讲解。他先谈到“神”，说：神就是精神！人要有精神，字也要有精神。字有精神，就能风姿焕发，神完气足地

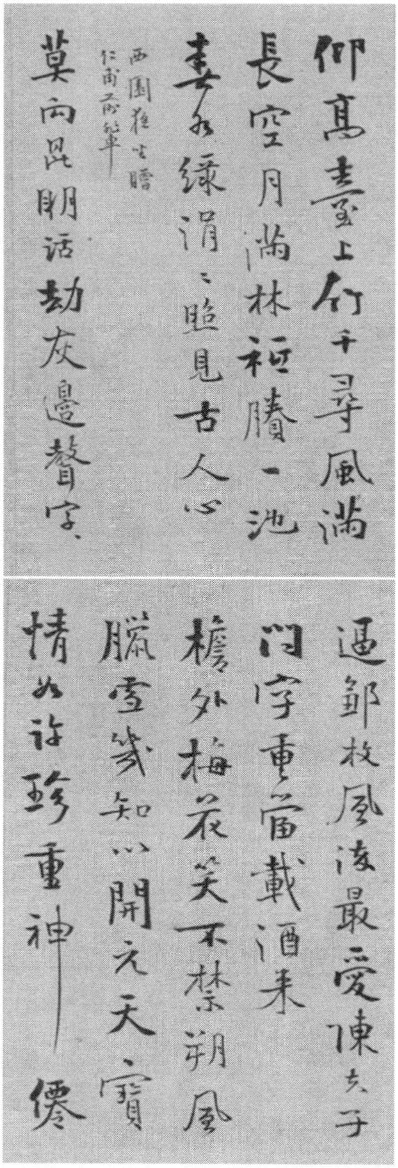

老祖祖书法作品

站在纸墨之间。没有精神的字，让人看了，就有萎靡的感觉、软弱的感觉。那么书法的精神从何而来？只能靠平日里的积累，靠长年的勤学苦练，靠不断地吸取新的营养。所谓新的营养，就是名家的作品，从汉魏到明清，从碑到帖，从帖本到真迹，看他的字的起笔落笔，看其气势。有气势就是有精神！有精神的字，就有骨又有肉。有骨而无肉，就觉得干枯；只有肉无骨，又显得臃肿！这两个方面都是学习书法要忌讳的！

他又谈到“韵”，韵就是丰韵、是韵味。不论是哪个流派的书法家，都各有自己的风格。要么粗狂，要么纤细，要么严谨，要么潇洒，都是一种风格！有韵的字，就有味，越看越想看，就像读诗一样的感觉！好诗有情，好字也有情！写得好字的人，落笔时先有规划在胸中，就是“意在笔先”的意思。好看的字，字字含蓄，字字相连，不是写一个想一个，而是首尾相顾，先有笼罩全局的想法，然后再安排每个字的位置，就能有字字珠玑的效果！这些话说得多好，把书法的要领都讲得既深刻又形象，所以他的学生，经过了五十多年，还记忆犹新！

在东陆大学讲完书法，他深知同学的心情，用自己的纸，给每位同学都书写一幅作品留念。由于他的字有名，向他讨要书法作品的人接踵而来，他名望越高，越平易近人，不分贫富老幼，一视同仁。凡是向他讨要书法作品的人，都以礼相待。连小学生来找他讨要作品，他都高兴地给写上一幅，而且尽量要写新的内容，不写重复的内容。到农村游玩时，也有妇人向他讨要作品，

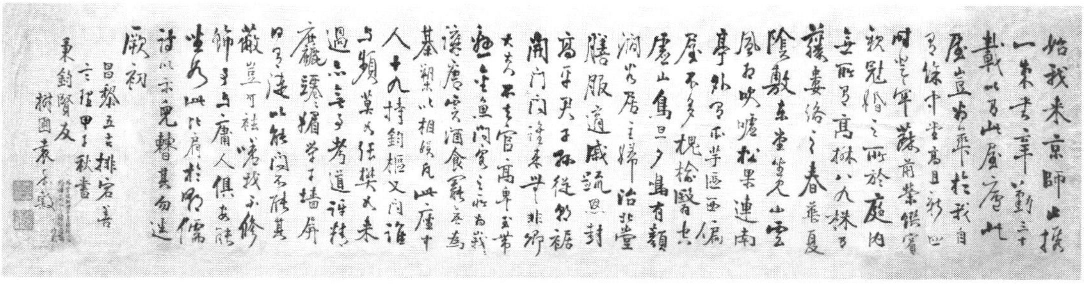

他也写给，妇人就拿鸭蛋给他，他还高兴地开玩笑：“王羲之的字可以换鹅，苏东坡的字可以换羊肉，我的字只能换鸭蛋！”

在今天中国书法界也公认，袁嘉谷是我国近代书法家。他的书法自成一体，被称为袁家书，香港出版的《中国书法大辞典》中，专门为他写了一节。

书癖与诗癖

书癖：这是他的恩师许印芳送给的雅号，说他从小就喜欢枕在书上睡觉。

诗癖：这是他的恩师陈小圃送给他的雅号，他毕生写了八百多首诗词，是云南近代史上创作丰富的诗人。他写出的诗词文章，都是精益求精的推敲，不到非常满意，决不停手。

袁嘉谷不仅喜爱书法，也喜爱写诗！一生写出了 840 多首诗作，有古体诗，也有近体诗。从 10 岁开始写诗，一生没有中断。有学者把他的诗分为五类：有歌咏故乡和祖国山河的写景诗，借历史人物和历史事件抒发感情的历史评论诗，写地方掌故的风情诗，感慨国事内忧外患的社会时事诗，以及亲友僚属交往的应酬诗。不过以写景诗、史评诗、地方风情诗为多。诗的文体有五言诗、六言诗、七言的，也有律诗，还有长篇诗，不同的形式都能写，各体的技巧熟练，音律的技巧运用高超。

袁嘉谷行书作品

他 15 岁写的五言律诗《过莱玉山》，把滇南的风光描绘的十分优美：

人上翠微天，天风迎马前。
松歌危嶂稳，柳密断桥连。
鸠妇呼晴日，渔娃唱晚烟。
悠悠四方志，回首白云边。

袁嘉谷诗作《昆明湖欢歌》

这是描写他 15 岁那年，从石屏到建水去参加童生的入学考试，骑着马上山，迎面吹来一阵阵山风，山路上的危崖边，青松安稳地成长，稠密的柳林连接着断桥。当时是晴天的傍晚，诗人从斑鸠的叫声中，想起宋朝的诗人有关“鸠妇”的记述，又联想到石屏异龙湖上的渔舟唱晚。再想到自己好男儿志在四方的理想，正走在到府城参加童生考试的路途中，对前途充满了乐观的向往！

远在云南的袁嘉谷，时时关心着国家的命运，始终注视着甲午风云的变化，《马关条约》的签订，台湾军民的抗敌斗争，都在他的注视之中，写下了《书台湾事三首》，其中之一是：

非无良将抱孤忠，身拥鸦军气吐虹。
弩射潮头越江水，襟披台上楚王风。
著鞭我恐输先策，拔帜谁当殿后雄。
先世避金勿苛责，古今败事是和戎。

良将指黑旗军领袖刘永福；鸦军，指黑旗军。后面两句用到两个典故，一个是传说中的钱塘王，在钱塘江潮水泛滥时，射箭把潮水退回江里，以及春秋时期的楚王用黄铜修建了“襟披台”，赢得诸侯各国来朝拜的事。这些都是浙江地区的英雄，歌颂他们，来讽刺今天的清王朝，只知道卖国求和，不如过去的英雄！

下面这首《赠札幌农学生》，是他在日本考察期间，参观他们的农业学校时，看到札幌的农校学生，不是光学书本知识，还让学生亲自参加农田劳动。在实践中学习，他们要自觉参加从播种到收获的整个过程。他非常赞赏这种做法，所以高兴地写下这首七律，表示肯定这样的教学方式。相比之下感到我们的学校教育，还有很多不足，所以觉得惭愧：

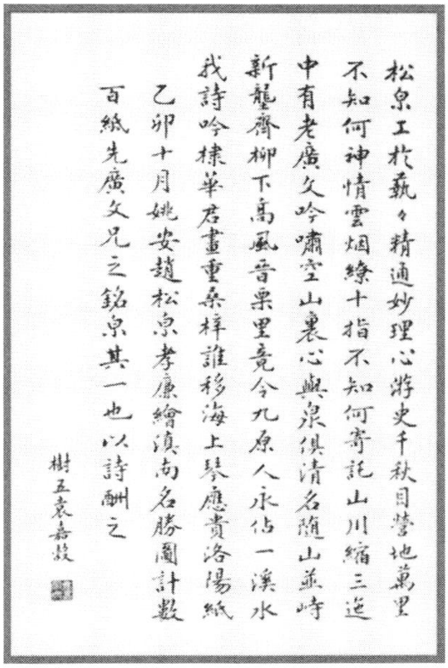

袁嘉谷诗作

四体勤时五谷分，一蓑烟雨一笠春。
青鞋布袜田间老，愧我东西南北人。

这首诗在札幌农校曾经被师生们广为传诵，深受欢迎。

他的写景诗，很多是描写云南及昆明风光的。下面是一首描写滇池风光的诗：

白马庙前天绿，碧鸡关下云青。
一棹浮沉何处，鸥凫招我前汀。
山头小雨凄凄，水畔杨花荡堤。
泊到高峣回首，烟波飞上城西。

头两句是描写乘船在滇池中，看昆明白马庙和碧鸡关的天和云，一条小船在水中航行，不知要停靠何方。天空飞翔的野鸭子朝前面飞去，把我引向那边的小洲。西山下着小雨，水边的杨花随风摇摆，船到了高峣的岸边停靠，回头一看，西边昆明城上空，云彩就像烟波一样美丽！他特别喜爱写作六言诗，这首诗动静结合，有情、有景，宛如一幅美丽的画面！

还有一首描写昆明翠湖风光的，写得情景交融，有声有色：

樵水渔山共一城，湖心亭畔月三更。
新秋坠地几人抬，黄叶无声诗有声。

描写秋天，作者把树叶落地这个我们司空见惯的事情，写出了新意。秋叶刚落地，是新秋的落叶，要几个人才能抬走？黄叶落地是没有声音的，可是我的诗是有声音的，多么奇妙的联想！

在他的诗歌集中，还有几首是歌颂刚刚引进中国的新型科技成果的作品，比如，为照相术而作的《西法照相歌》，为显微镜而作的《泰西显微镜歌》。诗中对这些新事物采取了积极、肯定的态度，袁嘉谷热情地通过诗歌来讴歌这些新鲜事物。

他一生喜爱读书，特别爱钻研历史，写诗的时候也常常引用古典。今天来读这些诗，就比较难读懂，这是他的诗虽然比较多，但后来不容易流传开的一个主要原因。不过他的诗，还是很讲究韵律的，诗句的韵律是很美的。

他不仅爱写诗，而且对如何写好诗，也有自己独到的见解。他认为诗言志，要写出好的诗，诗人一定要有好的思想品质和情操。他主张诗的意境要自然，不要只求离奇，落入俗套。

史学成就

他的学术成就中，以史学的成就最大。他一贯主张研究史学要突出真实，千万不能把道听途说的内容写进历史中，那是罪过。

对中国历史，他认为要以《易经》《诗经》《史记》等的记载为准。这是他经过多年的研究，进行了认真的考证之后，做出的结论。他认为史记是很严肃的作品，它的记载应该相信！

他力主要写一部“中国新史”，由于条件不具备，没有实现这个目标。不过他已经明确，要写这部新的中国历史，就不必再按皇帝的庙号、年号来写，不能把历史写成皇帝的家谱。是皇帝也直呼其名，对于年代，就按当时我国采用的民国计年方法，去反推时间的方法来记。写历史人物，他反对只记皇帝和大臣，而是要分别记录每个对社会进步有贡献的人。按他的研究方面来写，可以分为：科学发明方面的，为人民做出功德好事的，在保卫国家方面有成绩的军人，对教育人们做出贡献者，在文学、历史各方面做出成绩的人，都应该为他们立传，以达到弘扬正气、教育人们的作用，这样史学才能昌盛。这些观点直到今天也是适用的。袁嘉谷在历史研究中最大的贡献，就是对于云南历史的研究。在编写云南史志的时候，他就是按以上原则，身体力行地为不少小人物立传，这是以实际行动，对儒学中的错误传统的突破和挑战！在今天来说，这些已经不算什么高见了，不过他说这些话时，还是100年前，不能不算突破和挑战。

他对《易经》也有专门研究，写出了《易说》四篇文章。在1935年又专门讲解了一次易经，他的学生把讲稿整理成文，取名“讲易管窥”。有不少后来的学者看到这篇讲话，评价为，是根据科学的原理来讲解《易经》，与过去很多研究《易经》的人，只停留在解释六十四卦上，不断推敲的方法，大不相同！袁嘉谷还对《尚书》《春秋》都认真做过研究，也写出了自己独到的见解。

1914年在滇池南岸昆阳的月山，发现了“马哈只碑”，袁嘉谷听说后，立即赶去考察。经过他的鉴定，是明代著名的航海家郑和为他的父亲立的墓碑。明史上只记载了郑和是云南人，但没有说清楚，是云南哪里人。这次袁嘉谷根据马哈只碑，确定郑和的家乡是昆阳。后来云南玉溪人李鸿祥找到了郑和后人收藏的家谱，袁嘉谷又派学生李士厚去调查，根据调查材料写成《郑和家谱考》，证明郑和是回族，本姓是马，郑是他当太监以后，皇帝赐给的姓。就为郑和的出生地找到证据，给明史补充了重要的一页。这些研究成果都收集在他的历史著作《滇绎》中。自《滇绎》问世之后，中外学者只要提到郑和，或者研究近代中西方交流历史的学者，必然要引证袁嘉谷在《滇绎》中的考证，足见这个研究的影响之大。

关于他的身世，就连彼时最为权威的官方记载《明史·郑和传》中也只有寥寥可数的三十余字："郑和，云南人，世所谓三保太监者也。初事燕王于籓邸，从起兵有功，累擢太监。"从中，我们仅可知，郑和祖籍云南，小名三宝（或三保），而有关他的其余家世则只字未提，其后所有与郑和相关的史籍也均无记载。郑和的身世因此成为一个难解的谜题。

直到这座位于晋宁县（今晋宁区）昆阳镇月山西坡上的墓葬及三块碑刻面世，这位云南历史上的传奇人物的身世之谜才最终得以解开。

墓前立有三块石碑，左右两块系后人所立，分别镌刻师范（荔扉）所录的《明史·三保太监传》及夏光南的《郑和太公墓志铭跋》。中间一块镌刻有《故马公墓志铭》，虽经六百年风雨剥蚀，但至今仍纹理清晰，古色斑斓。碑头顶帽呈半圆形，碑四周刻有花纹和云彩，碑脚压一大砂石龟。

这块名为《故马公墓志铭》的碑刻，由礼部尚书兼左春坊大学士李志刚撰文，行文简练，字体秀丽。碑文对马公籍贯、身世、任职等记述颇确：马哈只生于元至正甲申年（1344 年），卒于明洪武壬戌年（1382 年）。生有二子、四女，其次子郑和"自幼有材志，事今天子，赐姓郑，为内宫太监"。铭文末对马哈只抑扬有嘉："身处乎边陲，而服礼义之习；分安乎民庶，而存惠泽之施；宜其余庆深长，而有子光显于当时也。"

而碑阴部分三行小字："马氏第二子太监郑和奉命于永乐九年（1411 年）十一月二十二日到于祖家坟茔祭扫追荐，至闰十二月吉日乃还记耳"的记载，也与郑和第二次远航归来祭祖扫墓的时间符合。"而这些内容，在史书和地方志中并没有记载，因此，此碑可补《明史》之不足。"云南省郑和研究会会长高发元认为，马哈只墓碑是郑和家世的金石记载和珍贵文献。

明初永乐三年（1405 年）镌石以后，《故马公墓志铭》一直立于马哈只墓前。清朝后期，世居昆阳的郑和后裔因怕墓志铭遭损，遂将其埋于马哈只墓前。此后，《故

马公墓志铭》荒诸乱丘，无人问津。清朝末年，此碑又被发现，并立之于原地墓前。

清朝光绪二十年（1894 年），老祖袁嘉谷无意间听人说起，在晋宁昆阳和代村有一块郑和父亲的墓碑。1911 年，袁嘉谷专程到云南昆阳县寻访。果然，在昆阳月山西坡上，袁嘉谷发现了这座平面呈长方形的墓藏，并在其《卧雪堂文集》中提到了其拓片并作题跋，此碑遂为世人所重视。

1935 年，昆阳县知事杨立声饬工设立碑亭，并在此碑两侧镌立了《明史·郑和传》和《郑和太公墓志铭跋》两块石碑。但因碑亭过于简陋，不出十年便垣基尽圮。1944 年，云南人彭嘉霖、昆阳县县长李群杰又于原址重建碑亭，并在此碑左侧新立袁嘉谷《昆阳马哈只碑跋》，右侧抄镌郑和撰福建《天妃灵应之记碑》。此二碑后也佚失。

1901 年 8 月在云南昭通发掘出古碑《孟孝琚碑》，是用隶书写的，出土时，碑已经损坏了四分之一，每行少七个字。立碑的年代，只剩下“丙申”两字。在北京任图书编译局局长的袁嘉谷，知道此事后，非常关注，认为在云南能发现汉代的古碑，是一件大事。汉代的古碑发现得很少，他还把碑文拓了几十份，送给友人和学者研究之用。对于该碑是什么时间立的，很多学者，包括鲁迅都有自己的看法，至今也没有定论。因为在西汉和东汉的 426

今天的南京郑和纪念堂中郑和塑像

年间，一共有八个丙申年。袁嘉谷最喜爱的侄子袁丕钧也参加了考证，他的看法和叔叔的就不一致，可见当时的研究之风是相当严肃的！

还有爨字碑，分为大爨碑、小爨碑，他都进行过认真的考证。云南还发现了祥光碑、袁滋摩碑、地藏寺石幢、石城碑，他都亲自去考察研究，并写出研究论文。由于有这些可靠的历史文献为资料，他把云南的历史研究得很有成果，后来就编写出《滇绎》一书，从先秦古滇国起，到民国初年的历史写成书，共有267篇。《汉书·地理志》滇池县中，注有“大泽在西”的记载，史家一向意见分歧。袁嘉谷先生登临万福寺后，又畅游阳宗海，经实地考察，他修正了自己此前的看法，得出了阳宗海即汉注所说“大泽”的结论。滇池县在汉代为益州郡治所，袁嘉谷又题书“益州大泽”四字，刻在阳宗海的出海口处之石壁上。可惜此题词未保留下来，20世纪50年代因建阳宗海电厂时被毁。

1941年，在西南联大任教的刘文典，为躲避日机轰炸，将家搬到离城十公里外的官渡镇。因交通极为不便，刘先生上课后，就寄宿在袁嘉谷的入室弟子孙乐斋家里。因借宿孙家，刘先生与孙先生的交往就多了。他们在一起谈文论学，析疑赏奇，志趣相投。孙先生非常崇拜自己的老师袁嘉谷先生，无论是谈论学问还是做人之道，他都言必称师，告之袁先生是如何教导自己去做。每当刘先生夸奖孙先生的时候，他总是说：“我还远不及袁先生。”刘先生感到袁先生的弟子都有如此高尚的品德，渊博的知识，足见袁先生一定是位了不起的学儒，后悔自己出生晚了，没见过面，亲耳聆听他的教诲。

1946年，孙乐斋抱着一大摞书稿来拜访刘文典，说是袁先生辞官回滇后随手写成的札记，共五卷。因在袁先生的书斋写成，书斋取名“移山簃”，札记的书名就称《移山簃随笔》。他准备与袁嘉谷之弟，共同出资，将手稿送去出版，邀请刘先生为其作序。刘文典接过手稿后爱不释手，废寝忘食阅读书稿，连吃饭、休息都忘记了。他越看越觉得，袁先生这本书“贯穿经史，融会群书，凡所考订，皆至精确，愈足见袁先生所学，汪汪如万顷之波，其博大精深，为不可及”。为了写好这篇序，他又阅读了袁先生的《卧雪堂文集》《卧雪堂诗集》《讲易管窥》等，他认为“近代学人能备考证、义理、辞章三长如袁先生，真不多见”。此时才恍然大悟，当年自己的老师章太炎先生到昆明，见过袁先生后，对他所说：“袁君研精史学，吾不如也。”并不是章太炎老师谦虚。他怀着对袁嘉谷的敬仰之情，在 1948 年写下了《移山簃随笔序》。

袁嘉谷在历史学上的成就，还可以从他的几篇讲话中看出。在袁嘉谷纪念文集中，有一篇他在云南政训班上的演讲。他是以“孔明之人格与云南之关系”为题来演讲的。他用生动的语言，深入浅出地把他对三国时期的孔明、刘备，能从平民的地位，以四川和云南为基础，与曹操、孙权三分天下，一个重要原因就是诸葛亮提出了一套完整的治国方针。袁嘉谷把这个方针总结为“开诚心、布公道、集众思、广忠益”十二个字上！

建安十九年（214 年），诸葛亮帮助刘备占领了四川，刘备就领兵进攻东吴，结果大败。刘备也病死了，这时候蜀国怎么办？诸葛亮采取息兵养民的政策，让四川的老百姓安心生产。三年后他才带兵分三路去攻打云南。他不带兵去为刘备报仇，而先去攻打云南，这是他深谋远虑的策略。蜀国需要一个稳定的后方，能提供足够的粮食及兵源。他采取的政策不是赶走当地的土司，占领云南，而是带兵去宣传自己的政治主张，要说服云南的土司，服从蜀国的政权。他早就做好了人才储备，接纳了一个云南人李恢。李恢是云南澄江人，他和爨家有联姻关系。因为爨玩犯罪，连累了李恢，后来得到董和救助，才跑到四川，投靠了诸葛亮，得到了诸葛亮的重用。在《三国志》中也有专门介绍李恢的文字。就是这个李恢说服了马超，投降了蜀国，帮助刘备占领了四川。后来诸葛亮把李恢派到云南的会泽、镇雄一带驻守。诸葛亮进攻云南，自己带兵从大理、楚雄到达昆明，只花了一年时间，就是因为李恢等人在云南作为接应的。诸葛亮要回四川，把云南交给孟获、爨玩等人管理，不少人不理解。其实，这就是诸葛亮采用了攻心为上的政策，云南人对他心服口服！他回四川后，云南一直稳定地成为蜀国的大后方。

据说，在诸葛亮之后，很长的时间里，云南的土司们，都不知道有汉、唐，也不知道元、明，只要说到孔明，就无人不知了！

袁嘉谷也不是关起门来研究历史，还热心于普及历史知识。只要请他讲历史，他都会欣然同意。他对昆明成德中学的学生讲话，讲学问有新旧之分，对于新学，我认为最重要的是“格致学”（当时对物理和化学的统称），可惜我对“格致学”没有用功，所以不能讲！这个开场白就显出一个学者虚怀若谷的风度，也表明一个老学者对待科学的态度，给中学生们提醒，要努力学好现代科学！

接着他把话题转到历史，今天只对大家讲解历史学。人生很短暂，在一生之中，我们知道的只有今天的事情，最多是百年的事。如果学习了史学，我们就能知道过去的事，我们学习明史，就像生活在明代。我觉得史学是最有趣味的学问，研究历史的人，就可以延长生命。我这里只讲中国的历史，中国的历史应该从什么时候算起？有人说，从有文字记载的时候开始，有的说应该从盘古开天的时间算起。我经过研究，认为应该从黄帝算起。黄帝时仓颉是他的史官，那时的人们在劳动和生活中，需要文字来记录，所以你创造一个字，我创造一个字，零零星星的文字就出现了。是仓颉把这些文字收集起来，经过整理，形成了一套文字。所以有系统的文字，是从仓颉的时代算起。那么有文字记载的历史，就是从黄帝开始。司马迁写《史记》，就是从黄帝开始，司马迁对材料的处理是很认真的。从黄帝到今天，中国的历史有五千年了！中国的历史为什么能这么长久？我认为有三个原因：第一是中国重视君权，皇帝通过赏罚分明，来维系一个社会；第二是统治者运用因果报应的愚民政策，这两种的作用不算大；第三个原因是史学家，他们把大忠、大信或大奸、大恶的事，都记录下来，传给后世，使得世人都唾弃的坏人坏事，后来人不能毫无顾忌地去干了！史学家起到了威慑的作用。他的讲话，从今天来看，也有现实作用。他把历史的作用讲得深入易懂，我想下面听讲的中学生们一定听得津津有味！

1937 年 12 月 23 日午夜，怀着一腔忧愤溘然离世，享年 65 周岁。12 月 25 日《云南日报》以“道德文章人所敬仰，噩耗惊传全滇震惊”为题，刊发老祖袁嘉谷逝世的长篇报道，称先生的逝世“非特滇人之不幸，亦全国学术界的一大损失也”。

在老祖病重期间，还对几个儿子讲：“人知爱国爱家，必以学问经验立其根本。日寇处心积虑者久也，我则人民知识犹浅，不暇自顾，徒以大国自豪。入侵我，我不备，战事起，人民涂炭，吾不忍见之也！”

12 月 27 日云南大学举行袁嘉谷纪念周，全校 600 名师生怀着悲痛的心情，集合在先生一直讲课的至公堂前悼念先生。熊庆来校长以沉痛的心情，报告了先生逝世的经过，称赞先生在云南大学任教多年，乐于育人，孜孜不倦，弟子满天下。在昆明举行的袁嘉谷纪念周活动中，当时的教育厅长龚自知做了关于抗日战争的演讲。联想到老教授的爱国情怀，师生们钦佩之心油然而生，对先生的逝世深感悲痛。

最后为老祖祖送葬的队伍，有几千人参加，送葬队伍一时使昆明街道交通堵塞，道路两旁还有上万人观看。

时代在不断地进步，一个人的成长，一定会受到时代的影响。但不等于社会进步了，今天的每个人，就一定比以前的人优秀。每个人的路还得自己走，既要做到“回首往事，不因碌碌无为而羞耻，也不因虚度年华而悔恨”，成为一个对人民有用的人，不能成为人民的罪人。要遵守这个做人的基本准则，只有靠每个人自己的努力，一生树立起坚定的理想信念，信守我们民族的基本道德标准，不论社会现实怎么改变，做人的底线不能被突破。

由云龙

老祖的亲家

由云龙

由云龙（1877—1961），字程孙，号夔举，晚号定庵，云南姚安人。光绪丁酉科举人，京师大学堂毕业。

1908 年创办《云南日报》，曾任唐继尧秘书长，滇西军政协理大理等五府一厅自治总理，永昌知府，保山县事，云南教育司司长，政务厅厅长，省议会议长，代理省长等职。倡导实业，参与创办昆明耀龙电力公司和昆明自来水公司。

1914年6月13日内务司长由云龙，就滇中观察使呈请核发警员获调解人员派遣旅费一案，报云南省财政厅核发。

1914年11月25日云南巡按使署任命由云龙为云南省水利分局局长，巡按使是任可澄。

1914年8月3日巡按使公署，黄任先生水利局名誉总办，由云龙充水利局总办，陈钧为分办。

1914年委陈价、刘显治、由云龙任云南省宝华锑矿公司官股董事会之委令。1919年12月22日云南省长公署电复由云龙盐运使，有关加发龚自知随员赴美来往船费寄照准由。

1915年4月5日云南巡按使任可澄，财政厅长陈价准此，批复水利分局局长由云龙，呈报劝募公债事，提出原则。月薪在50元以上者，认购公债20元，100元以上者认购公债50元。

1916年由云龙任云南省督军公署秘书厅长，1917年也是他。1918年云南省督军公署秘书长是周钟岳。

1917年8月8日唐继尧率军出征，令由云龙代理省长职务。

1918年2月14日由云龙向唐继尧报告，云南省发给本省留美学生学费，六年的学费都已发出，今年春的费用要于上年全月抄交商转，由香港电汇前，报教育部批准。

1918年3月13日由云龙报告唐继尧，缪司令已经率部将猛丁铜厂，马鞍山等地匪徒剿灭了。

1918年3月15日电告唐继尧，庾军长军国贤劳功高，此次被川将谋刺伤重不起，惋惜殊深，拟挨与棺材抵滇，再开追悼会以志哀仰。

1917年8月9日唐继尧下令，我即将率部出征，所有省长公署事物以由云龙代行析之，由云龙已于8月1日到署，暂代行拆除布告，照函咨分令。

1920 年 8 月 24 日唐命由云龙随他出征，担任总司令部秘书长，改任命周钟岳为代省长。

1920 年 1 月 6 日由云龙在北京，住在石驸马大街 3 号，给云南省长公署教育科周惺甫先生写信，支持李士贤、王濡廷、秦光华等 12 人，给云南省公署写信要求增加津贴，是由支持学生才给周写信，周认真回信了。

值得一提的是，1958 年，周恩来总理来云南处理中缅划界事宜，特邀由云龙参加。由云龙受到总理的邀请后，不顾年事已高，查阅大量资料，几易其稿，最终做出了相当出色的文案，使周总理非常满意。周恩来总理返回京后，特邀他到全国政协搞文史研究工作。但此时由云龙已是病魔缠身，最终没有去成。

1927 年后，由云龙潜心著述。历七年编成《姚安县志》，著有《越缦堂读书记》《定厂诗话》《定庵题跋》《石鼓文汇考》等。雅好楹联，有《楹联录存》《定庵楹联》存世。

1950 年，由云龙被推举为云南省人民代表、政协副主席、云南省文史馆主任委员，协助周恩来总理处理中缅划界事宜。由云龙善书法，初学颜柳，篆摹石鼓文，隶临石门颂、华山碑。间写墨梅、山水。

由云龙酷爱收藏，除了先贤书画，有图书 12 万册，后均捐赠云南各大图书馆。

由云龙出身于官宦世家，自小聪明好学。1897 年年仅 21 岁，参加科举考试中举人。1904 年，由云龙进京参加会试，当时的由云龙年值二十八，才识过人，如果按照他的学识，中榜并无大碍。但当他走上考场后，突然意气风发，多年练就的奇思妙想一涌而出，答卷中言辞锋芒毕露，言语中强烈反感应试中的“八股”气，另辟蹊径痛痛快快针砭时局。应试文章虽好，但已经“犯上”，若放在前朝，必定是杨升庵的下场，不是脑袋被砍，就是流放充军。好在那时的清王朝已是自身难保，不第后的由云龙一日听人说起，新开立的京师大学堂对外招生，并设有师范专业。由云龙一直认为云南地处边塞，文化落后，需改变这一愚昧落后状况，这就有赖于教育。随后，由云龙考取京师大学堂师范专业，先任学部主事。

不久，家乡父老联名写信给他，请求由云龙回乡发展教育。由云龙不忍家乡父老失望，加之早怀报效家乡之念，于是不久后遂返回云南，任云南省优级师范监学。到任后，便在全省奔波，将云南各府、州、县立国民中学合并为师范中学，在迤西、迤东、迤南三迤中每迤设一学校，并亲任迤西（大理）师范中学监督。光绪三十四年（1908 年），由云龙又在昆明与钱用中、赵式铭等人创办《云南日报》，并任编辑和撰稿人，发展云南报业。宣统元年（1909 年），云南省成立教育总会，由云龙任副会长。

辛亥革命成功后，由云龙先后任永昌府知府，滇西军政府协理，就在他准备放手大干一番时，袁世凯却复辟帝制，作为云南辛亥革命的元老，由云龙愤而投入唐继尧麾下，任护国军督府秘书厅厅长，参与运筹。护国战争胜利后，他荣获二等嘉禾勋章。1916 年，由云龙出任云南盐运使，力主暂设官运局，以平市价。此后，唐继尧带兵出征四川，由云龙一度代理云南省省长兼政务厅厅长。1920 年，华北五省遭遇历史上罕见大旱，由云龙任华洋义赈会会长，奔走海外募捐，大总统徐世昌以他募捐有功，特赐给他匾额一块。1927 年，由云龙任云南省教育厅厅长，努力发展云南教育事业。他亲赴日本、美国考察工业，回国后致力于云南电力、自来水等公用事业的创建，颇见成效，并首度在云南成立了电灯公司。抗战胜利后，由云龙还因在抗战中积极呼吁民众抗战被国民政府授予三等景星勋章、胜利勋章。

由云龙十分热爱自己的家乡，在土地改革时，他将自己多年艰辛收集的 12 万多册珍贵书籍全部拿了出来，分别捐献给云南大学图书馆、昆明师范学院图书馆和云南省图书馆。（当时的实际情况是，由云龙家的房子要被收缴了分给市民居住，他家中的人所保留的房子都住不下，12 万册书怎么可能放得下，就只好叫了省图书馆和昆明师院来拉走了，不是主动，是迫于无奈。）

中华人民共和国成立后，由云龙已是 70 多岁的老人，但他并没有回家养老，而是积极投身到社会主义建设中来。

1950 年，由云龙被选为云南省人民代表，担任 1950 年至 1954 年中国人民政治协商会议云南省委员会副主席。1955 年至 1961 年第一、二届云南省政协副主席，期间还被任命为云南省文史研究馆筹备委员会主任委员。

1961年4月20日，由云龙病逝，享年85岁。

由云龙的对联：

俎豆千秋，溯前辈流风未远；

湖山一桁，比新都乡景如何。

——题昆明杨升庵祠

瞻拜仰遗徽，我曾过西川故里；

馨香留古郡，人曾传南诏奇文。

——题昆明杨升庵祠

与岳阳黄鹤相衡，一样雄奇，各有大名垂宇宙；

揽昆明碧鸡之胜，同来眺赏，莫将佳日负春秋。

——题昆明大观楼

依然明媚山川，苍狗白云，人世几回伤往事；

自笑婆娑风月，绿蓑青箬，江湖满地一渔翁。

——题昆明大观楼

张学智

张学智，昆明人，字愚若。1870年出生，20岁中举，1898年，28岁考中二甲63名进士，65岁去世。与李坤是昆明经正书院的第一批高才生。在清朝，任过浙江省瑞安、金华、平湖、嘉兴四县的知县。辛亥革命后返回家乡。1914年在昆明翠湖边建成“若园”，也就是后来的周钟岳住宅。

住在大观楼的张秀华是张学智的孙女，张子才是他的二儿子，我的二婶张静华是张学智大儿子的女儿，二婶有5个姐妹。

张学智的夫人姓钱，是钱南园的后人。

老祖祖的《卧雪堂诗集》出版，张学智为诗集写了序。他首先谈了诗是反映诗人性情之作，故深于诗者，性情必厚，学问必纯；而非性情厚，学问纯者，亦不足以言诗。后面又写到，余交树五垂三十年，幼同学、壮同仕，沧桑交后同归乡里，卜居翠湖衡宇，相望相夕，过从申之以婚姻，故余知树五较深。最后写到，树五著作等身，以《卧雪堂诗集》十二卷属余序，余读之皆蕴酿深醇，根抵于性情。树五虽不仅以诗传，而诗亦足以传树五矣。1924 年冬，张学智序于九龙池地北若园。

序中说，过从申之以婚姻，指张学智的儿子张子才娶了袁嘉谷的三女袁淑芬，后来他的孙女张静华嫁给我二叔叔袁绩琦。

1944 年 1 月昆明市士绅优秀人员调查表中，有张学智，他家住大兴街 28 号。他的小儿子是张伟。

张学智书法作品

张学智生平著述很多，但留存下的不多，我只知道有《茗园诗稿七卷》，还有在昆明西山上，三清阁下有一块他的石刻。

杨如轩

杨如轩是小爷爷袁丕厘的老丈人，袁丕厘夫人杨覆馨的父亲。

杨如轩（1895—1979），字夷斋，云南宾川平川乡盘谷村人。幼年丧父，家贫失学，在家帮助母亲从事樵牧耕作。1910 年，五哥杨如璧在清军七十六标当兵逃逸。为避免家累，如轩替兄从军。1911 年，杨如轩在云南陆军讲武堂丙班肄业。辛亥革命爆发后，在昆明参加“重九起义”，云南光复，又重入讲武堂学习。毕业后，分配在昆明干海子补充队，1915 年夏任补充队第七连连长。

1915 年 12 月 25 日，云南发动护国起义，出师讨袁。杨如轩被编在第一军第三梯团第六支队第二营任营副兼第七连连长。曾任驻粤滇军团长、旅长，参与讨伐陈炯明之役。1923 年后，历任驻粤滇军第一军第二师师长、江防司令、云南防空司令等职务。

1909 年，一位名叫朱建德的四川青年风尘仆仆来到昆明报考讲武堂。但是由于当时云南陆军讲武堂只招收本省子弟，所以他第一次报考虽然成绩优良，但未被录取。于是在第二次报考时，为了通过检查，他把自己的籍贯改为“云南临安府蒙自县”人，改名朱德（字玉阶）。他终于如愿以偿，被讲武堂录取。他就是后来名震中外的八路军总司令，新中国的全国人民代表大会委员长。1910 年宾川青年杨如轩（字夷斋）也以优异成绩考入了讲武堂。由于同在丙班就读，且有共同的志向，朱德与杨如轩很快成为同窗好友。

袁世凯打算恢复帝制，云南都督蔡锷发起讨袁护国，袁世凯命令曹锟为总司令，以超过护国军四倍的兵力，准备在泸州、纳溪一带，一举歼灭护国军。

棉花坡战役，总司令蔡锷亲临前线指挥，与敌军主力展开激战，搏斗达 48 昼夜。护国军前进困难。杨如轩率敢死队，在风雨黑夜中潜入棉花坡岭，突破敌军堡垒。杨如轩负重伤。护国战争结束，四川督军罗佩金派杨如轩将阵亡将士忠骸迁回原籍安葬。杨如轩以战功升任第七团团长。

1920 年顾品珍率军从四川回滇，赶走唐继尧，杨如轩升任旅长，驻军滇南，围剿土匪吴学显。

1922 年唐继尧率军回滇，顾品珍战死，所部万余人，退入贵州，开会商讨出路问题。与会将领一致决定，通电响应孙中山出师北伐的号召，兵分两路进入广西柳州，并公推第三旅长杨希闵为滇军总指挥，杨如轩任第四旅旅长。

同年 6 月，陈炯明叛变革命，孙中山电滇军成立讨逆军，委任杨希闵为讨逆军总司令兼第一军长。杨如轩为第一军第二师师长，在广州讨伐陈炯明、平定沈鸿英叛乱中战功显著，受到孙中山传令嘉奖。

1923 年 3 月，孙中山特任杨希闵为中央直辖滇军总司令，任命杨如轩为中央直辖滇军第二师师长。此时，滇军发生内讧。孙中山令改编驻粤滇军，免去师长杨如轩职务。

杨如轩从香港投奔盘踞洛阳的北洋军阀吴佩孚。吴任命杨如轩为前敌总指挥。接着滇军第二旅长洪汝钧在南雄宣布脱离孙中山，率部到大庾县（今大余县），归附杨如轩后编为第六师，杨如轩任师长，驻军赣南。

1928 年 5 月中旬，杨如轩率 27 师的 79、81 两个团向红军进犯。失败后，又拼凑了四个团，进犯永新、宁冈。但这次又遭受更加惨重的失败，杨如轩本人也被流弹击中负伤。后来，部队缩编，杨被解除兵权，调任军事参议院中将参议。

1930 年，杨如轩以宣慰使名义回云南，省主席龙云委任他为云南宪兵司令。抗日战争时期兼昆明防空司令，至 1938 年去职。在任职期间力诫军法处以兴教化为主，不许妄杀。

1943 年回乡，在平川集资开办初级中学。从昆明聘请西南联大教师、学生前来任教，先后毕业 4 个初中班。同时还发起募捐维修平川风景名胜观音寺，至今为人称颂。

1947年，杨如轩被选为国民代表大会代表，到南京参加国大会议。

杨如轩身材魁梧，平易近人。喜爱京戏，经常登台扮演关云长。在昆明时期，每当募捐会演时，以“盘谷山人”别号粉墨登场，参加演出。

1950年减租退押开始，杨如轩被捕押回，向农民低头认罪。经过长期改造学习，思想有了认识，受到宽大减刑释放。曾任政协云南省第四届委员、文史馆馆员，撰写护国史料。1979年，病逝于昆明。

杨氏宗祠

许多云南人，一定不知道平川乡这个地方。更不知道在这个地方有个村子叫盘古村，村里隐藏着一座全国都罕见的祠堂。在这座祠堂里，半个民国和整个云南当时的精英都曾在这里留下过痕迹和墨宝。一个匆忙的午后，有幸静静地坐在那里，仿佛能感受着这些民族精英们的音容笑貌和这座宅第昔日的荣光。

民国是一段风云突变、激昂跌宕的时代，同时也是一个大师辈出的时代。这段短短的历史，出了很多经得起历史冲刷的人，无论是文人还是军人。

宅第叫杨氏宗祠，主人叫杨如轩，民国陆军中将。十五岁代兄从军，历经重九运动、护国运动、护法运动，因军功累升至中将。又因朱德与其亦师亦友和由兄弟到对手的关系，所以，更多的历史真相，将会留给更长远的时间去解答。宅第是杨如轩给自己的辛苦操劳一辈子的百岁母亲祝寿的系列工程之一，民国或多或少沿袭了些旧制，当时建坊是要得到中央政府批准的。而杨母的百岁坊，就是中央政府批准而建。当然，除了表彰人瑞，更多的也是因为杨如轩的战功。

杨氏宗祠按记载原有120多位名人题刻，军政界有蒋中正、胡汉民、林森、于右任、谭延闿、谷正伦、郑孝胥等。学术界有章炳麟、蔡元培、易大厂、黄孝纾、李宣龚、伊立勋等等，宗教界有呼图克图活佛、那诺呼图克图活佛、蒙古古洗里衮上师等。云南更是倾巢而出，一代宗师陈荣昌、袁嘉谷、李根源、周钟岳，名流布青阳、张鑫，军界朱培德、丁槐、马聪等等。可惜的是，目前残存的只有不到50位名家的

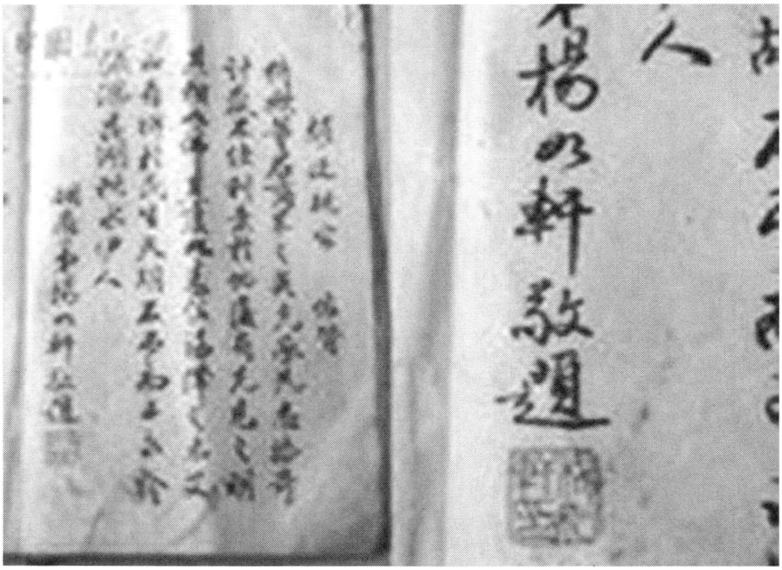

墨痕石刻。

听说，当时一大批这些名家字画放在那里，却在后来的和平岁月里给妇女们做了纸糊的鞋底。许多从苏州买回来的上好石料，还加上名人题刻，给人埋在了猪圈。

与老祖祖联姻的云南名人，还有舒翰才、庄永华，我没有找到舒翰才的资料，过去也没有听家里老人讲过他们的事情，就无法描述了。庄永华是做生意的，1942 年袁嘉谷的亲家庄永华，当选第三届云南中茶公司董事会董事，代表云南省方面行使富四记 100 股股权。另外，庄永华的堂妹嫁给了李剑卿，后者经营着 1918 年创建的大茶行——公益茶行。庄家在云南省也是有名的生意人，他家的故事也很精彩，时间关系我没有细收集、整理，只能简而言之。

《杨如轩遗集》

顺应变革

我是爷爷奶奶的长孙，1944 年 5 月出生后不到一岁，妈妈就患上伤寒，在当时这个病还属于不治之症。妈妈在昆明慈庆医院（现在网上记录的是慈庆疗养院）住了将近一年才回家。她能够复原，全凭她在云南大学医学院的老师，也是该医院的创办人，法国里昂大学医学院毕业的范秉哲教授的精心治疗。也全靠妈妈从小热爱运动的身体底子，不然很难闯过这一关。在妈妈住院期间，我就完全由爷爷奶奶照顾。从我出生到考上大学，一直上到二年级下学期，我们一家四口人才搬出昆明翠湖北路小吉坡 4 号（这是我们家租住的地方）到爸爸单位分配的宿舍住。宿舍在东风体育馆北面的几排平房里。我和爷爷奶奶朝夕相处生活了 20 年，他们的言行给我留下深刻印象。2015 年是他们诞辰 120 周年，我有责任为他们留下一篇尽可能真实的记录，以告慰爷爷奶奶的在天之灵。

民国时期的经历

20 世纪初的云南

我爷爷是老祖祖袁嘉谷的长子，老祖祖是 1890 年 8 月结婚的，婚后一直忙于准备参加科举考试，1891 年就离开石屏到昆明，拜张价辅、张舜琴为师，跟两位老师学习。也参加了当年 8 月的乡试，不幸名落孙山。老祖祖没有气馁，认真总结失败的原因，从而更加努力，发奋读书。妻子张祖母细心地帮助他，找出书中的重点，用笔勾出，作为学习要点，督促丈夫读书、背书。1892 年再参加岁试，名列第一，得到云南学政高勉之的赏识，将他调入五华书院成为上舍生。

1893年再参加省里科举考试，就名列第一。督学高勉之更加器重他，把他由五华书院调入经正书院学习。经正书院是当时云南省最高学府，聚集了许印芳、张舜琴、朱廷珍、陈荣昌等等一批优秀教师，同学都是全省选派来的高才生。

1894年老祖祖就考中举人，实现自己的初步理想以后，才安心修整一番。我的爷爷，老祖祖的长子，在他们婚后第五年才出生。就在这段时间，老祖祖的四兄嘉言老祖去世了，老祖祖这时才刚刚二十岁。老祖祖的四兄与四嫂刚成家一年多，四嫂富氏就先去世，没过两年，嘉言又去世了。嘉言老祖是家里经商的能手，他掌握着袁家的茶庄等商行业务。袁氏大家庭的当家人是徐太夫人，她让老祖祖把刚出生的爷爷，过继给嘉言老祖家，目的是继承嘉言老祖的股份，不让袁家几代人辛辛苦苦创下的生意，流落到外姓人家。爷爷的小名叫绳儿，老祖祖抱上襁褓里的绳儿，去给四哥嘉言老祖上坟，告诉他，你有后人了，我会把绳儿培养成人。

我的爷爷是袁丕元，1895年农历正月初三出生在云南省石屏县，1969年2月5日在昆明去世，享年74岁。我的奶奶叫王玉若，1896年出生在云南昆明，1966年6月6日在昆明去世，享年70岁。

大约从20世纪20年代开始，每年的正月初三，爷爷生日的时候，就是袁氏大家族聚会的日子，每年都会有几十口人来参加，老老少少三代、四代同堂，好不热闹。这个习惯一直延续到1992年我爸爸去世才停止，一直延续了七十多年。

爷爷是鼎鼎有名的清末“经济特科”考试的一等第一名的袁嘉谷长子，奶奶是19世纪中期到20世纪初，世界著名的中国“钱王”王炽的长孙女，云南商会会长王筱斋（王鸿图）的大女儿。

他们出生在19世纪末的中国，中国经历了两次鸦片战争的洗礼，人们开始觉醒了，不再闭关锁国，“洋务运动”在全国风风火火地搞起来。在很多有识之士的努力下，中国已经建成铁路、电报局，还有轮船航运公司，制造枪炮的现代工业企业都陆续建成投产，还建起两所大学，一所是私立的北洋大学，一所是国立的京师大学堂。

云南的邻里越南（当时称为安南），在清朝就是法国的领地，另一个邻邦是缅甸，它是英国的领地。清末英法两国就在昆明开办了领事馆。

云南在清末就已经出现了一些现代化的新生事物，当时还处于全国的领先地位。

滇越铁路是1910年4月通车的，从越南海防到昆明，全长855公里，需要37小时，采用的是1米轨距的铁道。在越南境内铁道长389公里，在云南境内的铁道长466公里。火车到了云南境内，就无法开快车。因为中越交界的河口县，海拔是90米，而昆明的海拔接近2000米，从河口到昆明的铁道长466公里，平均每公里就要上升3米，坡度大，火车爬坡吃力，无法开快车。滇越铁路总投资是1.5亿法郎，越南境内的铁道是1901年开始修建，云南境内的铁路是1904年开始修建，云南境内的铁路，因为修建在崇山峻岭中，施工条件非常艰苦，动员了二三十万人参加修建，才完成修建任务。

有了滇越铁路，昆明就有条件建设其他工业企业了。滇越铁路也是中国第一条连接国内外的国际性铁路通道，在跨国界的经济文化活动中，起着相当重要的作用。它的工程技术水平，在当年曾是世界领先的。滇越铁路是在旧中国积贫积弱的历史背景下修建的，其修建是被动的，但在客观上它却促进了云南的经济发展。滇越铁路是世界铁路史上的奇迹，很多路段都是在山区建成的，要么打山洞，要么在两山之间架桥，出了山洞、就进桥；过了桥，又进山洞，就是滇越铁路的一大特色。它虽然是法国人设计的，却是中国人修建的，中国人民为此付出了极大的代价，6万中国人牺牲了，却没有留下一个中国工人的名字。

昆明石龙坝水力发电厂是1910年开工建设，1912年4月建成，开始向昆明供电。这是中国第一座水力发电厂！该电厂由德国克鲁勃公司，提供发电机组和建筑必需的水泥，一共安装了两台3400千瓦的发电机，由水轮机带动发电。发电机组以22千伏的电压送到昆明市区，线路总长是34公里，经一级变电站降为3.3千伏，送到城区武成路、北门街等处的配电站，再降为110伏的电压，进入百姓家。这个项目的建设，奶奶的爸爸王筱斋是功不可没的！是以他为首的云南商会组织实施的，他还是第一大股东。

德国克鲁勃公司是一家历史悠久的公司，还造大炮，清朝政府就从该公司引进了不少大炮。现在厦门还有他们的海岸炮在展览，这些海岸炮的射程，可以达到二十公里左右。

20世纪90年代，我在中石化系统工作时，参加了和德国克鲁勃公司的技术谈判，为南京扬子石化公司，引进该公司的芳烃抽提装置生产技术。该公司的谈判总代表冈斯先生，是一位非常敬业的对工作一丝不苟的人。我们的谈判连续了一年多，我们也相处了一年多，算是朋友了。可是在谈判的休息时间，他绝不参加闲聊。我认为他是一个古板的人，除了工作没有什么兴趣。没有想到他对中国古老的文化有着浓厚的兴趣，1998年我带母亲去参观北京的孔庙，里面有从隋唐以来，主要是元、明、清时期的近三百块进士碑，结果看到冈斯先生带着夫人，也在认真地参观孔庙！他们没有找翻译，就带了一本德文的导游手册边看、边读，真让我感动！他是第一次来中国，就知道中国最有价值的历史文物在哪里，不是只知道长城、十三陵这些景点，使我不得不对德国人刮目相看！他身上流露出一个古老企业的文化传承。

昆明的自来水厂是1920年建成的，最大供水量是2000吨。发电厂和自来水厂的建设，都是奶奶的爸爸王筱斋为会长的云南商会，带头组织股份公司来实施的，王筱斋还是认股份最多的大股东。王筱斋是推动云南建成全国一流水平工程项目的投资者和组织者。

人力车，也叫黄包车，是1914年进入昆明城里。当年的《滇声报》报道，这些新鲜事物的出现，也给中国人的思想带来冲击，新的思潮给古老而封闭的云南大地吹来一股春风，引发了人们思想的变化。我的爷爷奶奶就是在这样的时代背景下出生的。他们已经开始接触新事物，使思想的起点融入了先进成分。爷爷奶奶出生在这个时代，他们的父亲又都是站在时代前沿的人物，带给他们的已经不是旧中国司空见惯的旧时教育，而是开始接受新的社会风气。

爷爷的童年

我爷爷家的祖上，是江苏溧水县人。朱元璋先后向云南多次移民，最后达到近

百万人。当年云南的土著居民，才有 200 万人左右，来了一百万的移民，使云南人口的民族成分发生了大改变。移民多半是居住在昆明，所以昆明成为“小南京”。早年昆明人生活得悠悠闲闲，不慌不忙。一般人家正餐只有两顿，上午 10 点和下午 5 点，算正餐。后来人们要上班、上学，才开始吃早点。除两顿正餐外，一般在下午 2～3 点，加一次晌午，就是一小碗米线，或者几个包子；到晚上 9 点，还有一顿宵夜，可以是点心、担担饺（相当于北方人的馄饨）。那时吃肉，昆明人叫“打牙祭”，要几天才能打一次牙祭，也就是一碗红烧肉，或者回锅肉而已。

老昆明人重视的节日有重阳节，要吃粽子和发芽的蚕豆，还有面食，小孩的手脚上要系上五色线，脑门上涂雄黄，家门上要扎蒲草、艾蒿。还有每年的七月半，叫中元节，要接老祖宗，祭祖。十五的晚上，要送老祖宗，用锡纸叠成银锭的样子，烧给老祖宗用。爷爷奶奶做这些

民国初年昆明的菜市场

事的时候，都要带上我，我也很认真地跟着做。

曾祖父袁嘉谷是1890年，在19岁时与张灵芝结婚。1895年爷爷出生时，他四伯袁嘉言已去世四年，没有后代。爷爷的奶奶徐太夫人决定，把爷爷过继给袁嘉言家，不过四伯家已经没有人能照顾我们年幼的爷爷，爷爷一直是在自己父母身边生活，没有离开过一天。

小时候听有些老人们议论，因为爷爷曾经过继给四伯，他的父亲袁嘉谷，就没有把他和亲生子女一样对待；因此，没有像几个弟弟一样去出国留学。事实是这样吗？我觉得，这只是个猜想。爷爷没有去留学，不是因为过继给伯伯，而是要帮助老丈人王筱斋去管理“同庆丰”的生意，没有继续求学。在后面我会详细介绍。

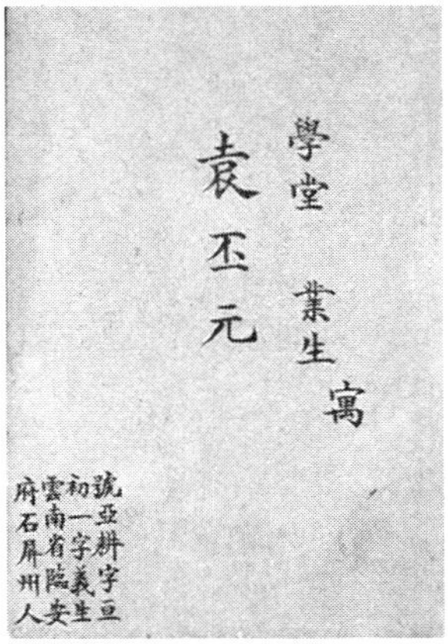

爷爷的名片

爷爷是出生在云南石屏，先在石屏老家生活，就是今天石屏南正街22号。中华人民共和国成立后土改时，这里作为地主财产，被政府没收，一直作为石屏政府下属部门的办事机构使用。20世纪80年代，在各方面的努力下，石屏政府决定收回，让最后一个在里面办公的单位——县武装部搬出，开始组建袁嘉谷故居纪念馆。

1899年我爷爷刚4岁，就随爸爸、妈妈、奶奶一起到昆明生活。第一个家，是租房住在昆明土主庙。1912年，全家又搬到长春坊生活；1916年也是租房，在德福巷住。1918年爷爷的奶奶，徐太夫人去世，老祖祖回石屏办丧事，丧事以后和他的三哥嘉猷、六弟嘉壁一起回到昆明，大家还是住在德福巷，一起租房子住。

据袁嘉谷年谱记载，1902年老祖祖还带上7岁的爷爷回石屏省亲，可见爷爷实际一直是在老祖祖身边生活的，也得到老祖祖的关爱。在昆明他接受的是私塾教育，跟着私塾老师学习，同时接受传统的礼仪教育，他小时候也和其他孩子一样，除了按父母的要求，每天都有专门的时间，跟老师阅读四书五经，弟子规等儒家著作；此外也有休息时间，和大多数儿童一样，玩过躲猫猫、跳海牌、滚铁环、拉人、挤油渣等这些昆明地区流行的儿童游戏，度过了愉快、幸福的童年。

老祖祖非常重视对儿子的教育培养，在爷爷十二三岁的时候，老祖祖就送他和弟弟袁丕佑爷爷到北京，进入当时中国的最高学府——京师大学堂学习。在老祖祖担任浙江提学使的阶段，爷爷和二爷爷都是京师大学堂的在校学生。

中国第一所大学是北洋大学堂，它于 1895 年 10 月 2 日（由 1887 年成立的博文书院改建而来）正式成立，是光绪皇帝御批，由盛宣怀出任学堂首任督办，是一所私立大学。

第一所国立大学就是京师大学堂，京师大学堂就是北京大学的前身。它创建于 1898 年，比北洋大学堂晚 3 年。爷爷去京师大学堂读书时，可能是 1907 年，该校已经创办快十年了。

奶奶的童年

奶奶是王筱斋的大女儿。她爷爷王炽出生于 1836 年，1903 年去世，享年 67 岁。王筱斋 1874 年出生，1935 年去世，享年 61 岁。王炽的祖上是明代应天府山阴县柳树湾石门坎人，就是今天的南京人。柳树湾石门坎，就是现在南京光华门外至石门坎一带，也就是今天的兰旗街南端一带。南京光华门在国民党时期又叫中华门。

奶奶是王家的长女，王家虽然早就接触西方，在生活上也尽量仿照西方，可惜，家里男尊女卑思想还是存在，没有大的改变。家长就没有让奶奶去读书，奶奶总是在家学习女红，就是绣花、梳妆等。

奶奶的童年生活，因为家境富裕，不愁吃穿，是在无忧无虑中长大的。童年时也和昆明一般人家的女孩一样，大家在一起玩游戏，比如两个女孩一起玩“花绷绷”，丢“小胰子”，“弹酸角核”。

她也会教我们说谚语：“又出太阳又下雨，栽黄秧，吃白米，逮着老天讲道理。”这些都是她是小女孩的时候学会的。

奶奶很喜欢绣花，水平也是不一般的。我现在收藏的一本老祖祖的亲笔手迹，有几十首在浙江任职时写成的诗词，装裱成册，外面是木制的封面、封底；木制的

封面外，就是奶奶亲手刺绣的土黄色丝质套，上面绣有“传家之宝”四个字。

奶奶家里的条件好，经常在家里举行“堂会”，请昆明有名的剧团来家演出。当时昆明流行的戏曲主要有滇剧、花灯，还有说书，云南人还特别喜欢唱山歌！昆明人把唱山歌，叫作唱“调子”。

滇剧的音乐出于秦腔、徽调与汉调，但经过与当地的语言、风习和地方戏曲长期融合，已经与原风格有很大差异。滇剧中的乐队也使用扬琴，这是从江苏扬州、苏州的扬琴传到昆明，改进而成的。清朝末年，京剧也传到昆明了，最早的京剧演员来自北方。云南的花灯，有八百年的历史了，演出时只有四种乐器：二胡、配胡、月琴、三弦。

奶奶从小经常听戏曲，所以非常喜欢看戏，特别是滇剧和京剧。奶奶去听戏，一般会带上我，我也就从小接受了戏剧的熏陶。在3~4岁时，就爱模仿戏剧人物。

京剧刚刚传入昆明时，在女演员中，不少练就了一身“看家本领”，作为吸引观众的手段。1915年来滇，轰动昆明的年轻女演员盖燕飞，就是其中之一。

滇剧演员剧照

她属于上海“髦儿戏”班里的演员，练就了一些精彩的，类似今天杂技表演的功夫。布幕一拉开，观众看到两根长长的绳索，从梁间下垂，绳索下端接上一根木棍，形成一座秋千；秋千距舞台地面还有两三丈高，木棍上还系有一把柳叶刀，刀刃朝上。在锣鼓声中，盖燕飞出场，她轻轻一跳，就攥住绳索，在绳索上表演各种高难度动作，叫“三上吊”。这种演出异常精彩，不过胆小的观众都不敢看。

到春节时期，爷爷奶奶会给我买一些木制的矛、刀，戏剧人物的花脸壳，我就戴上花脸壳，拿起刀枪，在玉龙堆老家的走廊上，像模像样地模仿戏剧人物的动作，表演给表兄妹们看。大家都还比较捧场，一直耐心看下去。

外老祖王筱斋家因为条件好，是专门请一流的厨师来家里做饭，提供全家人每日的伙食。这些名厨长期在王家工作，奶奶耳濡目染，不单会品尝美味，也学会了做菜的本领。只是家里有人做，她绝不轻易动手，而且她动作比较慢，做菜的准备过程比较复杂，要花较长的时间，也不适合快节奏的生活需要。后来我们很少见奶奶亲自去做饭。二表姐周福徵就回忆说，她非常爱吃外婆做的饭菜。

爷爷奶奶结婚

1911 年辛亥革命爆发，京师大学堂暂停教学活动，爷爷和二爷爷结束了近四年的大学生活，离开学校，到上海和父母团圆。这时候，老祖祖已经辞去浙江省的公务，准备回老家云南，在上海只是短时间逗留，没有公务缠身，享受难得的闲暇时间，就把大儿子和二儿子的婚事同时办了。爷爷和奶奶王玉若，二爷爷和二奶奶舒华芬，在 1912 年 3 月 4 日于上海同日完婚。那时候，全家人都住在上海永平里寓元记客店，度过一段休闲、轻松的日子。他们结婚时，爷爷 17 岁，奶奶 16 岁；二爷爷更小，才 15 岁，够早婚的。

现在可以推测，老祖祖能较快地把两个儿子的婚事，同时在上海办了，是早有准备的。两位儿媳妇是早就确定了，在上海这个临时居住地，只是举行婚礼而已，婚礼前的准备过程，早已举行过了。

那个年代，如果是在昆明，这个婚礼应该是很热闹的，婚礼的过程也是很繁缛的。虽然聘礼是以各家经济能力而定，但都必须严格遵循一定的规矩和步骤，决不可偏废，否则要遭人耻笑。

婚嫁的第一步是求庚帖，就是提亲，一般都是男家主动，男家看中哪家的小姐，须先求小姐的庚帖。第二步是通婚约，请媒人正式到小姐家上门提亲。女家如果没有明确拒绝，下一步就是“瞧媳妇”，男家要派亲长尊贵者，到女家向主人致意，实则是考察女家佛堂是否清洁，供花是否为姑娘亲手制作，伙食怎样，女孩的针线活如何。当然小姐的年貌人品如何，也是考察的重点。都满意了，便请求“合八字”，经拆字先生推算，双方生辰八字不相克者，便可将婚嫁正式列入议事日程。

当然，女家自然也要邀集女子的舅父、姑父等至亲尊长到男家相一番亲，考察准姑爷的才学品貌，家境情况等。如果没有异议，就开始“押八字”了，由男家准备首饰四、六、八样（视男家家境而定），还有酒、肉、糖、茶等礼品准备好，然后“过礼”。男家将彩礼及给新媳妇的四季衣服 8 套以上送至女家，女家要“迎妆”，将嫁妆抬至男家，嫁妆的内容依当时行情而定。这一套礼节完了，才大摆宴席，敲锣打鼓按照严格程序迎亲。

1912 年 3 月下旬，老祖祖婉言谢绝了浙江、上海各界好友的挽留，没有留在浙江或上海继续工作及生活，他就带全家踏上回乡的路。他们离开上海，乘轮船，经香港，取道越南，从越南海防乘小火车到开远，老祖祖换坐轿子，回石屏去看望那里的老家人。爷爷奶奶等人，随妈妈继续乘火车，沿滇越铁路返回昆明。

我的二姑妈袁转芝在世时，她有 3 个孩子，我的大表姐、二表哥、二表姐都在北京工作，二姑妈常常到北京住一段时间，就有机会和我聊天。她曾经对我说，要是在 1912 年，老祖祖听大家的意见，留在杭州或者上海做事，那么他的成就可能会更大！二姑妈虽然没有上过大学，却是个非常有思想、有文化的长辈。她的这个想法，也是有一定道理的。

替老丈人管家

王炽去世时，奶奶只有 7 岁。奶奶的爸爸王筱斋，娶过三房夫人，都是外地人，原配夫人是杭州人，生下我的奶奶及两个儿子，两个儿子都在十多岁时夭折了，只留下奶奶一人。第二位夫人是上海人，一个当时很时髦的女人，可惜没有留下孩子。第三位夫人是苏州人，生下两个儿子，第一个因为奶妈有病，被传染而死，只留下舅爷爷王天船，他是 1918 年出生的，和我爸爸同岁。好不容易得到儿子的王筱斋，此时已经 44 岁了。奶奶比唯一同父异母的弟弟王天船，整整大了 22 岁。

1912 年爷爷、奶奶结婚时，王筱斋 38 岁，已经独自支撑“同庆丰”和“天顺祥”快十年了！膝下没有一个男孩，王筱斋就想培养爷爷成为他们大家业的继承人。爷爷和奶奶结婚后，长期住在老丈人家，爷爷就给老丈人当助手。最初是到香港，管理那里的天顺祥分号，他们的第一个孩子，我的二姑妈就是出生在香港，有老祖祖的诗为证：

十二月十日至香港见丕元夫妇并孙女得诗（二首）

一

恩亲不辞远，万里一归舟。
初日幻霞彩，飞涛击舫头。
地形已沉陆，天气犹新秋。
谁信忘机好，悠悠问白鸥。

二

一笑炎洲外，欣逢儿女亲。
抱孙强仕日，呼酒谪仙人。
珠市鲛营窟，浪花龙鼓唇。
罗浮容我到，高卧梅枝春。

此诗写于 1915 年 1 月 24 日（农历 1914 年十二月十日），老祖祖本来是受唐继尧的派遣，到北京出席国会，是云南省国会代表之一。袁世凯在 1913 年 11 月，下令解散国会，缴销全体国会议员的证书。国会不开了，老祖祖本想立即回滇，可是接受了参加编制《清史稿》的任务，留在北京到清史馆工作了一年多的时间。

1914 年底，老祖祖才离开北京回滇，走海路经香港，顺便看望在香港经商的大儿子一家，正好赶上喜添孙女，抱上孙女，喜上眉梢。诗中还表达了他今后乐于过上自甘恬淡，与世无争的生活。

爷爷奶奶如果回到昆明，就住在王家。爷爷一方面参与昆明“同庆丰”的管理，有时也去省政府上班。

爷爷奶奶的第一个孩子，就是我的二姑妈，是 1914 年 11 月 25 日出生的；和爷爷奶奶同一天结婚的二爷爷，在1913年9月5日先生了一个女儿，我们就叫她大姑妈。二姑妈就对我讲过，她小时候一直是在外公家长大的，说明爷爷奶奶长期生活在老丈人家。这个时候玉龙堆的新房还没有建好，老祖祖一家是住在昆明德福巷，是租别人家的房子住。爷爷奶奶结婚后，就住在老丈人家是完全可能的，也是合情合理的。

爷爷就向老丈人学习做生意，以及帮着管理家的“内政”，就没有像二爷爷一样，又回到京师大学堂去学习。二爷爷结婚后不久，又返回北京。此时京师大学堂已经改名为北京大学，1914 年 7 月，二爷爷考入北京大学文学系学习，1917 年毕业获学士学位。京师大学堂 1912 年 5 月 15 日更名为“国立北京大学”。

我爷爷只算是京师大学堂的肄业生，一直跟随老丈人王筱斋，学到不少实际能力，特别是管理收支账目的能力。老丈人家的条件是非常好的，早早就安装了抽水马桶，用上了冰箱，有自己家的汽车，还有进口的小型无声电影放映机等等。

我们这一辈的不少人，都记得爷爷讲李鸿章的故事，1896 年他第一次出国谈判，是乘轮船。内急要上厕所了，可是进入厕所后，发现里面全是洁白的墙壁，没有茅坑。不知道该在哪里大便。实在忍不住了，就坐在抽水马桶盖上，拉到裤子里，无法出去，就用长指甲把大便扣出来，弹到厕所墙上。弄得外国人哭笑不得，只能再粉刷一次墙。我们听爷爷讲完，都会嘲笑李鸿章太出洋相了，给中国人丢脸。

今天我分析，李鸿章出这个“洋相”的可能性不大，李鸿章是什么人啊，他去厕所，一定有人伺候，怎么能闹出这样笑话。其实是笑话李鸿章，那个时候还不认识抽水马桶，只知道茅坑。而爷爷的老丈人家，已经安装了抽水马桶。不然，当年的法国驻昆明总领事馆，为什么就设在王炽家？条件不好，绝不可能被法国人看中。

爷爷早就接触了西方的新技术，会玩电影机、照相机。大表姐回忆，她小时候见到爷爷专门为奶奶拍的各种发型的照片，讲究发型在那个时候，就已经成为社会风气了。

只是老丈人在世时，不知道他心里是怎么打算的，有没有认真地安排好身后事，到底王家的生意应该由谁来继承。王筱斋 1935 年去世时，亲儿子王天船才 17 岁，也不能接手全部生意，三太太黄其芳，是个比较能干的女人。1949 年，黄其芳带着王尚贤、王任贤、王静贤三个孩子离开昆明，先到巴黎生活，最后转到马来西亚生活。她还去自学金融，以便能够掌握王家的财产。

黄太太自作主张地把生意转到国外。就由她主动当家成为同庆丰的掌门人，把爷爷奶奶“赶”出王家，我爷爷奶奶只分到一些财产，不得不搬回袁家居住。从这里也能看出，我们的爷爷、奶奶就是老实人。

与我同辈的表兄妹们，都记得爷爷在后来租住的小吉坡 4 号的院里，用手摇电影机放映无声电影的情景。我记得是卓别林表演喜剧的无声电影，其他人记得还看过动画片。

爷爷奶奶那个时候出门，开始主要是坐轿子，就是两个人，一前一后抬的轿子。到 1914 年开始昆明才陆续使用人力车，据 1914 年 11 月 6 日的《滇声报》报道，“东洋车已准入城，吾滇自马路成立，迄今数月，虽有人组织东洋车公司，亦只能在城外一小部分乘坐，而不能入城，以期推广”。在昆明人力车又叫黄包车，她的出现比轿子有明显的优势，不过开始并不顺利。因为道路全是土路，坑坑洼洼的路面，黄包车跑不起来，颠颠簸簸很不舒服。黄包车到了昆明的石头路面上，有的路面，石头缝宽得可以卡住车轮，所以黄包车刚开始营运以来，虽然价格不高，但没有多少人愿意乘坐，最多是带小孩坐着玩。

自行车是在 20 世纪 20 年代，出现在昆明城里的，数量很少，也不普及。

奶奶爱吃，也会吃。由于从小生活在条件非常优越的家庭中，对吃的东西，就爱讲究。比如昆明市有名的点心铺，她就非常熟悉。民国初年昆明最出名的糕点铺有四家，分别是合香楼、吉庆祥、永香斋和允香斋。

合香楼——光绪年间由北京人在三转弯（今如安街）开设，此人是随某总督来到昆明，是总督衙门里专门制作点心的厨师。合香楼以鸡蛋糕和“四两坨”最为著名，其他还有芙蓉糕、口酥等，品种很多，质量也非常好。合香楼保持了北京商人经商的传统，糕点油面分量准确，价格公平，所以销路很好。当时官场上送礼，大多到合香楼采办，同时还销售到云南省各州、县，甚至有的人把火腿月饼带到北京送礼。每年中秋节前一个月，合香楼的“四两坨”就定购一空。据说合香楼的糕点，之所以闻名于世，是由于老板对待工人非常苛刻，因此工人制作糕点时，油、糖等原料都放得多，以图亏本来报复老板，不想竟因此被顾客认为货真价实，而远近闻名。

吉庆祥——光绪末年开设在马市口，当时只是一家小铺子，云贵总督岑毓英的太夫人最爱吃月饼，大小官员都争购进献，促使吉庆祥的生意不断扩大；民国以后，老板与军阀结亲，本钱充足，加上经营得法，生意越做越大，特别是火腿月饼的质量，居各糕点铺的榜首，比合香楼的月饼，更负盛名。

永香楼和允香楼——开设于南正街（今正义路），其生产的糕点品种多、质量好，久负盛名。特别是玫瑰大头菜最为著名，其他如蜜饯元红、桃干等也非常有名。原本两个名号是一家，后来两兄弟分家，弟弟另在隔壁开设允香楼，还是生产各式糕点，还有蜜饯、果品。

我奶奶就特别爱吃吉庆祥的点心，在爷爷奶奶的床脚头，到冬天爱放一只铜制的小炉子，里面烧木炭，用来暖被子、暖脚的。有时也喜欢在炉子上烤几块点心，作为宵夜吃。

昆明还有一种点心，叫回饼，也是奶奶爱吃的。在清末，合香楼有一位叫李清祥的师傅，在做面包时，因喝多了酒，和面时把面和酸了。他急中生智，赶忙加碱，中和酸性，再加一些生面、白糖，揉成有筋骨的面团，擀成薄片后，压成鱼鳞形小块，中央点一个红点，再进行烘烤。结果烤出的小饼，清香四溢。后来再进行一些改进，用鲜酵母发酵，加入适量的菜油、奶油、奶粉，生产出奶油回饼，色白柔软，甜中带

老百姓放风筝

咸，老幼喜爱，成为昆明一大特产。

爷爷奶奶都有吃宵夜的习惯，在20世纪50年代初期，昆明还保留了一些个体户，无数小贩肩挑担子，或者手端木盘、身背背篓，穿街走巷，将自己售卖的小吃编成歌谣，四处叫卖。他们多半是卖豌豆粉、糖稀饭、太平糕、鸡汤面条、水饺等等，都是昆明男女老少爱吃的东西，大家喜欢买来吃宵夜。也有白天叫卖的，比如到夏季，就卖木瓜粉、抓抓粉、米凉粉、糖木瓜、糖山楂、泡腌萝卜、腌黄瓜……名目繁多的好吃东西。

爷爷奶奶就时不时出去，抬回一碗担担面，或者水饺，大家一起品尝。留给我们很温馨的回忆。

一方面爷爷是在为老丈人家管理生意，另外他也是云南名人的后代，唐继尧、龙云还是比较照顾他的。1919年3月20日唐继尧命令云南督军公署秘书处，把学习员袁丕元调省长公署政务厅学习员。当时袁宅在护国庵巷11号。

在《袁嘉谷文集》第一集中，第521页里，记录爷爷是云南政务厅厅员。

云南省主席龙云1941年10月3日令内政部视察员袁丕元视察滇省44县禁政情形，令财政厅知照。所谓“禁政”，是指关于禁绝鸦片的种植、制造、运输、贩卖、吸食及与之有关的政务。民国时期，由于种种原因，鸦片盛行，民国各届政府均颁布了一些禁绝鸦片的条规、命令，并要求各地“奉行禁政”。

爷爷做事很认真，他先后花了两年多的时间，分几次到各个专县走访、调查；找县政府询问，在街面上走访，了解当地抽吸鸦片的情况。视察结束后，出具书面报告给省政府，报告中对这44个专县的“禁政”情况，都做了描述，大多数县都比较满意。只是还有少数地区不遵守严令，他也把这些县的不足之处如实汇报。

从中华人民共和国成立后我爸爸写的“交代材料”中，我还知道爷爷在云南盐务局及省政府中做过科员，有固定的薪金收入，还有房租，耀龙电灯公司的股票收入。在爸爸和二叔还上学的时候，一个大家庭生活紧张，奶奶找弟弟王天船想办法，他送给奶奶12公亩田，用佃租补充家用。

袁家自从搬进昆明玉龙堆的新家后，住在这个大家庭中的有曾祖父和他的第二位夫人以及他们的子女，然后是我爷爷奶奶，以及我爸爸的姐妹兄弟。还有爷爷的两个妹妹因为丈夫去世，也回娘家居住。这是一个三十几口人住在一起的大家庭。这样的家庭一定要有人管理。当时传统观念很强，尊敬老人等观念很强，所以大家庭比较普遍。但几十口人每天的吃、喝等杂事，没有人管理肯定不行。玉龙堆的新家是1920年建成的，曾祖父是1936年去世。直到中华人民共和国成立初期这个大家庭基本是和睦相处的！老祖祖在世时，还有二爷爷家也住在这个院子里。

我爷爷在当时的政府里有过小科员的职务，可以发给固定的工资。而这些收入，绝对不够这样一个大家庭的开销！当然那些姑奶家自己也有一些积蓄，我的二姑奶是一个中学老师，完全能够支付自己的开销。至少我爷爷奶奶的这一家人的开销，在我爸爸和二叔没有工作，还在读书时，大部分是来自我奶奶在王家分家时得到的那份家产！在中华人民共和国成立前的二十多年里，这个大家庭的和谐、稳定离不开爷爷、奶奶的奉献和努力！

大约在这时候，老祖祖写了一首诗给大儿子《登金马山示丕元》，时间大约是20

世纪 30 年代初期：

六河浩浩彩云边，金马东来断复连。
风雨人行之字路，稻粱秋熟鼠儿年。
百禽声里催黄叶，万石岩头挂碧泉。
手掖吟笻吾老矣，山中新劈小诗天。

这是老祖祖几百首诗歌中，不多见的包含忧伤情绪的一首。这时候，老祖祖和爷爷的收入都减少了，有些对谋求衣食的忧思。

昆明最早的公共汽车出现在 1937 年，抗日战争爆发前，在昆明成立了官商合办的云南运输公司。“由后勤部购进废旧卡车 100 余辆，进行改装修配，承运客货，行驶长、短途运输，并把一部分汽车，改装为公共汽车，在昆明市区里行驶。”我第一次乘坐公共汽车，就是爷爷带我坐的。那个时期，云南省、昆明市都没有汽车制造厂，就连中国也没有自己的汽车制造厂，所以军用、民用的汽车，全部是进口的。要满足日益增长的需求量，仅靠进口是没有这个能力的，所以汽车修配厂应运而生，云南省、昆明市诞生了很多汽车修配厂，专门进行旧车翻新、改装，使大批旧车还可以继续服务。还要评选优秀司机，比如十万公里无大修的司机，可以戴大红花，汽车上授予特殊的标志。

爷爷的弟妹

爷爷有三个亲弟弟，二爷爷袁丕佑、三爷爷袁丕济是同母弟弟，小爷爷袁丕厘是异母弟弟。还有五位妹妹，同母妹妹是大妹妹袁厚芬、二妹妹袁静芬、三妹妹袁淑芬，异母妹妹是四妹妹袁荣芬、小妹妹袁玉芬。

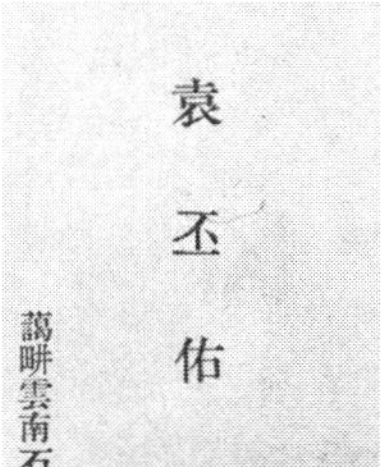

二爷爷袁丕佑（袁蔼耕）

二爷爷袁丕佑（袁蔼耕）（1897—1956）

二爷爷也是在石屏出生的，在石屏读完私塾以后，就随哥哥到北京，进入京师大学堂学习。因为辛亥革命学校停课，与哥哥回到上海与父母会合，在上海结婚。回昆明待了一年多，再返回北京。1914 年才 17 岁就考入北京大学，父亲袁嘉谷非常高兴，为他写下一副对联“驹名千里，鹤鸣九皋”。

1917 年，二爷爷从北京大学毕业后，先回昆明，在学校教书。1922 年，二爷爷考取云南省的公派留学生，到美国宾夕法尼亚大学留学，1925 年获教育学硕士，回国。他先后曾担任云南省政府教育厅厅长、民政厅厅长和省政府秘书长等职，中华人民共和国成立后担任省人民政府参事，1956 年病故。

二爷爷的书法也不错，加上他在省政府任职，所以在昆明的公园里，还留下一些书法作品。在石屏的袁嘉谷纪念馆，就保存有二爷爷用篆体书写的一副对联。

照片上的一副篆字对联，就是二爷爷的书法。我经过长时间的学习，请教专家，把这 16 个篆字认全了，是二爷爷在老祖祖去世的当年，为石屏中学写的。内容是择抄《文心雕龙》句子。《文心雕龙》是南朝时候的文学理论家刘勰创作的，它是理论系统、结构严密、论述细致的文学理论专著，成书于 501—502 年。这 16 个字是：

取德树声训深稽古，
积学储宝纬以通径。

二爷爷在云南省政府，主要是在龙云手下任职，也是从基层做起的。

石屏袁嘉谷故居内景

1918 年 3 月 20 日，云南省省长唐继尧以省长公署任命状第 33 号令，任命袁丕佑充本署政务厅二等厅员。

这段时间，云南尚志学会杂志申明，所有编辑出纳款项事宜，在龚自知出省期间，都由袁丕佑代办，必须有袁丕佑签名，才能报销。

1931 年 4 月，龙云下令撤销禁烟局长马为麟的职务，交高等法院拘押查办。该局局长由省政府秘书长喻宗泽接任，秘书长一职由袁丕佑接任。

1931 年 9 月，袁丕佑还被任为昆明市区长训练所所长。

1932 年 3 月 19 日，袁丕佑卸任民政厅厅长，由朱旭接任。从民政厅厅长改为省政府秘书长。担任民政厅厅长时，是陆崇仁到场督促交接仪式。

1934 年 3 月 10 日，龙云任命袁丕佑为教育厅厅长。

1935 年 10 月 9 日，龙云任命袁丕佑兼蒙自关监督。

民国十三年（1934 年）2 月 26 日，云南省政府任命，以秘字第 144 号文下发，兹委袁丕佑兼代云南省教育厅厅长，遵照到职报查。此令，遵于本月 7 日到厅接印视事。民国二十三年（1914 年）3 月 10 日。

龙云被蒋介石撤职以后，换卢汉为云南省主席，袁丕佑就辞去省政府的职务，到国立云南大学任教。教授中文，还讲授过甲骨文。云大教职员异动通知单上登记的信息：袁丕佑级别文史系教授。民国三十五年（1946 年）8 月至三十六年（1947 年）8 月，三十六年（1947 年）8 月至三十七年（1948 年）8 月续聘，月薪 600 元。600 元是教授中最高的，当时机械系曲维德是助教，月薪 190 元，机械系讲师月薪 200 元。袁丕佑 1946 年、1947 年、1948 年连续三年被聘为云大教授。

文史系教授钱穆月薪 600 元，文史系教授兼主任方国瑜月薪 560 元。1946 年 8 月 21 日袁丕佑被任命为昆明市图书馆馆长。

中华人民共和国成立后二爷爷在省参事室任参事，1956 年病逝。

袁丕佑爷爷有两位夫人，第一位夫人是舒华芬，他们生有大姑妈袁婉芝。这位大姑妈是云南大学文学学士，大姑爹是谢之俊，后面我会再介绍他们。第二位夫人是康子玉，他们育有儿子袁绩康、女儿袁焕芝。袁焕芝的丈夫是谭庆麟，在 20 世纪 80 年代，当过昆明工学院院长。

三爷爷袁丕济（字向耕）（1908—1946）

袁丕济是我的三爷爷，老祖祖第三个儿子，他比大哥（我爷爷）小了 13 岁；上面还有三个姐姐，这位三爷爷是在北京出生的，是老祖祖从日本考察回来后，在北京任京官的时候出生的。那时老祖祖全家刚刚搬到北京铁门胡同住，他和三姐袁淑芬都是在铁门胡同出生的。不同于两个哥哥、两位姐姐是出生在石屏。

辛亥革命以后，大哥、二哥在上海结婚，袁丕济爷爷这时候只有四五岁，还是个小孩，就随家人回到昆明，后来在昆明读完小学、中学。1923 年冬天，刚刚 16 岁就结婚了；现在看，够早婚的，夫人是云南省建筑学专家，云南大学会泽院的主设计师张邦翰的妹妹张邦秀。顺便介绍一下，张邦翰，1887 年出生，字西林。云南镇雄人，著名的建筑大师，政治家。私立东陆大学（云南大学前身）主要创办人之一，教授。张邦翰前辈最著名的成就是，主持设计了东陆大学最具特色的建筑——会泽院，会泽院建成于 1923 年。张邦翰的儿子是张家恭，他的夫人是孙槵英，是孙中山的亲戚，他们生了两个女儿在美国。

三爷爷袁丕济 1924 年中学毕业，考入东陆大学学习。年谱记载，他 1925 年到美国游学，我估计就是自费到美国留学，进入美国麦其根大学数学系学习。1932 年他在麦其根大学完成学业，获经济学博士称号，他与吴大猷是同学。回国前还去周游世界，每到一个国家，他都要给家里写几封信。我爷爷看到信上的邮票，非常喜欢，就小心地撕下来收藏起来。

他能自费去美国留学，我觉得多半是得到张邦翰家的资助，当时老祖祖可能还没有这个能力。

老祖祖知道三儿子到美国留学，心里高兴，为他写下一首诗《寄丕济美洲》

少年志何壮，沧州万里驰。
知儿宵梦里，正我午餐时。
柳叶绿三月，桐花红一支。
勖我家学远，频寄客中诗。

这时候的三爷爷才 17 岁，只是一位刚刚成年的年轻人，就离家万里，出去求学，到了地球的另一端。老祖祖从家乡寄去勉励儿子的话，表达了希望经常通信的愿望。

三爷爷游历世界，写回的信件，贴有世界各国的邮票。爷爷细心地把邮票一枚一枚收集起来。这些被爷爷精心收藏了半个多世纪的邮票，有 100 多枚，包括 20 多个国家及地区，除了非洲、南美洲、大洋洲而外，欧洲、北美洲、亚洲的几十个国家的邮票都有。美国邮票是最多的，我觉得比较珍贵的是，1932 年美国洛杉矶冬季奥运会的纪念邮票一枚，第十届奥林匹克运动会纪念邮票一枚；欧洲邮票有法国、英国、挪威、西班牙、意大利、比利时，其中还有一枚梵蒂冈的邮票；亚洲有新加坡、印度尼西亚、印度、缅甸、越南、日本、马来西亚的邮票。

爷爷在 20 世纪 30 年代就知道，收集邮票，最好是连同邮戳一同保留，所以好几

① 左面五张中，右起第一张是梵蒂冈邮票

② 右面五张中，下面两张就是 1932 年奥运会邮票

张邮票都是从信封上，连邮戳一起剪下来的。

三爷爷回国后，在国民党政府的资源委员会任职，开始在南京上班。后任驻昆办事处主任，在职期间，主持在昆明郊区创办了八个工厂。例如，水轮机厂等，这是云南省第一批像样的工业企业，为云南省的经济建设，做出了不小的贡献。云南省在 1930 年以前，可以说是没有任何真正意义上的工业企业，全部工业项目都是从资源委员会成立以后，才开始组建的。

资源委员会的主要职能有三个方面：一是关于资源的调查研究，二是关于资源的开发，三是关于资源的动员。从这时起，资源委员会由前期的调查研究阶段，逐步过渡到重工业建设阶段。1936 年资源委员会开始工业建设，经过一年多的时间，成立厂矿单位 21 家。其中包括煤矿、石油矿、铁矿、铜矿、铅锌矿、锡矿、金矿、炼钢厂、炼铜厂、钨铁厂、机器制造厂、电工器材厂、无线电机制造厂、电瓷制造厂、水力发电厂等。当时从国防角度考虑，这些厂矿都分布在湖南、湖北、江西、云南、四川、青海等省，沿海地区一个也没有。正处于抗日战争全面爆发的前夕，这些厂矿的建设，为增强中国的国家实力，起了一定的作用。

袁丕济的第一位夫人是张邦翰的妹妹张邦秀，他们生下了六孃袁婉芝、八孃袁鲁芝。可惜张邦秀在 1938 年就去世了，张邦秀也是大学毕业生，只是现在已经无法找到相关资料，只能留下遗憾。袁丕济爷爷又娶了第二位夫人赵发惠，她是何应钦的表妹，赵奶奶给袁丕济爷爷生了一个儿子，一个女儿。

张邦秀家的后代，多半在美国生活，现在都是八十多岁的人了。张邦秀的五弟弟，有个儿子在昆明生活，和袁婉芝的女儿还有往来。赵奶奶是20世纪80年代才去世的，赵发惠奶奶的后代，女儿在昆明生活，儿子开始在新疆工作，后来也调回昆明了。

1938年4月21日，云南省政府给建设厅一个训令，任命袁丕济为资源委员会昆明办事处主任。

1941年成立了一个民国政府“工矿业技术员缓役委员会”，任命袁丕济为该委员会的云南省委员。

1938年12月8日由中央主计长陈蔼士，任命袁丕济为云南省第一任会计长。云南省政府会计处是1939年1月1日成立的。国民政府主计长是陈蔼士（信封上签名），机关名“云南省政府会计处”，1940年初龙云批复任命袁丕济为会计长。1940年7月16日龙云又下令暂缓袁丕济执行会计长令。

1942年6月11日资源委员会昆明办事处，袁丕济致函云南省警务处，申明该处有多辆轿车（20多辆），均为公务之需，现有小车通行证8张，不够分配，再申请9张。同时申明本会各机关主管人员均知道爱惜汽油，自能节省使用，不敢浪费。

龙云给袁丕济回信，贵会高级职员究竟有几人备有自用车，因公乘坐者有几人，我们无法查办，请依照登记事项开送来处，转请核实，准函各由。

1946年4月1日何应钦给卢汉写信，推荐袁丕济可以提拔，称他“学能皆优，人亦干练，现任资源委员会昆明办事处主任，似难展其所长，拟请吾兄赐以提擎，委以省政府委员或其他合适工作，当能愉快，为图报称也”。不过龙云好像没有照办。

袁丕济爷爷，在任资源委员会昆明办事处主任时，专门组织出版了杂志《资源委员会月刊》。

袁丕济爷爷，对个旧锡矿进行过认真的调查研究，撰写过《云南个旧锡业调查

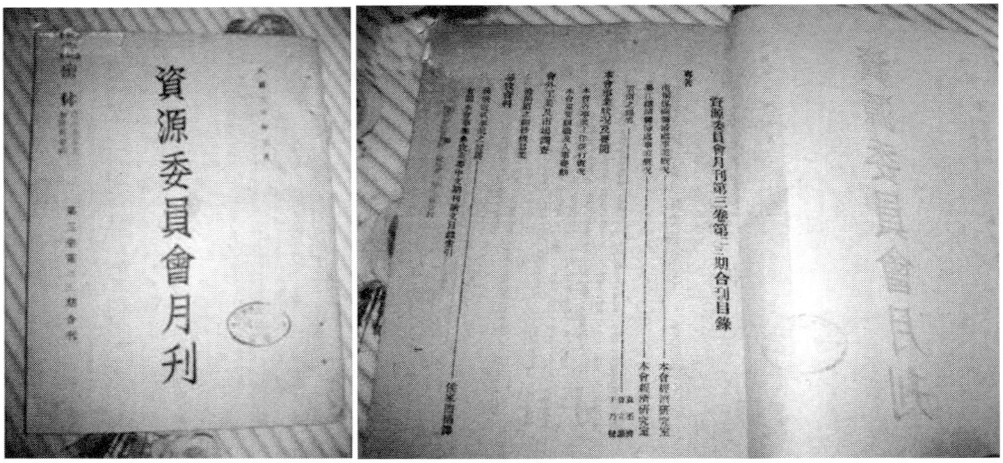

报告》。报告写了 115 页，对于锡矿的现状、问题及解决办法，都做了详细的论述。看得出，他对锡矿进行了认真的研究，下了不少功夫。

1943 年 2 月 24 日由缪云台上报，龙云批复，任命袁丕济、马镇国等 5 人为云南省管制物价会议委员，缪是省经济委员会委员。

1940 年 6 月 22 日袁丕济受命参加云南锡业公司创立会，函请云南省政府查照，是经济部资源委员会主任委员翁文璟，副主任委员钱昌照任命上述 5 人代表经济委员会出席成立大会。

袁丕济是 1946 年因心脏病去世。可惜啊，一位有才的前辈，去世时刚刚 40 岁，风华正茂，却英年早逝。三爷爷的病，可能就是现在说的心肌梗死，那个时候还没有手段检查，也没有办法治疗。

爷爷还有三个妹妹，都是云南省文科专科学堂毕业。大妹妹袁厚芬，嫁给由云龙的儿子由振仪。大姑奶后来就没有工作，是个家庭妇女，在家相夫教子。不过，大姑奶从小跟着父亲练习书法。爷爷多次对我讲过，大姑奶的书法非常好，几乎和老祖祖的一样，达到可以乱真的程度。我留有一幅大姑奶的书法作品，是仿欧阳询的字，功底非常了得，被我妈妈一直保存着，让我还能一睹大姑奶的书法作品。可惜她寿命不长，1952 年病故，才五十岁左右。

袁丕济爷爷编辑的《资源委员会月刊》

由云龙也是云南省民国时期的一位名人，在与时俱进一章里我也有介绍。1961 年 4 月 20 日，由云龙病逝，享年 85 岁。他比儿媳妇（大姑奶）还多活了近十年。

二妹妹袁静芬，学问非常好，书法也有深厚的功底。她的丈夫是蓝少安，蓝少安有些不良习惯，二姑奶非常生气，就上法院起诉，正式和他离婚。二姑奶育有一儿，一女，她非常喜欢这个儿子，可惜儿子也在年少时，因病去世，使二姑奶悲痛欲绝。后来就带着一个女儿，到大哥家住。自己去昆华女中教书，中华人民共和国成立后到昆明十四中学教语文，还成为中共党员，担任了昆明十四中的校长。她是云南省有名的优秀教师，书法也很好。我参加工作后，她曾为我抄写了多首毛泽东的诗，现在我还珍藏着。

二姑奶的丈夫蓝少安，对他的情况我们知道得很少，有待继续收集。不过 2015 年左右，美国驻中国大使骆家辉，他的第二位夫人是李蒙。李蒙的祖母是蓝妮（学名蓝业珍），她与上海名门李调生之子李定国结婚生子李振亚（即李蒙的父亲），与李定国离异，嫁给了中华民国国父孙中山的长子，中华民国国民政府行政院长孙科。据报道，蓝业珍和二姑奶的女儿蓝业民就是一家族的。她们是云南苗王的

老祖祖袁嘉谷的三个女儿，从左至右，三姑奶袁淑芬，大姑奶袁厚芬，二姑奶袁静芬

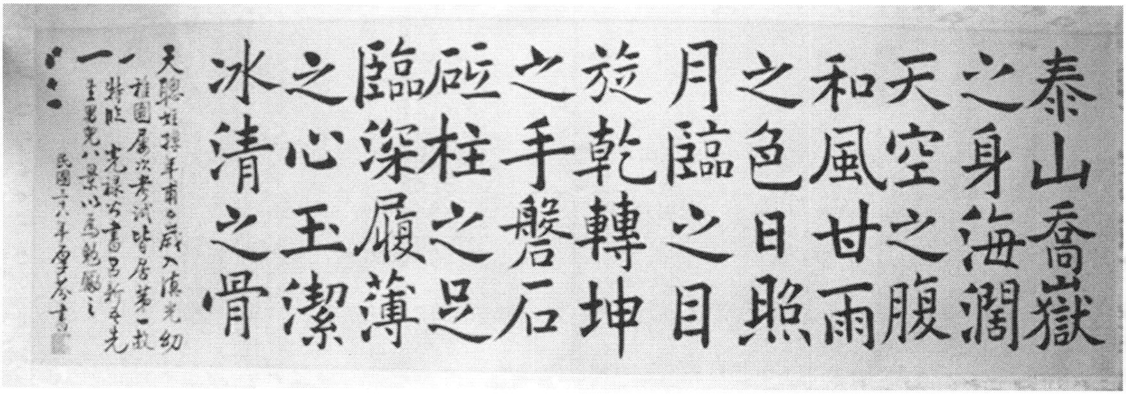

大姑奶袁厚芬的书法作品

后代。不幸的是蓝少安本人是个纨绔子弟，所以二姑奶是走法律程序，与他公开离婚的，表现得非常坚强。

三妹妹袁淑芬是家庭妇女，嫁给张子才，他是云南近代名人张学智的儿子。

还有老祖祖的第二房夫人生的两个妹妹，一个弟弟。

四子袁丕厘　袁丕厘生于 1924 年农历五月十四日，在他年仅两岁的时候，老祖祖看到这个小儿子，在牙牙学语，心情愉悦，以喜鹊为题，作诗两首，还有序。

丕厘幼学语，六子为句，余促成之。

喜鹊喜，多多多，鸟弄音，儿学歌。

喜鹊喜，儿学歌，儿乐拍手我乐若何！

丕厘小爷爷在昆明读完小学，1937 年考入中学。中学毕业考入刚迁到昆明，位于黄土坡的中法大学，学习化学。毕业后参加了空军，在云南航空站工作，空军派他到美国培训，学习航空摄影，在美国学习四年后回国，先到昆明五华学院教英语。后到昆明航空站工作，1949 年参加了两航起义。

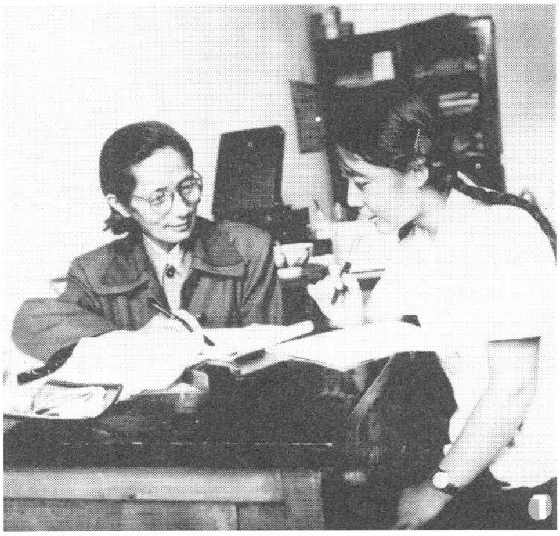

① 二姑奶在辅导青年教师

② 二姑奶及其儿女

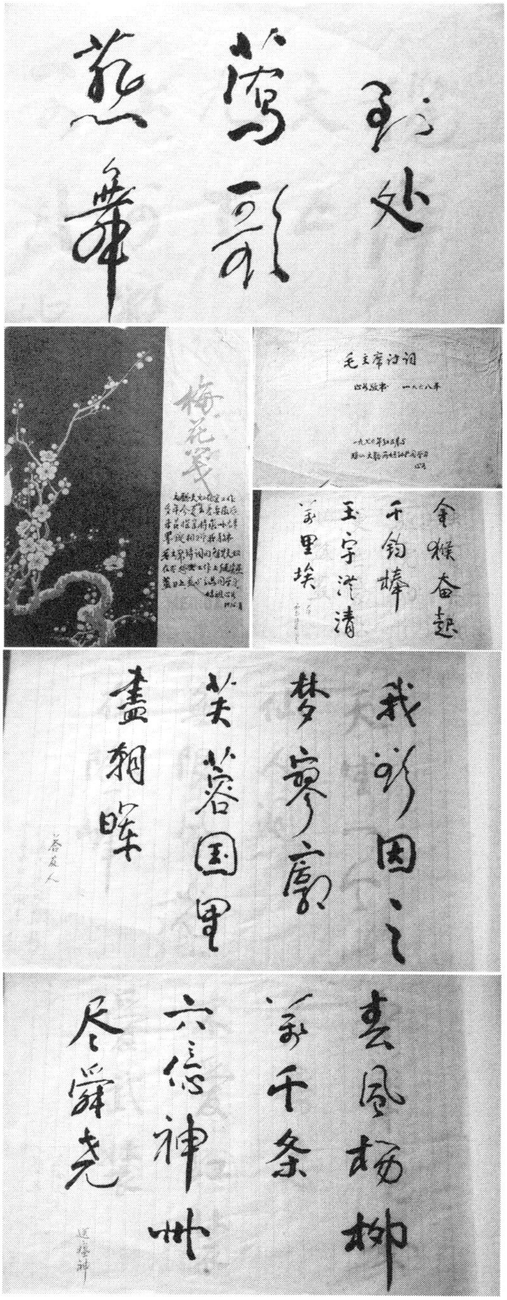
二姑奶的书法作品

中华人民共和国成立后就参军，小爷爷加入解放军空军地勤部队，在巫家坝机场工作。转业以后响应国家号召，参加三线工程建设，加入以礼河水电建设工程局，在以礼河电站担任化验员。最后调入云南省贵金属研究所搞翻译工作，直到退休，历任助理工程师、工程师、高级工程师。

小爷爷卒于2011年4月6日，享年87岁，是我们家族中男性的高寿之人。小爷爷的夫人杨覆馨，是云南民国名人杨如轩的大女儿，昆明英语专科学院毕业，今年还健在，都92岁了。杨如轩爷爷是云南军界的一位名人，在《与时俱进》一文里有详细介绍。

袁丕厘爷爷在贵金属研究所工作时，在《贵金属》杂志是发表过不少论文，我查到几篇。

1984年第3期上有《用涂银纤维制作抗静电干扰覆层》，用这个工艺制作的涂层，可以广泛应用在饭店、医院、公寓、办公建筑里。

1984年第4期有《美国白银消耗量在增长》一文。

1984年第3期上还有《银供应量超过消耗量》一文。

说明他一直兢兢业业在自己的岗位上，尽力发挥自己的专业特长，为冶金行业的健康发展，做出了应有的贡献。

四女袁荣芬 袁荣芬中华人民共和国成立

前是小学教员，中华人民共和国成立后在昆明五华区医院工作。丈夫是赵宗祥，是云南名人赵藩的儿子。赵宗祥爷爷是学习艺术的，昆明艺专毕业的，先在云南省图书馆工作，可惜40岁左右就中风了，留下后遗症，一条腿落下残疾，走路要拄拐杖，就提前退休了，退休后被安排在一家照相馆工作。赵宗祥的哥哥是赵宗翰，也任过省政府的秘书长。

五女袁玉芬　袁玉芬是曾祖父最小的女儿，1930年生，1952年考入云南大学，后来被学校选中，保送到中国人民大学马列研究班学习，按研究生待遇。毕业后分配到武汉华中工学院教马列主义。工资也是按研究生定的，小太孃和庄爷爷，在昆明上云南大学时就恋爱了。庄爷爷是分配到成都，他们结婚后，小太孃从武汉调到成都工学院工作。

她的母亲刘氏一直活到1970年，“文革”中被下放到云南剑川后，饿死的。玉龙堆的房子被卖出后，小太孃家是搬到先生坡住，和我爷爷家分开住了。

庄爷爷的父亲是庄永华，也是云南的一位名人。

何　瑶　何瑶是袁嘉猷老祖第二个女儿袁兰英的丈夫，他也是石屏人，又是接任我外公担任东陆大学代理校长的人。在东陆大学校长职务上工作了5年，1937年由熊庆来爷爷接替。

何瑶1915年到同济大学医工专门学校学习，1917年到美国普渡大学机械工程系学习，1921年获机械工程学士学位，之后几年在美国各地实习考察。1925年回国后应聘到云南大学任教授。1926—1930年历任东陆大学会计长兼数学、热机关学教师、理工学院院长。1932年秋，华秀升代校长辞职后，任东陆大学代理校长。

何瑶任校长期间，经历云南大学从省立东陆大学到省立云

1 袁丕厘爷爷在《贵金属》杂志发表过不少论文

2 小太孃袁玉芬与庄爷爷

袁氏部分家人合影（第一排左起第三人起袁绩康、二婶、庄爷爷、小爷爷袁丕厘、小太孃袁玉芬、二姑妈、四姑妈、六孃、李钟俊叔叔）

南大学的两个时期，他对机构进行了调整，增加了法律系、数理学系和教育学院。1934 年省立东陆大学改为省立云南大学后，何瑶又对院系进行了调整，成立理工学院，组建文法学院、医学专修科，在教育系下设立图书馆学课程，开设了专门的军事管理课程，恢复了停办 5 年的云南大学附中，为增加教学设备也做了大量工作。

何瑶任校长期间，正值爱国师生积极组织抗议，日本帝国主义侵略东北的“九一八”事件的宣传活动和多次反帝、反封建、反法西斯的爱国民主运动。何瑶站在爱国民主运动的前列。后来，何瑶历任云南五金二厂厂长、云南省建设厅农具改进所所长、模范工艺厂厂长、民革云南省候补委员等职。

由振仪　由振仪是老祖祖大女儿袁厚芬的女婿，是由云龙的儿子，关于他的情况我知道的也很少，有待再收集整理。

李奂若 李奂若是袁春晖的丈夫，是袁丕钧爷爷的女婿，在《耕读为本》一文中，有详细介绍。

宋小轩 宋小轩是袁嘉猷老祖第三位女儿袁惠英的丈夫，也是龙云的秘书之一。

张子才 张子才，又名张宗，是袁嘉谷三女儿袁淑芬的丈夫，他是张学智的小儿子，生于1904年，卒于1973年，他比夫人小两岁。1926年从东陆大学毕业，是学习工科专业的，算是东陆大学的首批毕业生之一。1927年就到安宁石龙坝水力发电厂工作，在厂里工作了四五年。1932年到昆明市自来水厂担任该厂厂长，一共当了16年的厂长。1948年张子才辞职，把石龙坝发电厂的股份也卖了，回家全力从事文物收藏。

1941年张爷爷在大观楼买下9.8亩土地，当时的昆明大观楼公园，除了近华圃及唐继尧墓，属于公园外，全部是私家花园，是4户人家的私家花园。张子才拥有的9.8亩，只是其中之一。除了收藏文物，张子才爷爷就是专心打理自己的花园。

张子才爷爷爱好广泛，喜欢学医，喜欢文物收藏，又是美食家，好交朋友，为人热情。中华人民共和国成立前昆明人民医院斜对面的街上，张子才爷爷开了昆明第一家西餐厅，他喜欢交朋友，就利用西餐厅，认识各界名人，包括很多名医。后来这家西餐厅，改为茶馆。

张子才爷爷身体不太好，所以他喜欢学医，愿意拜当时昆明的名医为师，自学医术。当时昆明有名的医生：秦作良、徐彪南、蓝瑚、甘列民等都是他的老师，既学习中医，也学习西医。

这位爷爷是我们大家族中的奇葩，在土改中，没有受到任何冲击，花园仍在他手里，文物收藏也能保留下来。怎么会这样？我很想弄明白。

云南博物馆收藏的文徵明的书法作品，缅甸总统收藏的价值连城的中国瓷器，1961年中国送给耐温的青花瓷瓶，都是张子才送给政府的。

最近向他的后人了解到，这和张爷爷的性格有关。他爱学习，对很多事物都有强烈的好奇心，本来专业是工科，自己的体质不太好，经常生病，所以对医术有着浓厚的兴趣，自己在业余时间向几位昆明当时的名医学习，所以他也会号脉、开处方，也治好了一些病人。回家隐居以后，他有时间了，对大观楼周围乡亲非常热心，谁家

前排右起张子才、三姑奶、六孃。后排右起李钟俊、小表孃、谭庆麟、三对夫妇合影

有人生病，来找他，他都热心接待，认真为他们治病。所以附近农民，都划着船来找他，请他出诊，或者来他家，登门求助。张爷爷都热情接待治疗，而且分文不取，免费送药给有困难的病人。农民就回赠一点菜，或者一条鱼，因为好多农民也是渔民，打到鱼，就送张子才家一条。

就因为深得群众的爱戴，在土改中就没有把他划为地主，给他一个小资产阶级的证明，在群众的保护下，度过了土改运动，私有财产都没有被没收。前面说到的其他三位，买下大观楼土地的，都被划为地主，没收了土地及财产。

直到1959年反右运动中，才第一次受到冲击！他是一个赋闲在家的普通老百姓，不去上班、不开会，怎么又会在反右运动中受冲击啊？

原来他还喜欢唱戏，是个票友，与志同道合的票友组成一个戏剧社，大家一起照了合影，照片上有云南王龙云的三公子等人。有人按当时的逻辑，把他们这个戏剧社当成右派组织，给举报了。他才第一次被斗了，真是智者千虑，必有一失。后来他是用文物买通关节，才没有被戴上右派帽子。现在云南省博物馆的珍贵文物之一，明代文徵明的书法作品，就是他这时候捐献的。20世纪60年代缅甸总统访华，向中国政府要官窑的瓷器，也是张爷爷把家里的藏品捐献给政府，转交给这位总统的，云南省给他50元。在反右运动中，他家9.8亩的私有财产，只留下500平方米的自住房，及100平方米的院子，相当于无偿交出了十分之九的花园，只留下十分之一。

从1964年开始，生活困难，开始卖了一些文物。

到“文化大革命”中，他家又被造反派遗忘了，顺利度过了这场运动。所以还留下一些珍贵文物。

孩子中学毕业要去农村插队，张子才爷爷已经没有收入，没法给孩子基本的帮助，也是附近农民帮忙，每人出几角钱，有的给件衣服，有的给条裤子，把孩子送到农村。这也是张子才爷爷给农民看病，自己出钱买药给农民治病，积下的德。

奶奶家的兄弟姐妹，我在写王炽的《勤劳致富》一文中有详细介绍。

中华人民共和国成立初期的经历

老年爷爷和奶奶

爷爷是中等个子，瘦瘦的身材，眼睛不大，却总是目光和蔼，常穿一身蓝布长衫，有时也换成中式的对襟上衣、布裤子。微长形的脸上，总是露着微笑，下巴上留着山羊胡子，脑门大而光，只有几根稀疏的头发，整齐地向后梳去。

奶奶个子比爷爷矮，比较胖，白白的皮肤，圆圆的脸，脸色慈祥。头发多而密，一双小脚，七寸金莲。奶奶讲裹小脚是非常痛苦的，她反对再给自己的女儿裹小脚。

中华人民共和国成立后在昆明搞过的运动有不少，比如清匪反霸、减租退息、土地改革等。爷爷奶奶虽然没有工作，也要经常参加居民学习会。我记得他们带我去青云街上的警察局，参加斗争地主恶霸的批判大会。开完会，有几个人，就被五花大绑的，由民兵拉出去，到刑场执行枪毙。

与爷爷奶奶过春节

在中华人民共和国成立初期，因为生活稳定了，大家都有了稳定的工作，有收入了，就要消费。所以到春节前，一些食品就供不应求，比如春节期间，昆明人最爱吃的饵饮、火腿等，都不好买，需要很早去商店门口排队等候。我们这些小孩，经常被派去排队，带上一个小凳，商店不开门，就早早去门口，坐在小凳上排队。奶奶爱吃炒饵饮，为了在春季买到饵饮和火腿、腌肉，就需要早早去副食商店排队，爸爸妈妈都要上班，不可能起早去排队。奶奶总是要求我们早起，去排队，准备买这些食品。不过只要有几个小朋友一起去，大家可以又排队，又在一起玩，还是开心的。可是再过几年，连排队也买不到这些东西了。

门换新联户换米，还春饵饮备香厨。
华堂草舍春都到，碧绿松毛迎地铺。

这首诗是清代昆明老百姓过春节的情景描写，饵饮成了老百姓家家必备的年货。昆明人除夕守岁的时候，要吃饵饮，还要在家里铺上青松毛，一边有烧炭的火炉，上面烤着饵饮，在饵饮及松毛的清香里迎接新年的到来。

为了迎接春节，家里人早早就开始忙碌，要买齐蜡烛、元宝、黄钱，还要供花、供品，铺地的松毛，吃的要有年糕、饵饮、鸡、鱼、肉、水果、蔬菜。蔬菜中一定要有青蒜、白菜、芹菜，取其谐音，告慰祖先，他们的后人，都是清清白白做人，一年没有欠账，预示年年有余，预祝来年清吉平安。

全家人先祭祖，祭完祖，才一家人坐下，开始吃年夜饭。吃完年夜饭，到三更天以后，大人们又要用酒、茶、糖三样放在灶前，然后点燃蜡烛，烧化元宝、黄钱，拜过灶神。然后放鞭炮，再开始切饵饮，削红糖，预备第二天的早饭。

除夕晚上，爸爸妈妈要为儿女准备礼物，这个可能是妈妈从外公家带来的西方风俗。第二天孩子可以得到圣诞老人送来的礼品，其实就是一些糖果，不过小孩还是很高兴的事。就等着天亮，从自己的床头上，取下圣诞老人放在新袜子里面的礼物。

大年初一的早上，天刚刚亮，昆明城里就有人起来燃蜡烛，化元宝、接财神。家家户户堂屋里都铺上青绿如茵的松毛，供桌上放好大米花团、油炸素供等。家人都聚集在堂前，对祖先行拜贺礼，表示不忘本。然后给长辈拜年，长辈要对晚辈说一些吉利话，勉励后人。然后是兄弟间、姐妹间互拜，都是相互作揖，说“恭喜恭喜，万事顺达，金玉满堂，心想事成”等吉利话。

早饭以后，老年妇女在堂屋，手持佛珠念佛，并准备迎接亲友来访。老年男子多去庙里进香；中年男子都穿上新衣，前去长辈及师长家拜贺。小孩也争相前往亲戚、长辈处拜年，目的是可以从大人手里接到“压岁钱”，虽然不多，都是很愉快的事。

昆明人还有在过年时吃“长菜”的习俗。这道菜是在大年三十就煮好的，多半是

五福家庆图

用芹菜、白菜、青蒜、萝卜等加上肥肉、火腿煮成。菜都不切断，怕的是“破财”，所以叫“长菜”。本来就煮得多，过年时又把吃剩的鱼肉、油汤加入混煮，天天热了吃，一直要吃到正月十五才停止。以现在的饮食健康角度看，是很不卫生了。今天的昆明人在除夕，应该不会这样做菜了。不过“长菜”还是要做的，绝不会做那么多了，意思意思就行了。

饵饮是云南独有的食品，我分析是与云南马帮文化有关，就和新疆的馕一样，是为了适应长途旅行，而创造的一种食品。过年吃饵饮，是昆明人的习惯，就和北方人要吃饺子一样。

在昆明饵饮有煮、卤、炒、烧四种吃法，还有类似西安人吃羊肉泡馍一样的吃法，叫“烧饵饮泡羊肉汤”，也是一绝。

煮饵饮是最常见的吃法，分甜煮，就是把饵饮切成薄片，或者饵丝，加糖、甜白酒和麻花，煮上几分钟就可以吃了；还有咸煮，花样更多，汤不外乎猪排骨，或鸡、鸭烧的汤。要把煮饵饫做得好吃，关键是“帽子”的质量，多用猪肉、牛肉做出焖肉、炬肉、脆帽、炸酱等，还有用鳝鱼做“帽子”的。吃的时候，只要把饵饫丝烫热了，加上一勺“帽子”。加上焖肉，就是焖肉饵丝；加上鳝鱼片，就是鳝鱼饵丝，各有各的美味，都非常好吃。过去在文明街新街口的“小只园”就以鸡纵、豌豆尖煮饵丝闻名，常常座无虚席。近代名人张学智曾为这家店题诗一首：

几人大嚼过屠门，准备年节不断荤。

最喜饵饫蔬食处，文明街上小只园。

卤饵饫是后起之秀，以昆明端仕街的“永顺园”最有名。这个餐馆的老板是玉溪人，他精选官渡饵饫，切成整齐、均匀的细丝，用特制铜锅，在旺火时把猪油炼熟，爆炒饵丝，再加入甜、咸酱油、盐等。再配上肉丝、火腿丝、豌豆尖，焖一会儿，起锅。再加上辣椒油，熟的青豌豆，看着红润，闻着香浓，吃起来油而不腻，鲜辣爽口。

烧饵饫也是昆明人最喜爱的食品，特别是当早点吃。对我来说，最怀念的昆明食品，烧饵饫算是其中之一，一张圆圆的薄饵饫，抹上芝麻酱、甜酱油，加上一段油条，卷起来，一口咬下去，满嘴的芝麻酱、油条、饵饫的混合物，简直绝妙无比！

最近回到昆明，看到烧饵饫已经从街边小摊，改为开街边门面店了，有了统一的商标“英凤饵饫”，店面干净，卫生，价格合理。我在昆明时，隔三岔五就要去买一次，感受美味的享受。

为父亲“迁坟”

爷爷的父亲袁嘉谷，是云南历史上唯一考中过中国最高学位的人，一直是云南人的骄傲！他考中的不是状元，而是经济特科第一，相当于状元的学位！云南人把老祖祖袁嘉谷称为“状元”，一是说起来方便，二是对他的尊重。1937 年，在日本人疯狂入侵中国的战火中，老祖祖悲愤离世。昆明市为他举办了极其隆重的葬礼！上千人上街为他送行，云南省的最高领导人龙云等都出席了。当时的名流、大学问家六十多人为他题写悼念的诗、词、对联有一百多副（首），其中不少是几百句的长诗，昆明市的公祭活动，连续了一周。才把老祖祖葬到金马山的墓地，在张夫人的墓旁边入土。

老祖祖虽然是清朝的省部级高官，在辛亥革命以后，仍然受到人们的尊重和热爱。云南的“土皇帝”龙云，就非常尊重他，几位云南石屏县走出来的地下党员，被逮捕以后，家人及好友来求老祖祖，他就给龙云写信，龙云总是马上放人。普通百姓都以能收藏他的墨宝为荣。

袁嘉谷在云南一直是很受尊重的。可是中华人民共和国成立初期，采用了简单的政策，不看一个人的行为和主张，那时对文化是不尊重的！自然也就不尊重袁嘉谷，因为他有房产、有田地，把他划为地主，属于剥削阶级！被打入另册，成为专政的对象。

城市要扩建，需要开发新的土地，就要征用袁嘉谷的墓地。政府不负责把这位老人的墓地，移地重建。而是派人去通知我爷爷，“要迁墓了，你们看怎么办？”那时候我爷爷也是被管制的地主，只能老老实实，不能乱说乱动。他还能提什么要求吗？根本不敢提。

大约是 1954 年的事，我已经十岁了，有清晰的记忆。那天是昆明常有的晴天，下午爷爷是坐了一辆人力车（昆明人也叫黄包车）去处理的，也是坐人力车回来的。我知道爷爷去处理这件事，大约经过 3 个小时，估计他快回来了，就到小吉坡下的翠湖北路边等他。看到他回来，一下车，我就跑过去问：怎么处理的？他一脸的无奈，说“能怎么处理，看着农民把老祖祖的坟挖开，打开破旧的棺材，露出他还没有腐烂的几块骨头，用我的手巾把剩下的骨头包起来，请农民在老祖祖的坟旁边的田埂上，随便挖个坑，埋上就行了，不留任何记号！以后谁也找不到了，就再没有人去打扰他了！”这是无奈的呻吟！今天的人们很难理解那个时代，被专政的对象，他们心里的苦难。

亲眼看到已经入土快 20 年的父亲，又被暴尸于天下，作为儿子的爷爷，他的心被撕裂、被蹂躏。他已经不能奢望父亲还会受人尊重，只是希望父亲再不要受打扰，真正能入土为安了！

拆状元楼

状元楼是老昆明的一个标志性建筑，一直都是人们心中的自豪记忆。早在清康熙初年就建成了，（最近看到一篇报道，说到清末，该楼已经建成350年了）最初的名字是魁楼，是政府建的，或是老百姓捐款建成的，无据可查了。她是建在昆明金汁河上的桂林桥上，在今天的拓东路中段。桂林桥在康熙年间，要塌了，在把桥加固修复后，在桥上加建了魁楼，一座三层建筑，一层开了一个门洞供人、马通行，门洞宽约5米、深约10米，第一层楼高约6米。

到了1895年，魁楼又摇摇欲坠，正好是爷爷出生的时候。在云南提学使张建勋（他是1889年的状元，广西人）的倡议下，为了振兴云南的教育，实现云南要出个状元的梦想，由社会捐赠的资金来修复魁楼。这个提议得到昆明大众的积极响应，纷纷解囊相助。捐得最多的是当时富可敌国的“钱王”王炽，他捐了大部分的建设资金；我们的老祖祖袁嘉谷，那时还是个学生，捐得最少。聚魁楼建成后，楼上刻下了全部捐款人的姓名，按捐款多少排序，老祖祖捐得最少，所以姓名刻在最后。这座承载着云南人梦想的建筑，代表了云南的文化底蕴，本应受到后代人的保护和尊重。

魁楼修好后为了祈福上天，让云南人能够在全国科举考试中，夺得第一，把魁楼改名为聚魁楼。老祖祖考中“经济特科一等第一名”，极力推荐老祖参加“经济特科”考试、当时的云贵总督魏光寿非常高兴，提议褒奖他，由书法家钱登煦写下“大魁天下”四个大字，悬挂在聚魁楼上。老百姓就把聚魁楼，在口头上改称状元楼了！注意，这个状元楼，只有其名，楼上并没有这三个字。这时候的状元楼，只有一个门洞。状元楼从来就不是正式的楼名，只是云南老百姓的口头称呼，但是比正式楼名传播得更深入人心。

也是在1953—1955年间，有人来家里（小吉坡四号，是我们家租的房子）通知爷爷，为了扩建道路，要拆除状元楼！问你们家人有什么意见。我爷爷事后讲：真是笑话，状元楼又不是我们家盖的，来问我们有没有意见，真是多余！其实就是有意见，又能怎么样？我爷爷一个饱读经书的文化人，在当时的特殊环境下，除了表现出一脸的无奈，还能有什么真实的思想吗？不可能！也根本不敢！

当时他和我奶奶，要经常在居民委员会组织的小组会上检查思想，接受出身好的居民的监督，就是有想法，也不能讲出来。

这就是时代的悲剧！让他们生活在那样的时代，想做一个老老实实的好人都难啊！每个人都是渺小的，要想生活得自由、民主，只有依靠整个时代和社会的进步，光靠个人的奋斗是不能实现的。

作为袁嘉谷的大儿子，在特殊的年代里，为他的爸爸承担了不少非议和难堪！

回到今天，我们经历了很多变故，国家富强了，经济发展了，思想认识也提高了，再来回味这件事，不知道来家里通知爷爷，要拆状元楼的人，是谁派他来的？这个领导还有一些群众意识，知道要问问群众的意见。我爷爷的回答，虽然更多的是无奈，讲的也是事实。

为了扩路，是不是还有其他办法？既能留住状元楼，又能增加道路？要邀请各方面的专家，认真讨论，还得问问昆明市，云南省的人民同不同意。今天又要重建状元楼了，爷爷如果知道这个消息，他是喜？是悲？我估计他会说，“既知今日，何必当初！”状元楼可以重建，不过新建的大楼，已经失去了历史的厚重元素，失去了浓郁的文化韵味。只是一个城市景观。最多可以卖门票，收回投资而已。

新状元楼的外形与袁嘉谷考取经济特科一等第一名时的聚魁楼也不一样，楼的色彩、朝向、位置都不对了！

事已至此，光埋怨已没有作用了，我希望在新建的状元楼旁边，立一块碑，把状元楼的历史，什么时候建，什么时候拆除的；为什么名字从魁楼，到聚魁楼，又到状元楼讲清楚；最初是一个门洞，民国初期昆明有汽车后，才扩建为三个门洞，等等内容，如实地给后人讲解，把两座状元楼的命运说清楚，让后人从中学会如何尊重历史，如何爱护历史文物，让我们的后代再不要干蠢事了。这是比新建状元楼更有历史意义的事。

状元楼在时代变迁中的曲折经历，不仅反映出思想、文化的差别，也反映出客观条件的影响，虽然1903年照相技术已经诞生，法国领事方苏雅是最早运用这个技术，记录昆明市景的人物。他拍过聚魁楼，可惜由于众所周知的原因，这些照片被埋没了近90年，才重见天日。云南人才又能一睹它的风采。

现代在云南最早重修状元楼的地方，是石屏县。那是1997年左右的事，石屏县为了宣传自己是文献名邦，决定建设焕文公园。在公园里重建状元楼，要建状元楼，必须有它的图纸，或者照片，所以到处找状元楼的照片，不然无法修建这座楼啊。最后是云南省早期的摄影家杨春洲先生，在自己收集的老照片中，找到了状元楼的老照片。该照片是拍摄于20世纪40年代，已经是三个门洞了，所以石屏重修的状元楼是三个门洞的，这已经很不容易了。没有杨春洲老先生，连这张照片都找不到！

这是建在石屏焕文公园里的状元楼

方苏雅拍摄的照片，是1999年以后才在云南展出的，所以老祖祖袁嘉谷考中“经济特科一等第一名”时聚魁楼的照片，是有了方苏雅的照片后，才被今天的云南及昆明市人民见到的，那是在建好石屏状元楼以后了。一个门洞的状元楼是“爸爸辈的”，三个门洞的状元楼是“儿子辈”的，可惜我们是先见到三个门洞的照片，先认识儿子的照片，后来才见到爸爸的照片。这是历史和我们开了一个玩笑，不是人为的错误。

从尊重历史的角度出发，要新建状元楼，就要建成一个门洞的样式，这才是与袁嘉谷考中的功名历史有关系的样子。后来到了民国时期，有了汽车，交通流量增加了，一个门洞无法满足需要，才扩建为三个门洞。这个事实，今天的人们已经知道了，就不应该随意变更，否则是对历史的不尊重，是缺乏科学态度的做法。

清末的聚魁楼（状元楼），是老祖祖考中“经济特科一等第一名”时候，云贵总督魏光寿提议褒奖他，由书法家钱登熙写下“大魁天下”四个大字，挂在聚魁楼上。

顺应变革

日常生活中的爷爷奶奶

爷爷是个很认真的人，从下面这些事实，大家可以看出他的为人。

中华人民共和国成立后从袁嘉谷故居搬出来后，我们一大家人是住在小吉坡4号，一个李土司的私宅里。因为是土司，就没有算地主，可以保留私宅。爷爷奶奶、我们一家四人，二叔叔、二婶及六个孩子，分别租李土司的一层三大间房子住。爷爷奶奶住的房间铺有瓷砖地，他每天要把长衫挽在腰上，认认真真一块一块地擦，直到一尘不染的地步！

他的屋里每一件东西都有固定的位置，只要有人动过，都能被他发现。他多次训练我，进屋以后先看两分钟，记住屋里有什么东西，然后蒙住眼睛，再重复讲出每一样东西的名字和位置。我到现在都保持这个习惯，自己家里和办公室里，总是干干净净，东西放得整整齐齐，工作再忙，办公桌上一定是井井有条。

那个时候流行看苏联小说，有一本《形形色色的案件》，讲苏联的保卫局里，如何培养侦查员的，就是在房间里放上各种东西，有文具、书报、餐饮工具等等，让侦查员进去看 2 分钟，然后出去，要复述所看到东西，能背出的准确性越高，得分越高。

爷爷也学着这个办法，来培养我的记性，效果很好。

他订阅的《云南日报》，从发刊的第一期起，每天一张不少，整齐地放在床边上。几年以后，足足堆了一米多高。这件事被云南日报社知道了，专门派人来查看，并对爷爷说，您收藏的《云南日报》，比我们报社留的还全，真是难得。把爷爷收藏的报纸全部征用，没有什么报酬，但爷爷心里是美滋滋的，因为自己又为社会做了一件好事。如果按现在的风气，《云南日报》不出个大价钱，谁肯捐献啊！

中华人民共和国成立初期的政策，是把爷爷奶奶划归“封建地主”，其实他是受过高等教育的，他根本不讲迷信，不信神，不信鬼怪；在 20 世纪的 50 年代，这样的老人算很进步了。他很认真地对我们讲过，他的爷爷就给他讲，如果人死了，还有魂，那么我一定回来告诉你！他说他的爷爷没有回来过，所以让我们不要相信有鬼有神！而且也对我说，如果他死后，还有魂，也一定回来告诉我。在 20 世纪 50 年代，能这样教育孙子的老人，绝对不多。

今天也这样对我的孙子讲，他还半信半疑，孙子在父母的影响下，已经开始信基督教了。我不信基督教，但不反对有信仰，有信仰是好事，人不能没有信仰。信仰也不是可以号召，命令的，必须是发自内心，心甘情愿去做的才叫信仰。我只信中国的传统信仰，简单说，就是“人在做，天在看”，不是一定有个具体人为代表，中国人的传统信仰，是以“天”为神。信仰不同，要说服一个小孩，也不容易，不过我很享受和孙子讨论信仰的过程。

在我们搬出袁嘉谷故居，到小吉坡 4 号的院子里居住后，有房东及十多家住户住在一起，每个月全院的电费、水费都是爷爷先垫付，再按各家的人口，和使用的灯泡瓦数分摊到各家。晚上他拾着自己的账簿到各家去收，并详细讲解计算的过程。每家都十分信任把钱交给他，从没有人会怀疑他收得对不对，算得对不对，十多年都是这

老年的爷爷奶奶在翠湖边（二表哥周祖濂摄影）

样。包括那些云南铁道兵团的解放军军官及其家属。爷爷全当是小吉坡4号的院长，从没想过是否该有回报，好像这就是他的责任，看成天经地义的事一样尽心。他是个文化人，内心非常希望能为社会做些事，政府不让他干，邻居们非常信任他，给他的内心得到很多满足，心灵的安慰，比金钱的回报更重要，就是爷爷的精神。今天，这样的人有多少？

在20世纪的五六十年代，讲突出政治，不论谁都要参加政治学习，就连在家里闲着的老头、老太太都不例外，定期由居民委员会组织他们学习。爷爷就在这时候，能发挥一些作用，负责给大家读报。

昆明解放时，他才55岁，用今天的时髦话说，正是年富力强的时候，可是失去工作的权利，只能靠儿子来养活。爷爷和我们家吃饭，奶奶和二叔叔家吃饭，爸爸每月给爷爷一定的零花钱。如果让他去当一个企业的会计，我想一定能做得很出色！那个时候找个会算账的人，也不容易。因为他的身份，不让工作，既不公平，也是浪费！

我的爷爷是一个普通人，一辈子认认真真做人、做事的可敬老人。

初中我上的是昆明第七中学，校址在圆通山下面的八省会馆，我家住在翠湖边的小吉坡4号。每天去上学，要走半个多小时的路。冬天去上学，出门时，天还是黑的。上午有4节课，如果不吃早饭，很难坚持到中午。爸爸妈妈要上班，需要休息，不能为我早起做饭。爷爷就为我想办法，他从杂志上看到，可以把米放进热水壶，冲进开水，第二天倒出上面的水，下面就是热腾腾的粥。让我喝上一大碗，再去上学，就这样为我解决了吃早饭的问题。

没有“佣人”了，爷爷奶奶自己家的家务，只能自己动手干了。不过奶奶也基本不干活，都是爷爷从头学习，生炉子做饭！还有拖地板、抹桌子，全是爷爷干。爷爷还干得很高兴。比如生炉子，那个时候昆明家家户户都是用“风炉”，烧水，做饭。炉子是烧煤的，而且是褐煤，就是有烟煤。在刚刚点着火的时候，煤烟很多，呛得人睁不开眼，呛得人直咳嗽，眼泪、鼻涕直流。为了让上班的爸爸妈妈省心，爷爷五十多岁，开始学习生炉子，做饭。常常被煤烟呛得眼泪、鼻涕直流。他还是高高兴兴地干，要把这种有烟煤的炉子生好火，要不停地扇火，用芭蕉扇扇，或者是用竹子和棉纸做成的火扇扇火。他就数着数，一共要扇多少次，才能把炉子点着。每生一次炉子，一定得扇几百下，可能要上千次。他一直干得乐呵呵的。

爷爷奶奶家在中华人民共和国成立前，是有“佣人”服务的，在土改时就算剥削分子，是专政的对象。其实“佣人”，不就是今天的家政服务员吗？爸爸就对我讲，后来这些“佣人”回老家了，爸爸去乡下工作，还见过他们。大家见面仍然是很亲热的，对爸爸很好，还邀请爸爸到他们家里吃饭。

我的表弟周祖同，是 1947 年出生的，是二姑妈与二姑爹的第六个孩子。二姑爹是 1955 年因心脏病去世，那时候他才上小学。他回忆说：父亲去世以后，我一放学，走出校门，都会看到外公站在路边，见我走出来，就牵着我的手，关心地问问，上课听懂没有，饿不饿。先带我去吃碗米线，再把我送回家，一幅感人的画面。今天小同在电话里对我讲这些，听得出他的声音是哽咽的，多么可敬的外公啊！

我的奶奶

中华人民共和国成立后搞土地改革，石屏的农民来我们家，把奶奶抓走了，抓到石屏去斗！奶奶被抓走后，爷爷在家急得直跺脚！嘴里说：为什么不抓我，要抓这个老太婆！我也想不明白，我奶奶不是石屏人，我爷爷才是石屏人，为什么不抓爷爷，而是抓走奶奶？直到今天我才想明白，农民斗地主，为的是要东西，抓我爷爷去，一个本来就没有多少钱的人，有什么用？他们认为还是王炽家有钱，抓奶奶去一定会要到东西。抓走一段时间后，奶奶被放回家了。几个姑妈都来看望奶奶，我就在旁边看，听她们的谈话。她们问奶奶有没有被打，奶奶没有说话，只是让她们掀起衣服，看到后背有被打的红印。姑妈们看到被打的红印，没有表现出气愤，只是说能平安回来就行了！当然，不是不气愤，是不敢气愤。但我可以说，在我们家就没有听到任何人对这些事耿耿于怀的！

其实按我们家的习惯，这些事我们是不会记在心里的，我们就是希望大家都生活得好，严重的贫富差别，并不是我们希望的。只要全家人平平安安就行，钱多就多花，钱少就少花。我的爷爷、奶奶经常接济当时的穷困人，贫富不均是社会不公平的表现。我们家人的思想里没有认为这个不均，是天经地义的，思想里是赞成社会均富的，所以才会对奶奶在土改中的遭遇都能平静地对待，没有埋怨和要报复的思想及行动。只是从现在来看当时的土改确实存在着简单、粗暴的问题。

奶奶有个习惯，每天要认真地梳头，最早是我们的几位姑奶帮梳，后来就是她自己梳头。她梳头是非常认真的，几乎是一根一根地梳，还要抹上发蜡，梳得油光锃亮。每天梳头要1~2小时。后来知道慈禧太后，也是每天要花很长时间梳头，大太监李莲英就是因为会梳头，深得慈禧太后的欢心，而步步高升的。那个时代，似乎就流行这个风气。按中医的说法，梳头可以明目、健脑、保养头发。的确，我记得奶奶的头发就是长得很密、很多；不像爷爷的头发，非常稀少。

我的二姑妈，也保留了这个习惯，爱梳头。早点可以不吃，一定要先认真地梳头。

奶奶虽然干活少，不过对我们这些孙子、孙女是很关心的。谁有个发烧、肚子痛，她就要天天来看你，一会儿摸摸头，用她的脸贴贴你的头，判断还烧不烧。她也会用一些民间的办法，帮我们解除痛苦，如用掐人中、合谷部位来帮你止痛。

我记得奶奶好像不做饭，在北京，我问过二表姐周福徵，是不是我奶奶不做饭？她说，不对，我吃过外婆做的饭，很好吃。大表姐等也说外婆做的饭，非常好吃。

奶奶在“同庆丰”长大，同庆丰有一流的厨师做饭，奶奶耳濡目染，一定学会了较好的烹调手艺。不过听爷爷说，要让奶奶做饭，需要很长时间。她做得很细，慢慢悠悠、不慌不忙，要按严格的步骤做，一定是跟好手艺的大师傅学的。她始终没有放下大小姐的架子，不愿意亲自天天去厨房干活。可是我二姑妈家的孩子，都回忆说，外婆会给他们做饭吃，说明奶奶心里对嫁出去的女儿，还是特别挂念的。尤其是二姑妈，才四十出头，丈夫就去世了，奶奶特别在心，对他的孩子，就要特别关注。这也是奶奶令人敬佩之处。

我的奶奶是真正的大小姐出身，是在养尊处优的环境中长大的，除了会绣花，做一些针线活而外，基本不会干家务。因为她家里条件富裕，一直雇有佣人在家里干活。我记得中华人民共和国成立前，住在玉龙堆袁嘉谷故居的时候，还有厨师做饭，还有几个帮工，带小孩，洗衣服等。中华人民共和国成立后这些工人都回家了，只留下一位张大爹，他一直是我们家的管家。好像他老家也没有人了，在我们家干了一辈子，所以没有走，就自愿留在我家，由我们家养着。他也帮家里，收拾花草，搞搞卫生。到爷爷去世前，在“文化大革命”当中，搞群众运动，流行的口号是“我们都有两双手，不在城里吃闲饭”，这位张大爹也被送回老家，已经年老体弱，不久就在家乡去世。

我们家应该是昆明市比较早就吃食堂的人家。爸爸在工业厅工作，妈妈在昆明工业学校当校医，每天上午、下午都要上班，我们家的中饭就成了问题。我记得上小学时，在师院附小的食堂吃过中饭，食堂里吃饭的人很少，

❶ 奶奶

❷ 二姑奶在替奶奶梳头

老师和同学加起来，不到十个人。我很喜欢的一位女老师——高老师，当时是单身老师，也和我们在食堂吃饭。又有一段时间是爷爷、奶奶带我和妹妹去一家卖面条、米线的小饭馆包伙食，一个月一付伙食费。俗话说“隔锅香”，我很喜欢这家饭馆的饭菜，那时是十多岁，正是“吃长饭”的年龄，就吃得多。饭馆老板看我能吃，希望增加伙食费，我爷爷还向老板解释，孙子正在长身体，所以吃得多，没有吃多久，就又回家了。最后是到妈妈的学校食堂，用一个大一些的锅，去买饭回家大家一起吃，这才解决了吃饭问题。打饭的任务就是爷爷为主，有时候妈妈下班早，她就直接带回家。

妈妈不愿意回家当家庭妇女，是从小受老师“女孩子要独立自强”思想的影响结果，不论有多少困难，都不能改变她的坚定信念。

爷爷奶奶很疼我，尽量满足我的要求，我小时候有几个爱好：因为常跟他们去看戏，就爱模仿戏中人物，化妆成戏子舞刀弄枪，为亲戚演出，或者自己演给自己看，纯粹的自娱自乐。要满足我的这个爱好，他们就为我买了一些花脸、胡须、刀枪剑棍，都是木制品。不过，好像也要到春节时期才有卖的。

当然，也不是有求必应，小时候我不懂事，喜欢马，喜欢骑马打仗的将军形象，因此很想养匹马。曾经多次要求爷爷，为我买匹马，他就给我讲，你知道怎么养吗?我当然说知道啦，就是喂马吃草嘛。他说没有那么简单，养马要半夜起来给它喂草吃，叫：“马不吃夜草不肥。”我还敢讲大话：“没关系，我能半夜起来给他喂食。”就这样软磨硬泡，他还是没有给我买，否则在那个家里还得建个马圈。

书法启蒙老师

爷爷出身在“经济特科一等第一名”的家庭，他和他的弟弟、妹妹都从小学习书法，每个人都写得一手好字！听爷爷讲，他们兄妹中，他的大妹妹的字写得最好，和我老祖的字几乎一样，达到可以乱真的程度！

我爷爷的字也写得很好，爷爷最希望我能写一手好字，才不枉为袁家的后代。他在我练习写毛笔字的过程中是最卖力的，下功夫最大的！我从四五岁开始就在他的严格要求下练毛笔字，先学描红本，然后又手把手，一笔一画地教我，一个字、一个字从字形结构讲，怎么样写出来好看！有的字要写得“天包地”，比如有宝盖头的字，就要写出“天包地”的效果；而有的字就要写出“地托天”的效果，有偏旁的字要左面小，右面大；对字体的笔画，要如何下笔，如何上下运动，如何用力，如何起笔，都非常耐心、非常认真地教我，使我掌握了写好毛笔字的基本功。我写出的字，他都要认真评说，从笔画到字体的结构，都要评论！就这样认真教我，直到上初中，才渐渐少了。可惜我当时太不懂事，悟性太差，常常是爷爷在手把手教我写字，我的耳朵却听着窗外小伙伴们嬉戏的声音，闹得我身心不安，心不在焉！结果写字的效果很难达到爷爷的要求，免不了被他严厉的责备！我总是改变不了贪玩的毛病，我写的字始终没有达到让他满意的程度。随着年龄的长大，越来越后悔当年有那么好的条件，不知道珍惜！白白浪费了那么好的时光！

记得有一次我也写出一个让爷爷基本满意的“永”字，他很看重写好“永”字的作用，认为永字是很难写好的，笔画少，又包括了很全面的汉字笔画，横、竖、点、撇、捺都有，能把永字写好，就说明基本掌握写字的基本功了！所以看到我写的这个“永”字，基本满意，就把这个“永”字挂在自己的书桌上方，天天右手揪着山羊胡须，笑眯眯地看上好一会！这就是我给他的唯一一次回报！

我上大学时，学校开展“学大庆”的政治活动，学习报纸上关于大庆的报道，然后进行讨论。学习地点就是学生宿舍。学校要求把每个宿舍都布置出政治气氛，我们年级就希望请爷爷给我们抄写毛主席语录。爷爷非常高兴，自己买了宣纸，裁剪好大小，认认真真地写了几十张。我们年级的男女生宿舍都贴上了他的字，他心里很满意，因为一个“地主分子”的字也有人喜欢，使他也得到被人承认的满足！那些字在宿舍里贴了一年多，因为糨糊老化而脱落。可惜我就没有意识到这些字的珍贵，没有收藏起几张来，现在非常后悔，觉得对不起非常爱我的爷爷！

爷爷教我集邮

爷爷收藏了 20 世纪二三十年代的世界各国邮票 100 多枚。因为他的三弟弟袁丕

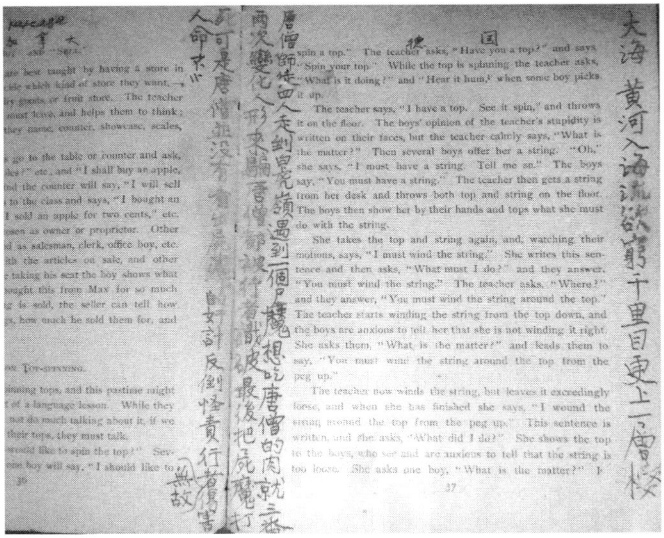

spin a top." The teacher asks, "Have you a top?" and says "Spin your top." While the top is spinning the teacher asks, "What is it doing?" and "Hear it hum," when some boy picks it up.

The teacher says, "I have a top. See it spin," and throws it on the floor. The boys' opinion of the teacher's stupidity is written on their faces, but the teacher calmly says, "What is the matter?" Then several boys offer her a string. "Oh," she says, "I must have a string. Tell me so." The boys say, "You must have a string." The teacher then gets a string from her desk and throws both top and string on the floor. The boys then show her by their hands and tops what she must do with the string.

She takes the top and string again, and, watching their motions, says, "I must wind the string." She writes this sentence and then asks, "What must I do?" and they answer, "You must wind the string." The teacher asks, "Where?" and they answer, "You must wind the string around the top." The teacher starts winding the string from the top down, and the boys are anxious to tell her that she is not winding it right. She asks them, "What is the matter?" and leads them to say, "You must wind the string around the top from the peg up."

The teacher now winds the string, but leaves it exceedingly loose, and when she has finished she says, "I wound the string around the top from the peg up." This sentence is written, and she asks, "What did I do?" She shows the top to the boys, who see and are anxious to tell that the string is too loose. She asks one boy, "What is the matter?" I

37

爷爷写在一本英文教科书的字迹，这是我唯一的收藏

济到美国麦其根大学数学系留学，获经济学博士称号，后来他还环游了世界，才回到昆明。每到一个国家，他都要给家里写信，贴上邮票。看到这些五彩缤纷的外国邮票，爷爷也喜欢上集邮了。

从爷爷收藏的世界各地邮票来看，当年三爷爷去过欧洲、亚洲、美洲，除了非洲、大洋洲而外，他都去了。这些邮票我现在仍然收藏在家里。

爷爷还收集了清朝的龙票，那是清朝最早的邮票，当时就很珍贵。在我上小学时，也学习收集邮票。那时候我的大表姐周瑞徵，已经到北京医学院上学，我还写信给大表姐，请她到北京集邮公司为我买苏联的邮票。爷爷喜欢我，就在那时把这张清朝大龙邮票送给我，我很高兴。后来我妈妈家的一位亲戚，当时十七八岁。常来我家玩，看到这张龙票，就想法给我换，用几张一般邮票，我认为看着好看的邮票，就把龙票换走了。爷爷知道后，大发脾气！把我狠狠骂了一次，在我记忆中，这是我让爷爷最生气的一次！

听爷爷讲故事

在我上中学以后，在小吉坡是爸爸的小家与二叔叔一家，还有爷

爷奶奶住在一起，分别租了三间房。爸爸家、二叔叔家是分开吃饭，爷爷和我们家吃饭，奶奶和二叔家吃饭。

每天吃饭的时候，是爷爷最喜欢讲故事的时候，那时候全国都在学习俄语，爸爸妈妈本来是学习英语、法语的，现在也得跟着学习俄语，我也跟着学习。爷爷看到了，一天吃饭时就对我们讲，怎么才算学好一门外语，不光是会背一些单词，会说一些外语句子。要真正学好一门外语，要达到会用外语进行思维，想问题，才行。不能先想中文，再在脑子里把中文翻译一遍，然后说出来，这不算学习好了，还远远不够。这是多么精辟的论断，在20世纪50年代，我就听说了。隔了几十年，到改革开放以后，又掀起学习英文的高潮，这时候才又听到，要真正学好外语，必须做到用外语思维，也就是到达四会的要求才行。这个道理，我爷爷几十年前就明白了，说明那个时代的知识分子，思想是多么前卫。

爷爷的少年时期，是在他的父亲身边生活的，老祖祖一定给他讲过清宫里面的不少规矩和奇闻逸事。他后来也给我们讲过几件，比如为我们表演清宫中的“三跪九叩首”，在我们这些孙子、孙女的面前，光着上身，认认真真地一板一拍地做，跪是双腿着地，还要头着地，叩首是单腿跪下。这个礼节是太复杂了，只有中国人喜欢。难怪当初英国使臣马噶尔尼要见乾隆皇帝，在和清朝的大臣商量，面见皇帝的礼节时，就表示不能接受“三跪九叩首”的礼节。使臣愿意接受单腿跪下，他见自己的皇帝，最高礼节就是单腿跪下，而不接受双腿跪下。双方坚持自己的态度，互不相让。就为这个原因，使两国失去进一步了解的机会，最后演变为鸦片战争。

爷爷也为我们表演过，古代是如何“吟诗”的。吟诗就是唱诗，就是说古代的诗歌，不仅仅是念的、写的，而是能够唱的。在商、周时代，诗都是有谱的，今天我看到经过老祖祖发掘出的《诗经古谱》，的确是有谱，可以吟唱的。

20世纪50年代，爷爷在吃饭时，还给我们讲解过“领袖”的含义。那时领袖一词已经常常见报，爷爷每天都要读《云南日报》，他就专门给我们讲解了这两个字的意义，为什么我们要用衣服上的词，来形容国家领导人。因为要把一件衣服拿起来，随意拿，衣服一定拖拖沓沓，只有抓住衣领和衣袖，就能很容易地把一件衣服拿住了。他告诉我们，把领袖用于日常生活中，是表达做事要抓关键的意思；把领袖用于国家事务中，就是表达了，对于全体人民，能够有号召力的政治人物。

爷爷还喜欢搞一些科学实验，比如看到有些杂志上讲，证明指甲是永远不会消失的。他有些不相信，就用一个大玻璃瓶，收集自己剪下的指甲，结果这个玻璃瓶，始终没有收集满。

我上大学以后，同学来家里玩，爷爷奶奶都很高兴，和妈妈一起，亲自为大家做豆腐丸子吃。豆腐丸子是昆明的名小吃，做法很简单，只要买一块豆腐，打碎，加一点猪肉馅、葱姜，再加入淀粉，拌均匀，用勺不停地在碗里摔打，一会儿就可以做好一个，放进滚水中，煮几分钟，就熟了，很好吃。我的同学们吃得很高兴，到现在他们都记得这件事。

爷爷袁丕元

爷爷奶奶都爱抽烟，爷爷还特喜欢喝酒，几乎每天都要到一家小铺去打上一二两白酒，再买点五香花生下酒，边喝边与老板聊天，等我们放学回家。

我还记得小吉坡四号院里面的公用厕所粪满了，要找人来挑粪，爷爷经常天不亮，就到大西门去堵进城的农民，累得直喘气。院子里阴沟堵了，这些脏事也都是爷爷去干。按那些教条，这些是地主决不会干的吃亏事。爷爷为了给大家证明自己是老老实实接受改造的“地主分子”，一直认真去干这些事。

奶奶虽不爱做事，但和今天的一些“富二代”的小姐们比，还是朴实多了！

奶奶是讲鬼故事的高手，我的记忆不深，只是好几位表哥表姐，都记得听外婆讲鬼故事的情景，常常被吓得躲在外婆被子里，不敢回家。

爷爷也是有著作的，他著有《清代征士记》一书，记录了清代三次特科考试的录取名单，就是康熙己未年的鸿词博学科，乾隆丙辰年的鸿词博学科，以及光绪癸卯年经济特科考试。考察了每一次考试的参加人数、录取人数，他收集了很多资料，统计出每次考试被录取的人数。

对于经济特科考试，袁丕元《清代征士记》说是 306 人，由于计算错误，袁实际上列举了 308 人，张渤的《经济特科考》采用了袁的说法。商衍鎏《清代科举考·试述录》说是 370 多人，《清续文献通考》也记载说中外臣工举荐 370 多人。在爷爷的时代，要统计参加经济特科考试的学者名单，是很不容易的，没有正规出版物可以参考，只能靠自己花时间及精力去寻找、去收集。不知道他花了多少时间去干这件事，总之是一项艰苦的劳动。现在可以看到的《清代征士记》是我爷爷袁丕元著，袁丕镛书的铅印本，是民国八年（1919 年）写出的，到 1934 年才印刷出版。

爷爷对我恋爱的态度

爷爷在我还是个小孩的时候，就对我说，将来你要娶一位苏联姑娘，我的孙媳妇是苏联人，多好啊！这是受当年在电影院里，只能看到苏联电影的影响。

在“文化大革命”中，我和大学同班同学李琼仙谈恋爱，我非常希望爷爷能喜欢她！就带她去见爷爷，爷爷还自己做饭给我们吃。李琼仙看到爷爷在糊报纸，给窗子挡风，还有做成鞋垫。那个时候昆明工学院正在搞“大鸣、大放、大批判、大字报”的运动，食堂经常要熬好几个汽油桶的糨糊，放在路边，供学生们贴大字报用。李琼仙就找个玻璃瓶，装了一瓶糨糊，送给爷爷。我也在场，看到爷爷脸上，并没有高兴的表现，我有些奇怪。1969 年我毕业分配后，去安徽霍邱县，南京军区的城西湖农场劳动锻炼，就离开了爷爷。不过爷爷常和我通信，叮嘱我最好再找一个女朋友，表示不同意我和李琼仙的关系。我一直不明白，爷爷只见过她两三次，每次不过一小时左右，怎么就可以不喜欢呢？我估计，就是李琼仙拿学校里的糨糊，给爷爷用，让爷爷不高兴了，触犯了他的底线！在他的心里，公私分明是非常重要的原则，不能违背。

我见过我爸爸在中华人民共和国成立后写的材料，就是批评自己，把公家的墨水拿回家用。这就是中国人的传统，可惜在“文化大革命”中，被当“四旧”给破除

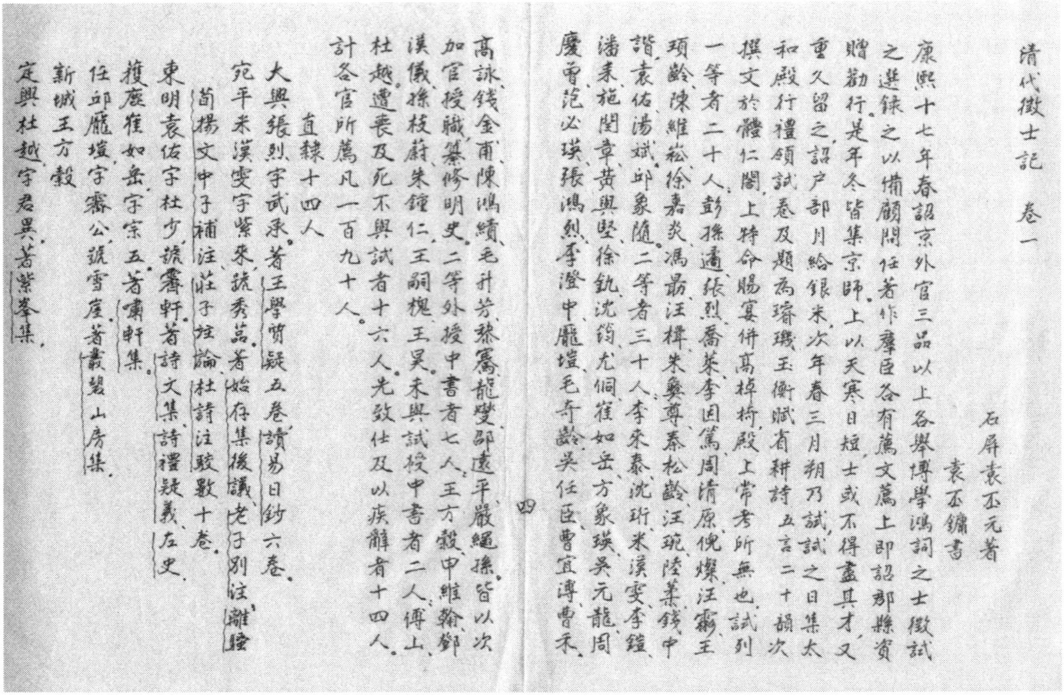
清代徵士記 卷一

石屏袁丕元著
袁丕鏞書

康熙十七年春詔京外官三品以上各舉博學鴻詞之士徵試之選錄之以備顧問任著作摩臣各有薦文薦上即詔郡縣資贈勸行是年冬皆集京師上以天寒日短士或不得盡其才又重久留之詔户部月給银米次年春三月朔乃試試之日集太和殿行禮頒試卷及題爲璿璣玉衡賦省耕詩五言二十韻次撰文於體仁閣上特命賜宴併高桌椅殿上常考所無也試列一等者二十人彭孫遹張烈喬萊李因篤周清原倪燦汪霦王頊齡陳維崧徐嘉炎馮勗汪楫朱彝尊秦松齡汪琬陸棻錢中諧袁佑湯斌邱象隨二等者三十人李來泰沈珩米漢雯李鎧潘耒施閏章黄與堅徐釚沈筠尤侗崔如岳方象瑛吴元龍周慶曾范必瑛張鴻烈李澄中龐塏毛奇齡吴任臣曹宜溥曹禾

四

高詠錢金甫陳鴻績毛升芳黎騫龍燮邱遠平嚴繩孫皆以次加官授職纂修明史二等外授中書者七人王方穀中維翰鄧漢儀孫枝蔚朱鐘仁王嗣槐王昊未與試授中書者二人傅山杜越遺裘及死不與試者十六人先致仕及以疾辭者十四人計各官所薦凡一百九十人

直隸十四人

大興張烈字武承著王學質疑五卷讀易日鈔六卷

宛平米漢雯字紫來號秀嵒著始存集後議老子別注離騷简揚文中子補注莊子姪論杜詩注駁數十卷

東明袁佑字杜少號霽軒著詩文集詩禮疑義左史

獲鹿崔如岳字宗五著嘯軒集

任邱龐塏字霽公號雪崖著叢碧山房集

新城王方穀

定興杜越字君異著紫峯集

袁丕元著《清代征士记》

了！到今天发展为可以贪污几十个亿，唉！要恢复这些好传统，得多少年啊！

我觉得爷爷、奶奶、爸爸们没有被改造过来的正是他们的本性，正直、善良和有爱心的本性。再看看老祖祖，石屏赈灾、办女学，在云大免费当教授，都是付出而不求回报。现在不是正在讲教育孩子要感恩吗，就是要有爱心！爷爷他们也是一直教我们要尊重别人，这应当是中国人的传统。

奶奶去世

奶奶经常肚子痛，有时候会痛得很难受。痛一会，又会自己痊愈了，她常说肚子痛，只要能放屁，就会好！今天我知道了，她的这个病，应该就是胆囊炎，我们家很多表哥表妹都有这个病，因此去做手术，成为“无胆英雄”。奶奶去世，应该是死于胆囊炎引发的胰腺炎，那是非常痛苦的

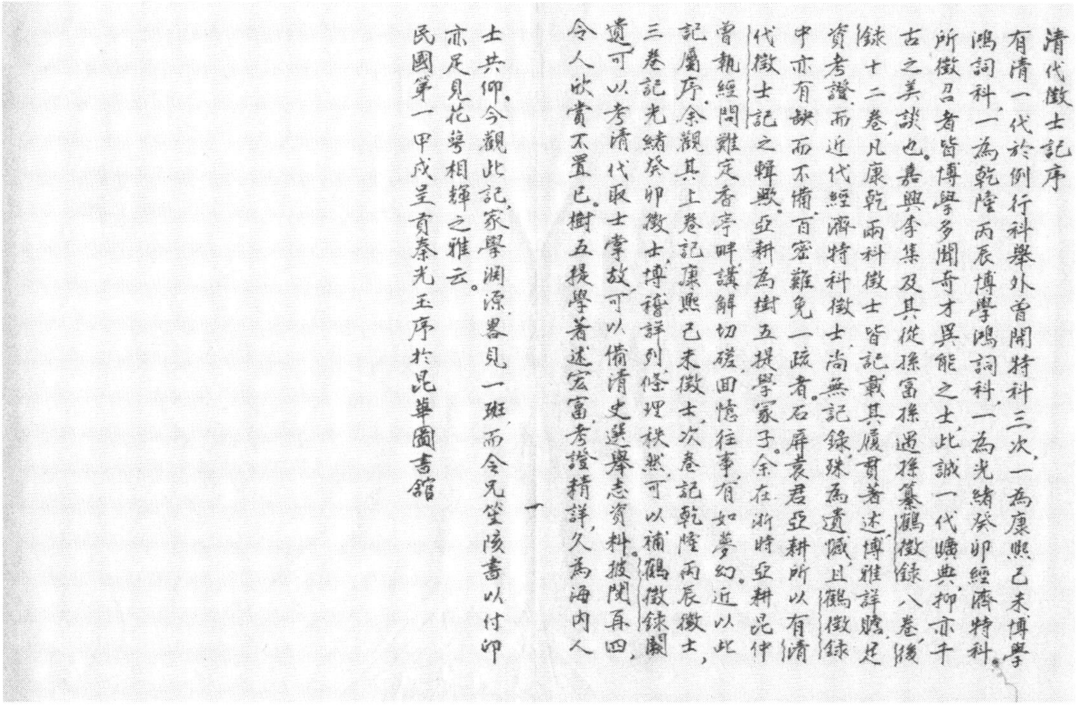

清代徵士記序

有清一代於例行科舉外曾開特科三次，一為康熙己未博學鴻詞科，一為乾隆丙辰博學鴻詞科，一為光緒癸卯經濟特科。所徵召者皆博學多聞奇才異能之士，此誠一代曠典，抑亦千古之美談也。嘉興李集及其從孫富孫、遇孫纂鶴徵錄八卷、後錄十二卷，凡康乾兩科徵士皆記載其履貫著述，博雅詳贍，足資考證，而近代經濟特科徵士尚無記錄，殊為遺憾，且鶴徵錄中亦有缺而不備，百密難免一疏者。石屏袁君丕耕所以有清代徵士記之輯歟。丕耕為樹五提學冢子，余在浙時丕耕昆仲曾執經問難定香亭畔，講解切磋，回憶往事，有如夢幻。近以此記屬序，余觀其上卷記康熙己未徵士，次卷記乾隆丙辰徵士，三卷記光緒癸卯徵士，博稽詳列，條理秩然，可以補鶴徵錄闕遺，可以考清代取士掌故，可以備清史選舉志資料，披閱再四，令人欣賞不置已。樹五提學著述宏富，考證精詳，久為海內人士共仰。今觀此記，家學淵源，略見一斑，而令兄瑩陔書以付印，亦足見花萼相輝之雅云。

一

民國第一甲戌呈貢秦光玉序於昆華圖書館

疾病。奶奶是1966年6月去世的，那时我在昆明工学院上三年级，按党中央的统一安排，到云南嵩明县参加“四清运动”，没有在家，不能送奶奶最后一程。后来爷爷对我讲，奶奶去世的原因，连昆明云大医院的大夫都说不清楚。云大医院是昆明最好的医院了，大夫希望对奶奶的遗体进行解剖，爷爷答应了。在当年，这也是了不起的决定。爷爷说他看到手术台上，被分割成几大块的奶奶遗体，心中是五味俱全，既痛心奶奶的去世，还没有一具完整的尸体，又为她高兴，终于可以避开那些不公平的待遇。最后为人类战胜疾病做一次贡献！

1966年8月开始，全国就开始停课，搞起“文化大革命”，学校停课，开始武斗，抓地富反坏，所谓的四类分子游街，批斗。我爷爷和爸爸都对我讲过好几次，还好奶奶去世早，要不然，“文化大革命”中，会受很多罪！庆幸自己的亲人早死，这是多么扭曲的精神啊！

爷爷去世

我爷爷是 1969 年 2 月 9 日去世，享年 74 岁。自从“文化大革命”开始，他就生活在动乱之中，时时处于惊恐和无奈的情绪中。在“文化大革命”中，1968 年起，中央号召“我们都有两只手，不在城市吃闲饭！”不仅要求那时的初中、高中学生，统统到农村去，自己养活自己。后来发展到要动员在城市里一切没有工作的人都要去农村。

那时爷爷已经 73 岁了，还把行李卷都打好，放在门口，随时准备被发配到农村去。我是 1968 年 8 月被分配到安徽霍邱军垦农场，算是参加工作了。拿到第一个月的工资 46 元，扣除 10 元伙食费及零花钱，就给爷爷寄去 10 元。爷爷拿到汇款单，高兴地在院子里叫：“小聪给我寄钱了，我可以养活自己了！不用下乡了。”本来他的生活费是我爸爸、妈妈给的，那时他们的工资都停发了！有一段时间爷爷的生活费有困难，一个七十多岁的老人，手无缚鸡之力，还能到农村去吗？他就是在这种情绪下，郁闷离世的！他是袁嘉谷的长子，这时候袁嘉谷也是被打倒的剥削阶级，没有人记得了！

爷爷的去世，到底是什么病呢？我事后了解过，爷爷有比较严重的胃病，所以最后几天几乎不吃不喝，就躺在床上，最后死于胃穿孔，大出血！所以家人抬他去火化场时，会感觉很轻，当然也有可能是饿死的。

老祖祖回到昆明在云南大学当教授，由于初期的云南大学是私立学校，他还主动提出不领工资，就是义务教学！一直义务教学 8 年，现在还有这样的大学教授吗？到云南大学改为省立大学后，他才开始领工资。我家祖辈的财富就是这样积累的，到中华人民共和国成立后，为了配合进行减租减息运动，我的爷爷、奶奶只有把祖上留下的住房廉价卖了，退赔给受过“剥削”的农民。他俩就靠儿子的工资生活，租别人的房子住，直到去世！

今天人们的意识进步了，再去看王炽、袁嘉谷、王筱斋、袁丕元、王玉若、熊庆来、周钟岳、温铭等我的前辈，都不是万恶的剥削阶级了！变成对社会有贡献的人了！时代的流行价值观不同了，同样一个人的颜色也变了！

我们是真心真意地支持社会变革，希望我们的国家越来越强大，我们的制度也越来越完善！我们家人都把前辈受过的不公正的待遇，看成他们为国家富强和民族独立做出的贡献！但是这种“坏人”变好人的“奇迹”，关系到一个民族的是非观、价值观！本不应该发生 180 度的大转变！否则，怎么建立起千古不变的民族精神核心？我们的后代能坚信什么？

为这个目标，每个人都要做些贡献，用我们每个人的力量，促进可爱的祖国，沿着人民希望的方向前进！

写出我们家的这些故事，只是希望今天的人们，了解我家前辈的曲折经历后，能够自觉地去维护国家的稳定、和谐！使更多的人，能够在稳定的环境中，去积极地思索、冷静地分析，建立起基本统一的思想认识，最后形成法律文件，使国家机器能够不断提高处理不同社会矛盾的能力。我们可爱的祖国一定能够健康成长、繁荣富强！

祖国富强了，也是我们家族几代人的愿望。

孙子辈的回忆

对于爷爷奶奶在最后日子里的遭遇，我都不在场。奶奶去世时，我在云南嵩明县，当“四清工作队”成员，没有在家；爷爷去世时，我已经到安徽城西湖农场劳动锻炼。都没有留在他们身边，没有送他们最后一程，对此深感内疚。

近年来，通信手段有了翻天覆地的变化，我们家在昆明的后代最多，妹妹袁天和出面，建立了一个微信群“原圆”，有袁氏后代 50 多人参加。大家分布在国内外，欧洲、大洋洲都有。最近发起一同回忆我的爷爷奶奶、外公外婆在“文革”当中的遭遇，有十多人参加，大家一起回忆那个不堪回首的年代。

熊有德（熊庆来孙女，旅居法国的数学博士）：“文化大革命”一开始，我去云南串联，因为她当时在北京，和爷爷奶奶熊庆来夫妇生活，是北京农业机械学院的毕业生，当时昆明正在抓“南下一小撮”，我们小组怕出事，规定不准回家。在北京时，我们班的红卫兵，就去我们家贴大字报，在我的宿舍门上也贴了大字报，无中生有地说我在除“四旧”时，为家里通风报信。这些大字报给我爷爷奶奶造成压力。

所以到昆明，我也害怕给家里造成不好的影响，就没有回家。一天趁大家不注意，偷偷跑到小吉坡四号去看外公，到那里，正好没有什么人，只见到外公戴着“地主分子”的白布条在扫地，他一见我，大吃一惊！说他们都不在家，我问候了外公，外公也问候了我爷爷奶奶，我告诉他家人都好！怕时间长了，影响他，又要挨批斗，折磨他，给他压力，我就赶快离开了！谁知道竟是最后一面。

熊有德：我爷爷去世以后，我送奶奶的妹妹，三姨奶回昆明。离开昆明的那天，正好赶上爸爸单位的造反派来抄家。后来爸爸妈妈就被送去农场劳动，妈妈在农村还被造反派打了。

熊有瑾（熊有德的大妹妹，退休干部）：我爷爷和外公是同一天去世的，我记得那天知道这个噩耗时，我爸爸把窗帘拉上，点燃了两支蜡烛，把爷爷及外公的照片放在桌子上，让我们每个人都给他们鞠躬，以示悼念。还嘱咐我们，不能出去说，在那种日子里，谁敢出去说啊。要与他们划清界限嘛！？

袁天慈（我妹妹，退休干部）：我记得爷爷去世时，只有三姑妈和小和在床边，我是3号清早赶到小吉坡。在大门外，就遇到正匆匆忙忙，要回学校请假的三姑妈。她拉着我，小声说：赶快去给家人报信，但说的时候一定要注意，不要让外人听到，又引起麻烦。另外特别嘱咐我，一定要找到我爸爸，问爷爷的后事怎么办。当时家里的大人们，不是进了学习班，就是被关在牛棚里，失去自由。爷爷奶奶的后事之用，我的爸爸妈妈早就备下，只是家里接连被抄，工资被扣发，爸爸妈妈的存款也被冻结！家里已经失去了正常生活。听说爷爷去世了，我匆匆跑去找到被关在化工厅牛棚中的爸爸，只见他头戴高帽子，脖子上挂着大木牌，上面写着“地主阶级的孝子贤孙，反动学术权威！”在几个人的看押下，正在做检查交代，我一句话不敢说，就出来了。想起爷爷停尸在床，我们无法安葬，眼泪哗哗地流个不停！不想说了，太伤心！

就在我去化工厅找爸爸的当天晚上，被关押多日的爸爸，突然在四五个人的看押下，竟然回家来了！虽然有一肚子话想跟他说，但当着看押人的面，我什么也没有说。爸爸只是简单地问我，准备下乡的事，那些人就押着他回去了。爷爷去世的消息，我始终没有机会说，心里着急，就挤到他身边。他一把抓着我的手，我感觉到他放了一样东西在我手心里。回到屋里一看，原来是一个存折！第二天我把存折交给三姑妈时，三姑妈似乎想笑一下，实际却是眼泪刷刷流个不停！嘴里叨叨，这下好了，这下好了，我还怕尸体放得时间长了，院子里的其他人家又不高兴。又过了一天，爸爸一早就被押去五七干校，我也登上了下乡插队落户的汽车。老天有眼，爷爷不幸在乱世中去世，却还能圆满地了却后事，是不幸中的万幸！

事后我问过爸爸，我始终没有告诉你爷爷去世的消息，你怎么知道。我去化工厅找你，就是为此事，向你要钱呢。他说，我看当时的形势越来越紧张，我担心爷爷过不去，家里肯定要被抄，就偷偷地藏了几个存折在身上，看你不是在规定的探视时间来看我，一定是爷爷出事了。想方设法总算把钱送出来了。

袁东（弟弟，云南大学工会原副主席）：爷爷去世时，悲哀的是子女基本都被单位造反派看管着，没有行动自由。我爸爸也失去自由，都无法赶来为爷爷送终。只有三姑妈，还有伯伯（我爸爸）藏了点钱，否则……

记得住在小吉坡时，有一次我把借来的小玩具弄坏了，爷爷没有骂我，他说“弄坏了别人的玩具，就要买两个，一个还给人家，另外一个留着自己玩”。后来爸爸果真买回两个一模一样的小玩具。我是初中时，有一次我去看望重病中的爷爷，他对我说，想喝冰水，让我替他买。我跑了很多地方，都没有买到。最后好不容易在文庙的冰饮店，买了几支冰棍，用口缸抬回来。看到爷爷咕咚咕咚地喝着已经化成水的冰棍，好像舒服了一些，还夸我乖。其实我心里很难受。爷爷去世那天，得到消息后，我爸爸叫我赶到小吉坡，三姑妈和小和都在，三姑妈流着眼泪，我们一起把瘦得轻飘飘的爷爷，从床上抬到担架上。三姑妈不让我跟着去，我就留在小吉坡。总之爷爷奶奶的音容笑貌和教导，使我们受益匪浅，终生难忘。

火化场的工人来抬爷爷，三姑妈不让工人从床上抬起来，是我们家的人把爷爷抬到担架上，是爷爷的亲人把他抬上担架的。

袁卫红（妹妹，云南省核医学会秘书长）：奶奶爷爷去世前后的情况，那情景悲惨，他们的病，完全是情志所致，郁闷担惊，无奈的心情。生病了还没有治疗条件，爷爷奶奶出生在那样的家庭，最后走得很惨！

李献春（表妹，云南省原计委处长）：记得大舅外公到文明街我家来，一面上楼，一面用石屏腔喊：二妹！二妹！那天是大姨外婆去世，他老人家来通知二妹——我的外婆，那个颤颤巍巍的声音，至今难忘！

周瑞徵（大表姐，北京北大医院教授）：这几天大家都在回忆公公婆婆、熊亲爷爷，心里都很难受，"文革"时，当我听到公公和熊亲爷爷是同一天去世时，真是欲哭无泪。因为我知道他们在"文革"中，一定受尽了人格侮辱，是不愿意再忍受下去了！我从小是公公婆婆带大的，上大学时又常去熊亲爷爷家，我知道他们都是人格高尚的人，哪受得了那些侮辱！想想真是心痛！

记住华秀升

通海蒙古族少年

我的外公是华秀升，出生于 1895 年 5 月 24 日，名时杰，蒙古族，通海县城兴家巷人。卒于 1954 年 3 月 14 日，享年 59 岁。

外公家的长辈一定是有文化的，又在经商的实践中，了解到外面世界多姿多彩的生活，具有超前的眼光。所以让外公先在家乡的私塾里学习《三字经》《千子文》等启蒙教材，奠定了旧学的基础，学到相当于小学毕业水平，就在家人陪同下，进北京求学。这样的父母真是了不起，那是在 110 年前的通海县城，云南的滇越铁路都还没有通车，在一个相当闭塞的环境中，就有外公家这样有远见、有魄力的长辈，真是外公的幸运。

1908 年他才 13 岁，还是个未成年的孩子，一个相当于现在小学毕业的少年，就在家人的陪同下，经过长途跋涉到北京求学，进入北京原宣武区珠巢街云南会馆内的“滇学堂”学习，成为这里的第三届学生。云南人到今天，还是不愿意轻易离开家乡的，何况是在二十世纪初期，那个十分保守的时代。在 1908 年华秀升的家长，能做出这个决定，仅凭这一点，说明我外公的家长，具有非常超前的开放精神。可惜找不到更多的资料，没法给大家介绍这些前辈的精神世界，无法感受他们是如何下定这个决心的。

废除科举后，新办学堂是当时的潮流，在北京的各省会馆中，都开始兴建学堂，方便本省的学子，到北京后通过补习数学、格致（物理、化学的统称），再考入正规学堂学习。

“滇学堂”是1906年，由一批居京的云南官员，经过认真研究，通过联合倡议而创办的。是在各省会馆内建得比较早的现代学校，我的曾祖父袁嘉谷，这时候在北京任职，就被推举兼任学堂监督（校长）。

云南的官员建成的“滇学堂”，有个最大的特点，就是在学堂里建成了室内运动馆，四面装上玻璃窗，不论刮风下雨，学生都能在运动馆内锻炼身体。学生每周都有体育课，在室内体育馆内，跑步、做单双杠、体操。在当时是很超前的办学理念，我外公就是在这里形成了热爱体育运动的习惯。

在现代的学堂里，课程安排上，与私塾有很大变化，不仅学习私塾里的内容，还加入了算术、地理、格致等课程。经过3年认真学习后，1911年华秀升从“滇学堂”毕业，考入清华学堂，成为第一届云南籍的清华学堂学生。他在清华一共学习了8年，先在中等科学习5年，又进入高等科学习3年。清华学堂成立的目的，就是为了完成进入美国正规大学前的全部学业，使学生能考入美国的正规大学，并能顺利地跟上那些学校的学习进度。

这座滇学堂现在还在，在北京西城区珠朝街4号，在清代这条胡同的名称是珠巢街。前些年我去参观过好几次，当然小院做过多次返修，又加盖了一些房间，格局有较大变化，只有几棵老树，可能记录了当年的一些信息。

清华知名学生

清华学堂是美国政府“捐款”建成的，根据1900年八国联军与清政府签订的不平等条约，要给八个国家赔款。美国政府后来讲，赔款数超出实际美国的损失，决定还给中国一部分，用于建设清华学堂。该学堂正好是1911年建成。最初的学校只有四座建筑，主楼、体育馆、实验楼、大操场。全部建筑材料都是从美国运来的。

学校完全按照美国的管理办法，老师上课除中文课程外，全部用英语讲课。上午四节课，下午两节课，每天要到大操场锻炼一小时。外公华秀升很快就适应了清华的学习氛围。每天早起，到大操场跑步、做操，然后回宿舍洗漱，吃完早饭，才进教室。学习成绩一直优秀。

华秀升除了学业优秀外，在体育运动中也是一个佼佼者。现有的资料证明，他是云南省第一个获得现代运动比赛成绩的运动员，也是全国纪录保持者。清华学堂自建校之初，就在学校里，积极倡导体育教育的重要性，明确号召同学积极参加体育活动。外公在清华学校学习时，就积极参加体育锻炼。清华学堂的体育成绩，全是按照美制标准计算，短跑成绩不是 100 米，而是 100 码（注：1 码＝0.914 米），秒表的精度还比较粗。

据《清华大学史料选编》一书记载，华秀升在民国五年（1916 年）的 100 码比赛成绩，是 10.4 秒，平了当时清华历史上的最好成绩，那是清华学生潘文炳在民国二年（1913 年）创造的。1918 年华秀升又跑出一百码 10.6 秒的好成绩。

旧中国的第一届运动会是 1910 年 5 月在南京举行的。在这届运动会上也有田径比赛，但查不到第一名的成绩。旧中国最有名的短跑运动员是刘长春，他在 1932 年的第 10 届奥运会上，在 100 米跑中的成绩为 11.1 秒。在 1933 年参加旧中国第五届全国运动会时，刘长春创造男子 100 米跑成绩 10.7 秒的全国最高纪录，该成绩一直保持到 1958 年。

华秀升的短跑成绩，可以说是民国初期的全国最好成绩。也就是说华秀升的成绩相当于 11.37 秒

华秀升（1895—1954），名时杰，蒙古族

跑完100米。我查过民国时期的运动纪录，到民国十四年（1925年）才有正式的全国短跑纪录，100米跑的全国纪录是12秒，比外公的纪录还慢了0.63秒。从清华大学的资料看，他的这个成绩至少一直保持到1926年都没有人打破。

1995年我到清华大学体育馆了解过，在清华建校初期，就立有这样一个规矩，把校田径赛第一名的名字和成绩，用英文做成牌子挂在清华体育馆的东墙上，等到纪录被打破，又换成新的人名及纪录。这个规矩一直延续了50多年，直到“文革”中才被迫中断。而华秀升的名字和他的一百码成绩，在体育馆的东墙上一直挂了近30年，清华体育馆的工作人员，知道我是清华短跑冠军的后代，非常惋惜地对我说，你要是早来几年，我可能还能找到刻有你外公姓名及运动成绩的木牌，就可以送给你留作纪念。这些木牌在“文革”时期都拆下了，堆在办公室墙角，前几年，嫌太乱，就烧了。真可惜，要是留到今天，一定会办一个展览馆来展出这些珍贵文物。

潘文炳和华秀升应该算中国现代运动中，短跑运动的第一批全国纪录保持者。到清华体育馆寻找外公体育成绩的过程中，管理员还兴致勃勃地给我介绍体育馆的历史趣闻。日本占领北平时期，把清华园改成军营，体育馆就改为养马场，近百匹军马在体育馆内活动。几年过去，体育馆的木地板被踏得千疮百孔，无法再进行任何体育比赛了。

抗战胜利，收回清华园，面对无法再使用的体育馆，校方只得与美国联系，想再买一批木地板来更换。结果使校方大为惊叹，美方的回答是，我们用在清华体育馆的木地板很厚，你们只要把它们全部翻个身，还是新的一样，完全可以继续使用。问题就这样轻而易举地解决了！

在清华上学时，华秀升就是足球校队的队员，还曾经担任过校足球队的队长。在梁实秋撰写的回忆录《清华八年》中，明确记录了华秀升在同学中，是足球明星的事实。清华对于体育特别注意。每早晨第二堂与第三堂之间有十五分钟的柔软操，钟声一响大家涌到一个广场上，地上有写着号码的木桩，各按号码就位立定。有人领导活动，有人过来点名。这十五分钟操，如果认真作，也能浑身冒汗。这是很好地调剂身心的办法。

下午4时至5时有一小时的强迫运动时间，“为祖国健康工作五十年！”是当时清华学堂的口号。届时所有的寝室、教室房门一律上锁，非到户外运动不可，至少是在外面散步或看看别人运动。梁实秋回忆，我是个懒人，处此情形之下，也穿破了一双球鞋，打烂了三五只网球拍，大腿上被棒球打黑了一大块。可惜到了高等科就不再强迫了。经常运动有助于健康。而且身体的健康，也必有助于心理健康。年轻时所获致的健康，也是后来求学做事的一笔资本。那时清华的一般的学生都比较活泼，少老气横秋的态度，也许是运动比较多的缘故吧。

清华对于运动一贯热心，校际球类比赛如获胜利，照例翌日放假一天，鼓舞的力量很大。跻身于校队，则享有特殊伙食以维持其体力，名之为“训练桌”，同学为之侧目。清华的运动员给母校带来不少的荣誉，在各种运动比赛中总是站在领导的位置。在最初的几次远东运动会中清华的选手赢得不少锦标，为国家争取光荣。

梁实秋回忆，记得最清楚的是一场足球赛和一场篮球赛。上海南洋大学的足球队在华中称雄，远征华北以清华为对象，大家都觉得胜败未可逆料，不无惴惴。清华的阵容是前锋徐仲良、姚醒黄、关颂韬、华秀升、邝××，后卫之一是李汝祺，他是生物学教授，我见到他时，他很大年纪了，个子很高，竟不知年轻时是运动健将，守门是董大酉。

那一天朔风刺骨，围观的人个个打哆嗦而手心出汗。只是清华足球队打得好精彩，徐仲良脚头有劲，射门准而急，关颂韬最会盘球，三两个人奈何不得他，卫锋陷阵如入无人之境，结果清华以逸待劳，侥幸大胜。这是在星期六下午举行的，学校按惯例，星期一补放假一天以资庆祝。

1919年华秀升即将从清华学堂毕业时，北京爆发了五四运动。在外公的简历中，记录了他是五四运动的积极参与者。我也找到了尹明德发表的回忆五四运动的文章，是1963年6月30日发表在报纸上的，其中多次出现华秀升的名字。有力地证明了外公是满腔热忱的爱国学生，在清华学堂成为全校的名人了。

尹明德，字泽新，云南腾冲县河西勐连村人（今属德宏州梁河县）。清朝光绪二十年（1894年）生。李根源先生之妹婿。7岁入私塾读书，清朝宣统三年（1911年）

1919 年清华学堂毕业照

到昆明省立第一中学就读，毕业后回乡任教。民国六年（1917 年）东渡日本，入东亚高等预备学校。经过一年的补习，准备报考正式学校之时，正值日本为了攫取中国的资源和军权，与北洋政府秘密签订了《中日共同防敌军事协定》，引起了留日学生的抗议。他们纷纷罢学回国，在上海、北京及各省组织救亡团。全国各地学生、工人及工商业者，也群起反对日本帝国主义的阴谋，并谴责北洋政府的卖国行径。尹明德也参加了这一爱国行动，弃学回国抗争。民国七年（1918 年），尹明德考入北京工业学校机械系。民国十一年（1922 年）毕业。在校期间，他曾投入五四运动，被选为工校代表，在学联工作。

尹明德先生对于五四运动的回忆，写于 1963 年，运动已经过去四十多年了，仍然记录了华秀升在运动中表现。特别是 6 月 3 日被抓到监狱里同学之一，反映了华秀升当时在学校里，一定是一位非常有名的学生运动积极分子。同时被抓的清华同学施滉，后来就成为最早的共产党员，著名律师。

关于五四运动的起因及过程，已经为全国人民所熟知了，我就不多叙述了。只是想说明外公在当时的清华学堂，不是一般的投入五四运动，而是五四运动的积极分子，是清华学堂的出名人物。说明他是怀有一颗热血沸腾的爱国心，是一位热血青年。

在清华学习的八年里，外公一定回过通海，回家探亲嘛，并在这时和我外婆张仲芳成亲。他们是双方家长早就订下的娃娃亲，结婚以后又返回清华，继续学习。

我到清华学堂，看到学校订立的校规，是禁止学生结婚的。外公回到通海，与外婆结婚成家，虽然是违反校规的行为，不过山高皇帝远，通信又不发达，在学校里也没有通海同学，校方是无法知道的，就这样蒙混过去了。我的母亲在 1918 年 5 月，外公还在清华学堂学习时，就出生了。

第一批留美学生

1919 年 6 月 16 日外公从清华学堂毕业，并考上了美国密苏里大学神学院的文理系。当年从清华毕业，又考取到美国留学的云南籍学生仅两名，还有一名可能是陈复光教授，他是我初中同学陈逢凯的父亲。他从清华学堂毕业，考入美国哈佛大学，研究国际关系学。后来成为云南大学的历史系教授，是我国最早的俄罗斯问题专家，他以一生的精力研究中俄关系，完成了《有清一代之中俄关系》一书，在 20 世纪 60 年代的中苏边界谈判中，发挥了重要作用。这本书成为参加谈判的外交部成员的必读书籍。

美国密苏里大学成立于 1856 年。华秀升选中这所学校，一方面是看中它的古老历史；另外是为了找一所中国留学生比较少的学校，给自己创造学习英语的良好条件。

在 2000 年时，我通过电子邮件，与外公曾经留学的三所大学联系，得到校方的热情帮助。他们发给我很多有关外公在他们学校的资料，密苏里大学就发给我 1919 年入学的全体同学的花名册。与他同年入学的近 200 名同学中，只有 4 名中国学生，

其他大多数是美国同学。在这样的语言环境中，他的英语有了长足的进步。1921 年 4 月 27 日他从该校毕业，并获得文学学士学位。

1921 年 9 月 27 日他考入佛罗里达大学研究生院学习，主修历史和政治。佛罗里达大学也是一所历史悠久的学府，它建于 1853 年。

华秀升 1922 年 5 月 30 日从佛罗里达大学研究生院毕业，并获得硕士学位。他的硕士论文题目是《政权分离的理论及其在美国的应用》，分 7 章共 73 页。七章的标题是：

1. 政权分离的历史。
2. 孟德斯鸠的政权分离学说及其影响。
3. 英国政权分离应用的程度。
4. 美国殖民地时期的政权分离。
5. 州宪法中的政权分离。
6. 联邦政权中的政权分离。
7. 有关政权分离的一般观点。

外公在深入研究美国及西方社会的政权现状后，从 6 个方面叙述了政权分离的内涵。文章写得层次分明，一环扣一环，因此得到指导老师的好评。

密苏里大学同学合影，第五排左起第二人是华秀升

从佛罗里达大学研究生院毕业后，1922 年他又考入了哥伦比亚大学商学院学习，准备读完经济学博士学位。

在密苏里大学学习期间，他也是学校里的运动员，该校的运动队队徽是一个虎头，华秀升曾立志把“虎”的精神带回中国去。

在佛罗里达大学研究生院学习时，他被选入该校的第一支足球队。佛罗里达大学足球队成立时，全队 17 名队员中只有外公和三位美国同学，是曾经参加过这项运动的。其他人全是第一次接触足球运动，所以他理所当然地成为主力队员，踢右边锋。今天，该校档案馆的管理员还把华秀升称为：“我校第一位来自亚洲的运动员。”除了足球他还很热爱网球运动，网球也打得相当好！

考进哥伦比亚大学商学院，在美国也是相当著名的高等学府，一般人是不会轻易离开的，外公却在当年的 10 月 17 日退学。我在 2000 年，通过电子邮件与哥伦比亚大学联系时，哥伦比亚大学档案馆 Wilk 女士，还十分惋惜地说，不知道为什么，他没有读完这个博士学位。我们都为他感到遗憾！

要按今天的观点看，外公真傻，考入美国一流大学读博士，为什么要自己退学啊？都会为他可惜，事实是外公通过学习，已经具备了一定的商业头脑，他看到了商机，要做美国与云南之间的生意，互通有无。他在纽约注册了一家公司，把云南和通

佛罗里达大学足球队合影，前排右起第一人是华秀升

海的土特产，运到美国出售，他要在实践中活学活用书本知识。

他是第一个把中国麻将介绍到美国的，他活学活用把学校里学到的经济知识，直接运用到实践中。大约做了两年，收效不错，在美国买了汽车，公司运转正常，在纽约的中国招商银行注册了账户。

因为自己的父亲去世，外公不得不回国料理父亲的丧事，本来打算办完丧事还返回美国，继续办自己的公司。

东陆大学七年

1924 年因为父亲去世，父亲是在上海去世的，他先到上海奔丧，把父亲安葬在上海的万国公墓后，又回到云南看望亲属。原来打算探亲结束，带上家眷回美国去做生意。被唐继尧好言相劝，挽留他在云南帮忙。外公就放弃了回美国的打算，留在昆明。把自己的母亲、夫人和大女儿接到昆明，在这里租房子住。

这时的外公还不足 30 岁，从 1908 年刚刚 13 岁的少年，就离开了家乡，在北京学习了 11 年，又到美国学习、生活了 5 年，29 岁又回到云南。这 29 年间，在云南生活了 13 年，在北京滇学堂学习 3 年，在清华（基本是美国的教育及生活方式）生活了 8 年，在美国生活了 5 年，接受西方教育的时间更长。我估计外公刚回到昆明，对周围环境是不适应的。

外公在东陆大学 29 岁就任文科主任，33 岁任东陆大学副校长，35 岁任东陆大学校长。

1924 年 11 月因云南高等师范学校校长陶鸿寿，被龙云军长聘为军务。唐继尧先任命华秀升为高等师范学校校长，后来又任命他为云南省美术专科学校校长。担任美术学校校长以后，华秀升又到上海，招聘老师。正好徐悲鸿先生也到上海，云南省美术界还在功德林饭庄，为徐悲鸿、华秀升举行招待会，会前留有一张合影。

外公担任云南省美术专科学校校长，他知道自己力不从心，没有美术方面的特

长，要做好这个工作是困难重重，所以自己提出辞呈，让位给美术专业人才担任。1926 年给云南省教育司提出辞呈，3 月 29 日批准。

1925 年 11 月 2 日唐继尧任命华秀升担任云南教育司参事，抵缪尔纾的缺额。

唐继尧提议建立东陆大学，1915 年开始议论筹建，因顾品珍反唐而中断。1922 年 3 月组成筹建组，在今天昆八中地址办公。1922 年 11 月筹备组投票选举唐继尧、王九龄为名誉校长，董泽为校长。1922 年 4 月 20 日隆重举行新校舍奠基典礼暨开学典礼。

1925 年华秀升刚回到昆明，东陆大学董泽校长就聘请他担任文科教授，不久任命他兼文科主任；1926 年外公被任命为东陆大学的文科主任，就辞去两所中等职业学校校长的职务，全身心投入东陆大学的教学工作中。他在大学主要教授经济学，还兼任工科学生的英语

华侨团体在功德林为华秀升、留法画家徐悲鸿送行，前排左起第三人为华秀升，第四人为徐悲鸿。1925 年拍摄于上海功德林

教授，自己编写英语教材，他一口流利、准确的美式口语，受到学生的欢迎。

1926 年 7 月 21 日云南省体育促进会成立，徐保权担任名誉会长，华秀升担任会长，唐继武为副会长。这是云南省的第一个体育协会。

1926 年 11 月 8 日东陆大学校长董泽，聘请华秀升、范晋武、李国钦 3 人筹办东陆大学文科。这时东陆大学成立后，第一批预科学生修完学业，明年开始续办文工科的本科科目。原来是副校长卢锡荣兼文科主任，筹办本科事宜。后因卢副校长出省聘请教授，路途遥远，不能立即返校，为了不影响本科开办大事，只有先聘请华秀升等人，代为预定该科组织办法及课程标准等事项，以便准备。

东陆大学大门

1927 年 2 月 6 日，云南发生“二六”政变，唐继尧被迫辞去省长之职，不久就病死了。唐一去世，东陆大学“顿失中心”。

1928 年 7 月东陆大学校长董泽派文科主任华秀升、预科主任赵家通，赴上海聘请教员，并调查各地的教育情况，定于日内启程，应发函请贵厅（云南省外交厅）查核预发过境护照。因为要去上海，最快的方法是走越南，从海防登船去上海。因此要办过境护照。

1929 年依据省政府决议，原副校长卢锡荣被任命为云南省教育厅长，命华秀升为东陆大学副校长。在外公华秀升主持“东大”工作期间，他基本是参照美国的大学管理办法，来管理东陆大学。取消学校训育部，只设学监，管理学生生活纪律；积极倡导不同学派的学术思想争鸣，活跃学校的学术民主气氛；同意学生恢复自治会，由学生自己选举自治会主席，广泛开展有益学生身心健康的活动；实行严格的学分制，严格考核学生的学业成绩；加强学生体育锻炼，提高学生身体素质，亲自到北京、上海聘请名教授来校任教，为学术界所称道。

1930 年 11 月 11 日私立东陆大学，改组为省立东陆大学，省政府令华秀升担任代理校长，华应在 10 月 20 日到校。这时候的东陆大学教师人数不足 50 人，学生也不过 200 多人。

外公华秀升在东陆大学校长任内，只待了两年。在这两年里，他任劳任怨，积极促进校务的发展。他的办学思想与董泽校长的一致，就是要按照美国大学的方法，来建设东陆大学。在副校长任上多次亲自到上海等地，聘请有名的学者到东大来任教，比如聘请了政治学专家浦薛风，心理学专家陈华庚等教授。浦薛风后来到清华大学任政治系主任。

外公特别主张学术自由，聘请教授不问学派，只重专业特

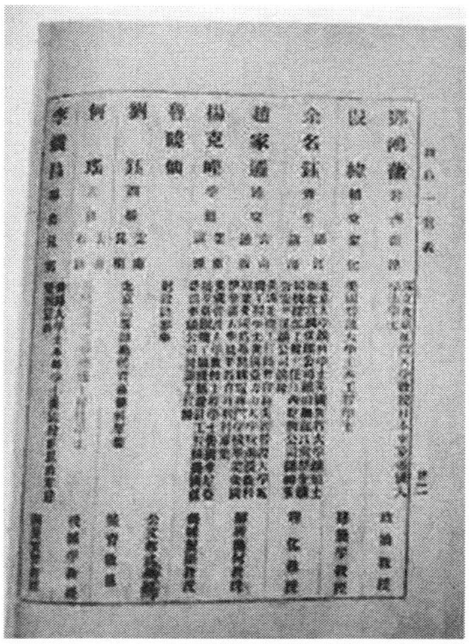

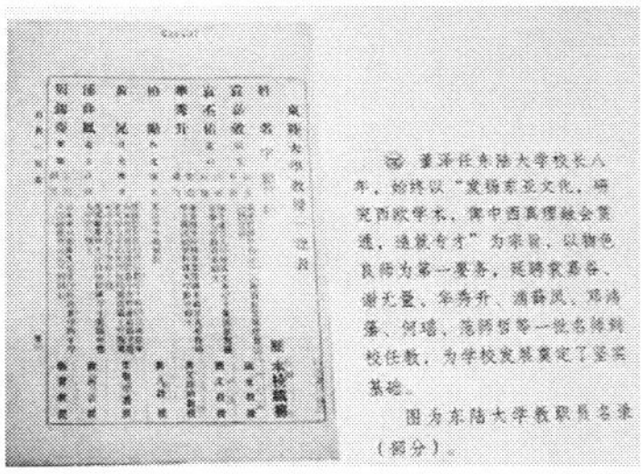

东陆大学教职员名册

长。在政治系的老师里，就有用奥地利心理学派解释价值和价格的，也有对苏联政治制度大加赞赏的，还有对中国封建传统文化大加歌颂者。学校对这些现象不做限制和干涉，允许老师根据自己倾向的学术派别观点讲课，也允许学生阅读各种学术派别的参考书，提出观点和教师辩论，教师则在辩论中引导学生得出客观的结论。

他特别注重培养学生的爱国意识、忧患意识。1931 年日本侵占我国东北的消息传来，华秀升领导“东大”师生，在 10 月份恢复了救国会。这个救国会是 1928 年，因抗议日本出兵山东，而组织起来的爱国团体。通过救国会，在师生中组织义勇军，进行军事训练，把正准备出版的学术性刊物《东陆月刊》改为《东大特刊·对日问题专号》出版，并亲自写了刊头语，阐明出专刊的目的是“拿笔杆子来尽我们当国民的义务”。1932 年 1 月 28 日，日军又进攻淞沪，发生了“一·二八”事变，《对日问题专号》继续出版，直到 7 月份，一共出了 8 期。刊物的内容主要是揭露日本帝国主义侵华，国际上对此事的态度，还有我们应该如何进行抗日斗争的宣传文章。多为政论性的文章，多半由教师撰写。有些文章写得很有水平，尤其是陈复光教授的文章特别受读者喜爱。还有的老师翻译了一些国外的作品，林同济发表在英文刊物上的《日本在满洲铁路企业之政治观》一文，也翻译出版在《对日问题专号》上。

1932 年 5 月南京政府与日本签订了卖国屈辱的《淞沪停战协定》，开始对人民抗日活动和抗日组织进行镇压和取缔。《对日问题专号》被迫停刊。9 月又改出学术性的《东大月刊》，刊出了陈复光教授写的《李顿报告书公布后远东国际局势之推测》一文。文章分析了报告书对中国有百害而无一利。指出各帝国主义国家都从自己的利害出发，决不会听从国际联盟的指挥。因此中国人决不能没有自己的主张，放弃主人翁的地位，任由外国人来替我们解决国家大事。要积极备战，从备战中求和平，才能得到真正的胜利。这样得到的和平，才是光荣的和平。这篇文字发表在《东大月刊》上，表达了东陆大学师生的爱国激情和誓死抗日的决心！产生了很好的影响。华秀升还在学生中组织了多次演讲会，宣传抗日。

1931 年 12 月 1 日云南省政府邀请华秀升，出席 12 月 5 日在省政府大厅举行的“英语口试”大典，担任云南考场考试典试委员会负责人，主持考试。这时华秀升已经是代理校长，学校为配合全国的抗日高潮，决定举行东陆大学义勇军及学生队军事演习，也是定在12月5日到昆明黑龙潭演习。华秀升作为义勇军大队长，必须亲自带队去演习，故专门给省政府报告，不能去参加主持口试考典了。

12月5日华校长与义勇军和学生队，徒步走到黑龙潭举行演习，演习举行了5天，同学们进行了射击、急行军、紧急集合等等的训练，获得圆满成功。12月11日胜利返回学校。当天晚上队伍到达夜宿地，半夜区队长王宪章轮流巡查。巡查长赵荫祖私自携带一支七响手枪，接班时在宿舍里玩枪，在退子弹时，不慎走火，误伤了在宿舍里的学员袁绩亮的臀部。华校长得知此事，立即命令严查此事件。

回到学校后，情况已经调查清楚，事实属实。华校长对事件的处理，做出了批示：夜里派军训人员巡逻防盗，出发点很好。班长私带武器，误伤同学，也是事实。区队长指导不周，防范不严，拟请撤职，另选人员担任。赵荫祖违反规定，私藏枪支，本应严格处理，但考虑他自参加义勇军以后，异常热情，从宽处理，撤销其班长职务，另安排龙克钧担

1929年东陆大学师生合影，前排右起第四人袁嘉谷、第六人周钟岳，左起第三人华秀升

任。袁绩亮护送回学校，住进医院安心休养。这位袁绩亮叔叔，是我家的亲戚，是我老祖袁嘉谷的二哥袁嘉馍的孙子，他父亲是袁丕基。

在1930年8月第77次省务会议上，通过了《东陆大学改立》的议案，议案指出：“省政府为谋求教育系统之调整，教育事业之联络，及大学本身之发展计，决议改组为省立东陆大学，经费由省款支给。”董泽反对改组计划，提出辞职。在1930年9月20日省政府第185次会议上任命华秀升为省立东陆大学代理校长，同时成立省立东大筹备委员会，任命周钟岳、龚自知、陆崇仁等人为委员，对私立东陆大学的一切校场、校舍、校具进行盘查。

刚刚走上云大一把手位置的外公，对如何办好这所大学，还没有十分的把握，他需要学习、需要探寻。1931年1月26日，外公给上海任昌公司的任稷生、寰球中国学生会的朱少屏、上海商务印书馆的黄发颃发信，信中写道，政府命我代理校长。“自知疏庸，深惧弗胜，辞不获准，勉承其乏。此时改组办法业已确定，应进行立案手续，唯省立大学立案办法法令无规定，究竟应备如何条件、应具何种书类，拟请代劳询部中知好，详为见示，以便照办。”请求这些朋友帮助了解政府对大学立案的具体要求，以便执行。信中的诚意，跃然纸上。

同年7月3日，又给龙云去信，说明省立东陆大学组织大纲已经编写完成，一共23条，经校务会议反复讨论通过了，有两件事需要报告省政府。其一是按照大学组织法，一所大学至少要有三个学院，才能成为大学。现在编写的东陆大学组织法，只规定设两个学院，文学院及工学院，不符合组织法。以本校师资而言，还可以开设法学院、理学院。所以我建议把大学学制一章拟订设立文、工、法、理四个学院，逐步完善。大学的组织繁复，各部职员需人甚多，故行政组织不得不稍趋完善。他向龙云建议，针对东陆大学的具体条件和实际需要，来设立各种管理部门，尽量少安排管理人员。有的可以兼职，以提高效率为目的，既符合大学组织法的要求，又可以节省办学经费。外公的两个决定，都有开创性的作用，使东陆大学又迈出坚实的一步。

外公在代理东陆大学校长期间，高瞻远瞩招揽人才，尽力想尽办法留住人才。1932年4月14日，东陆大学文学院教育学教授周锡夔先生，给校长华秀升一封信，说自己接到教育厅的命令，任命我为昆明昆华女中校长，即日就要去昆华女中报到，所以不能担任东陆大学教课任务，请求辞职，请校长批准。外公于4月18日给周老师回信，强调现在是学期中，我很难找到合适的老师，本不想批准你的请求，唯为尊重功令起见，不便强留，将来有机会，仍恳请继续来我校教授。周锡夔先生在东陆大学是教授日语的老师。

曾经的同学陈复光教授，向外公推荐了一位学者王去病先生，说他是南京的知名学者，现任考试院秘书，因身体原因，希望到昆明生活，向东陆大学推荐他去当老师。外公回信表示非常欢迎，只是现在新聘老师的经费，还没有完全落实。等一有经费消息，一定马上通知王教授。

还有担任法语教学的高玉麟教授，写信给外公，报告他社会事务繁忙，时间不敷分配，恐与学业有碍为由，申请辞职。外公回信挽留，说现在已经接近期末，法语课程正在中途，不方便再找合适的老师，台端所任课程，仍请仁兄继续教授，不胜感幸。可以看出华校长聘任老师，特别是知名教师的苦心。

华校长在任职期间，逐步加强了对学生的管理，先后出台了《学生请假规定》《寄宿规定》等管理措施。这期间华校长接到不少家长、社会名流为学生求情的信件，他都能严格照章办事。比如陈钧（修建个碧石铁路的陈鹤亭先生），也写信给华校长，替同乡杨嘉鹏说情。因为杨已经在东大学习几年了，去年回家探亲，没有参加考试，故至今不能上课。他说只需要补考，仍可以照常入学。但是必须校长允许，才能生效，所以给华校长写信，如果于校规无碍，务乞俯允照办。外公了解情况以后，四天以后给陈钧回信，按照我校的规章，学生一学期成绩有一、二科不及格者，必须补考，三科以上不及格就要退学。杨嘉鹏上学期有四科不及格，已不在补考之列，至下学期则全缺课，只能令其退学，嘱件格于定章，碍难遵办，尚祈谅有是幸。对社会名流仍然坚持原则，按照规章制度办事。

云南省第一块运动场

回国后在担任云南大学副校长和代理校长期间，他积极倡导体育运动，将其作为教育学生的一个重要方面。为给学生一个较好的运动场所，在校园东侧的荒地上，组织修建了“东陆体育运动场”，即今天的“东一院体育场”，全场周长是800米，有400米的椭圆跑道，200米的直跑道，还有足球场、篮球场和网球场。这是云南省第一块符合国际标准的现代体育运动场。

1926年7月21日云南省体育促进会成立，徐保权担任名誉会长，华秀升担任会长，唐继武为副会长。这是云南省的第一个体育协会。他为云南省的体育运动做了很多有益的事情。

在他的积极倡议下，1930年10月，当时的云南省政府在“东陆体育运动场”举办了第一届全省运动会。他负责组织、指挥，还亲自担任总裁判长。为了开好运动会，他邀请昆明市体育界的知名人士到家里，通宵达旦地开会，研究运动会的各项事宜，确定了每个比赛项目的负责人。由于准备充分，运动会的开幕式盛况空前！不少群众扶老携幼前来观看，临时搭建的看台上，座无虚席。从1930年开始，每年都要在云大操场举行全省运动会，会期3天。这几天昆明市会出现万人空巷的盛况，市民都纷纷前来观看比赛。云南省的运动成绩提高很快，能挤进全国的强队行列。

会泽院前的铜炮

巍峨的云南大学会泽院，让参观校园的宾客赞叹不已。每当毕业学生离校时，都会聚集在会泽院95级台阶上合影留念。这是该校成立近百年的传统，我的父母亲都是这里的毕业生，他们都有这张合影照片。在会泽院的西侧，安放了一门铜炮，更增添了会泽院的庄严。

这门铜炮是昆明人非常熟悉的，我们从小就爱到铜炮附近玩，不过对铜炮的历史及来历，并不清楚。最近我才查到有关铜炮的档案材料，解开它的神秘面纱。

云南大学在1922年成立时，是云南军阀唐继尧出资创办的，因为他的号是东陆主人，所以取名“东陆大学”。开始是私立大学，逐步改为省立东陆大学，到1934年才改为省立云南大学。

1924年东陆大学有了第一届毕业生。第一届毕业生为了感谢学校的培育之恩，大家凑钱定做了一架日晷送给母校，现在也还在云南大学里展出。毕业生制作日晷的意义，为了表达高等学校是培育优秀人才的场所，具有使人树立人生方向的意义。这个做法给后来的毕业生树立了一个榜样。

1931 年 11 月省立东陆大学第三届毕业生何非、周传典等 4 位同学，在毕业之际也打算给学校送一件纪念品。带着这个问题，他们参加了学校组织的毕业生出省考察。祖国的北方正轰轰烈烈为“九一八”事变，举行各种抗议活动。何非等人受到感染！在这国难临头之际，我们是受过高等教育的学生，应该为民族存亡尽一分力。他们统一了认识，决定要送一件能够体现“振作民族精神”的纪念物，来激发国民同仇敌忾之心。回到云南他们四处寻访，了解到云南军械局里存放了中法战争留下的一门开花炮。中法战争是云南人民的骄傲，以一省的人力、物力与当时的法帝国主义在越南境内作战，还大败法军，是一次值得永记史册的战斗。

1882 年法国军队占了河内。1884 年 7 月 15 日，法国远征舰队，进攻中国福建的海军。中国海军大败，在全国民众的呐喊声中，清政府才被迫在 1884 年 7 月 15 日向法国宣战，派云贵总督岑毓英为抗法军统帅，组织军队与法军决战。清政府为防止法国占领越南以后，又进攻中国，派刘永福率领黑旗军驻守在越南境内。总督岑毓英准备组织十万人的军队，开赴前线与法国军队决一雌雄。可是朝廷答应的军费，还未送达昆明。他只能向社会求助，是我外高祖父王炽，以过人的胆识，答应借给全部军费。在此书的外高祖父章节中，有详细介绍，这里就不多讲了。这门开花炮就是用外高祖父的捐款购买的，是百分之百的国产货！

外公对何非等同学的提议，非常钦佩！马上提笔写了两封信，一封给省政府，请省府将军械局里的开花炮，移交东陆大学。华校长还担心军械局不肯移交，又专门给军械局郑局长写了一封长信：

敝校第三班毕业学生呈请转呈省府饬由，贵局将安南战役奏凯归来，留存之开花炮拨给敝校，修补陈列，以唤醒历史观念，激发爱国热忱，以呈请核示。此种开花炮对于吾省历史颇有价值，任其弃置，未免可惜。台端关心

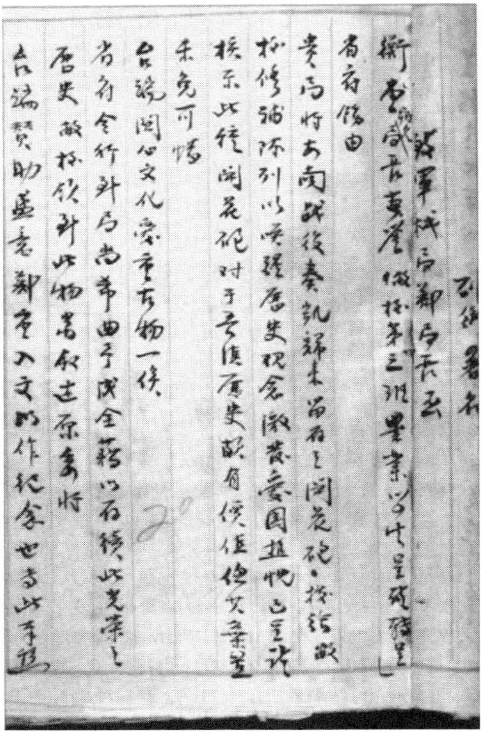

云大校长华秀升致军械局郑局长函（现存于云南省档案馆）

文化，爱重古物，一俟省府令行到局，尚希曲予成全。借以存续此光荣历史。敝校领到此物，当叙述原委，将台端赞助盛意郑重入文，以作纪念也。专此奉恳，顺颂

台安。

乡弟华秀升　谨启

民国二十年十一月二十四日

经过努力，这门立有战功的开花炮，就从1931年起，被修缮一新，安放在东陆大学会泽院西侧。它随时警示云南大学师生，不忘国耻，立志报国！

可惜这门炮，在1958年“大战钢铁”时，被抬走，化成一堆废铁，充入全民炼钢的成绩中。现在立在会泽院旁边的开花炮是2006年，在校内外各界人士的要求下，重新仿制的开花炮。

为了使世人记住它的由来，建议将铜炮的历史渊源及意义镌刻于铜炮基座，以利于教育一代代的云大学子。

1932年起，华秀升就打算辞去东陆大学校长的职务。1932年1月9日在省政府会议厅召开省政府委员会第210次会议，讨论华秀升呈请辞去校长一职的问题，由主席龙云主持会议，省政府委员张邦翰、张维翰、唐继麟、孙渡、缪嘉铭、龚自知出席，陆崇仁、王占视列席。会议决议是对华秀升慰留。

为云南省服务

1933 年正式辞去校长职务，这年 10 月龙云任命他为云南省审计处处长。这是云南省的第一个审计处，他在这个岗位上一干就是十年。审计处的职能，在龙云为审计处撰写的成立宣言中，明确财政乃国家活动之命脉，政治措施之源泉，财政健全与否，往往影响国势的盛衰。故善治国者必然要从整理财政入手。欧美各国其政党内阁之能裕如，以及得人信用与否，多半系于财政之有无办法。财政不仅有关政治，实际是直接有关于人民。故欧美各国财政制度，最重要的有三方面，要管理好一个省的经济，一定要分别管理好财政、审计、结算三个环节。云南省政府决定成立审计处，来掌管审计事宜。审计处为监督财政之机关，监督财政应以预算为依据，所以聘用了近五十人组建了这个审计处。这个时候的云南省政府，只有六个职能部门，即建设厅、民政厅、财政厅、教育厅，加上秘书处、审计处。

这个处的工作范围很广泛，云南省一切纳入省财政厅制定的财务预算计划，都要经过审计处的审查，通过以后才能实施。该处成立于 1933 年，1934 年度的审计报告，就审计出超出预算，而没有任何审批手续的资金 100 万元。云南省当时的经济并不发达，基础薄弱，还有 100 万元的超支，可见审计制度的重要。这一战告捷，说明外公不辱使命，他在美国留学学

2006 年重修的开花炮

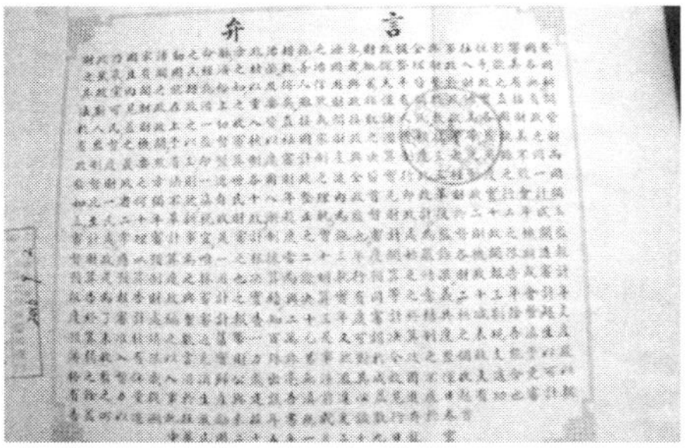

弁言

云南档案馆现存的审计处资料

到的知识，真正派上了用场，才能一干就是十年。直到抗战结束，国民政府把审计统一到中央管理，撤销了云南省审计处，外公才离开这个岗位。

外公把审计处分为几个职能部门，有负责工业项目的，负责农业、林业项目的，负责战备项目的等等。

为了提高审计处的办事效率，外公利用自己的关系，从美国引进了中英文打字机，在云南省也是首次使用。他还在审计处提倡职员们积极开展体育活动，在机关开辟篮球场（兼网球场），经常组织大家在工休时做操和打网球，举行职工运动会，开创了新兴的风气。

1936 年 1 月 29 日在春节前，审计处全体人员照了合影。

1938 年 6 月 17 日云南省政府龙云令省经委准照派华秀升等人为进出口贸易委员会委员。

1937 年云南大学改为国立大学，校长熊庆来决心要把云大办成一流的大学。校务会议决定要在工学院建设实习工厂，还写信给审计处长华秀升，申请批准拨给云大 8000 元。现在实习工厂已经开工，急需这笔费用，请贵处迅速核实批准下发。两天以后，华秀升处长经过核实、了解后，给熊校长回信，实际批准发给云大实习工厂的建设费用是 10000 元，先发 8000 元，分别由云南省教育厅和财政厅各承担一半．教育厅的款项已经核准，云大可以派人去领取；财政厅的款项，我们会催办，尽快落实，不会耽误贵校的工程进度云云。

在云南省档案馆存有一份档案，是在云南大学成立22周年时，熊庆来校长写给华秀升等人的信。信中说，为庆祝校庆，准备召开一次运动会，运动会结束，要给优秀运动员发奖，为征集奖品，熊庆来校长给华秀升、高连青、赵述宣3人发信，希望每人捐出1000~3000元，当然也包括熊校长自己，一共4人。把征集的经费，用于购买奖品，就是锦旗、奖牌、文具，发给优秀运动员。学校要召开运动会，给优胜运动员发奖，还没有公费可用，要校长带头私募，可见学校经费并不是可以随便花的。

1942年11月17日龙云派华秀升监督昆明市新旧市长交接仪式。

1943年国民政府决定各地的审计处，统一在中央成立审计署，地方不在设立审计处，所以龙云省长任命华秀升为云南省会计处长。

1943年12月10日，蒋中正训令“云南省政府会计处长华秀升，参加滇黔两省限政联合办事处”工作。

在抗日战争期间，云南是大后方，以龙云为首的云南军政府，以大局为重，积极参与抗战，倾全省的人力、财力在短短一年内，就修通了滇缅公路。并先后组建了60军、58军等两个军，开赴抗日第一线。58军是为参加抗战新组建的，原来是云南省的地方部队，6个旅14个团。60军是蒋介石给的番号，部队装备全部是云南地方筹措的，武器全部购自法国、比利时、捷克，山炮都是从德国克虏伯公司进口的，部队武器精良，连长以上的军官，都是毕业于云南陆军讲武堂的学员，都参加过实战锻炼，士兵也多数具有战斗经验。

这段时间的省政府开支是很大的，两个军的开支，一部分由国民政府提供，其他部分也需要云南省自己筹资。华秀升作为云南财政的负责人之一，在保证抗战部队的军费供给方面，一直发挥着积极的作用。他严格要求审计处的成员，要以抗战大局为重，认真审查每一笔与抗战经费有关的财政支出，不能使这些经费被挪为他用。

1935年民国政府公布收支系统法，明令中央、省、县三级制。省级收入设有田赋、契税、年税、货物税、营业税收入。经财政整顿，云南省收支基本平衡，还有余额，可以发展经济。1940年实行抗日财政，实行国家与地方自治财政两级制，省级并入中央国家财政，全部支出由中央批拨，省级财政职权执行国家支出预付，对县市地

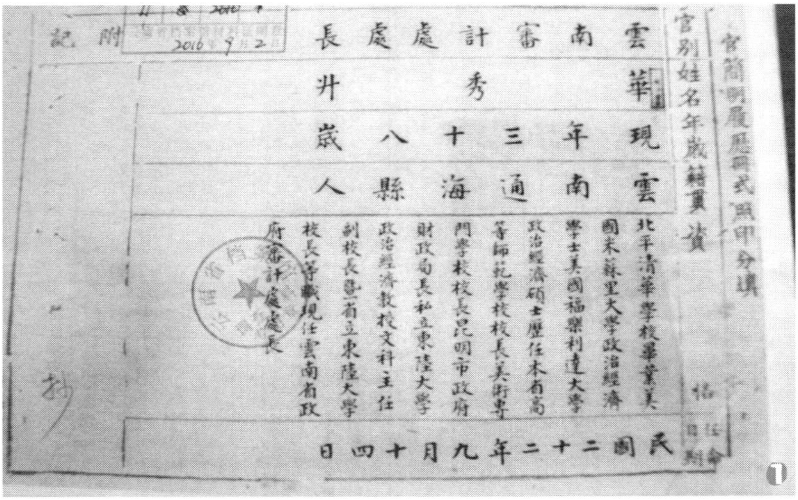

雲南審計處處長
華秀升
現年三十八歲
雲南通海縣人
北平清華學校畢業美國米蘇里大學政治經濟學士美國福禦利達大學政治經濟碩士歷任本省高等師範學校校長美術專門學校校長昆明市政府財政局長私立東陸大學政治經濟教授文科主任副校長暨省立東陸大學校長等職現任雲南省政府審計處處長
民國二十二年九月十四日

❶ 云南审计处处长登记表

❷ 财政厅厅长华秀升

方自治财政整理监督。抗日胜利后，1946 年全国对粮会议决战修改财政收支系统，恢复中央、省级、县市三级财政制、云南财政收支仍靠中央拨给，省约 90% 以上报请中央核发补助费。

1946 年 4 月 24 日云南省民政厅发函通知，禁烟销烟监盘员华秀升到场监督烧违禁烟土。

1946 年 8 月 16 日云南省政府任命华秀升为云南省县长考试典试委员，委员还有龚自知、张邦翰。

1946 年 10 月受卢汉任命，筹备改组昆明市银行，并为该银行修订章程。由华秀升、陇体要、金龙章、曾昭德、曾恕怀五人组成委员会负责这件事。

1947 年元旦我家的舅爷爷王天船出资，在昆明市筹办“建设中学”，华秀升被聘为八人校董之一。还有甘芳，时任昆明行营参谋处长；龙纯武，云南六十军副军长。

1947 年华秀升在省府视察人员讲习班上，有一个讲演，我在档案馆看到了这份讲稿。云南省的财政管理先是实行两级管理，一级是国家财政，第二级是县财政。华厅长分别介绍了两级财政的执行情况，民国三十年（1941 年）第三次全国财政会议，修订收支系统为国家财政与自治财政两大系统，原有省级财政，并入中央。自治财政，则以市县为单位。此次改制后，省级财政不复存在，在省级毫无收入，一切支出完全以行政院所属省单位科目，列入国家总预算核定后，按照中央拨发给领。此时期省财政厅的工作，对于国家财政部分，唯一的任务，就是执行省单位及县市级预算，核发各机关经临费，并拨领转发县市级所得各项国税拨补款。

财政厅自民国三十二年（1943 年）至民国三十五年（1946 年）迭次实施整理现在略将整理经过情形，分别谈谈：

（1）自民国三十二年（1943 年）至三十四年（1944 年）为第一阶段。此一阶段系分期分区整理。

（2）民国三十五年（1946 年）整理为第二阶段，此次整理系将全省各属一共划为二十五督导区，分别每区派遣督导员一人，前往普遍督导整理。

中国财务行政牵制平衡的运用，全在于财务联综组织制度的推行。财政厅为健全各县财务金融机构，推行财政联综组织制度，自民国三十三年（1944 年）起，曾先后筹组成立各县金库、县银行，并健全充实各县政府财政科，分别设班训练上述各项专业人才，毕业后分别分发各县服务。

1947 年 3 月 17 日云南省政府接到举报，说华秀升违法贪污。省政府组织了专案组调查此案，经过两个多月的调查，专案组列举事实否定了举报。当时华秀升担任云南省财政厅厅长，在云南省档案局存有这份调查报告。

1949 年外公辞去财政厅长的职务，还担任会计处长。

抗日战争时期，他常到在昆明组建的“联大”，请一些学者，来省政府机关做有关抗日、民主的演讲，以激励大家的爱国热忱。他和闻一多、李公朴教授交往甚密。两位爱国民主人士遇害后，他曾对其家属进行慰问和资助。民国三十七年（1948 年），国民党中统密电，要缉办在财政厅供职的中共地下党员李绍基和张亚民，为使这两位下属安全转移，他不畏风险，派人密告李、张两人迅速离开昆明，免遭逮捕。

在省政府任职期间，外公对手下几位地下党员，是非常关照的。朱凤长期在外公家租房子住，听到要逮捕朱的风声，外公就通知他逃跑。朱凤后来担任了云南省总工会秘书长。

外公外婆合影

美国飞虎队进驻昆明，陈纳德的亲属也租外公的房子住过。

蒋介石解决龙云时，将主席龙云调任军事参议院长、委卢汉继任主席，要求卢汉对龙云任内的人事举行清查，清除龙云的亲信，将民政厅厅长陆崇仁免职、委李宗黄接掌民政厅外，其余人事，尚未调整。卢汉与行政院长宋子文会商改组省府人选后，派人写了一份文件送给宋子文。说明龙任内厅长、委员多已离散，省府委员会已不足法定人数，有遴员改组之必要，附列了厅长、委员名单。

名单如下：委员兼民政厅厅长李宗黄，委员兼财政厅厅长华秀升，委员兼教育厅厅长王政，委员兼建设厅厅长陇体要，委员兼保安司令马锳，秘书长朱丽东，委员缪云台、胡瑛、张邦翰。

宋子文把这份名单提交 11 月 20 日行政院会议通过，明令发表，完成了改组省府的手续。

云南省财政厅厅长原来是缪云台，当时财政厅在近日楼办公，外公当这个厅长是“一二·一”事件的那年，大约当了三年，是缪云台推荐的。因为缪是部长级的，不能再担任这个厅级干部。

当时云南省财政厅下设一个主任秘书，另外分为两个组：第一个组管理全省财政，第二个组管理厅内的财政。厅内的财政如何使用不是厅长说了算，而是第二组来决定。外公在厅里建立了图书馆和网球场！

龙云、卢汉交接班以后

民政厅厅长原来卢汉是约缪云台担任的，但蒋介石不同意。因为要调缪云台到中央工作，仍要李宗黄担任。卢汉虽不愿意，只好屈从，把李列入。

财政厅厅长华秀升是缪云台推荐给卢汉的，华原是龙云任内的会计长，缪云台说华为人稳当，如同保险柜一样。

教育厅厅长王政是蒋经国向蒋介石推荐的。龙云任内的教育厅厅长龚自知于龙离滇后，呈请辞职，教育部部长朱家骅即提出赵澍继任厅长。卢因那时是否回滇就主席，尚在未定之中，乐得做人情，复电同意。朱家骅并已报请蒋介石批准，只待明令发表。这次卢汉到渝，适朱家骅赴各省视察，不在重庆。蒋经国乘机向其父提出王政，推翻了朱家骅的原议，教育厅厅长遂被太子系夺去。卢虽把王政列入，但与王素昧平生，迨明令发表后，王的舅子阮绍文才陪同王政来重庆，与卢汉初次会见。那时王政任蒋经国主办的中央干部学校教务主任。

建设厅厅长陇体要是 CC 头目陈果夫向蒋介石提出的，陈来拜会卢汉，与卢面谈其情。陇体要在龙云时期任建设厅所属公路管理局局长，并曾任过省党部书记长。

保安司令马锳是卢汉自己提出的，当时卢为争取设立云南省保安司令部，自己避不兼任保安司令，提马锳担任。这是卢汉一时权宜之计。到了翌年夏，卢即请准依法兼任保安司令，并请改任马锳为副司令。

秘书长朱丽东是卢汉自己提出的。龙云的秘书长袁丕佑（袁嘉谷之子）于龙离滇后辞职。朱为清末云南诗文名家朱筱园之子，“二六政变”时，为四军长草拟过倒唐通电，龙云掌滇政初期，曾任财政厅厅长及龙的特别办公室主任代龙核阅公文。卢、朱交谊甚深，朱并曾代卢受过而不容于龙，离滇赴沪投入改组派。朱虽旅居外省 14 年，与卢关系始终如故。这次卢回滇主政，云南人熟知卢、朱关系者，预料卢必用朱为秘书长，事实果然。朱那时不在重庆，被行政院派往京、沪、青岛一带办理对日接收。卢辗转通知，朱于 11 月 30 日赶到昆明，翌日同卢汉一道就职。

不幸的晚年

进入 1950 年，云南省处于和平解放的关键时刻，像缪云台等人，就找借口离开大陆跑到美国居住。外公华秀升肯定也有过离开中国，到美国去的念头，他在美国是有事业基础的，而且美国朋友也多次劝他返回美国发展。

可是他难办啊，3 个女儿都已经成家，不带他们走，怕他们留在大陆以后就难得见面。要一起带走，他也想不出办法，所以最后只有留下。另外也认为自己没有干过伤害共产党的事，又是在卢汉决定举行和平起义的决议上亲笔签名，属于同意和平起义的官员，应该得到宽大处理。

没有想到的是土改开始，地方基层某些人，没有掌握好政策界限，上级基本采取一种放任自流的方式。本来把外公的成分是划为中农，后来因为外公家在昆明吴井桥，当时是算作农村，执行农村土改政策，就把他的成分划为地主。一天一群当地农民拿着红缨枪、大刀，占领了外公自己辛辛苦苦建起的院子，家里人每人只能带 3 件衣服，净身出户，先到家里保姆住的房子住，后又被赶出，到汽车修理厂里住下来。在对他实行管制以后，还住过猪圈。大舅舅和大舅妈已经结婚，也和公公婆婆一起住到猪圈里，一个表妹就出生在那里。他还被吊起来，推来推去，也被绑去陪杀场，就是一起押到刑场，跪下。枪响后有几个真被打死了，没有中枪的，就算陪杀场的。

外公在1951—1953年间，一共被管制了两年，每个星期都要到派出所交思想总结。1953 年才得自由，把家搬到翠湖边的小井住。离我们家很近，妈妈带我去看过他。那时候他精神已经很差了，身体患有多种疾病。不过看到我，还是露出笑容。我还带个小皮球去，在屋里给他表演足球停球基本功，很想向他学习足球技术。外公只能忍着内心的痛苦，含笑为我讲解足球动作。

外公是死于糖尿病引发的肾炎，肾炎严重后的尿毒症，但是身体和心灵上受到的不公平待遇，整天提心吊胆地过日子，也是加重病情的心理因素。

我听四舅舅讲，外公的棺材停在院子里，我爷爷袁丕元手扶棺材，就在院子里放声大哭！把心中憋了很久的不理解，痛痛快快发泄出去！在我的印象中，两位亲家是很少来往的。因为他们受教育的背景完全不同，我爷爷是中国传统文化培育的，外公完全是接受正规西方教育出来的。可是都是普普通通的老百姓，都是想为中国的进步做点事的老实人。却遭受这样的不公平待遇，只有用痛哭来表达了！

1979 年元旦，中美正式建立外交关系，中美之间的冰冻时期过去了。外公 1924 年前，在美国做生意，在纽约中国招商银行里的存款，解禁后浮出水面，经过近 60 年的存款，在美国银行的复利政策下，涨成了一笔巨额存款。

我们无法知道，最初到底有多少存款。就假设有 100 美元吧，对于存款存满一年以后，能升值为多少？在 20 世纪 90 年代，中国与美国的计算方法是不同的，中国执行的单利方法，美国执行的是复利计算方法。

1986 年在中石化北京燕化公司，我参加过与美国埃克森公司的技术谈判，第一次接触复利的计算方法。通过谈判我学会了美国计算复利方法，他们在 20 世纪八九十年代，都是按 6% 的复利，来进行可行性研究时，使用的是固定利率。

100 美元，6% 的复利，60 年以后就是 3300 美元，增加了 33 倍。20 世纪 80 年代初，美国银行通知了中国政府，要找到华秀升的子女来继承这笔财产。我国的几位消息灵通人士，知道了这个信息，就打算要独吞这笔财产。他们都是有权有势的人士，几次三番地找在昆明的大舅舅，我妈妈（华家的大姐），对每个人做工作，劝说他们放弃继承这笔财产。我母亲及几个姐妹兄弟从小就胆小怕事，在中华人民共和国成立后的各次运动中，担惊受怕，习惯于逆来顺受，早就不敢说个不字，都是多一事，不如少一事的态度。早就习惯了每个人，能拿点工资，过上基本生活有保障的日子，就满足矣。

大家商量后，同意放弃继承权，交给这几个代理人全权办理这件事！美国政府要求提供华秀升的英文签名原件、图章原件复印件，每个子女的签名，图章复印件，还

要中国公证处的公证证明。这些手续不是华秀升的后代亲自办理，根本无法通过审查。我妈妈就是任劳任怨的习惯，为了跑这些手续，背着外孙女，去相关机构一个一个找人盖章。跑了大半年，最后才办完相关手续，这笔财产也不知是哪位高人私吞了，对华秀升的家人是只字不提。

除了这笔存款，外公还持有一些股份公司的股票，有美国的、香港的，云锡公司的、跃龙公司的股份，后来也都当成“剥削所得”，充公了。

今天我讲这几件事，肯定有人要发怒，你小子是要反攻倒算吧？我绝没有反攻倒算的意思，是我母亲亲手处理的，当时华家就没有一个人反对。我还是共产党员，更不会干违背组织原则的事。只是觉得这件事，要是发生在今天，我们的党越来越成熟之后，经济环境也和改革开放前有天壤之别了，就绝对不会像中华人民共和国成立初期，以及 80 年代初那样处理问题了，我为祖国的进步，而由衷地高兴。

只是觉得，对当年不公平的事，应该讲清楚，让大家知道，就算我家长辈们为时代进步，而付出的代价吧。另外希望实际从华家得到好处的几位，或者他们的后人有勇气站出来，向华家说一声对不起！正式道歉，能给华家祖辈一个交代而已。

❶ 外公家在通海的故居

❷ 外公出生的房间

通海寻根

为了把书写得真实、可靠，我必须掌握很多的一手资料。2016 年 8 月专门去云南通海县，准备到通海县档案馆，收集有关外公华秀升及外婆家的资料。

通海县的政府机构，都搬到县城外的新建的政府办公区了。倒乘了几次公交车，来到这里，新行政办公区很大，行政区里还没有通公交车，找了一个多小时，就是没有找到档案局！问了不少人，都不知道档案馆，最后是遇到几个热心的政府接待人员，才说应该还在老县城里。我跑了不少冤枉路，浪费了一个多小时，又返回到老县城，在一条小胡同里，找到了通海县档案馆。接待我的档案馆工作人员是王尚云，他对我介绍，很可惜，你来晚了，通海县解放前的历史档案，在“文化大革命”中被几个红卫兵一把火给烧光了，一页纸都没有留下！

王尚云还是热情地接待我，就他知道的情况给我做介绍，还陪我找外婆外公家的后人。

今天的通海是个美丽的小城，城中有秀山，城外有杞麓湖，杞麓湖建成了国家湿地公园。城中心有整齐的四方街，地上清一色的青石板铺砌，四方街四条街的交汇处，耸立着一座聚奎阁，有 3 层楼阁，是云南省重点文物保护单位，阁上有 3 幅题词，分别是“聚奎阁”“四维统纽”“冠冕南州”。今天的聚奎阁全部用彩灯装点，一到晚上，点亮全部彩灯，非常美丽。这是今天的通海县城，我想一百多年前的 1895 年 5 月 24 日，我外公出生时，不可能是这样的。

那时候的通海县城，应该比现在小不少，街道狭窄，全是土路。不过城中心的聚奎阁早就建好了，高耸在那里，成为全城的最高建筑，只是周围的道路全是狭窄的土路。

外公出生的房子，现在还保留在通海城里，在城北面的兴家巷，现在的门牌号是 21 号附 1 号。这是一座两层楼的四合院，外公的长辈是做水果蜜饯生意的，比如大枣、桃子、宝珠梨蜜饯等等。原来的老房子外面还有很大的场院，用来晾晒各种要做蜜饯的水果干。这些场院现在不属于华家了，不过那座四合院还是留下来了，我还到外公出生的房间参观、拍照片。我外公哥哥华万选的儿媳妇，现在还健在，我应该叫

外公在西山的墓地

她孃孃，或者是姨妈，已经 93 岁了，身体硬朗，还能自己上下楼。她还住在自己家的老房子里，她的子女，我的表弟、表妹都成家了，在通海县城新建的住宅小区里居住。这位孃孃平时有一位保姆陪她。她有两个孩子，姐姐华月玲、弟弟华兴伟，都在通海生活。

外公的妈妈，我称她为老祖，是位长寿的老太太，一直活到 90 岁，1950 年才去世。我见过这位老祖祖，她是裹了小脚的老太太，我见她时还能走几步。年轻时，就是她在家指挥一些工人，在大院子里，先把大枣的核用小工具挑出，在竹席子上放整齐、晒干，再收起来，由这位勤劳的老祖，亲自加入红糖，做成大枣蜜饯。这就是外公家，100 年前的大概情况。

我外婆张仲芳，生于 1895 年 7 月 14 日，卒于 1969 年 1 月 10 日，享年 74 岁。外婆家据说是原来大理国段氏的后代，大理国内乱的时候，外婆家的祖上，在动乱中丢弃全部家产，仅背了一座金子打成的磨盘，跑出大理城，才保住性命。一路逃到通海，就在这里定居了。

在王尚云的帮助下，我实地探访了外婆家，张家老房子在通海高家巷，现在的门牌号是高家巷 8 号，是一座 3 进的大院子，占地 600 平方米左右。进入 19 世纪晚期，张家在通海开起了第一家照相馆，取名是“幻云照相馆”，在昆明也开了一家，取名“留青照相馆”。老房子在土改中，先是被没收了，后来落实政策，把他们家的成分化为手工业者，房子又归还张家了。走进这座有厚重历史氛围的老宅，还能看到当年摆放照相机的屋子，还有对面拍照者坐的位置。

外婆张家的后代，现在还住在通海的，是外婆哥哥的孙子老四张宝纬、老七张宝贤。我找到他们，一起在老照相馆的院子里，畅谈了 2 个小时，他们为我回忆了一些外婆家的往事。

永远记住华秀升

华秀升走完了 59 年的人生，去世后葬在昆明西山上，葬在他们家族买下的墓地里。他的后人在那个年代里，经历了太多的风雨，只想让外公死后，不要再受罪了。把他的墓修得非常普通，就是一个土包，前面有一块碑，碑文写得特别有智慧，就是“华氏之墓”四个字。所以他的墓地，经过 62 年的岁月，没有遭到破坏！直到 2016 年秋天，接到当地政府的通知，要求家人去移墓地，原址政府要征用了。他的尸骨一直平平静静地躺在家乡的土地里，经过了 62 年，比他的人生还长！

我前面写的文字，完全是依据从清华档案馆、云南省档案馆，以及我亲自走访收集的资料编写的。我只想记录一个真实的外公！他的童年是幸福、快乐的，在家乡通海的孕育下，成长为一个积极向上、刻苦好学的少年，早早就离开家乡到北京求学，接受新式现代教育，使他的思想发生了巨大变化！所以在五四运动中，他能以奋不顾身、热血爱国的进步青年出现，给自己的历史，永久记录下光荣的一页！在清华学堂接受了八年教育，在身体、思想、知识方面都得到提高，为今后的留学生涯，奠定了坚实的基础。

到美国留学、生活了 5 年。受到英语及经济学的严格训练，打下了优异的学术基础。回国时还是不足 30 岁的青年，马上就被任命为两所中等技术学校的校长，肯定是力不从心的，所以没有干几年，到私立东陆大学成立，他就欣然同意到大学去任教，给工科学生讲英语，给文科学生讲经济学。这是他擅长的工作，干得得心应手。后来再担任文科主任、副校长、代理校长。在东陆大学一待就是七八年，这段时间他还担任云南省第一届体育运动协会会长，为云南省的体育事业，为东陆大学的健康发展都做了一些问心无愧的努力。

1933 年进入云南省政府领导阶层，后来又进入到云南省的核心领导层中，在这个岗位一直待了 17 年。在龙云、卢汉政府中，为云南省的经济恢复、为支援抗日战争，保证后方供应，为云南省的发展做出了不能抹杀的贡献。

我外公在民国政府里，虽然职务高，实际是一个率直、简单的人，对于官场中的政治斗争一窍不通。听四舅讲，每到云南省政府开会，外公就带上两包香烟，坐在座位上，基本一言不发，就是一支接一支地抽烟。他自视清高，也看不透权势斗争的内幕，所以也一直没有介入高层政治斗争旋涡中。就像缪云台先生评价的那样，华为人稳当，如同保险柜一样，因而得到缪云台、龙云、卢汉的认可，才能一直在省政府任职。

我估计后期的外公，也被环境的消极因素腐蚀，参加体育运动少了，所以患上“富贵病”——糖尿病。再加上不公平待遇，使他不到 60 岁就离开人世。

一个正常的、先进的社会体系，应该能保证，每一个守法老实人，都不会受到不公平待遇。这是我们长辈的希望，是他们为中国的社会进步做出“奉献”之后应得的回报。

陈复光的一生

据华秀升年谱的记录，当年和他一起考进清华学堂的云南籍学生，一共有两人。

云南农业大学教授陈逢凯，是我初中的同学，现在又是我的至交。他父亲陈复光，估计就是另外一位云南籍学生，他也是那个时候从清华学堂毕业，考入美国哈佛大学留学的学生。只是他是由云南昆明中学毕业，直接考入清华学堂的。在清华学堂

高等学堂学习了 3 年，就考取留美的资格了，陈复光比我外公小 4 岁，是一辈人。上中学时，陈逢凯来我家玩，我妈妈都要讲，应该叫陈逢凯为叔叔，不能直呼其名，不能没有礼貌。所以我有必要为这位外公的清华同学，记录下他对国家做出的不可磨灭的贡献。

陈复光，字勋仲，云南大理人，生于 1899 年，1960 年去世。他幼年好学，思维敏捷，1916 年从大理中学毕业，考入清华学堂，1920 年毕业，考入美国哈佛大学，主修国际法及外交史。他的指导教师是当时东欧史和国际政治权威学者劳德（Load）和柯烈治（Colidge）教授。柯烈治教授语重心长地对他讲，研究国际关系宜从自己国家的近邻开始，以美国学生为例，就要着重研究与加拿大及南美洲的关系。站在中国学生的立场，就应该专心研究中俄关系和中日关系，尤其是中国与俄国有九千多公里的边界，中俄建交早，关系密切，与远东局势息息相关，中

2016 年华秀升后代聚会合影

俄关系的研究非常重要。于是陈复光在导师的指导下，集中精力收集有关中俄关系史的书籍、资料进行研究，还认真地学习俄语，达到现在说的“四会”水平，陈老先生的英文水平同样优秀。

在哈佛大学获得国际法及外交史的博士学位后，他决定自费到欧洲考察，收集研究资料。为了多准备一些旅费，曾经到餐馆打工，洗餐盘。他到欧洲，访问了英、法、德、苏等国，省吃俭用，留出经费购买资料，在柏林某图书资料室，发现一份十分珍贵的资料，该馆规定不能外借，只能苦苦相求管理员，最后出高价，请管理员为他打印了一份。回到香港，身上的钱只够买统舱的船票。当他穿着西装革履向统舱走去时，还被船员拦住，说他走错了船舱，弄得陈复光先生很尴尬。

回国后，先后在清华大学、燕京大学任教。兼任北京政府司法部所属法权讨论会秘书。1928 年又到黄埔军校任教官。1930 年回到云南，被聘为东陆大学教授，和外公华秀升又成为同事，在东陆大学主讲各国政治制度、西洋政治思想史两门课。龙云担任滇军 28 军军长时，任命陈复光为 28 军政治部主任。1931 年西安事变以后，他参加了宋庆龄、沈钧儒领导的“全国救国会”。龙云派他到四川，劝说刘湘，统一川、滇的行动，支持张学良、杨虎城将军的爱国行动。

1935 年杨杰担任陆军大学校长，杨杰也是云南大理人，聘请陈复光为陆军大学教官。抗日战争爆发，1938 年杨杰被任命为中国驻苏大使，陈复光被任命为驻苏大使馆一等秘书，他协助杨杰做好工作，争取苏联对华的抗日援助。在驻苏大使馆工作了两年，这期间他尽力收集中俄、中苏有关外交关系的史料。回国后担任国民参政会参议员。

抗日战争期间，陈复光发表了许多关于抗日救亡的真知灼见，一部分编入了《中苏轴心与世界和平》（云南日报丛书）。

1942 年日寇入侵云南西部地区，陈复光随李根源赴滇西保山前线，发动群众坚持抗战。从保山回到大理，成立了“滇西干训团”，蒋介石名义上兼任团长，龙云、李根源任副团长，宋希濂为教育长，陈复光为教务主任。

1944 年回到昆明，担任国民政府财政部花纱布管制局云南处处长。抗战胜利后他又回到云南大学任教师，直到解放。就是在这段时间里，他完成自己的呕心沥血的著作《有清一代之中俄关系》一书的写作，1947 年正式出版，由于当时的特殊情况，只印刷了 200 册。

新中国成立后，他当选为中国人民外交学会理事，被任命为西南军政委员会文教委员会委员、云南省政协第一届常务委员、民革云南省委第一届常务委员。

1950 年陈复光有机会到北京，曾将《有清一代之中俄关系》一书，送给周总理一本。1951 年陈复光又到北京开会，周总理接见与会代表，走到他的面前，边握手，边说："大作已收，很好，搞这方面研究的人很少，很有研究价值，你要继续研究下去。"使陈老先生，备受鼓舞。1955 年周总理赴印尼出席亚非会议，路经昆明，接见有关人员，陈老先生也在其中，周总理与他握手时，又对他说："我们的中俄关系史专家，你对中俄外交史的研究又进一步了吧？"

1957 年，因为陈复光和罗隆基、潘光旦是留美同学，被诬陷为"章罗联盟"在云南的代理人之一，被打成右派，横遭批斗。可是老先生仍然坚持进行研究，又写了大量的手稿。

1960 年 3 月，陈复光在农场劳动，突发胃穿孔，得不到及时救治，含冤去世，年仅 61 岁。临终前，他对家人说："这些资料及手稿要保存好，对国家会有用处。"可惜老先生呕心沥血的手稿，也没有躲过厄运，他们家被抄多次，很多手稿都遗失了，到 20 世纪六七十年代，中苏边界形势剑拔弩张之时，外交部专门派人到昆明，找到陈老先生家人，要看看他为国家留下的珍贵资料，结果家人只能拿出仅存的一些。这些官员边看边叹息：太可惜了！太可惜了！剩下的他们都仔细打包，带回北京，为中苏边界谈判发挥了不小的作用。

陈复光教授

他一生中以《有清一代之中俄关系》一书被后人念念不

忘，这是陈复光先生以大半生的精力完成的力作。国学大师姜亮夫对此书的评价是“近代奇书也”，全书40多万字，是我国研究中俄关系史，最权威、最有分量，资料也最丰富的拓荒性学术著作，是今天研究中俄关系的史学家们必须阅读的一本书。后人评价说，前人没有做的事，他做了；前人没有完成的事，他完成了；一个人难以承担的事，他承担了；一个难以说清的问题，他大体上说清了。

《有清一代之中俄关系》一书，已选入《民国丛书》（D82—02028）和《云南文库·学术大家文丛》。

周亲爷爷

我爸爸的大姐袁转芝，嫁给了周钟岳的大儿子周锡年，所以我把他称为周亲爷爷，他是我们大家族中的一位政治家、教育家、书法家、诗人。在写我们家族的历史时，周亲爷爷是不能不认真书写的一位前辈。

不过，对周亲爷爷的回忆录、长篇报道已经不少了，我要把对他的书写，着重在一个后辈、一个科技工作者的角度，对这位著名政治活动家的描述与认识。

周钟岳 1876 年 12 月 2 日（农历十月十七日）出生于云南剑川，字惺甫，号惺庵，是剑川县金华镇人，白族。1955 年 3 月 29 日病逝于昆明，享年 80 岁。

周家的祖先有记录的，是清雍正年间起，从云南鹤庆迁移到剑川，到周亲爷爷这一代，已经有六七代了。

艰难求学路

周亲爷爷的祖父是周延庆，在剑川县城开了一家铺子，专卖鹤庆出产的火腿等土杂货。他有两个儿子，老大叫周之桢，喜欢弄枪舞棍，又赶上杜文秀与清政府较量的近 20 年时光里，社会不稳定，周之桢就一直混迹在行伍里。老二是周之炳，二儿子读书专心，喜诗文、工书法，考中了秀才，可是赶上兵荒马乱的日子，家里的生意一败涂地，只能辍学回家经商。父亲周延庆还是希望二儿子周之炳，能走上读书求官的道路。

周之炳娶了罗氏，生育了 4 个儿女，3 男 1 女，周亲爷爷是他最小的孩子。4 岁时，母亲就去世了，一位哥哥也早故，周之炳曾将大儿子送去读书，后来也因为家境困难，只能让他退学回家。

虽然家境不好，周之炳坚持要让儿子读书，没有能力去学校，他就自己教，晚上在家，他就教7岁的周亲爷爷《三字经》《千字文》这些启蒙教材。后来又随舅父罗文昭读书，罗是家乡的名秀才。到10岁时，父亲咬咬牙，送周亲爷爷去县城，拜段从先老师读书，段先生在剑川，开了一家私塾，名声很好。

周亲爷爷是白族人，在没有进学校读书前，只会说白族话，读汉字、说汉话，都是从头开始学习的。

周亲爷爷悟性高，也知道读书的机会，来之不易，所以非常刻苦。每天进了段先生家，就不愿意出来，晚上回家，吃完饭，到天黑了，都舍不得点油灯，他就在灶台上，点起明子读书。明子就是松树枝，含松脂最多的部分，云南人都用它在夜间照明。因为松脂含量高，点燃以后，能维持较长时间的燃烧，用于照明。

1891年16岁的周亲爷爷参加童子试，名列第一。1892年8月到大理院试，考取秀才。17岁写下“励志诗”。1894年参加乡试，不幸落榜。第二年20岁，按照父亲的安排，娶罗氏为妻。22岁时，父亲去世。家庭生活的担子，就得他一人担当了。他开始去当童子师，教书挣钱养家。

继续读书的抱负，始终没有放弃。在教了一段时间书以后，他采取边教书，边学习的方法，继续提高自己。他进入了剑川的金华书院学习，在这里认识了恩人赵藩。赵藩是长辈，大周亲爷爷25岁，他们又是同乡。

过去在家族械斗中，周家还打死过赵家的人。赵藩先生是非常大度的人，当他知道周钟岳，是一位非常有前途的年轻人后，完全摈弃了上一辈人的仇恨，热情地接待了周钟岳。看到周写的文章，赵老先生非常喜欢，马上给他指出了改进的意见，教授他做学问、做人立身的道理。从此两人结下了十多年的友谊，赵藩带领周钟岳走上为国为民，奋斗终生的道路。在周钟岳离开赵藩先生时，赵赠他“践履笃实，志趣远大”八个字，这是赵家为学立身的传家宝，也成为周钟岳终身的格言。

1902年，周亲爷爷在坚持学习的紧张阶段，得了肺病，咯血。也是赵藩先生为他请大夫诊治，为了让他安心养病，劝他学习弹琴，周亲爷爷开始学习古筝，用抚琴来静心，来休息。他坚持了一生。

周亲爷爷参加了 3 次乡试，第三次考中解元，是乡试的第一名，有资格进京参加会试了。1903 年离开昆明前，他又去四川，拜见老师赵藩。赵老先生嘱咐他：我让你取道四川，就是要当面对你讲，如果会试不中，你就去日本留学。你要明白，老路走不通了，必须另寻新路！

由于一直生病，会试失败，正好此时云南学务处开始委派留日学生，他获得留日的学生名额，1904 年 8 月抵达日本，9 月进入弘文馆学习，专修师范专业。师范毕业后，进入早稻田大学学习法政。留学期间，他把自己及同学记录的讲义，编辑成“师范丛编”，还翻译了日本人写的著作。

在日本留学期间，他受到西方政治学说的熏陶，接受了孙中山先生的革命思想，在东京参加了同盟会。1906 年 4 月云南同盟会创办《云南》杂志，周钟岳被聘为总编辑。他执笔在杂志上，发表了一些宣传同盟会革命思想的文章。

剑川周钟岳故居

在日本留学期间，看到中日两国社会各方面的差别，他认真思考了两国教育理念之间的差别。两国的相同之处，是都在办新学，建学堂。学堂教育中，却有根本的不同。中国的学堂是教育学生追逐名利，对学堂之外的民众，则听其自生自灭。在日本却截然不同，“日本教育以全力造民，其造民之要义，就是使人人足以为社会之一员”。只有“造民”的教育，才能培育出素质全面、国家与民族观念强烈的国民。中国教育的最大问题是，只注意“造官”，不注意“造民”。这是两国教育的实质性差别，被周亲爷爷一语道破！对今天认识教育的实质，都有现实指导意义。

1907 年，周亲爷爷在早稻田大学毕业回国，云南提学使叶尔恺委任他为昆明两级师范学校的教员，教授教育学、伦理学、心理学。不久，又任命他为教务长。他上任以后，积极从留日学生及北京聘请合格教员来学校上课。

在这段时间，原来的云南五华书院、经正书院及育才书院，都合并到两级师范学堂。几所学校的图书汇集到一起，学校藏书很多，周亲爷爷意识到图书的珍贵，马上派人登记、造册，把重复的图书挑出来，专门成立了一个新的图书馆，向公众开放。这就是云南省图书馆的前身，这是 1909 年左右的事，周亲爷爷为云南做出的第一件大事。

这期间，罗氏夫人不幸得病去世。1909 年，周亲爷爷续弦，娶顾瑶贞为妻，此时他已经 34 岁了。

结交蔡锷、拥护共和

1911 年，英法帝国主义勾结，组成隆兴公司，进驻片马，要夺取云南七府矿权，遭到云南人民的坚决反对，组织保矿会和保路会。周钟岳等人被推举为代表，到北京请愿，同时北京准备成立京师中央教育会，云南也推举他为代表参加这个会议，所以周先生到了北京。

他到北京不久，武汉就爆发了辛亥革命，消息传到北京，大家都很震惊。周先生

立刻离开北京，要返回云南，友人劝他，何必这么忙？等等，看看形势再说，周亲爷爷回答：“武汉的这场戏，开场了！恐怕全国马上会变成一个大舞台，云南已经排练了很久，我要早回去，还能凑一个角色。否则晚了，就只能在台下当观众了。”一席话充分显现出他的政治敏锐性是超出一般人的，也反映出他完全接受了民主、共和的思想，及要为之奋斗的决心。

1911 年 9 月 17 日周亲爷爷到达越南海防，听说云南“重九”起义成功！ 9 月 22 日回到昆明，经李根源介绍，与蔡锷认识。9 月 24 日云南军政府任命他为军政部参议、参议院参议。10 月又任命他为都督府秘书长，成为蔡锷的得力助手，开始了两人 5 年多的合作与交往。与蔡锷认识，对周亲爷爷的世界观有很深的影响，使他成为一位坚定的民主革命斗士。

在担任云南都督府秘书长的十个月当中，周亲爷爷干了两件大

周钟岳喜得长子周锡年

事，第一件是当云南省接到电报，说袁世凯接替孙中山，担任了中华民国临时大总统，大家对情况都不明确，是否应该发出支持袁的电报？周亲爷爷在会上大胆地提出自己的看法，他认为袁世凯以权术取人，他一旦揽权，必是中国的祸害！他早看出袁是一个不为人民，只为权术的阴谋家。蔡锷及与会的同志，多数都同意这个分析，所以云南没有给袁世凯发去支持当选总统的电文。在辛亥革命初期，周亲爷爷把他对国家形势的分析，全部记录在笔记本里，自己为笔记取了一个名字"漆室危言"，不打算给人看，就是记录自己的想法。后来他给蔡锷看了，蔡锷非常重视，择录出他认为重要的部分，以蔡的名义发出，通电全国，表达了云南省政府反对独裁，维护共和的决心。

云南护国起义，是继武昌起义之后，全国各地推翻专制制度的起义中，最彻底的一次。所以，1913 年蔡锷倡议编撰《云南光复史》，聘周先生为总编辑。在他的带领下，编辑部的同人齐心协力，半年就编辑完成十册。对这套书的出版，云南省议会给予高度评价："武汉起义，云南首先赞同，扫专制余毒，为共和先导。……起义以后，又援川、援黔事绩，均与滇省荣誉大有关系，务须博采舆论，广证著述，垂为青史，而昭来兹。"

周先生在编辑完工后，给云南省都督府的呈文中，谈到编辑中收集到很多来往电文，都是佳作，为了减少篇幅，没有全部录入。但不忍丢弃，故打算继续编辑续集，取名"光复史汇编"。从 7 月份开始工作，编写目的是为后人研究云南光复历史，提供一手资料。又一次显现出周亲爷爷的政治眼光。

1914 年 3 月，北京政府任命周钟岳为滇中观察使，管理滇中地区的吏治。开始他不同意，因为这个职务的权限不明确，可是蔡锷都督一定要他担任，他只好上任。当年 4 月 1 日到职以后，他首先严格查处各级官吏，惩处贪赃枉法之徒，认真执行禁烟令，成绩斐然。在云南省档案馆还存有以下资料，说明周老先生在观察使任上的作为。

1913 年至 1914 年，滇中观察使周钟岳对印花税给民政厅长李鸿祥有专门的报告，而且是多次报告，指出当前在印花税中的弊病，及改正措施。

1914年4月24日，滇中观察使周钟岳就寻甸县高小科预算表问题，向云南省民政厅长李鸿祥报告，附很多学生情况调查表，表明周老先生特别重视地方基层的小学教育。

蔡锷辞去云南省都督职务后，唐继尧接替蔡，担任云南都督。蔡锷到北京任职。周先生有诗一首，赠送蔡将军：

南中草木识英名，六诏从无七鬯惊。
已睹官仪复汉室，旋闻辟召赴燕京。
金鞍枉沐严公驾，玉帐犹设卫国兵。
只惜寇君难再借，攀辕耆旧拥前旌。

如实地描述了蔡锷在云南的功绩与威望，也反映出两人之间志同道合的深厚友谊。

1919年12月7日，周钟岳被唐继尧任命为云南督军公署秘书长，唐继尧令周按照中将阶级支薪。此时的周钟岳43岁，该命令还藏于云南省档案馆。

蔡锷将军到北京以后，袁世凯任命蔡为经界局局长。蔡给周先生发电报，请他到北京协助蔡工作，委任周为经界局秘书长。

“经界”是中国自古就有的朝廷要政，是负责发展经济的部门，经界局是规划全国发展经济的部门，蔡锷和周钟岳到任后，两人商议编制了不少文件，准备大干一场。可是袁世凯的这个安置，只是敷衍他们，并没有办好这件事的决心。他们两人的努力，都付之东流。

1914年起，袁就开始紧锣密鼓地准备复辟，成立“筹安会”，邀各省代表到京开会。唐继尧派周先生就近参加会议，遭到周的坚决反对，他回答袁的复辟野心已经公开，我决不能去参加这个会议，与他们同流合污！请准许我辞职，蔡锷将军给唐继尧发电，称已经派周到东北考察经界，请另派代表，两人的密切配合，凸显他们是知心的战友，周先生坚持共和民主的意志，可见一斑。

后来有人向袁告密，说云南反对帝制，袁命令搜查蔡的住所，蔡托病，先躲在天津一家医院里。10 月 16 日，周先生带上重要电文、密码本到天津，交给蔡锷，蔡要周仍然回到北京。19 日，蔡登上一艘船，周先生知道后，替蔡代写一份呈文，说蔡请假 3 个月，到日本治病，报告袁世凯。袁不同意，要蔡马上回北京，实际蔡已经在开往日本的轮船上了。

袁世凯知道周暗中帮助蔡锷，对周也开始监视了。周也只能乔装打扮，带上家人，在日本侨民的帮助下，逃离中国，到日本避难。关于蔡锷在北京与小凤仙的故事，只不过是文人的杜撰而已，仅仅是文艺作品，与实际情况相差甚远。

蔡锷到达日本后，没有停留，立即乘船去香港，经越南于 1915 年 12 月 19 日回到昆明。12 月 22 日，袁世凯公然宣布恢复帝制。12 月 25 日，蔡锷、唐继尧、任可澄等人通电全国，宣布云南独立，拥护共和，誓师讨袁。这就是著名的护国运动。

在袁世凯复辟活动正猖狂之际，周先生写下两首诗，斥责他是国贼，号召全国兴师讨贼。

一

受命称尊托谶书，自云代汉是当涂。
傅遐方进皇初颂，刘秀欣传赤伏符。
曾见宫围投玺怒，徒闻盗跖窃钩诛。
低头就莽求容悦，齿冷人闻逐臭夫。

二

策命诸司借服章，崇封五等列侯王。
烂羊颇觉群儿贵，饮鸩真成举国狂。
緜蕞朝仪争习肄，金根车驾自铺砖。
茫茫九牧谁男子，讨贼只师檄四方。

在云南爆发护国运动时，周先生是在日本。

革命成功后，蔡锷的病越来越重，只有回到日本治病，进入福冈大学医院。周先生从东京赶到医院看望，蔡锷将军叮嘱他，自己身体不行了，希望周先生赶快回四川，去帮助罗佩金。周先生还想推脱，蔡锷强调，你帮助罗佩金，就是帮助我，希望你一定去一趟。

周先生回到上海，又分别接到李根源、赵藩的邀请，请周去陕西帮助李根源，回云南帮助赵藩。周先生分别诚恳回信，说蔡锷病中托付，一定要帮助罗佩金，不可改变行程。说明周亲爷爷与蔡锷的关系非同一般。

1916 年 8 月，蔡锷经上海去日本治病，11 月 8 日病逝于福冈大学医院，年仅 34 岁。遗体由日本运回国，国葬于长沙岳麓山上。遗著编为《蔡松坡集》(《蔡松坡先生遗集》)。

1945 年抗战胜利后，三民主义青年团的领导要撰写蔡锷传，请求周先生提供蔡的年谱及主要事迹，周先生热情地回复了他们的要求，对蔡锷的功绩，他总结了几点：

蔡锷曾经说过，我们这等人做事，不仅要不怕死，不要钱，还要不好名！人一有好名之心，则瞻前顾后，难以成大事。蔡锷最厌恶自私自利之人。辛亥革命以后，见到一些争权夺利者，他就说，大事还未成功，就争小利，这些人就像小孩一样抢饼干吃，太可鄙！蔡将军做事极敢担当，名利之心却很淡。

谈到蔡锷的私生活时，周先生称道，蔡先生的私生活极为严谨。他当云南都督时，决不乱用一人，乱用一

周钟岳夫人顾瑶贞

个铜板；从都督到各级军官，月薪不过 60 块银圆。

一次，两人吃饭，蔡问周，你们家每天的饭费是多少？周回答两角。周也反问蔡，家里每天饭费是多少？蔡回答也是两角。蔡锷的弟弟从湖南老家到昆明找哥哥，蔡锷告诉他，这里没有工作可以安置你，给他 20 元钱，让他徒步走回湖南。由于他能以身作则，所以在云南当了 3 年都督，分兵援川、黔、藏，军费开销大，而库存银两还不少。

周先生特别赞赏蔡锷的学识，说他不仅熟悉军事、外交，也熟悉政治，他的爱国之心特别突出。蔡将军在革命还没有成功之时，就强调，我们革命的目标，不仅仅是破坏，而是要建设。要建设，必须有一批志同道合的战友，只有患难相依的人共同努力，才能成功。

可惜啊，这样一位难得的政治家、军事家，却英年早逝！

民国时期的贡献

唐继尧时期

在唐继尧时期，周亲爷爷也是唐特别倚重的老臣。只是他手中没有兵权，他也不会控制军队，一直是秘书长，出谋划策的角色。虽然有治理好云南的决心及方法，可是难以实施。

1919 年，唐继尧回家为祖母、父亲办丧事，就委托周代理省长，1919 年 11 月 1 日到任。1920 年，唐又废除督军，命周实行省长的职务，周亲爷爷满怀壮志，准备大干一场。

上任后，提出八个方针，以惩治匪患，改善老百姓生活为重点，整治云南的地方官吏。由于地方各自为政，他的改革主张很难实行，最后不了了之。1921 年，不得不辞去省长职务。

1921 年，唐继尧被顾品珍赶出云南，跑到香港过起流亡生活。一年以后，唐又卷土重来，把顾赶出昆明，顾被唐雇佣的土匪杀害。

1921 年，顾品珍坐镇昆明时，也邀请周老先生出山，帮助顾治理云南。周先生看形势太乱，老百姓生活很苦，就答应顾的请求，干了两个月，看局势基本稳定以后，就辞职回剑川老家，离开混乱的政局，回家休息。

周亲爷爷离开剑川，已经 20 年了，回家见到亲人、朋友都非常高兴，与朋友、学生一起吟诗作画，好不快乐。

1921 年，唐继尧又要带兵出征贵州，周先生坚决不同意，唐继尧一意孤行，不听周的劝说。

1922 年 1 月 1 日，省长唐继尧任命袁嘉谷、周钟岳、孙永安、胡若愚为省政府委员。袁嘉谷、周钟岳、李伯庚为省政府参赞，周钟岳为枢要，秦光玉为教育顾问官，徐文琛为外长，马骢为军政。

1922 年 3 月 17 日，唐继尧任命龙云、孙永安、徐文琛、袁嘉谷、由云龙、周钟岳为云南省务委员会委员。

1922 年 4 月 22 日，唐继尧任命周为云南省盐运使兼枢密厅厅长。5 月 16 日，周从剑川回到昆明，唐率领军政官员出城迎接。

5 月 16 日，省长公署设法制委员会，周先生被公推为该会会长。1926 年，周又任云南内务司司长。

从 1918 年到 1927 年，将近 10 年时间里，云南与全国形势都是混乱的，云南省在推翻清政府、反对袁世凯复辟的阴谋中，都担当了先锋的作用，令全国人民刮目相看。

推翻了帝制，袁世凯的复辟梦也付之东流，在“重九”起义和护国运动中，都起了重要作用的唐继尧，却迷失了方向！云南都督府与孙中山革命政府的关系，时好时坏，与中央步调

云南代省长周钟岳签发的文件（这张照片由李路先生提供）

不一致。

唐继尧从支持共和，转变为一心想当“云南王”的土皇帝，把国家利益丢到一边，只想控制云南、贵州、广西、四川，要割据一方，与民众愿望背道而驰。他在省内滥征兵力、徭役，使老百姓生活越来越苦。

在这样形势下，周亲爷爷无能为力，只能尽力劝说各方，以大局为重，为百姓着想。但收效甚微，云南省的政局是混乱的，唐继尧、顾品珍、罗佩金、熊克武之间内战不断，谁也不服谁，云南人民在痛苦中煎熬了近十年。

龙云时期

1927 年，云南四镇守使龙云、胡若愚、张汝骥、李选廷，调动兵马，联合反对唐继尧。提出清发欠饷，惩办贪污的要求，还有要与广州政府合作等条件。这四路大军，进展迅速，包围了昆明，唐继尧迫不得已，又派周先生与龙、胡等人调停。先向他们表示，提出的条件都可以接受，并拿出唐的私房钱发军饷，可惜无济于事。

龙云等把唐赶下台，四人内部又开打。经过几个月，龙云把其他 3 人打败，实现独揽大权。他又害怕湖南的朱培德会回师云南，因为朱培德是云南盐兴人，他在湖南带的队伍，也多是云南子弟，他有实权，完全可与龙云叫板。龙云只有请周亲爷爷到湖南，找朱培德谈话，试探朱的真实想法。

为了云南老百姓能过上和平的日子，避免再受战乱的影响，周亲爷爷马上上路，到长沙找朱培德，两人一同游庐山。周钟岳的大哥周龙毓在盐兴教过私塾，朱培德曾是他的学生，周钟岳的侄儿朱勉与朱培德是同学，而且一直是朱培德的副手。所以朱培德很尊重周先生，他接受周先生的建议，留在湖南，不介入云南的军阀斗争，使龙云放下了悬起的心。1928 年以后，云南总算稳定了，老百姓可以过上安定的生活。

周亲爷爷在稳定云南局势，减少老百姓痛苦的方面，做出了贡献。以他的性格特点，人生经历为“本钱”，发挥了其他人不能发挥的作用。

周亲爷爷的血性表现

1932 年，云南保安司令马骢庆祝自己的生日，大办寿宴，请周亲爷爷参加。宴会以后邀请大家去金碧公园看京剧，台上上演“土牢记”，其中有后妈虐待前妻孩子的故事，看到扮演后妈的女演员王玉凤表现出阴险毒辣的神态，周先生不禁怒火中烧，忘记自己是在看戏，马上站起身，大喊：“天下竟有这样狠毒的女人！”顺手把包厢牌扔向演员，把王玉凤的头打伤，伤口流血。现场的军警要扣押周先生，经报告龙云，龙云出面调解，还派副官送先生回家。这个突发事件，生动地反映出周先生的血性。

抗战时期的贡献

1937 年 7 月 7 日，卢沟桥事变爆发，全面抗战展开。

1938 年 1 月 19 日，龙云从全国抗战的大局出发，派周亲爷爷到武昌，会见蒋介石，传达龙云的要求。云南已经派出 60 军到抗日前线，并驻扎在武昌。云南还准备再派出两个军，支援抗战，龙云还表示他可以亲自担任总指挥，督师到前线。蒋介石表示欢迎龙云的态度，也表示只要派出部队，不必亲自督师。龙云希望蒋介石给云南多一些资金补助，军费云南自己解决。蒋介石的意见是，抗战部队的军费，由中央补助，这方面他们俩的意见有些分歧，为两人的隔阂埋下根。

周亲爷爷也向蒋介石反映，云南准备修建滇川铁路、滇缅公路、叙昆铁路及在云南建立一所完备大学的希望。这些问题蒋都交代由政府相关部门安排处理。

1938 年 1 月 17 日，周在武昌与孔祥熙共进晚餐，向孔特别反映了云南税制改革的意见，说服孔采纳了使云南财政好转的意见。

这期间白崇禧也到昆明，与龙云商讨抗日军事。第二天到温泉，找到周先生，转达蒋介石的意见，希望周先生到重庆协助蒋介石。后来蒋又亲自发来信函、电报，希望周先生到重庆。周先生以要编写《云南通志》，还没有完稿，不便离开为由，先推

周钟岳的书法

脱一段时间。

1939 年 4 月 2 日，蒋介石发给龙云一封电报，请周先生到重庆，在中央训练团讲课。这时候又发生了一件大事，汪精卫离开重庆，经过昆明、香港，跑回南京，投靠日本人，当了汉奸。蒋介石知道后，非常生气，还怀疑汪精卫路过昆明，与龙云有什么交易。所以对龙云心怀敌意，云南这时候是中国抗战的大后方，蒋介石与龙云如果不团结，一定会给抗战造成极其不好的影响。龙云为了打消蒋介石的怀疑，就主动劝说周先生到重庆去，一来可以讲课，满足蒋介石的要求；二来可以好好当面向蒋介石讲清楚，汪精卫路过昆明的实际情况，打消蒋的怀疑，促成统一的抗日战线。

周亲爷爷知道这件事对中国及云南形势都有重大影响，意义非同一般，就立即出发。4 月 14 日，飞到重庆。4 月 16 日，在重庆曾家岩会见蒋介石。周亲爷爷详细汇报了汪精卫仓促经过昆明，赴越南的经过，讲清楚龙云对汪精卫的态度，并把汪从河内给龙云写的长信，都交给了蒋介石看。18 日，蒋又约周先生到官邸谈话，并留他一起午餐。蒋把汪精卫给龙云的信，退还给周，希望龙云公开发表谈话，表明自己的态度，以免汪在南京胡说八道，混淆视听。龙云马上就通过《云南日报》，向全世界发表了谈话，表明自己坚决抗战到底的决心！使蒋介石彻底打消了对龙的顾虑，两人能携手团结抗日。

周钟岳

4 月 23 日，周先生又一次在重庆会见孔祥熙，特别对财政部长反映，云南人民财政负担过重，日子过得很艰难。地方不少县长，都不是合格人选，不尽人意，需要调整。

1939 年 5 月 1 日，蒋介石又约周先生午餐，席间表达了希望他早日完成《云南通志》编辑任务，尽快到重庆帮忙。5 月 7 日，周先生回到昆明。

1939 年 5 月 18 日，国民政府正式任命周钟岳为内政部部长。抗日战争期间，周亲爷爷大多数时间是待在重庆，在内政部部长的职位上效劳，一直干了 5 年，到 1944 年 11 月 20 日为止。因为周亲爷爷到重庆任职，云南省就免除了周先生云南省通志馆馆长的职位，改任命赵式铭任通志馆馆长。周亲爷爷的部长办公室，设在天顺祥在重庆的总经理李耀庭的李园里，是个幽静的住所。

1940 年，日本飞机对重庆进行猛烈的轰炸，周钟岳在家里办公，附近的房子被炸，倒塌一片，他的办公室屋顶被震坏，周先生让秘书打起雨伞，仍然继续办公。这张照片在报纸上刊登以后，对激发全国人民的抗战热情，起了极大的鼓舞作用。

1942年，周先生的二儿子周锡楠21岁了，到达服兵役的年龄。他毫不犹豫地送自己的二儿子去参军，送到成都加入抗日的部队，当时成为特别新闻传遍各地。

为抗战出谋划策

1941年，昆明若园的周公馆被炸，在今天来看，误炸的可能性不大，很可能是有意为之。胡瑛家也被日军轰炸，日本鬼子是要警告坚决支持抗日的周先生和胡瑛先生。

关于周公馆被日机轰炸的日子，在张渤著的周钟岳年谱里记录的是1941年。在吴大猷教授的回忆录中，记载的是1940年10月13日，我已经无法考证了，这里选用张渤的说法。

早在1932年1月15日，周先生就向国民政府首脑发出《斥国府人员通电》，电文中爱憎分明，态度坚决："自倭夷入寇，袭取满州，卷甲长孵，如入无人之境。今锦州继餡，燕、蓟震惊，国势阽危，甚于累卵。诸公平日高谈救国，宰制中枢。当此大敌当前，想必能蠲除意见，团结精诚，戮力同心，共纾国难，乃不意趋利避害，私心横决，党同伐异，故态依然。"对国民政府"攘外必先安内"的方针，大义凛然地提出批评。结果云南省政府认为言辞过于激烈，没有为他转发到南京。

"九一八"事变发生时，虽然他已经不在云南省政府任职，仍然让他寝食难安。他在11月28日写信给龙云，主张抗日，就保障云南边疆的平安，云南省政府对内、对外因采取的施政方针、措施，提出不少建议。

1937年7月17日，蒋介石召开了全面抗战的"国务会议"，龙云参加了会议，回昆以后，按照周先生的建议，拨足军费，仅用28天，将云南省政府现有的6个旅，组成第60军，命卢汉为军长，奔赴前线。官兵步行了2000多公里，到达长沙聚集，接到命令派60军去保卫南京，60军先头部队接近金华、衢州、杭州时，得知南京已经沦陷。60军奉命返回武汉待命。

1938年1月16日，周先生与国民政府负责工厂内迁事宜的官员会晤，第一批准备迁来昆明的工厂有15000锭新申纱厂项目，10000锭美恒纱厂项目，好几家机器五金厂、橡胶厂、造纸厂等。他们希望云南省提供补助电力、购买地皮、挑选劳工、免除苛税等 4 项帮助。还专门介绍胡厥文与周会面，胡介绍他的新民机器厂，抗战以来就专门生产子弹、手榴弹，帮助政府抗战，现也打算迁往昆明。对于以上种种要求，周先生都及时向龙云汇报，请给予支持。

1938 年 4 月，60 军在台儿庄参加了著名的禹王山阻击战，坚守阵地近一个月，粉碎了日军企图渡过运河，威胁徐州的企图，给日寇以沉重的打击。60 军官兵人人奋不顾身，与日军展开肉搏战，在陈瓦店，尹国华营长带领一营的战士，与日军遭遇。日军在坦克的掩护下，向尹的部队进攻，双方反复肉搏，敌军没有攻进陈瓦店。激战多日，最后全营官兵 500 多人，仅 1 人生还，其余全部战死。日本报纸不得不承认，这是从“九一八”以来，遇到滇军的猛烈进攻，实为罕见。

筹谋滇防

1940 年，日军入侵越南，占领了河内，滇越铁路完全被切断，危及滇南和滇西的安全。周亲爷爷早就看出日军的企图，先占领越南，再入侵云南，切断中国后方与外界的联系，最后占领整个中国。

在日军攻入越南之前，周先生就与李根源商量，要在滇西早做准备，由李根源在腾冲与地方官绅会商，在腾冲先建立医院，建立护士学校。腾冲官绅给周部长写信，为了办好这些卫生项目，已经筹措了数万元，希望中央再支援五万元。周部长马上办理，几经周转，由卫生署批准了腾冲的经费，由李根源找云南省卫生处联系，把这笔费用落实。医院及护士学校如期建成，为日后发生的滇西抗战，奠定了基础。

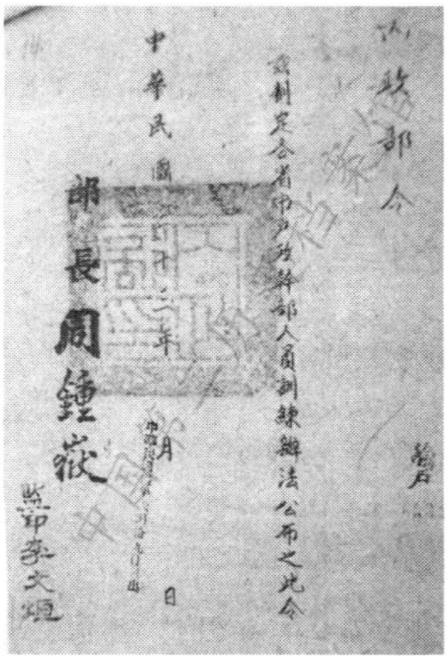
中華民國
部長周鍾嶽

中国第二历史档案馆资料内政部长周钟岳签发的文件

云南先后派出60军、58军、新3军北上抗日。现在日军开始南进，在湖南、广西与中国军队对峙。云南省内军力空虚，以龙云为首的省政府，积极动员全省军民投入滇南抗战，为加强滇南防线，龙云向蒋介石报告，希望紧急调回60军和新3军，派卢汉为滇南作战总司令，蒋介石不答应。

后来龙云和卢汉一起找蒋介石，谈这件事，也没有结果。周先生坐不住了，他只有去找何应钦商量，何应钦出生在贵州，早年在贵州任黔军要职，曾被顾品珍聘为高级军事顾问，还担任过云南陆军讲武堂教务长，与周钟岳很熟悉。这时他又是国民政府军事委员会参谋长，他们见面以后，周先生把自己的意见讲清楚，何回答如果云南兵力吃紧，中央会派其他部队支援云南，部队还归龙云指挥，也没有同意调回60军等部队。不过两人分手以后，何还是去了一趟云南，实地考察、部署滇南的防御。他一回到重庆，周先生又去找他，问云南的军事部署做得怎么样。何回答已经增加了6个旅的军队。周认为，新编的部队，没有实战经验，没有战斗力，难以应付实际的战斗。还是把60军调回云南为上策。

周先生马上起草一份《上蒋总裁书》，全面陈述了调回第一集团军的意义和理由。他指出现在滇军在前线也没有实际参战，似无妨全面抽调回滇，以安龙主席的心，慰滇人之望，此非滇省一隅之事，实为整个军事所关。云南省议会也给周部长发去电报，表达请求调滇军回防滇南的意愿。

1940年9月16日早上，周先生利用和蒋介石见面的机会，把云南省议会的电报，交给蒋介石，又把自己的《上蒋总裁书》的主要意见再陈述一遍。这次蒋介石的态度有了转变，他说："滇军与日寇在湘赣相持，全部调回，于军事会有影响；已同意先抽调60军回滇，于必要时，再设法安排。"蒋已经通知龙云进行布防，云南的防务有了改变，请周先生通知云南省议会。

随后60军所属182师、184师终于全部调回云南，在云南组建第一集团军司令部，卢汉任第一集团军总司令。新3军留守江西，原在江西的第一集团军总部，改为副总部，由高荫槐任副总司令。

为了战备需要，国民政府下令炸毁了中越边境的河口大桥，又拆除了河口至蒙自碧色寨的铁轨 177 公里，使日寇失去了进攻云南的交通便利条件。

1941 年底，第一集团军总部由昆明迁往蒙自，便于就近直接指挥部队。由于滇南抗战进行了严密的部署，最终拒敌于国门之外，日寇未能越雷池一步。最后改变进攻方向，从滇西进攻，滇西抗战全面开始。

滇西抗战

1942 年 4 月 28 日，日军攻占了缅甸腊戍，逼近滇西国门。5 月初，日军以装甲车为屏障，沿滇缅公路直入滇西，连续攻占了畹町、腾冲等五个县城，怒江以西 3 万多平方公里的土地沦陷。云南省一下子成了中国抗战的前沿阵地。

此时周先生在重庆，任内务部部长。仍然非常关心云南的局势，当他收到龙云的信，保山受到日军 54 架飞机轰炸，死伤上万人，他马上报告蒋介石，请求给予帮助。蒋介石同意发放 20 万元赈恤费。周先生

到南京第二历史档案馆收集周亲爷爷资料

给龙云写信，这 20 万元是发给云南救急的，以后我还会向重庆当局争取更多的补助。

日军占领滇西以后，龙云曾经说过，我们要把滇西变成中国的安哥拉，意思是把滇西变成中国反攻的桥头堡。

为了保卫云南及昆明，中央政府派了 9 个中央军进驻云南，数十万军人啊。粮食供应成了大问题。从 1942 年 10 月滇西抗战刚开始之时，周部长就找军政部、粮食部部长协商了多次，也向蒋介石报告了一次又一次，再与云南省政府协商，最后确定由贵州及西康省，给云南调配粮食。1943 年，云南省粮食歉收，进入云南的军队还在增加。1944 年，粮食的缺口更大，使龙云万分焦急，他多次发电报给周部长，要求他与中央协商，增加调配云南的粮食。

1943 年 11 月 16 日，在行政院院会上，周部长做了报告，把云南粮食歉收，军队人数增加的情况做了介绍，请各主管部门早做准备，拿出解决的办法。开始粮食部长，不正面回应，东拉西扯讲了一通。周部长非常心焦，会后又上报了正式公文，请行政部令各主管部门妥筹办法，以免军粮民食发生困难。1943 年 12 月 17 日，行政院复函内务部，由行政院拨款 100 万元给云南省购买粮食。周部长认为这不是解决的办法，现在云南就是前线，不直接把粮食运到云南，就不算真正的帮助。

经过云南省及周部长不懈的努力，粮食部长下令贵州及西康省，各接济云南 5 万吨粮食，1944 年仍照 1943 年的计划执行。云南军民的粮食问题，才得到解决，保证了滇西抗战的需要。

1942 年夏，滇西发生霍乱，原因是日军投放了霍乱菌、鼠疫菌，导致滇西军民约 20 万人死亡。周部长也积极联系卫生署，给云南调拨药品，救治滇西老百姓，终于控制住疫情。

1944 年 5 月 10 日夜，中国远征军分路大举进攻怒江，成功渡过 4 万人，滇西反攻正式开始。经过 51 天的苦战，收复了腾冲。在腾冲的日本占领军有 26000 人，除俘虏 50 人外，其余全部被歼。从 6 月 4 日起在松山，中国远征军也发动了猛烈、持久的进攻。经过了几十次的反复争夺，苦战了 3 个多月，在 9 月 7 日才夺得最后的胜利，把日寇全部赶出滇西，收复了全部沦陷的国土。滇西抗战是自“九一八”以后，中国军队实现日寇从哪里打进来，我们又从那里把日寇赶出去的战斗。

在滇西抗战取得决定性胜利之时，周部长没有盲目乐观，而是提醒龙云，现在滇缅之战虽获胜利，但进展甚迟。又闻日寇在越南增兵，我在滇南一线不得不预防。

促成西南联大

1938 年 1 月 20 日在武昌，周先生与李根源拜访冯玉祥，讨论了抗战的形势。晚 7 时，翁文灏请周先生吃饭，谈到北京、天津几所大学南迁之事。当时北大、清华、南开大学已经迁到长沙，根据战争形势，有必要继续南迁，准备迁到云南。蒋梦麟从长沙电告翁文灏，请周先生相助。周先生欣然同意，积极与龙云沟通，促成这件事。虽然也有人担心，三所大学的师生都来昆明，再加上家属，云南是否承受得了？周亲爷爷就四处奔走，与各方人士协商，在龙云主席的支持下，一个月内就统一了省政府各方面的意见，及社会各界的思想。

1938 年夏天，这三所大学，就从长沙迁到了昆明。云南省教育厅决定，将昆明西站外新建的昆华农校的大部分校舍，借给他们使用。蒋梦麟等 3 人于 1938 年 3 月到达昆明，投入新学校的筹集中。1938 年 4 月正式成立了“西南联合大学”，蒋梦麟、梅贻琦、张伯苓组成常务委员会主持校务工作。1938 年 5 月 4 日，西南联大正式开始上课。西南联大一直在昆明待了 8 年，到 1946 年 5 月 4 日宣布结束，返回北方。抗战期间陆续迁到昆明、云南的大学还有：中山大学、同济大学、中央政治学校、中正医学院、上海医学院、唐山工学院、国立体育专科学校、国立艺术专科学校、私立北平中法大学、私立华中大学等。这些学校给云南及昆明留下了一笔丰富的精神文化财产。

这么多大学的师生一起涌入昆明，仅教师宿舍就差不少，周亲爷爷自己带头，也动员社会贤达，腾出房子安排西南联大的教师居住。1939 年至 1940 年，吴大猷、程毓淮、汤用彤夫妇都曾在周亲爷爷家，昆明西仓坡若园巷居住。

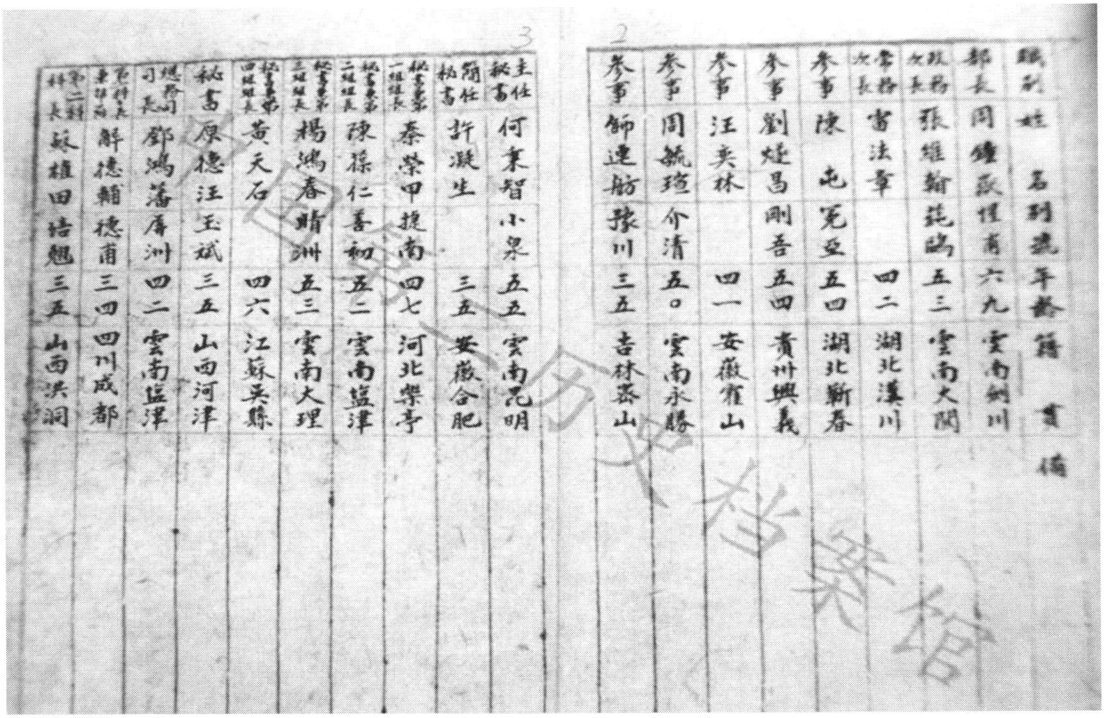

職別	姓名	別號	年齡	籍貫	備考
部長	周鍾嶽	惺甫	六九	雲南劍川	
政務次長	張維翰	莼鷗	五三	雲南大關	
常務次長	雷法章		四二	湖北漢川	
參事	陳屯	寬亞	五四	湖北蘄春	
參事	劉燧昌	剛吾	五四	貴州興義	
參事	汪英林		四一	安徽霍山	
參事	周毓瑄	介清	五〇	雲南永勝	
參事	師連舫	滌川	三五	吉林磐山	
主任秘書	何秉智	小泉	五五	雲南昆明	
簡任秘書	許凝生		三五	安徽合肥	
秘書兼第一組組長	秦榮甲	挺南	四七	河北樂亭	
秘書兼第二組組長	陳緒仁	善初	五二	雲南鹽津	
秘書兼第三組組長	楊鴻春	晴洲	五三	雲南大理	
秘書兼第四組組長	黄天石		四六	江蘇吳縣	
秘書	原德汪	玉斌	三五	山西河津	
總務司司長	鄧鴻藩	屏洲	四二	雲南鹽津	
民政司長兼第四組	解德輔	德甫	三四	四川成都	
禮俗司第二科科長	段植田	培魁	三五	山西洪洞	

内政部职员登记表

内务部长

在南京第二历史档案馆，查到 1945 年内务部职员登记表，其中记录民国政府内政部部长是周钟岳，69 岁，云南剑川人；政务次长张维翰 53 岁，云南大关人；常务次长雷法章，42 岁，湖北汉川人。

周亲爷爷到重庆国民政府内务部上班后，日本飞机对重庆展开大轰炸。周部长的办公室和居所，都设在天顺祥的重庆总管李耀庭建的李园内，环境幽静。1940 年 7 月 8 日，在日机轰炸中，他的居室屋顶也被震坏。一天，何应钦到李园拜访周先生，看到雨水从屋顶滴下，周部长的管家段贡元为他撑伞，他仍然在批写公文，何很受感动。派记者拍下了一张“部长办公室被炸毁，仍让秘书撑伞，坚决办公”的照片，在报上刊出后，对全国人民的抗战热情、鼓舞巨大。

从 1938 年到 1946 年，他一直在内务部担任部长，在重庆上班，正值抗日战争期间，他关心全国抗战，也关心云南的形势。除了内务部的工作外，还有一个重要任务，就是担当云南龙云与蒋介石之间的沟通桥梁。比如汪精卫从昆明转香港，逃离大陆，回到南京，成立伪政权，引起蒋介石对龙云的不满，怀疑龙云与汪精卫有勾结，信不过龙云。是周先生多次到重庆，与蒋介石面谈，才打消了蒋对龙云的戒备，使他们能团结一致对外，也才使得云南成了中国抗日的大后方。

1944 年，云南省召开参议会，龙云在会上讲话，除了鼓舞大家抗战的热情外，也谈了省内遇到的具体困难，主要的困难包括云南遭灾，粮食歉收，抗日部队的粮食供应都有困难。也影响招募新兵，兵员补充遇到困难。周先生在重庆看到报纸，就感慨："战事之未息，供应之浩繁，不求诸民，则战事必溃，尽取诸民，则民为难堪，为国为滇，实无良策。"所以，决定辞职回昆明。1945 年 11 月 20 日，国民政府任命周担任国府委员、考试院副院长。12 月 27 日，按照蒋介石的意图，回到云南，向龙云传达蒋的意见，去担任陆军总部副司令，以缓解蒋、龙之间的矛盾。龙云对于这个任命，没有表现出不满意，只是迟迟没有到重庆上任。

抗日战争刚刚结束两个月，蒋介石暗中调动兵力，在 1945 年 10 月 3 日凌晨，用武力把龙云赶下台，由宋子文到昆明，陪同龙云赴重庆。本来也是希望周先生陪龙云到重庆，就任陆军总部副司令，周先生知道龙不愿意。对于这件事，周亲爷爷有深刻的体会，"地方之供应已无穷，中央之征求未遂，双方隔阂，疑忌益深。予恐一有裂痕，于国于滇，为害甚大，常苦心疏解，以期内外相维。今战事已平，可谓难关渡过，不料忽有 10 月 3 日之事发生，使滇省人民数年来拥护国家艰苦抗战之功，溃于一旦。呜呼，是谁之过？"

蒋介石与龙云之间的矛盾，主要是对于云南财政的控制权，是蒋介石说了算，还是龙云说了算。

1945 年 1 月 3 日，周先生赴昆明温泉，将《新纂云南通志》稿件详细校对了一遍。全书有 266 卷，分订成 140 册，总计 6482700 多字，表格 530 篇，地图 198 张，插图 78 幅。《新纂云南通志》为中华人民共和国成立前官修省志的最后一部，也是内容较为丰富的一部。

1947 年在南京，周先生代表云南省与中央各部洽谈，主要内容是请求中央降低田

第一排右起七人
周钟岳

赋，发给药品，派医疗队到云南，帮助地方防治传染病。

1948 年，青年党参加国民党“行宪”，要求把考试院划归青年党管理，蒋介石又任命周先生为总统府资政。

中华人民共和国成立前夕的贡献

抗战胜利以后，蒋介石就秘密部署解决龙云。蒋介石一直不满意龙云意图云南经济独立，还有他支持民主力量的做法，在抗战期间，昆明成了全国的民主堡垒。抗战期间，为了大局他没有动龙云。现在机会来了，他要行动了。

蒋介石的第一步，就是把滇军派去越南受降，远离云南，并在中央军的严密控制之下。并把要处理龙云的计划，对周钟岳严密封锁。同时打算利用周先生，说服龙云就范。这时候周刚好回到重庆，第二天宋子文就找他谈话，向他转达蒋介石的口谕，并让他立即返回昆明，向龙云转送蒋介石的信。

周钟岳看出蒋介石要把龙云下台的决心不可动摇，他拒绝返回昆明，替蒋介石送信。不过为了稳定云南的大局，为了让卢汉能顺利接替龙云，治理云南，不让蒋介石派的李宗黄之流任云南省主席。他还是给龙云发了一封电报，详细讲明他的意见，从不同方面替龙云分析了利弊，劝说龙云以国家及云南利益为重，同意蒋介石的安排，到重庆担任军事参议院院长的职务。

周亲爷爷为卢汉能顺利接替龙云，铺平道路，抵制李宗黄，也为云南人民避免动乱做出了贡献。

创办五华学院

抗战期间的八年，昆明有以西南联大为代表的一大批著名高校，近万人的师生云集，给昆明和云南创造了良好的文化氛围。

抗战结束，这些学校纷纷返回内地，昆明市一下子冷清了，只剩下一所云南大学，还有西南联大留下的昆明师范学院。这个结果是昆明的文化人不能接受的现实，以周钟岳、秦光玉、李根源、由云龙、阮肇昌、谭锡畴、于乃仁、于乃义等为代表一批文化人，自觉地感到“非提倡学术，不足于建国，非致力研究，即无以建学”。

日本投降后 3 个月，于乃仁就到重庆找到周钟岳，谈筹办五华学院的设想，计划宏大，希望各方赞助。周钟岳听完，虽然兴奋，不过也看到这件事的困难，昆明刚发生“一二·一”事件，马上办学，可能会引起麻烦，不过他还是采取积极支持的态度。

过了一段时间，他就分别给考试院院长戴季陶，教育部部长陈立夫，国民参政会“滇黔区主任”储慧僧 3 人写信，向他们介绍于乃仁，及他要捐款筹建“五华文理学院”的打算，希望他们给予支持帮助。他还介绍于乃仁拜会了翁文灏、于右任、陈蔼士、陈果夫等教育界的前辈。卢汉刚上任，周先生就向他介绍于乃仁要创办“五华文理学院”的设想。

经过周亲爷爷的广泛动员，1946 年 5 月 25 日，成立了私立五华学院筹备委员会，周钟岳担任主任委员，秦光玉担任副主任委员。学院创办人于乃仁、于乃义兄弟，将父亲于怀清的遗产，捐赠了 1000 万元给学校，缪云台、华秀升、储辅成等一同捐赠了 240 万元，构成办学基金。

在龙祥街 147 号云南省立昆华工业职业学校的部分校舍、庭院、操场，初步解决了校舍问题。不少人捐出家里的藏书给学院，成立图书馆。

昆明《正义报》1946 年 8 月 1 日发表了五华学院特刊，向社会公布了以周钟岳领衔 175 人组成的创办五华学院发起人名单，其中包括卢汉、秦光玉、张学智、李根源、梅贻琦、熊庆来、于右任、翁文灏、孔祥熙、褚辅成、陈果夫、陈寅恪、刘文典等名人。这一天，五华学院及国立昆明师范学院宣告成立。

1948 年 5 月 6 日，传来教育部长朱家骅给周钟岳的信，称五华学院立案文件齐备，已经准予立案，批准该院设立中国文学、外国语文学、历史学、物理学、数学、地质学、生物学 7 个系。学院名称正式定为“私立五华文理学院”，发给学院董事会图章 1 枚。

五华文理学院于 1948 年秋季正式招生，周钟岳出任招生委员会主任委员，亲临考场，主持招生考试。先招中国文学、外国语文学、物理系的学生，有 1100 人报考，经过严格的笔试、口试，共录取了 200 多人。这所云南人独立创办的大学，终于招生、开学了。

五华学院从创办到 1951 年全国院校合并，分别并入云南大学和昆明师范学院，一共存在 6 年时间，在校学生共计 2321 人。虽然时间很短，不过也填补了云南在西南联大等院校撤离昆明以后的空档时期，为昆明的大学教育做出了贡献。

营救“九九整肃”被捕人员

在卢汉接手云南省主席以后，蒋介石对他还是不放心，时时在注意卢汉的动态。1949 年 8 月 27 日，蒋介石在重庆召开西南军政会议，各省军政首脑都到会了，唯独卢汉没有到会。蒋介石感到局势严重，派出第 8 军军长李弥到云南暗中布置队伍，防止云南起义。

蒋介石也想利用云南做最后的垂死挣扎，还得利用卢汉。所以让张群打电话给卢汉，催他重庆出席会议，还放出风，中央准备了两个军、60 架飞机解决云南问题，如果卢汉不到会，后果不堪设想。

1949年9月初，卢汉得到报告，中央的两个军的确向云南移动，高压之下，卢汉决定去重庆会见蒋介石。9月6日，卢汉飞往重庆，受到蒋介石超乎寻常的热情接待。卢汉看出蒋想要笼络、控制他，就在商谈中，提出很多要求，并明确表示，不能满足，我就辞职。经过讨价还价，蒋答应拨两个军的装备和100万银圆给卢汉，并授权卢汉“全权处理”云南问题。作为交换条件，蒋要求卢汉回到云南，立即解散具有民主倾向的云南省参议会，并要求卢汉逮捕100多名进步人士，给了他一份逮捕名单。

9月8日，卢汉飞回昆明，蒋派萧毅肃和特务头子徐远举等与他同机回昆，配合卢汉在昆明的整肃。9月9日晚，在徐远举和沈醉的指挥下，出动了100多名警察，开始了全市大搜捕，特务及武装宪兵一起到处抓人。一夜之间，逮捕了400多人，有中共地下党员、进步师生、民主人士。同时卢汉下令解散了云南省参议会，查封了《正义报》《观察报》，还命令中小学一律停课整理，在昆明实行宵禁。这就是轰动一时的“九九整肃”。

毛人凤从重庆专程赶到昆明，主持对这400多人的审讯，并打算枪毙

周钟岳夫妇在昆明温泉

其中的一大批，让卢汉摊上一笔血债，断去他倒向共产党的念头。军统特务送上枪毙200多人的名单，要卢汉签字，卢汉以枪毙人数太多，证据不足为由，拒绝签字，军统把枪毙名单划去100多人，再交给卢汉；卢汉仍然以证据不足为由，拒绝签字，最后减到只剩40人，卢汉还是拒绝签字。并要求组成军事法庭会审，毛人凤又要求把其中一部分人，押解重庆，卢汉也没有同意。卢汉命令宪兵团长对被关押的人员，不准刁难、侮辱。

其实，卢汉一回到昆明，就让龙泽汇向中共昆明地下党和著名进步爱国人士报信了，透露了国民党要在昆明“整肃”消息，只是时间紧，仍然有没能通知到的就被捕了。

国民党方面也加紧威逼卢汉的步伐，9月21日，蒋经国到昆明向卢汉转交了蒋介石的信，并对卢汉说，蒋介石要亲自到昆明给军政人员打气。9月22日，蒋介石飞抵昆明，在卢汉家中与他共进午餐，在卢汉家中，约见了在滇的重要将领，会商保护西南大计。被接见的人员中，也包括周钟岳。

卢汉也和中共地下党联系，他通过宋一痕致电中共中央华南局分局，请求派人联系，以便共商挽救与保护“九九整肃”的被捕人士。中共派出滇桂黔边纵队负责人郑敦，紧急约见卢汉的代表宋一痕，指出“九九整肃”是卢汉违背诺言，同时也给他指明出路，如能回头妥善处理，中共将继续欢迎他靠拢人民。

1949年11月3日，国民政府代总统李宗仁到昆明，他是以“视察”的名义来到昆明的。当时卢汉已经准备起义，为了避嫌，没有在公开场合接待李宗仁，是由周钟岳出面，在欢迎李宗仁的大会上，担任大会主席。周先生此时已经公开声明，“脱离政潮，静心养老”。他还是爽快地表示愿意主持这个欢迎大会。

随后卢汉陪同李宗仁在昆明游览，找机会试探他的态度。当发现李宗仁完全不买特务的账，卢汉心中有底了，决定利用李宗仁与蒋介石的矛盾，拯救“九九整肃”被捕人员。

著名民主人士李根源从腾冲赶到昆明，与卢汉、周钟岳配合，设法解救被捕人员。由周钟岳及李根源出面，很快就联络到40多名知名人士，以各人民团体的名义，写了一份请求从宽处理“整肃”涉案人员的请愿书。

李宗仁是很尊重周钟岳等元老的，在李宗仁竞选副总统时，周钟岳是坚决支持他的元老之一。李宗仁到圆通山唐继尧墓献花以后，就直接到周钟岳家拜访，李根源也在周家等候，李根源就把请愿书递送给李宗仁，希望李副总统批准，释放被捕人员。张群也在场，又重复了蒋的意见，这些人“情有可原，而罪无可逭”。李根源说，这好办，把蒋公的电文颠倒为“罪无可逭，而情有可原”，不就可以网开一面了吗？李宗仁拍掌叫好！周钟岳立即端出笔砚，李宗仁就在请愿书上批示：“罪无可逭，而情有可原，准予从宽处理。”卢汉当即下令将“九九整肃”被捕人员分批释放，到11月27日400多人全部释放了。

支持卢汉起义

1949年12月8日晚，卢汉听说张群带有蒋介石的使命到昆明，逼卢汉让出昆明作为国民党军事指挥机关，遭到卢汉拒绝。张群被蒋介石召回成都，并命龙泽汇及控制云南的两个军的军长李弥、余万程一同前往，面授机宜。第二天，张群又要与这些军长返回昆明。形势非常紧迫，起义一天都不能拖延。

12月9日下午，龙泽汇一下飞机，就赶去见卢汉。卢汉知道张群已经到达昆明，马上公开送请柬，宣布晚7时，在翠湖东路他的新公馆大摆筵席，宴请美、英、法驻昆领事，制造出歌舞升平的气氛，麻痹在昆明的国民党军政头目，还有特务的耳目。张群已经在新公馆里被软禁了。

下午5时卢汉以欢迎张群的名义，发出请柬宴请驻昆的军政头目到卢公馆开会，听取各单位的汇报和请示。要求出席会议的名单，没有周钟岳的名字，但他还是秘密地去了，不用司机开车，是让四儿子周锡棋开车，送他去参加会议。卢公馆里，气氛紧张，到处是荷枪实弹的士兵，卢汉的副官迎上来，请周先生进去，让四公子在车里等候，给他送上蛋糕及咖啡。

周先生进去与卢汉密谈，经过很长时间，才见卢汉送周先生出来。卢汉把周先生送上车，两人以点头的方式告别，汽车开动以后，周钟岳对儿子一字一句地说：“明天早上，你打开窗户，朝五华山瞭望塔方向看。如果升起五星红旗，那我们的起义就成功了！”他们两人密谈了什么？没有透露，应该是秘密商量了起义中的每个细节，怎么处理，才能做到万无一失。

第二天早上，周锡棋早早起床，打开窗户向五华山望去，一面鲜红的五星红旗高高飘扬在瞭望塔上，云南和平起义成功了！这是民心所向，是多少人努力的结果。

1951 年 9 月，昆明开展土地改革，周钟岳的家庭成分被划为“官僚地主”。通过学习政策，他明白了道理，就对大儿子周锡年说：“我自辛亥革命以来，历经沧桑为国为民做了不少事，从未想过要压迫谁，剥削谁，既然认为我的这些房屋，财产是剥削来的，那就还给农民吧！”就带领全家从周公馆搬出来，每个小家分别自己租房子住。

周亲爷爷在昆明两级师范任教务长时的学生缪尔纾，看到已 77 岁高龄的周钟岳没有了住所，就迎接老师及夫人到自己在铁局巷寓所静养。从此与子女分开居住，缪尔纾尊师重道，对周钟岳夫妇的生活关怀备至，直至寿终。

周亲爷爷的情怀

周亲爷爷是个政治家，为国家及云南的政治稳定，操心劳累一辈子。他身体不算好，得过肺结核，听从老师赵藩的劝告，练习弹古筝，抚琴养性，起到很好的效果，所以能活到 80 岁高龄。

他的业余生活比较简单，读书、练书法、抚琴，在那个时代，没有沾染一丁点不良嗜好。

酷爱书法

周钟岳之所以很有名气，不全是他曾位居高位，还因他写得一手浑厚有力的颜柳体楷书而闻名。五华山上当年的云南都督府大楼墙上，镌刻着的“光复楼”三个大字，就是蔡锷将军请周钟岳先生专门题写的。在昆明护国门上高高悬挂的“护国门”题额，也是周钟岳先生的手笔。就连云南石林风景区主峰上，深深刻印的那两个海大的遒劲而柔韧的大字——“石林”，虽然落的是云南省主席龙云题写的款，其实也是周钟岳代笔。龙云也是造诣很深的一代书法家，能让周钟岳为之代笔，可见龙云对周钟岳书法的看重。

南京“总统府”三个字是谁写的？在 2000 年重修总统府大门后，江苏省政府决定把这三个字重修挂在大门上，恢复 1947 年的原样，表示尊重历史的立场。

对于这三个浸泡了厚重历史的字，是谁写的？出现了众说纷纭的局面。

原来总统府大门上是有“国民政府”四个大字，这是国民党元老、原行政院院长谭延闿书写的，后来也有蒋介石自己书写的。这四个字在国府路大门上留的时间比较长。

“总统府”三个字是谁写的，出现了 4 种说法。第一说是由戴季陶书写，他是考试院院长。这个说法，出自南京油漆行的小伙计，他的依据是，把书写在宣纸上的三个字，送到店里制作金箔的人，对他们讲的是戴院长写的，在场的人都听到了。第二说是谭延闿写的，他当时已经去世了，蒋命令从他的作品中，找出这 3 个字，组合而成。第三说是陈义经写的，他当时是国民政府总务局文书科的科员，自幼喜爱书法，也练得很不错了，还有报纸采访了陈义经，请他讲了书写“总统府”3 个字的经过，讲得绘声绘色。第四种说法就是周钟岳书写的。

1948 年 4 月 19 日，国大选举蒋介石为中华民国总统，4 月 29 日选举李宗仁为副总统。

据《中央日报》1948 年 5 月 1 日刊登出本报记者署名文章，

谭延闿书国民政府

周钟岳向蒋介石颁发总统当选证书

内容是“国大5月1日大会日志记载，国民政府大门上的国民政府四个字。在5月1日早上7时，换上了总统府3个金字，系出自周钟岳之笔。润笔费当时的3000元金圆券，相当于15两黄金”。

在之前，周钟岳还作为国大第一次会议主席团推举的代表，与大会秘书长洪兰友一同前往蒋介石位于南京黄浦路的总统官邸，递送总统当选证书。当时的报纸是这样报道的：“早上8点多钟，周钟岳与于斌早早坐在国民大会堂的后台，就是今天的南京人民大会堂后台的秘书长办公室里，周身穿长袍马褂，佩勋章，右肩斜挎黄橙色绥带。”

蒋身穿戎装迎接，周向蒋递呈上总统当选证书，并上前行礼鞠躬，蒋介石分别与周、洪二人握手致谢。

20世纪90年代初，我作为中石化与德国巴斯夫合资谈判的代表，为建设“扬子巴斯夫”石化项目常去南京出差，一年去十多次。和巴斯夫公司谈判的时候，有时是安排在南京市内的宾馆，有机会我就抽空去参观总统府，那时门楼上是空的，没有一个字。在孙中山纪念馆里买了一本小册子《总统府史话》，是江苏文史资料编辑部出版，1996年印刷的。书中第114页就有如下文字：“国民党著名书法家、监察院副院长周钟岳又书写了“总统府”3个大字，专为蒋介石当上总统后预做准备。蒋介石当选后，要以新的姿态出现，遂迫不及待地指示把总统府门楼粉饰一新。总统府3个字用水泥浇制需要一段时间，总统府总务局就派专人立即用木头锯了总统府3个字，再贴上金箔，在蒋介石当选总统后的第3天，把3个字贴在门楼上了。”

这与1948年5月1日《中央日报》记者的报道，是一致的。

所以这3个字是周钟岳书写的，绝不会有错了。2017年春天，我又到南京收集写作资料，再次走访总统府，所有的宣传册及导游员的口头介绍，都异口同声说，“总统府”3字是周钟岳书写的。这场争论可以有定论了。

周钟岳先生为南京政府总统府题写门额后，一时间在云南传为美谈，坊间多有善议，猜测蒋介石赠给周钟岳先生多少润笔费，有说三十两黄金的，也有辩称是黄金五十两！街谈巷议、兴趣勃然。事实上，蒋介石是送了四千块“孙大头”，但周钟岳先生说什么也不肯收，最终婉谢了。不论蒋介石是送周钟岳3000金圆券，3000枚银圆，30两黄金，50两黄金，都无法核实了，而且周钟岳都拒绝了，没有领，足见他的为人品质，这就够了。

解放军解放南京时的照片

①2017 年的总统府大门
②写作参考书《总统府史话》

周钟岳从 17 岁开始写诗，到 58 岁时，已经写了 700 多首诗，在肖端麟、由云龙的敦劝下，自己手写，记录了这 700 多首诗，分为十卷，每卷之前，写一篇小序，分别由陈荣昌、袁嘉谷、金天羽写成。老祖祖袁嘉谷在序中赞道："古体原本于韩，近体逼杜，诙奇之趣，工巧之对，妙造之格，苏为近之。"1934 年春，由上海中华书局用聚珍仿宋版印刷出版，书名是"惺庵诗集"。

周氏老宅

在袁嘉谷先生府邸斜对面，也就是玉龙堆的街口的北面，有一条窄窄的巷子，大家叫它若园巷。别看若园巷不长，却很有些名气，原因是一位云南的名人在这里居住过，这里有一座周公馆。还因为，国立西南联合大学的吴宓教授在日记里和文章中不断提到这条若园巷。

之所以这条巷子叫若园巷，是因为昆明城里历来有个习惯，就是以街巷中居住的大户的姓氏或名讳命名街巷。这条巷子就是以居住在巷中张愚若的名字命名的。张愚若就是张学智，愚若是他的字。

张学智在只有四五家住户的若园巷里，建有一座带很大的圆形阳台的西式三层建筑，每层五间，正中三间，左厢、右厢各一间，不算太宽大，但很舒适。楼外还有一个不是很大的院子。巷子虽然不长，但还是比较宽的，因为张学智的小汽车要沿着稍嫌有点陡的短坡开进院子，停到车库去。当时，巷子是从张学智公馆的前面向西延伸的，与相邻的小吉坡通着，只是那一段巷子更窄一些，仅能容行人通过，两个推自行车的人相遇，错身都会有些困难，是一条地地道道的小巷。后来，张学智先生在小西门外买农田盖了别墅，周钟岳先生几经协商，买下了他在若园巷的旧宅。于是，若园巷就有了这座有名的周公馆。再后来，周钟岳公馆变成了云南省群众艺术馆的馆址。通往小吉坡的小巷也当然地封堵了。可是，就是现在在若园巷拆建后的新楼的外墙上还赫然钉着小吉坡第三栋的标识牌，很让人看不懂。

在若园巷周钟岳公馆里还有一些有趣的往事，比如，周钟岳先生的长公子周锡年娶的就是斜对门袁嘉谷先生的孙女，二公子周锡楠娶的是胡瑛先生的女儿胡肃秋。胡瑛将军是云南名将，云南云县人，云南陆军讲武堂毕业生。早年参加护国、护法运动和北伐战争，做过靖国联军第三军总司令和国民革命军第三十八军上将军长。胡瑛先生在云南有过一段传奇式的作为，1927 年云南发生“二六政变”，唐继尧下台。龙云、胡若愚等四镇守使，为争权发生内讧，龙云被胡若愚囚禁。胡瑛率本部军队自滇西攻陷昆明，救出被胡若愚挟持到大板桥的龙云，帮助龙云坐稳了“云南王”的交椅。胡瑛在这段动乱历史中扮演着重要角色。

国立西南联合大学在昆明期间，西南联大的物理系吴大猷教授一家和数学系的程毓淮教授一家，租住了周钟岳公馆的一楼。吴大猷 1907 生于广东番禺县，南开大学毕业，美国密歇根大学博士，北京大学和西南联大物理系教授。抗战胜利后赴美国任教，历任密歇根大学、纽约州立大学和哥伦比亚大学教授，1963—1976 年任台湾“中央研究院物理研究所”所长，1983—1994 年任台湾“中央研究院”院长。吴大猷先生门下有许多出类拔萃的优秀弟子，李政道、杨振宁二位诺贝尔奖得主就是吴大猷先生的学生，黄昆、朱光亚等许多成就卓著的科学家也师出吴大猷先生。

程毓淮教授（1910—1995），当时是西南联大教授，他毕业于德国戈丁大学，博士。在美国多所大学任过教，后来是台湾“中央研究院”1960—1961年院士。主要研究方向是偏微分方程。

汤用彤教授，1951年任北京大学副校长，他是著名的教育家、哲学家，是现代少数几个学贯中西的国学大师。

当时，因为吴大猷先生的入住，不仅使若园巷和周钟岳公馆，还有整个玉龙堆都活跃了起来。北京大学的同事和清华大学的朋友们都会到吴大猷租住的周公馆来聚会，尤其是住在西南联大，在若园巷对面袁嘉谷宅院旁边租用民房设立的单身教授宿舍里的外文系吴宓教授和数学系的陈省生教授更是走得勤。说也巧，吴大猷先生在美国留学的同学袁丕济竟然是袁嘉谷先生的三公子，也就是周钟岳先生儿媳袁转芝的三叔。就这样竟曲里拐弯七绕八绕地牵出了许许多多特殊的关系，使得玉龙堆很是热闹。热闹程度从吴大猷先生的《回忆》中可以窥见一斑，他们把若园巷称为“北大俱乐部”。

当然还有一件有关若园巷的事情值得叙述，那就是日本侵略军的炸弹曾直接命中周公馆。1939年开始，日本侵略军不断轰炸昆明。1940年10月13日，日本侵略军集中轰炸五华山、云南大学和西南联大。周公馆竟然也中了四枚40磅级的小炸弹。吴大猷先生的家当都被埋在了废墟中。好在在此之前，吴大猷先生家已经疏散到昆明北郊岗头村。当天吴大猷先生虽然回城上课并打算回周公馆住宿，可是让空袭紧急警报拦在城外，没有能回到若园巷。只要吴大猷先生早半天进城，回到周公馆，那后果就不堪设想了。经此一劫，吴大猷先生也就彻底搬离了若园巷周公馆，到岗头村落脚了。

周公馆被日机轰炸以后，周先生整天忙于全国抗战之事，没有时间修整。这时候赶上二儿子周锡楠的婚事，他从重庆赶回昆明，只能借住在警察局长李希尧家，儿子的婚礼是租借一家招待所举行。

“文化大革命”中，听说周钟岳家被抄家，全家福的照片被烧毁的消息，远在美

国的程毓淮教授，从美国给周家寄来他收藏的照片复印件。1992年，吴大猷教授以私人身份，首次回到大陆，在北京参加当代物理学会议。得知周钟岳的孙女周瑞徵、周福徵，孙子周祖濂在北京工作，立即通过有关部门与他们取得联系。在宾馆和他们共叙半个多世纪的思念之情。

周氏后人

周钟岳与夫人顾瑶贞生育了四子三女。长子周锡年，长女周静媛，次女周静和，次子周锡楠，三子周锡焘（年幼时，因为脑膜炎去世），四子周锡棋。

周锡年（1911—1955），二姑爹周锡年是上海震旦大学学生，

在若园巷口的照片，我的爷爷奶奶、妈妈及二姑妈的5位孩子，爷爷牵着我

大约是 1935 年毕业，又进入中央训练团党政班学习 1 年，毕业后与 8 位同学分配在云南省教育厅工作，先担任编译。周锡年在党政班第四期受训，与李希泌是同学。大约是 1937 年到云南省教育厅工作，后来也在资源委员会任过职，再进入昆明师范学院担任处长。大约 1940 年起，进入云南省政府工作，先担任秘书。档案记载，1946 年 7 月，卢汉令云南省政府秘书周锡年参加党、政、军联席会议。

1947 年 8 月，原云贵考铨处长周毓瑄要随杨森主席去贵州，令考铨处主任秘书周锡年暂带办理本处事务。云贵考铨处长属于中央考试院的下属单位。

1947 年 9 月，就正式受卢汉令，任云贵考铨处长，是中央考试院长张伯苓命卢汉知。

考铨处长周锡年，属于国民政府驻昆中央机关首长，在驻昆中央机关首长通讯录中记录：

周锡年办公地址　圆通街连云巷底　家住玉龙堆若园巷 2 号　办公电话 4295

周锡年是 1911 出生，二姑妈是 1914 年出生。他和二姑妈袁转芝结婚是 1933 年的事，那时候周 22 岁，二姑妈 19 岁。周锡年结婚时还没有大学毕业。大约是 1935 年大学毕业。

周锡年和宋一痕是私交很好的朋友，在卢汉拟订的支持云南和平起义的官员名单中，就有“考试院云贵考铨处处长周锡年”的名字。

周锡楠，1921 年出生，抗战期间周亲爷爷为了表达全民抗战的决心，亲自送他去参军，后来他报考了黄埔军校。1940 年，周锡楠 19 岁时，与胡瑛的爱女胡素秋结婚。新中国成立后，先后在昆女中及昆 32 中学教书，夫人胡素秋毕业于西南联大文学院历史系，一辈子在昆一中教书。

周锡棋，1925 年出生，南京金陵农学院毕业，一直在云南省农科院工作。

周静媛，1914 年出生，昆华女中毕业，又考入东陆大学。嫁给马鈐的后人，马

鈔是昆明市第一任市长。昆明的马家大院，就是马鈔三兄弟修建的，新中国成立后周静媛一直待在家里。

周静和，1919 年出生，昆华女中毕业，嫁给赵藩家的后人。先在云南大学图书馆工作，云大分出医学院后，就到昆明医学院图书馆工作，直到退休。

周锡夔，别号栗斋，云南剑川人，是周钟岳的侄子，日本东京帝国文学部毕业，学士学位。民国二十一年（1932 年）2 月，任云南省昆华中学校长，1936 年 12 月卸任。1937 年 2 月任云南省教育厅秘书，1937 年 6 月任教育部云南区暑假中学及师范学校教员讲习班主任。

周钟岳全家福

①周亲爷爷与小孙子周祖同

②云南剑川周钟岳纪念馆

对周亲爷爷的认识

为了完成这一章的写作任务，我读了不少关于周亲爷爷的回忆录，对他的人生，有了一些了解。他是我们家族中唯一的政治家，最初也只是一位普通的读书人，在日本留学，学的是师范及哲学，后来也学了政治，给他奠定了政治分析及观察能力。

另外我觉得，蔡锷是促成他走上政治道路的引路人。蔡锷是一位能文能武的将军，具有敏锐的政治眼光，又有博大的胸怀，可惜英年早逝。他们是知己，是政治活动中的战友，有 5 年共同战斗的经历。从蔡锷身上，他学到了一位政治家的基本素质，影响了周亲爷爷的一生。

赵藩是周亲爷爷的恩师，赵藩的人品以“做官是一时之事，做人是一辈子的事”为代表，也深深印在周亲爷爷的心里，一辈子影响着他。

他在日本留学，感受到两国教育的区别，是“造官”与“造民”的区别。他在几十年的政治舞台上，尽力希望做好“造民”的事，可惜时代有局限，他的努力成效不大。

他的骨子里还是文人，对带兵打仗不熟悉。在那个用枪杆子说话的年代，他要真正当好云南省省长，是不可能的，所以只能干一段，不得不辞职。

他当官，而且是有实权的官，时间最长的就是在重庆，在国民政府里当了五六年的内政部长。那是抗战时期，大敌当前，内部矛盾都降到第二位，最需要实干家，而不是阴谋家的时代。他的作用得到了充分发挥。由于有他的参与，云南省在抗战中能够成为大后方、滇西抗战前沿的地位。抗日战争的胜利，云南省发挥了不能抹杀的作用，其中少不了周亲爷爷以他的政治远见、不知疲倦的协调，来化解蒋介石与龙云的矛盾，使云南完成了抗战前沿阵地的历史使命。

他虽然一辈子从政，却不参加任何党派，一直是民主人士。他到日本留学，就立下了要为中国富强奋斗终生的理想，为国家兢兢业业工作了一辈子。

熊亲爷爷

我爸爸的三姐袁孟仁，嫁给了熊庆来先生长子熊秉信，熊庆来与我爷爷是亲家关系，所以我称呼他是熊亲爷爷。关于熊亲爷爷的事迹，他的儿子熊秉衡、熊秉群两位叔叔合著的《父亲熊庆来》叙述最为翔实，是资料最为丰富的一部。不仅是叙述家族历史，也是忠实记录时代背景的著作。我再来写熊庆来，有些多此一举，只是为了保持袁氏大家庭的完整性。再说我觉得熊亲爷爷身上，有不少是今天值得发扬光大的，我应该以自己的眼光，来描述自己心中的熊亲爷爷。关于他的生平，多引自《父亲熊庆来》一书。

法国数学硕士

青少年时期

熊亲爷爷出生于1893年9月11日，字迪之，幼名竹生。老家是云南弥勒县竹园坝息宰村。息宰村是竹园坝里的一个小村子，竹园坝是个群山环抱的小盆地，气候温和，雨量充足。清清的甸溪河水从坝子中间缓缓流过，在稻花飘香的季节，朝两岸看去，碧绿粗大的甘蔗蔚然成林，山坡上的桃子、石榴、柚子及板栗等果树，都挂满了果实。

息宰村从行政隶属关系是属于朋普镇，但要到朋普镇，中间隔着甸溪河，来往并不方便。而到竹园坝交通反而方便些，所以习惯是讲竹园坝息宰村。

这个村子有七八十户人家，他的爷爷熊凤翔，原来是做甘蔗糖的小商人，家境一般。后来由于他勤奋、待人诚恳、买卖公平，生意慢慢好起来，有了余钱，购置了土地。

熊亲爷爷的父亲熊国栋，自幼爱读书，对于继承父亲的家业，没有兴趣。长大以后就从事地方教育事业，先后任巧家、赵州县儒学训导，是初级教育部门的领导了。熊亲爷爷幼年读书死啃硬背，叔伯皆以为不能成器，父亲则爱他这股钻劲。熊国栋担任过地方的儒学，但他不满意守旧的官僚风气，喜欢与受过新型教育的人士来往，聊天。父亲的这种倾向，对熊亲爷爷的童年，影响很大，在他幼小的心中，已经萌发了追求新事物的强烈愿望。

5 岁开始熊庆来就随父亲读书识字，每天晚上父亲都要考考他，过去学过的内容，他的答案都能得到父亲的嘉奖。7 岁起父亲送他进入村里的私塾。这个私塾很简陋，村里腾出一间房子，20 多个学生，每人自带一个木凳，就开学了。老师是村里人合伙请来的，每家出点米就行了。

1906 年，13 岁的熊庆来随父亲到今天的大理凤仪。在这里，少年熊庆来遇到两位对他的一生有重大影响的老师庄从礼、赵风韶。他们知识渊博，不仅教授学生读“四书”“五经”，还教他们法语和数学，还有一些自然科学知识。为少年熊庆来打开了一扇心灵的窗户，迫切希望去探索外面的世界。

1907 年，熊亲爷爷来到昆明，考入昆明方言学堂，其实就是外国语学校。1909 年，方言学堂改为云南高等学堂，熊亲爷爷就进入高等学堂学习。1909 年的云南高等学堂，已经是一所相当不错的现代学堂，专门设有理化教室、阅览室、运动场、室内操场，学生宿舍等。开设的课程包括修身、读经、讲经、中国文学、外国语、历史、地理、算学、博物、物理、化学、法制、理财、图画、体操。算学包括代数、解析几何、三角、微积分，物理包括力学、声学、热学、光学、电学、磁学，化学包括无机化学、有机化学。学生全部住校，每间宿舍住两名学生，有严格的作息制度，每晚 9 点 40 分熄灯睡觉。

熊庆来爷爷在三岁时，由父母亲做主，与姜菊缘订下了娃娃亲。1909 年 16 岁完婚，结婚半月后，又返回昆明继续读书。

1910 年，在昆明爆发了收回“七府矿权”的群众运动，不少学生都走上街头游行示威，熊庆来也积极参加了，遭到学校当局的严厉处理，被记过处分。

1911 年，辛亥革命成功。熊庆来立刻与不少同学剪去了辫子，表示与封建王朝彻底决裂的决心。当时，英、法帝国主义对云南的丰富矿产早已垂涎欲滴，念念不忘要夺取云南的丰富矿产。熊庆来看到街上有不少外国工人去勘察我们的土地，老人告诉他，因为我们自己没有人会干这些事，是我们无能，所以英、法帝国主义敢欺负我们。熊庆来明白了，要想结束灾难，必须使人民掌握科学！只有科学才能救中国！

留学生出身的云南总督唐继尧看到世界的潮流，1913 年向省政府提议，要选拔一批学生去欧美留学。经过严格的考试，在几百名学生中，选拔出 13 名优胜者。刚刚 20 岁的熊庆来名列第三，被公费派往欧洲留学，与杨维浚一同赴比利时。

云南小村庄

在民国初年，公费出国留学，也是需要担保人的。我在云南省档案馆找到一份熊亲爷爷的担保书，是秦光玉出具的。当时秦是云南省教育司第一科科长，时间是民国二年（1913 年）5 月 31 日。

熊亲爷爷出国留学前，已经有明确的学习目标，云南省蕴藏有多种矿产，他希望学习采矿技术，回来为繁荣云南的经济、为国家的强大做出贡献。

留学法国

1913 年 7 月，20 岁的熊庆来，告别故土、告别妻子，赴比利时学习采矿技术，进入了包芒学院预科，准备第二年去投考列日大学，学习矿冶。他离开妻子 3 个月以后，大儿子熊秉信出生在弥勒息宰村。经过一个多月的海上颠簸，才到达法国，再乘火车到达比利时，当年 9 月份开始了他的留学生活。

1914 年，第一次世界大战爆发。4 月，德国人占领了比利时，他准备就读的学校停课，只得经过荷兰、英国转赴法国。

熊亲爷爷经过艰苦的辗转，1915 年 2 月上旬才回到巴黎，进入圣路易中学的算学专修班，准备投考巴黎高等矿冶学院。后来听说该院因故关闭，一时不能开学，只能改学其他。原来还打算学一门实用的工科学科，于是决定进格勒诺布尔大学的工学院学习。可是上了两个月，对课程不满意，仍然回到巴黎，进圣路易算学专修班继续学习。圣路易中学对面就是巴黎大学，同时也到巴黎大学去旁听，学习极其紧张。

1915 年末，熊亲爷爷回到格勒诺布尔大学，改在理科

秦光玉为熊庆来到法国留学出具的保证书

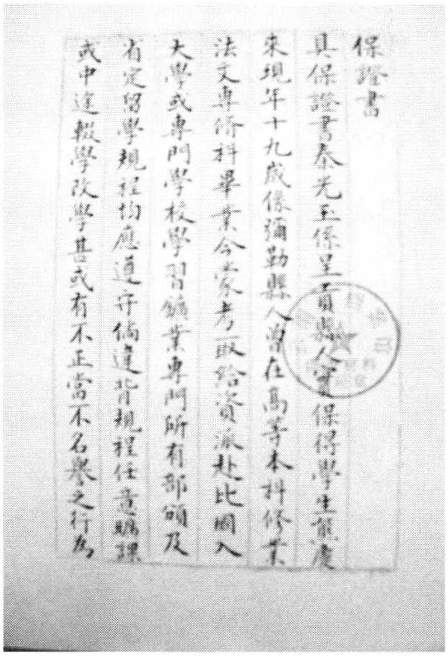

保證書
具保證書秦光玉係呈貢縣人今保得學生熊慶
來現年十九歲係彌勒縣人曾在高等本科修業
法文專修科畢業今由家考取給資派赴比國入
大學或專門學校學習礦業專門所有部頒及
省定留學規程均應遵守倘違背規程任意曠課
或中途輟學改學甚或有不正當不名譽之行為

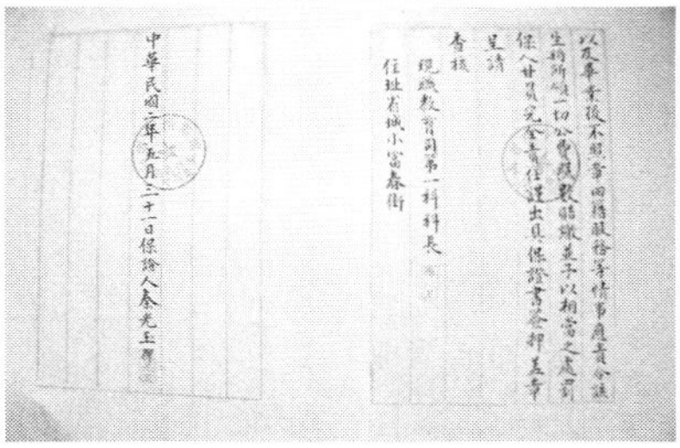

呈請
查核
現職教育司第一科科長
住址省城小富春街
中華民國二年五月三十一日保證人秦光玉

大学部专攻数学。在这所大学，他通过了严格的考试，1916 年 12 月获得了高等普通算学课程证书。

熊亲爷爷在云南方言学堂及高等学堂中，有一位挚友李汝哲是云南丽江人，两人后来都考取公费留学，李汝哲名列第一，熊亲爷爷名列第三。李汝哲到法国留学，熊亲爷爷到比利时留学。一战爆发，熊亲爷爷辗转回到巴黎，路上经费紧张，还是李汝哲给他汇了路费，才能回到巴黎。李汝哲在巴黎学习政治经济学，平时还积极参加社会活动，有记录他与吴玉章、吴雅晖、汪精卫、李石曾等人一起参加活动，足见他在留学生中的影响。

熊亲爷爷在法国留学时，也正是很多中国留学生在法国加入共产国际的高潮时期。他也和这些留学生有过接触，只是熊亲爷爷认定了实业救国的理想，仍然专心一意地学习，攻读数理专业。

熊亲爷爷在巴黎，就和李汝哲住在一家法国人——摩蔼夫人家里，两人同居一室。李汝哲已经上了 3 年级了，再读 1 年就可以毕业，恰恰在这时得了肺病，日夜咳嗽、咯血不止，最后体力不支，只能卧床不起。那时候肺病还是不治之症，熊亲爷爷与他同居一室，为他洗脸漱口，照料饮食，不幸被感染了肺病。李汝哲最后没有好转，虽经多方医治，还是英年早逝，年仅 26 岁。

熊亲爷爷知道自己也染上肺病，还是尽力为挚友李汝哲办完后事，才考虑要给自己治病。那时流行治疗肺病的方法，是采用“高山疗法”。找一个高山小镇，那里空气新鲜，随时可以呼吸到新鲜空气，氧含量高，有利于治疗肺病。他决定到瑞士去，瑞士有说西班牙语的，也有说法语的，他必须去一个说法语的地方才合适，所以选中莱辛小镇去疗养。

尽快办完签证，就出发了。在莱辛小镇经过一年多的治疗、休息，他渐渐恢复了，一年后基本痊愈。熊亲爷爷开始考虑下一步的学习计划，他离开家乡四年了，只拿到一个算学证书，好像万里长征刚走完第一步，学习的路程还很长啊！在心里十分着急，只是法国与德国的战事没有停息，只能耐心等待。

1918 年 2 月，熊亲爷爷终于可以返回巴黎，继续深造了。到达巴黎后，去看医生，医生看他身体还虚弱，劝他不要在潮湿的巴黎生活，应该去气候温润的南方继续调养身体。

熊亲爷爷选中了法国南部，地中海沿岸的蒙彼利埃，这是个美丽的海滨城市，毗邻马赛，气候温和。进入蒙彼利埃大学学习，他只选修了高等数学、理论力学、理论天文学三门功课，在这里一边学习，一边调养身体。

在这里租房，他都选择有花园、宽敞明亮、通风良好的居室。学习之余，他常去花园休息、散步，呼吸新鲜空气，周末常与法国友人去野外郊游、骑车、登山。

在蒙彼利埃，中国留学生很少，有良好的语言环境，多与法国朋友交流，就是提高法语水平的方式。

在蒙彼利埃大学学习了一年，1919 年夏天，通过考试，熊亲爷爷获得了高等微积分学、理论力学、理论天文学三门学科的学证，并获得理科硕士学位。

由于身体原因，熊亲爷爷不能选择学习矿冶专业，该学什么呢？如果仅从身体考虑，他觉得学习算学比较好，又觉得学习算学比较费时，不能直接有益于“科学救国”的目标，还是学习理科知识，回国后能有益于社会，于是准备学习物理、化学方面的课。在法国学习物理，一般要求学习两年，只有在巴黎和马赛，学习一年就结束，身体不适合待在巴黎，最后选择到马赛继续深造。到马赛大学学习物理及工业电学，同时还旁听化学。

1920 年夏天，熊亲爷爷获得了马赛大学的高等物理学证，原计划在法国学习两年，这时候收到家里报告祖母病重的消息，希望他尽快回家。同时也收到云南省教育局及董泽的来信，希望他回来帮助筹建大学。经过一个多月的海上航行，1921 年 2 月 10 日，他来到越南海防。海防到中越边境还要 3 天的火车路程，从海防到河内，再到老街，才能进入中国境内。进入云南境内，先乘小火车到开远，再坐滑竿才能回到息宰村。

东南大学数学系主任

熊庆来在巴黎花园里读书

1921年，熊庆来从法国回到云南，在昆明找不到可以进行应用数学研究的职位，又不愿意当官，就到云南路政学堂、甲种工业学校、昆华中学三所学校担任物理及数学教员。其实3所学校的课程加起来，每周只有8小时，当时教课课时费低，每小时只有2个银圆，教少了，根本不够维持全家人的生活。

熊亲爷爷对在昆明的教书生活并不满意，因为这些学校的物理、算学课的深度，只有8年前他在昆明高等学堂学习的深度，根本用不上他在法国刻苦学习的内容，心里非常郁闷。好在没过多久，就有了转机，半年后收到何鲁先生的来信，何鲁与熊亲爷爷是一批到法国留学的同学，也是学数学的。他在南京高等师范学校教书，现在要聘到上海的大学教书，就向东南大学校长郭秉文推荐熊庆来接替他的工作。收到郭秉文校长的聘书，这年秋天，熊庆来就到南京报到。东南大学是刚刚成立的，学生从南京高等师范学院转过来，缺乏师资，熊亲爷爷本来只打算在东南大学当个普通教员，结果学校当局聘他当教授，还要他当系主任。这一次他得到了发挥真才实学的机会，心里别提多高兴了！

1920 年左右，中国的高等学校还没有几所，南京仅有高等师范学校一所。不过“南高”的名声斐然，是中国最早的六所著名高等学校之一，1921 年已经有教师 102 人，其中教授 55 人，还有 3 名外聘教授，她与北大齐名，有“北大南高”之称谓。当时的民国教育部长说：“民国十年（1921 年）左右，‘南高’与‘北大’并称，隐隐然成为中国高等教育上两大支柱。”

1920 年 3 月，郭秉文校长提议把南高扩建为东南大学。11 月，北京政府通过成立东南大学，命名为国立东南大学。1923 年就拥有教师 200 多人，学生 1600 多人，设 5 科 28 系，学科齐全，居全国之首。

1921 年秋天，28 岁的熊亲爷爷受聘于东南大学，带领全家来到南京。郭秉文校长聘用了 50 多名留学归来的教授，使东南大学人才济济。

熊亲爷爷非常满意这个工作，不过他遇到的困难，也是常人难以想象的。东南大学当时只有两名算学教授，另一位还是兼任的，专职教授只有他一位。算学系是一个全新的学科，国内还没有现成的教科书可以使用，他要讲课、批改作业，还得亲自编写教材，用蜡纸刻好教材，再交出去油印成讲义，发给学生当教材。教材内容可以取自国外的教材，可是数学名词，还得自己确定，比如他把代数命名为大代数甲、乙，解析几何甲、乙，图解几何等等，不少数学专有名词今天仍然在使用。

南京是有名的“火炉”，夏天酷暑难熬，再加上痔疮的折磨，他在编写讲义时，要忍受多大的痛苦。他不得不趴在床上工作，甚至连吃饭也是在床上趴着吃，熊亲奶奶在一旁，为他扇凉，为他熬药，为他洗被褥、衣服上的血迹。这些时日，他废寝忘食，既苦又累，可是心里满足，觉得自己的学识得以发挥，能够为“振兴教育”的愿望付出，内心是充实而欣慰的。

熊亲爷爷是把近代数学引入中国的奠基人之一。在东南大学教书的 3 年里，他的学生中，就有严济慈、赵忠尧等后来成为中国科学界大师级的人物。

由于废寝忘食的工作，他一天天消瘦下去，常常感到胸痛，后来竟然开始咯血！

是不是肺结核又犯了？他不敢怠慢，马上去住院检查、治疗，好在此时正是快放暑假的时间，可以放心地休养、治疗。经过医生诊断，这次不是肺结核，而是胸膜炎、胸腔积水，只能住院治疗。在医生的精心治疗下，熊亲奶奶含辛茹苦的照料下，一个多月后，熊亲爷爷痊愈出院了。这次得病，又给他一个教训，不能不注意劳逸结合。熊亲爷爷又坚持每天散步，周末郊游、爬山的习惯。

正在熊亲爷爷满心高兴，一心一意在东大教书的时候，1923 年，因为军阀之间的矛盾，引发郭秉文校长辞职一事，闹得学校沸沸扬扬，严重影响了东大的正常教学秩序。正当熊先生左右为难时，西安的国立西北工业大学，要设立数理化系，来聘请熊亲爷爷去西安，担任数理化系主任，并负责筹建算学系，他立即答应。不久，他带上年轻的助教周雪鹏，取道北平转赴西安。虽然是新建算学系，不过有了东南大学的经验，他们工作起来很顺利，一个学期后，利用假期返回南京。他们刚走两天，西安又发生了兵变，西安城被围得水泄不通。

南京的家人听说西安兵变，都为熊先生的安危担心，直到熊亲爷爷在半夜回到家中，大家悬起的心才落了地。最后是冯玉祥将军的部队，赶跑了围困西安城 8 个月的队伍，才恢复了西安城的平静。可是 8 个月里，战死、饿死、病死的军民达 5 万多人。

西北工业大学的续聘消息迟迟未到，熊先生只有在东南大学又讲课一个学期。1926 年秋，接到清华大学的聘书，北上北平。

国家的稳定对于视教育、科学为生命的熊庆来教授而言，是多么珍贵啊。可惜那是个混乱的时代，他不能左右形势，只能在混乱中寻找一块可以实现理想的讲台。

清华大学数学系主任

举荐熊先生到清华大学工作的，就是被誉为中国科学之父的叶企孙先生。叶企孙先生的重大贡献，在科学教育和科学的组织管理方面，培养了一批又一批的优秀人才。在20世纪前50年里，叶企孙在中国物理学教育和科学发展方面，做出了巨大的贡献。他在20世纪30年代，创建了颇负盛名的清华物理学系和理学院，建设了北京大学物理系磁学研究室，聘请名教授来校，实行“理论与实验并重，重质而不重量”的办学方针，培养出一批高质量的人才，对我国科学事业的发展，使清华大学在短期内跻身于名大学之林做出重要贡献。

叶企孙被称为中国近代物理学的奠基人之一，中国物理学界最早的组织者之一，对中国物理学研究、理科研究、教育事业乃至世界科学发展做出了巨大贡献。杨振宁、李政道、王淦昌、钱伟长、钱三强、王大珩、朱光亚、周光召、邓稼先、陈省身等人都曾是他的学生，华罗庚曾受到他的提携。

中华人民共和国成立后，23位“两弹一星”功勋奖章获得者中，有13位曾是他的学生，因而有人称他“大师的大师”。在23位功勋科学家中，有9位是叶企孙的弟子。这样一位国宝级大师，可惜在“文革”中，被当成间谍、特务关押多年，受尽折磨，含冤去世，终年77岁。

叶企孙与熊庆来是在东南大学认识的，都是这所大学的教授。叶企孙是清华学堂毕业的，又被清华聘回母校，他还把在东南大学的学生赵忠尧、施汝为也带到清华担任助教。叶企孙把熊庆来引荐到清华，开始熊先生还有些顾虑。因为清华是美国人支持办的，教授、教师多为清一色的美国留学生，只有极少数欧洲留学生。他怕门户之见，影响自己的才能发挥。可是到了清华一看，学术空气浓厚、不分门户，同事融洽相处，气氛和谐，使他能全身心地投入教学工作中，无须考虑人事关系的干扰。

清华算学系于1927年成立，郑桐荪先生任系主任。只有郑桐荪及熊庆来两位教授，郑先生对熊庆来非常尊重，委任熊先生负责系务，制定建系规划，请熊庆来担任算学系的大部分课程教授。

清华正式更名为国立清华大学以后，熊庆来接替郑桐荪教授，担任清华算学系主任。开始对该系进行一系列改革，他主要是参考法国的经验，来建设清华大学算学系。

他对办好数学系，有着严格的要求，有着系统的安排。首先是强调“三高”，就是要从课程设置、教师配备上，保证学生学好高等代数、高等分析、高等几何。这三门功课是数学系二、三年级学生必修的重要课程，他以法国人的教材为蓝本，加上自己的理解，加上自己确定的专有名词，译著了《高等算学分析》一书。他采用的课程设置和教学方式与法国大学相近，水平接近法国及德国的水平，而高于当时美国的水平。《高等算学分析》被商务印书馆收入第一批“大学丛书”，再经过周鸿经、唐培经、陈省身校对，华罗庚编辑索引以后，于 1934 年正式出版。这是国内第一部高等微积分教材，也是理科方面高水平的中文教科书之一。

在清华大学数学系 1929—1930 年度课程表中，必修课共 15 门，52 学分。其中三高课程，每门 6 学分，其他课程每门最高是 4 学分，一般课程是 2 学分或 3 学分。在 1932—1933 年度的课程，单科必修课程是 7 门，34 学分，三高占 18 学分。熊亲爷爷非常强调重点基础课程的安排，为清华大学数学系打下了坚实的基础。可能这就是多年以后，清华数学系人才辈出的实实在在原因。

为了办好清华大学数学系，熊亲爷爷广揽人才，把孙光远、杨武之先生请到数学系共事。杨振宁就回忆到达清华园以后，与几位教授共住在西院，彼此来往很方便。熊家当时有五口人，熊庆来夫妇，大哥秉信、二哥秉明、秉慧姐姐，杨振宁与秉明同岁，成为好朋友，开始他们一生跨越亚、欧、美三大洲的友情。

1929 年，熊亲爷爷在清华大学开设算学研究所，试招研究生。1930 年，清华理科研究所的算学部正式成立，是国内第一个数学研究机构。

也是在这一年，该研究所经过严格的考试，招收了陈省身、吴大任两名研究生，他们都是南开大学教授姜立夫的高才弟子。报到时，吴大任因为家中有急事，他离不开，过了一年才到清华报到，当年只有陈省身一人来清华读研究生。开始担任熊先生的助教，一年以后跟孙光远教授攻读硕士，研究方向是几何，成为国内培养的第一位数学硕士。

1930 年 12 月，华罗庚在《科学》第 15 卷第 2 期发表了《苏家驹之代数的五次方程解法不能成立之理由》。最先看到这篇论文的是杨武之教授，他意识到这是一篇值得注意的文章，就推荐给熊庆来先生。从这篇论文可以看出，华罗庚已经掌握了高深的数学基础，熊先生就到处打听华罗庚是何许人也。数学系老师唐培经认识华罗庚，他们是同乡。虽然没有见过面，但听说过华的情况，唐是东南大学毕业的，毕业后在金坛中学当了一年校长。金坛中学的后任校长王克纯非常喜欢学生华罗庚的数学才能，就推荐华罗庚与唐培经通信联系，帮助华解决难点，请求指点。通过唐培经，熊先生了解到华罗庚才 19 岁，因家境贫寒，从金坛中学辍学，他只有初中水平，却热爱数学，完全靠自学在搞数学研究。了解清楚华的基本情况，熊庆来特别希望把华罗庚请到清华，培养深造。这个想法得到杨武之、郑之蕃的支持，其他教师也多数表示理解。

熊先生给华去信，邀请他到清华来。华很乐意，立刻启程，唐培经到火车站接华罗庚。

这时候为难熊先生的问题是，怎么安置华罗庚。他只有初中学历，不可能当助教，也不能当研究生，怎么办？他思考再三，决定安排他当系里的助理员，得到了清华理学院院长叶企孙的首肯。然而按照清华的规矩，当助理必须是高中毕业，初中毕业只能当“半时助理”，具体工作就是替熊先生批改二、三年级学生的作业，还有管理系里的图书馆。后来华罗庚回忆说，如果不是熊老给我到清华工作的机会，我会一直留在金坛，那时候在金坛能够找到的最高深的数学书，就是一本 50 多页的《微积分》，那么我的一生最多能够成为一个好的中学数学老师。

熊庆来教授在清华数学系，给学生们提倡的学习方法是：夯实基础、广泛涉猎、学与思并重。他认为只有做到这几方面，才能成为一个有创造力的数学家，而不是死记硬背的读书人。今天看来也是一种科学的学习方法。

在为清华算学系聘请教师上，熊亲爷爷想尽办法、尽力而为。他不仅聘请了一批国内知名的教授，还聘请到外国的名教授，如哈达玛（国际数学界数一数二的学者）和维纳来清华讲学。维纳是控制论创始人，美国麻省理工学院教授。哈达玛来清华讲课的消息不胫而走，成为轰动教育界的一大盛事，北平的各报刊纷纷报道有关新闻。实际上两位世界级数学家的讲课，确实使中国数学界对微分方程、调和分析等现代数学理论的传播及进一步发展起了重要作用。

1932 年，熊庆来教授已经在清华工作满 6 年了，清华大学有个规定，执教满 5 年的老师，可享受一年的带薪休假进修的机会。熊庆来决定利用这个机会，返回法国深造。恰好这年在瑞士召开第九届国际数学家大会，熊庆来被中国数理学会推荐为代表，出席在瑞士苏黎世召开的大会，这次出国他还带上二儿子熊秉明。

父子二人到达巴黎以后，熊先生先去巴黎大学旁听一些高深的数学课程，更多时间是到亨利－庞加莱研究所的图书馆里复习听课的内容，查看数学期刊，阅读数学专著，思考研究方向。庞加莱研究所不是我们熟悉的样子，名为研究所，却没有一位研究员，也没有研究生，仅有一个图书馆和一个波莱尔中心。图书馆里藏书非常丰富，图书均免费借阅，但一律不外借，只能在图书馆里阅读。波莱尔中心就是一个会议中心，提供举行各种学术研讨会。成立这个研究所，就是给研究者提供一个良好的环境，来安心地进行数学研究，被世人称为“数学家之家”。

经过一年的学习、思考，熊先生渐渐地明确了自己的努力方向，应该着重于函数值分布理论的研究。在函数理论的研究方面，有两个不同分支，有穷级函数和无穷级函数。在有穷级函数方面，已经取得了完美的结果。无穷极函数方面，还没有完美的研究结果报道。熊先生把无穷极函数作为自己研究的方向，希望通过努力，可以获得理想的结果。他就开始整天在纸上，进行数学推理的演算，桌子上、床上，甚至地上，都铺满了他的稿纸。功夫不负有心人，终于找出了解决问题的方法，他新定义了“型函数”及“无穷极”两个新概念，借助它们构成了无穷极亚函数的严格理论。他的论证严密无暇，使理论最终趋于完美。

由熊亲爷爷首次使用的“型函数”及“无穷极”，被国际数学界称为“熊氏型函数”及“熊氏无穷极”，被载入了世界数学史册，奠定了他在国际数学界的地位。他撰写的论文《关于无穷极整函数与亚纯函数》，投送巴黎大学《算学》杂志发表。主编维腊教授极为欣赏，他嘱咐熊先生，用这篇论文去申请博士学位。于是熊先生把论文送到巴黎大学，1934 年 6 月 29 日通过论文答辩。1935 年 5 月 29 日，巴黎大学给熊庆来颁发了法国国家理科博士证书，成为第一个获此学位的中国人。熊先生 1934

年回国，他的博士证书是一年以后邮寄到北平清华大学的。

到 1935 年间，中国已经有了二三十所高校设立了数学系，数学界的队伍不断壮大，成立数学会已经刻不容缓了。由上海交通大学数学系主任胡敦复等人，联络北平的熊庆来、杭州的苏步青、重庆的何鲁等知名数学家，积极筹备成立中国数学会。1935 年 7 月 25 日至 27 日，在上海交通大学图书馆召开了成立大会。

国立云南大学校长

正当熊亲爷爷在清华大学的工作如鱼得水、心情愉悦时，1937 年 5 月，他收到了云南省省长龙云的电报，希望熊先生能回云南，担任云南大学校长。龙云的电文态度诚恳，语气坚定。开始熊先生还是婉言谢绝了，并表示云南大学需要什么教材，需要什么帮助，他都可以尽力而为，只是不愿意回去工作。当时云南大学的校长是何瑶，他在云大已经工作 5 年了，这时候学校经费很紧张，教师的工资都不能保证，学校人心涣散，学生也不安心学习，开始罢课。何校长很为难，他也希望熊先生能回来接替他，当好这个校长。

云南省的不少知名人士，如张邦翰、缪云台、龚自知、方国瑜，还有龙云的夫人顾映秋，都推荐熊庆来担任云南大学校长最合适。顾映秋是顾品珍的侄女，是北平女子师范大学外语系学生，在北平读书时就认识熊庆来及其夫人，与熊亲奶奶是好朋友。

熊亲爷爷经过反复的思考，以家乡的发展为重，决定利用假期，回昆明一趟，与龙云认真谈谈，再做决定。在心里他已经拟出一个方案，要把云大升格为国立大学，再争取各基金会的财政补助，然后决心把云大办成一所完全的大学，办成西南的学术中心。

1937 年 6 月 26 日，熊先生离开北平，踏上回昆明的路程，1937 年 7 月 15 日到达昆明，7 月 17 日就与龙云会面，这是他们俩第一次面对面的交谈。熊先生见龙云虽是军人出身，却谈吐不凡，对振兴云南有一番雄心大志，请他担任云大校长的诚意十分恳切。龙云见熊先生谦逊朴实，学识渊博，又是一位热爱家乡，愿意报效桑梓的忠厚人，两人谈得很投机。

对于把云大改为国立大学的想法，龙云早已着手进行了，已经获得民国中央的同意，交给行政院办理。熊先生还对龙云提出了几点要求：

1. 校务行政，省政府不加干涉。

2. 校内用人完全由校长决定，省政府不得干预。

3. 学生入学须经考试录取，不能凭条子入学。

龙云表示完全同意，会谈愉快地结束了。

这份龙云与熊庆来的“约法三章”，没有文件留底，也没有两人签字，在熊亲爷爷担任云南大学校长的 12 年中，没有发生过一件违背约定的事情，真是君子之言重于山啊！

1937 年，云南大学仅有文法、理工两个学院，法律、中国文学、政治经济、土木工程、矿冶、数理、教育七个系，还有一个医学专修科。1937 年，云南大学有教授 26 人，副教授 1 人，讲师 36 人，助教 12 人，一共 75 人。在校学生 300 多人。

1937 年 8 月 1 日，云南大学就直接归云南省政府管辖，这一天也是熊庆来教授正式到云南大学上班的日子。熊先生到任后立刻着手解决学校最困难的一些问题。

初露锋芒

1937 年末，云大的女生已经超过 160 名，学校内的女生宿舍不够用，好多学生只能到校外租房子住，很不方便。龙云夫人顾映秋决定捐款建造女生宿舍。熊先生知道后，立即请当时在昆明的梁思成、林徽因夫妇来设计这个女生宿舍。他们很乐意承担这个设计，还表示免费工作，愿作“纯友谊的协助”。这时他们住在昆明郊区一间潮湿的小屋里，就在艰苦的条件下完成了“映秋院”的设计。这个女生宿舍建成后，面积虽然不大，但建筑古朴典雅，秀美大方，直到今天都是云南大学的景观之一。

在他新聘任的教授中，不仅有优秀的数学家、物理学家，也包括历史学家、文学家在内。清华的吴晗，当时只有 28 岁，熊先生看过他写的文章以后，觉得是个人才，决定高薪聘请他到云大来，每月 200 元大洋，清华还不肯放人。熊先生又与清华历史系主任蒋廷黻反复磋商，才达成协议，同意让吴晗来支援云大，不过只算是借聘，人还是清华的。

又如冯友兰先生推荐的李长之，时年 27 岁。他在清华读书期间，就在文学方面表现出卓越的能力。在学生期间，就担任了几个文学杂志的编委、主编、副主编职务。李长之在清华 1936 年毕业，留校一年后，被熊先生请到云大任文学系教员。1937 年 8 月到云大报到，是云大新聘请的第一批外省老师之一。

1937 年，熊先生还聘请到北师大刚毕业的两位高才生顾健中和张福华。顾健中当年 24 岁，张福华 23 岁。顾健中在北师大物理系，每年都考第一。这两位年轻人还多才多艺，在抗战期间，都是云大歌咏团的指挥，组织了 100 多师生参加合唱团，经常演出抗战歌曲，以鼓励人民的斗志。

1938 年，云大的教职员人数，教授 44 人，副教授 11 人，讲师 44 人，助教 31 人，共计 130 人，一年就增加了 55 人。

1937 年，对于中国来说是个灾难深重的时刻，全面抗战爆发。在南京大屠杀以后 4 天，蒋介石发表了《告全国国民书》，号召全国国民放弃一切和谈幻想，坚决以“持久战”赢得最后之胜利。12 月 28 日，熊先生和云大全体教职员联名致电蒋介石，表示共赴国难

熊庆来手迹

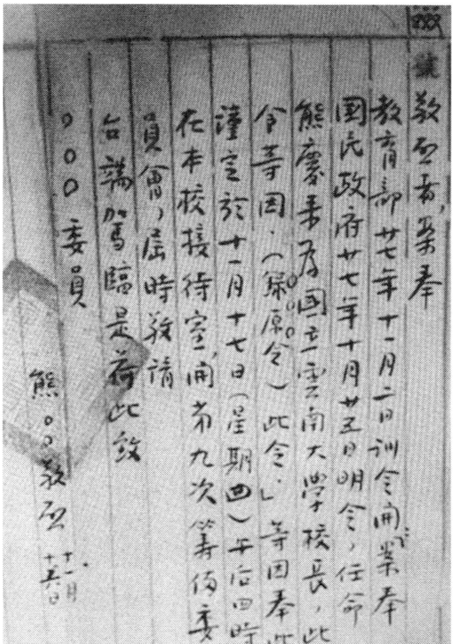
敬啓者，案奉
教育部廿七年十一月二日訓令開：案奉
国民政府廿七年十月廿三日明令，任命
熊慶来為国立雲南大學校長，此
令等因。（原令）此令。」等因奉此，
謹定於十一月十七日（星期四）午后四時
在本校接待室開第九次籌備委
員會，屆時敬請
台端駕臨是荷，此致
〇〇〇委員
熊〇〇敬啓

的决心。

就是在全面抗战的风雨中，熊校长上任了，云大全校师生为救国努力学习、发奋读书。熊校长开始按照自己的目标与计划，扎扎实实开展工作了。

教授治校

在学校管理上，他学习借鉴了清华的经验，实行的是校长领导下的，由教授和职员共同治校的管理模式，成立了校务会、教务会、教授会三个会，设教务处、训导处、总务处三个处，还有会计室、统计室、人事室三个室。开始着手扩充院系，先后办起文法学院、理学院、工学院、医学院、农学院五个学院。校长直接对三会、三处、三室、五院负责。建立了完整的教学管理体系，实现了校长领导下的教授治校。给云南大学这辆列车，挂上一个新型、大功率的火车头，云大可以多装快跑了！

办学首先要有足够的经费，云南大学每年可以从省政府得到 25 万元的支持，已经比前任校长时，增加了不少；对于扩大规模以后的云大，还是远远不够的。熊校长向中英庚款董事会申请到 5 万元补助，用于聘请外省教授。还打算买下一些土地，扩大学校用地。为了缓解经费困难，为了学校的发展，熊先生与教职工商量，要求云南籍的教职员每人减薪，只拿 70% 的工资，从他开始，讨论结果得到教职工的一致支持。后来国民政府也为了支援抗战，要求全国机关工作人员及学校教职工一律减薪，只拿 70% 的工资。这样云大从熊校长起，每位教职工只能拿原来 49% 的工资。熊校长原来的工资是 800 元法币，两个 70% 减下来，只有 400 元了。他没有一点怨言，仍然身体力行，努力工作。

1938 年，改省立云南大学为国立，他向各界人士募捐，扩建校舍，增置教学设备。他聘请刘文典、楚图南、尚钺、吴晗、谭锡畴、秦仁昌、张海秋、费孝通、林达扬、庄圻泰、王士魁、彭恒武、姜亮夫、徐嘉瑞、方国瑜等名教授到校任教，给予高薪。他在原文法、理工两个学院的基础上增设工学、医学、农学 3 个学院，下设 18 个系，另有 3 个专修科和 3 个选修班，教师增至 237 人，学生由 302 人增至 858 人，从而使云大成为国内学科比较齐全的综合大学。

熊亲爷爷热爱家乡，还为云大作了校歌，文字优美，朗朗上口。没有想到一位数学家整天与数字打交道，却能写出这等文字，不得不佩服他的学识，更不得不佩服当年云南的基础教育水平。我必须把这首歌词抄下来，有助于我们认识完整的熊庆来：

太华魏巍，拔海千寻；
滇池淼淼，万山为襟。
卓哉吾校，甚与同高深。
北极低悬赤道近，
节候宜物复宜人。
四时读书好，
探研境界更无垠。
努力求新，以作我民；
努力求真，文明允臻；
以作我民，文明允臻。

今天读来，仍然感觉清新，气势雄伟。

更值得一提的是，这首词还由赵元任谱曲。赵元任是中国第一代曲作家，被称为汉语言学之父，他先后为厦门大学、云南大学、东北大学的校歌谱过曲，我最喜欢唱的一首歌《教我如何不想她》也是赵元任谱曲，词作者是刘半农。词、曲都是写于20世纪20年代，据说是中国第一首现代歌曲。

在云大校歌中有两句歌词：努力求新，努力求真。这正是熊校长治学方针的体现。对教师、对学生都要求有求新、求真精神，他认为“学生不是顾客”而是学徒，教师也不是商店的“老板”，所以教师不在于灌输知识，而在于培养能力，培育具有创新精神的人才。

他勉励学生要为建设云南做贡献，他身传言教，一丝不苟。教学之余，在校园种瓜菜，常以亲手劳动果实馈赠挚友。他关心家乡的建设，出面向省教育厅交涉，批准创办竹朋中学和虹溪简易乡村师范学校。他出面向省卫生机构联系，促使省卫生实验处派遣黄士罕到竹园抢救大批患霍乱的病人。

熊庆来是1937年初应龙云聘请，任省立云南大学校长，后改为国立云南大学，陈立夫又聘他为校长。云南省档案馆收藏有民国政府1938年12月27日教育部令，熊庆来任国立云南大学校长。熊庆来1938年11月25日就职，部长陈立夫印。

熊庆来常说：“大学之存在，必具有生命，生命表现于所有的教学工作、科研工作，以及教师与学生的种种高尚活动，其精髓，内即表现于教学之成绩，钻研之结果，与德行之砥砺；外则见诸师生对社会之影响，校友对社会国家服务之能力。”熊庆来对办大学的至理名言是：“盖大学不仅是培养人才的机关，而同时是学术发展之源泉。”巴黎大学名教授阿贝尔说过：“大学如无思想上之贡献，则其所传必枯燥而寡味。”现当代著名的大学，都不外在此三方面（人才培养、学术发展、思想贡献）做出很大的努力。

虽然当了校长，熊亲爷爷仍然钟爱自己的专业，在云大每周他还有数学系的9节课。这也是他享受授业、解惑的幸福时刻。

熊庆来教过的课程很多，如“解析函数”“方程式论”“微分方程”“平面三角”“球面三角”“偏微分方程”“力学”“动学”“高等数学分析”等。他还根据国内实际情况编写了这些课程的讲义。熊庆来的教学实践经验是：白天，他和学生们一起“滚”在教室里，晚上的时间就充分地用来编写教材。熊校长谆谆告诫学生“光有书本不行，要在学习中发现问题、思考问题、研究问题”，提醒教师应“启迪学生、因材施教”。他更常说，今天的人才要胜过前辈人，今后的人才要胜过今天的人；也就是古人荀况所说的那句名言“青出于蓝而胜于蓝”。

建设校办工厂，也是熊庆来担任云大校长以后，认真抓的一件事。一所现代化的大学，要办好工学院，没有像样的校办工厂，不可能培育出能文能武的专业人才。1938年12月，熊校长至函云南省审计处华秀升处长，请发给校办工厂建设费用，他希望尽快得到这笔拨款。华秀升3天之后就给熊校长回信。我在云南省档案馆内，看到了他们两人来往的信件，两位都是学习理科的学生，可是毛笔字写得工整、流畅，宛如一幅书法作品。

熊校长的信说，学校校办工厂的建设，已经获得批准，建筑费用需要8000元，我们希望尽快落实下发。华秀升了解情况以后回信说，已经核准的建筑经费是10000元，由财政厅与教育厅各出一半。教育厅的经费，已经办完相关手续，请贵校去领，财政厅的手续还没有办完，一旦他们呈报上来，我一定催促尽快办完，不敢耽延贵校的工程进度。

在看待教师的水平上，熊校长坚持看实际教书能力，而不是看学历，他聘请的一位物理副教授，是留学外国名校的高才生，但上课不受学生欢迎，熊校长只让他教了一学期，就再没有给他发聘书，这位教师只好离校。

熊校长平易近人，没有校长架子，特别关心教师的生活。逢年过节常把单身教师请到家里，热情款待他们，使他们没有思乡的苦恼。杨春洲先生曾经对人说："我在朋友家吃饭，吃得最多的是熊校长家，我和朋友握手，握的最多的也是熊校长。"顾健中被聘请到云大时，还是一个青年，只身一人就从北平来到昆明，基本没有带任何生活用品。第二天早上，熊校长派事务主任为他购置了全套生活用品，又派几位校工把这些用品，送到顾健中的宿舍。使身在异乡的顾健中非常感动。顾健中教授回忆这件事说："我当时就觉得这里，是个可以安身立业的地方，为此，我下决心只在云南大学工作，这种心情现在很少有人理解。"的确，顾教授在云大一干就是50年。

严格管理

熊校长对学生严格要求，他明确要办好大学，一是要选好教师，二是要严格要求学生。他主要抓整顿学风及校风；严格考试制度、纠正考试作弊行为。一门功课的总成绩，平时成绩占2/3，考试成绩占1/3，要求学生要重视日常的学习。

为了提高新生的水平，在入学考试上参照西南联大的办法，规定了录取分数线。在1939—1945年度，与西南联大联合出题，联合招生，只是在录取云南考生时，允许降低10~15分，使云南大学的新生水平，与西南联大差别不大。

在那个时期，全国各地的教师、官员都来到昆明，免不了有人来说情、递条子，

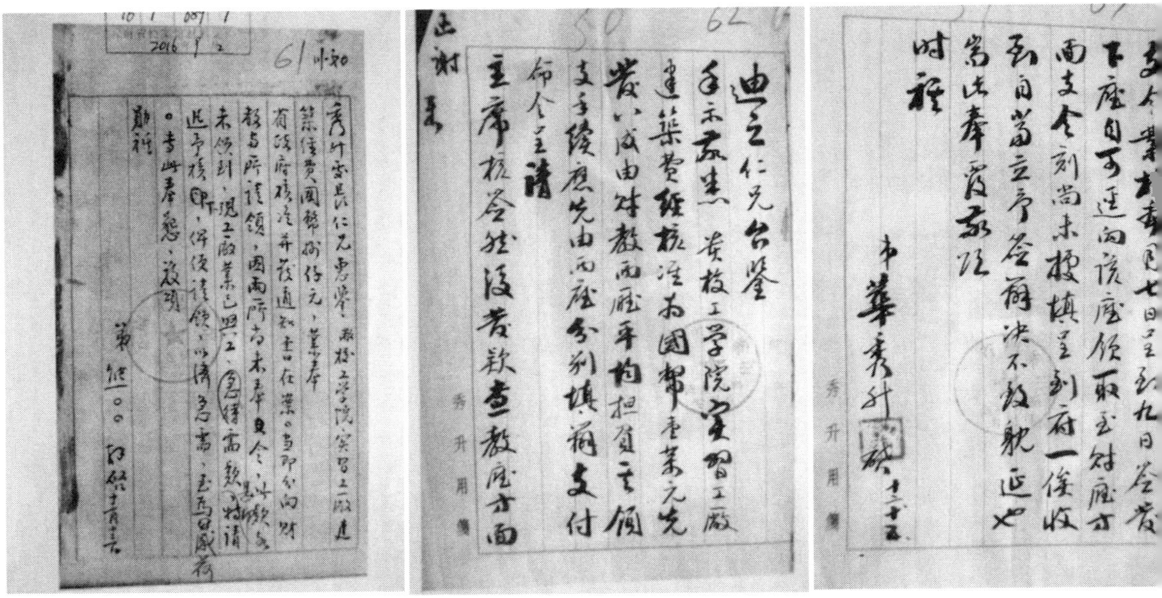

熊校长与华秀升为申请校办工厂建设经费互致信函原件

请熊校长照顾自己的子弟或朋友，熊校长坚持按成绩录取。后来，来说情的太多，他想出一个办法，办起了大学预科。把那些关系学生，因成绩不合格的，收进预科读书，让优秀教师教他们，补习一年，再参加入学考试。

给学生计分的方法，也吸取清华和南开的办法，采用“超、甲、乙、丙、丁、劣”，六级计分制。超相当于 91～100 分，以下每级减 10 分，丁、劣为不及格。“丁”可以参加补考，“劣”等于 49 分以下，不能补考。一个学年以内，总学分有 1/3 不及格者留级，2/3 不及格者除名。对于考试作弊者，严厉惩处，从扣分、警告、记过直到开除。

1932 年，云南大学已经有医学专修科，熊校长深知云南缺医少药的状况，决心要设立医学院，龙云也非常支持他的计划。熊校长开始物色医学院院长的人选，恰好此时同样是留法的医学博士范秉哲也在昆明。范秉哲是河北人，比熊校长小 14 岁，留学法国学习医学，获得博士学位以后，1935 年参加了留法学生服务边疆工作小组，来到云南，成为滇越铁路线上唯一的外科医生。第二年，范秉哲回到昆明，担任甘美医院外科主任医师，兼任云南省政府医药卫生顾问。

熊亲爷爷从清华去法国搞学术研究时，在巴黎就和范秉哲教授认识了，所以他和范教授一拍即合，范秉哲答应担任云大医学院院长兼教授。1937 年 9 月 16 日，云南大学医学院正式成立，首届学生开始上课，翻开了云南省医学高等教育新的一页。受聘于医学院的教授也多是海归人才，比如蓝瑚、杜棻、李枢、朱照煦都是法国归来的医学博士，还有后续回来的巴黎大学毕业的戴练江、姚碧澄等教授。当然也有比利时回国的医学博士沈福彭、德国柏林大学牙医学博士梁家椿、美国哈佛大学公共卫生学硕士缪安成等。毕竟是留法的教授占大多数，因此医学院采用法国医学教育制度，采用法文教科书，用法语授课，学制 6 年。比云大一般系多 2 年，系统上课学习 5 年，到医院临床实习 1 年。法文 4 年必修，使学生打下扎实的法文基础。30 门专业课中，有 9 门实习课。后来又建立了医学院实习医院。

创办云大医院向社会筹款，得到社会热情的回应。本来只打算筹款 15 万元，结果筹到了 20 万元之多，法国领事馆及甘美医院各捐 5 万元，经费充足。云大医院也表示要回馈社会，建院之初就向社会承诺："一切费用，概照公、私医院规定数目，六折收费。"还设立了面向贫寒病人的免费病床，这是了不起的决定。

艰苦岁月

日本飞机第一次轰炸昆明是 1938 年 9 月 28 日，一直持续到 1943 年 12 月 22 日，长达 5 年之久。昆明人过着"跑警报"的日子。1940 年 10 月 13 日，日寇飞机又一次来炸昆明，这一次的目标是选中云南大学，一共来了 27 架飞机，云大校长住宅楼前有一个大弹坑，医学院实验室被炸成一堆废墟。第二天，熊校长率全校师生，通电全国控诉日寇轰炸云大校园的暴行。为了对付日寇的轰炸，教育部决定把受威胁的学校，疏散到安全的地方。云大成立了疏散委员会，展开疏散的准备工作。云大不可能整体疏散，只能分散在几个地方。理学院迁到昆明嵩明杨林镇马坊乡；工学院迁往东川会泽；矿冶系迁往滇西广通县舍资镇；农学院迁往呈贡。只有法学院及医学院留在原校内。疏散从开始到恢复上课中间隔了 2~3 个月，整个疏散开销据熊校长估计是 63 万元。熊校长回忆 1940 年是最困难的一年。在疏散地点师生坚持上课，有的老师

抱着婴儿，在旷野里给学生上课。没有课桌、饭桌，同学们就席地而坐，仍然保持着旺盛的学习热情。

1941 年 5 月 12 日，日寇又一次轰炸昆明，法学院及医学院又被炸。龙云立即拨款 2 万元给云大。国民政府主席林森、委员长蒋介石、教育部都发来慰问电。林森在电文中说，云大虽然屡遭轰炸，仍继续上课，足见该校长领导有方，全体教职员及同学的奋斗精神，殊堪嘉慰。

1941 年 12 月 20 日，日寇再次轰炸昆明，这一次他们没有那么幸运了。美国陈纳德将军带领的飞虎队，已经驻扎昆明，此次空袭，日机被美军击落 9 架，美军志愿航空队无一伤亡。

1937 年 9 月 21 日，为加强云大的军事训练，熊校长向中央军校第五任校长唐继麟写信派教员。一共派来战斗科、兵器科、工事修筑科方面的 4 位教员，利用课余时间组织学生，进行军事训练。在

熊庆来夫妇与两个儿子（摄于 20 世纪 20 年代）

国难当头的时候，希望培养出来的学生，都具备基本的军事知识和技能。

1938 年 5 月 10 日，民国经济部资源委员会翁文灏，给熊校长去函，回答他请求给云大矿冶系，申请补助事宜。翁的信中说：“采冶系设备费原拟由资源委员会筹拨 3 万元，最近在香港召开了中华文化教育基金董事会，议定每年补助贵校 8 万~10 万元，并指定为充实采冶系之用，贵校对此项补助费，拟如何分配？”熊回复，欠缺设备较多，感谢，尽快上报设备列表。熊校长充分利用他在教育界的影响，为提升云南大学的硬件条件，做了不少别人难以完成的事情。

1941 年元旦，三青团云南支部筹备处邀请熊校长出席民族复兴节火炬游行大会，熊校长欣然同意，出席了这次活动，用实际行动支持年轻人的爱国热情。

张宗舜、谭惠英、饶娴宜、赵建中准备出版云南学生抗敌后援会云大校友会刊，申请经费每月 70 元，刊名《突击》，也得到熊校长的首肯，得到了他们希望的经费。

中国数学学会向熊庆来征稿，信中说，台端数理精深，研究有数，务请惠寄宏文以光，将稿件寄到上海交通大学顾养吾先生，不胜感谢，盼此致，熊迪之先生。

1943 年 4 月 17 日，教育部长陈立夫给熊校长电报，说浙东遭日机轰炸、烧杀，千里为墟，创巨深痛，陈立夫承推为浙灾筹赈会教育部劝募队队长，义不容辞，特请台端为本队分队长，乞推胞与之怀共襄仁施之举，附上聘书及劝募办法一册。熊表示不敢怠慢，募得 2000 元，由农业银行汇给浙灾筹募会，事属义举，敢不遵命。

1946 年元旦，为指导失业失学青年重新就业和入学，请熊校长把有关讲稿、文稿汇集成册出版，送给他们使用。1947 年 3 月 7 日，又聘熊校长为“云南省党员特别捐劝募大队教育分队队长”。

熊庆来在 1939 年 4 月加入国民党，入党介绍人是陈立夫、顾毓秀，党证是特字号 50320 号。这是担任大学校长必须履行的手续，熊先生心里对党派之争是不关心的，他认定的道路是“科学救国”“教育救国”，以毕生的精力去实现这个目标。

国防部史料局 1947 年 4 月 8 日发出函给熊庆来校长：“本局奉交办美国胡佛图书馆等，由此准查关于征集中国抗战革命史料案，代为速收集整理在案。”这件事熊校长也很重视，立即安排有关人员负责收集，指定专人负责审核，确定有价值的才上报，他自己负责最后的审核。

1946年9月16日，教育部杭立武致函熊校长，表明因8年抗战，对外交通封阻，国外买的书都进不来，各大学都无法引进书籍，教育部联系文化协会选购了文学书籍27种合为一套，分赠我国各大学。请收到书后，便致函南京北平路69号英国文化协会驻京代表罗士培教授。

抗战胜利以后

抗战胜利以后，全国人民渴望和平，蒋介石却挑起内战，引起人民的愤怒，在昆明连续发生了“一二·一”事件、“七一五反美扶日运动”。熊校长在这段特殊时期，他的态度是什么？事后有不同的声音出现，我们先以“一二·一”事件为例，看看当时的实际情况，再来分析熊校长的行为。

1945年11月25日晚，西南联大、云南大学等院校师生6000多人在联大校园内的草坪上，举行“反内战时事演讲会”，联大教授钱端升、伍启元，云大教授费孝通、潘大魁四教授就和平民主、联合政府问题发表演讲。国民党出动大批军警特务包围会场，在费孝通教授演讲时，电路突然被掐断，会场一片黑暗，场外枪声大作，费孝通继续演讲。

第二天，昆明大中学校相继罢课，要求追究在晚会上开枪的责任，保证不再发生类似事件。当时的云南省代主席是蒋介石的亲信李宗黄，他和云南警备司令部总司令关麟征开会，企图强迫校长们逼学生复课，熊校长拒绝执行命令。李宗黄命令便衣警察闯入学校，以暴力威逼学生复课。1945年12月1日，大批国民党特务和军人分途围攻西南联大和云南大学等校，毒打学生和教师，并向学生集中的地方投掷手榴弹，炸死西南联大学生潘琰、李鲁连，昆华工校学生张华昌，南菁中学青年教师于再4人，重伤29人，轻伤30多人。制造了震惊全国的“一二·一”惨案。

在这个时候熊亲爷爷的态度到底是什么？我认真读了熊秉衡、熊秉群兄弟著的《父亲熊庆来》一书，书里真实地记录了熊亲爷爷对政治的看法。1944年在云大举行了纪念“七七”事变的时事座谈会，有西南联大等校的师生参加，只有熊校长一位校领导出席。在会上他还发言了，他说："我觉得这是一次纪念性的座谈会，所以我来参加了。中国的积弱是由于学术不昌明，要救中国的积弱，要昌明学术。我辈做师生的人就应该守住讲求学术的岗位，而不应该驰心于学术以外的事，例如政治、商业之类事情。"

熊校长的话激怒了诗人闻一多，他愤怒地站起来，毫不留情地批评熊校长的观点。他认为师生不应该躲在自己的学术里，不管国家已经糟到什么田地，知识分子只考虑自己的地位和物质，那是可耻的自私。看起来好像熊与闻是对立的两个人，其实在场的了解熊校长的教授，后来评论说："你们看人也太简单了，熊校长是一位很受尊重的学者，只是他对当前的看法太天真，他不是做官的料，却又做了官，这是他的悲剧。其实他可以不参加这个会议的，联大的常委、中法的头头都没有来。不过通过这次大会，他会清醒过来的。"

熊先生在大会上的讲话，完全是出于自己的真实思想，表面上与国民党要求学生不问政治，不要介入国共两党之争的宣传，是一致的。可双方的目的，是完全不同的。熊先生的目的是要学生安心学习，将来成为国家的建设人才，使国家富强；国民党的目的，是拉拢学生，为自己一党服务。

熊亲爷爷是一位理想主义者，他在法国学习，在清华大学工作十多年，深受民主思想的熏陶。受聘到云南大学当校长，他坚持清华的传统，一介书生在和平时期，当个校长还行，在动乱时期想当个好校长，那是基本不可能的。

熊庆来

在“一二·一”事件以后，紧接着又发生了“李闻惨案”，李公朴、闻一多两位教授被李宗黄的特务枪杀在大街上，激起人民无比的愤怒！昆明各大中学校的民主运动，有越来越多的师生参加，对国民党政府越来越失去信心。

1948年，美国公布了“特赖伯计划”，企图减少日本对战争的赔偿，打算复活日本军国主义，激起中国人民的极大愤怒，全国各大城市都爆发了“反美扶日”运动。6月17日，昆明学生在云大草坪，举行了“反美扶日”大会，会后又上街游行。在游行过程中，有不少全副武装军警在阻挠。第二天就有不少师生被逮捕，学联派出数十人去警备司令部交涉，结果不仅没有放人，还抓走了4人。7月15日凌晨军警突然闯进云大要抓人，与占据会泽院的同学发生冲突，又有不少师生被捕，这就是“七一五”事件。

熊亲爷爷不可避免地又被卷入其中，他身为校长，还是坚持自己的原则，保护师生，免受逮捕。他既不支持学生运动，也不支持反动政府的强硬镇压；他既反对学生聚集在会泽院，也反对军警强行入校的暴行。然而只能是一种理想主义，那时是行不通的，所以既没有得到学生的支持，也不被当局采纳，使反动政府认为熊校长不听话，不再信任他，最后找机会打发他出国，离开校长的位置。

赴巴黎参加数学家大会

1948年，受教育部派遣，熊先生赴法国参加数学大会。他出发后就被解除云南大学的校长职务，熊先生在这个职位上工作了12年，把云大办成了国内一流的大学，拥有140多名教授，成为拥有文、理、法、工、医、农门类齐全，具有先进水平的大学，跻身于全国有名大学的行列，使云南大学被《大英百科全书》评为30所著名中国大学之一，被英国《简明不列颠百科全书》列为中国15所著名大学之一，成绩是有目共睹的。

熊先生到广州参加教育会议，又到巴黎参加完数学会议以后，得知中国大陆已经解放，昆明也解放了，昆明与巴黎之间的通信，完全中断，邮件都无法传递。熊亲爷爷在巴黎开完会，不知道国内的情况，如果贸然回国，结果会是什么？心中全然无数，只能留在巴黎，好在有熊秉明叔叔在身边，可以排除孤独。既然不能回国，熊先生决定重操旧业，开始自己最喜爱的数学研究。虽然离开数学研究已经12年了，凭着坚实的数学理论基础，努力摸索了几个月，他又重新回到数学前沿，并且有所发现、有所创造，又开始撰写数学论文，心甘情愿地过着清贫的生活。

1951年1月，熊亲爷爷突发脑溢血，经过紧急医治，没有生命危险，但是留下了半身不遂的毛病，右边的手和腿都不灵活了，右手不能写字，右脚也无力，不能走远，还得拄拐杖。要继续进行数学研究的强烈愿望，使他学会了左手写字，这个胜利也使熊亲爷爷喜出望外，赶快写信通知家人。

熊校长出国时，带了国民党教育部拨给云大购书的经费，他的职务被免除了，没有了工资收入，在自己最困难的时候，他都没有动用这笔公款，只是为云大购书的事，因病耽误了。住院近一年，熊校长出院以后就购买了一批数学书籍，正好有一位在法国进修的云大医学院的学生回国，就请他把这些书籍连同收据，带回国内，由中央政府高教部转交云南大学。

熊亲爷爷在巴黎待了七年，其中患上脑溢血，有两年时间不能工作，实际工作时间只有五年半，可是又出了一部专著《关于亚纯函数与代数体函数——R. 奈望林纳的一个定理的推广》，还有21篇论文。

回到祖国

1956年，中央发出了“向科学进军”的号召，华罗庚从新中国成立后，就致力于在中国科学院成立数学研究所，为了建成高水平的研究所，华老积极网罗各方面的优秀人才，他非常盼望熊先生回国参加数学所的工作，多次去信邀请熊先生归国。

熊秉信在给父亲的信中，也谈了新中国的巨大变化，使熊亲爷爷对国内形势的了

解，越发清楚，他把在巴黎的工作完成后，就于1957年6月回到北京。

熊亲爷爷表示，“愿在社会主义的光芒中尽瘁于祖国的学术建设事业”，他以“不知老之已至”的精神，在中国科学院数学研究所工作的8年中，撰写发表了20篇科学论文，占毕生50余篇论文的40%。另外指导研究生发表了20余篇论文，培养出杨乐、张广厚等国内外知名的数学家。在对研究生的指导中，他说：“老马识途，我愿意给你们领领路。”1959年，熊亲爷爷当选为全国政协委员。1964年，当选为全国政协常务委员，跟随政协委员到外地视察时，他赋诗“前景无限好，处处见光明”，歌颂社会主义建设的成就。

“文革”时期

可是这位世界知名的学者，竟然在“文化大革命”中被打成“反动学术权威”“熊华（罗庚）黑线”，遭到批斗。江青反革命集团的爪牙，否定周总理在1955年视察云南时对熊庆来与华罗庚的评价，总理说：“熊庆来培养了华罗庚，这些具有真才实学的人，我们要尊重他们。”正是周总理肯定的人，被批斗得越惨。1969年2月3日深夜，熊亲爷爷在北国白雪寒风中含冤去世，享年76岁。非常巧合的是，我爷爷也是在同一天去世的，两位长辈，都在“文化大革命”中，受尽凌辱，双双携手离开人间。

粉碎“四人帮”后，1978年3月16日，国务院为他平反，在八宝山革命公墓礼堂，隆重举行了熊庆来先生骨灰安放仪式，国家领导人及大批科学家300多人参加了追

熊庆来七十寿辰在中关村家中

悼会，我也参加了这次追悼会。大会由时任科学院副院长童第周主持，钱三强致悼词。

为怀念恩师，华罗庚先生写了一首《哭迪师》的挽诗：

恶莫恶于除根计，痛莫痛于不敢啼。
尸体已入火化间，谁是？翻开盖面布，
方得遗容一面，骨架一层皮。
往事滚滚来，如实又依稀。
往事休提起，且喜今朝四凶殄灭，万方欢喜。
党报已有定论，学生已有后起。
苟有英灵在，可以安息矣。

熊庆来（摄于中关村）

熊亲爷爷的子女

熊亲爷爷与夫人姜菊缘系从小配偶，百年偕老，堪为家庭楷模，也是旧制度下的奇葩。

熊亲爷爷与姜菊缘奶奶一共育有四男一女。

长子熊秉信是我的四姑爹，我非常敬重的一位长者。在这里我着重介绍四姑爹年轻时候的情况，对于他成家以后的情况，留到“从头再来”一文里讲述更好。

熊秉信出生于1913年10月26日，1974年3月27日去世。他出生时，父亲已经去比利时留学，从小和母亲在弥勒县息宰村相依为命。在息宰村的小学上课，农村小学条件很艰苦，练就了他能吃苦的性格。父亲留学归来，四姑爹已经8岁了。然后就随父母到了昆明，不久又转到南京，在东南大学附小读书。在南京金陵中学和安徽公学读初中。后来全家北上，在北京崇实中学学习。因为成绩优秀，1931年高三还没有读完，四姑爹就考取燕京大学地理地质系。他选学地质系，有很大原因是受父亲的影响。熊庆来年轻时一直想学习矿冶知识，开采云南的地下宝藏，由于身体的原因，自己不能实现这个愿望了，就希望大儿子能继承他的理想，学习矿冶知识。

四姑爹到燕京大学学习以后，对学校不满意，决定退学，改考清华大学。知道儿子要报考清华大学，熊庆来教授特意请假“避嫌”。原来清华大学每年的大学入学考试，都是他出数学考题，今年儿子要考清华，他就不参加出考题。

1936年，熊秉信从清华大学地学系地质组以优异成绩毕业，先留校当研究助理，不久改为助教。

1937年，熊庆来先生已经受聘到云南大学担任校长职务，一个人离开北平到昆明，全家人还留在北平。卢沟桥事变以后，北平陷入日寇的魔爪。这年10月，在熊秉信大哥的带领下，全家逃离北平，辗转香港、越南回到昆明。

四姑爹年轻时上学多半是住校，练出自立生活的能力。他爱好广泛，擅长绘画、

摄影，尤其喜欢油画。他有整套的油画工具，他和秉明弟弟常一起外出写生，画过一些风景画。他还是清华大学学生团体“美社”的发起人之一。

四姑爹也热爱体育运动，他会打网球、手球、乒乓球，乒乓球打得特别好，擅长抽球，属于进攻型的打法，是清华大学乒乓球队队员，曾经获得北平五大学乒乓球比赛的冠军。还是清华大学学生会干事。他还喜欢买书、藏书，更喜欢读书。从北平搬家去昆明，仅他的书就装了十个木箱，还有两个最重的木箱，是装他采集的矿石标本、化石标本。

1937 年回到昆明以后，四姑爹最早是在云南省建设厅任地质调查员，参加了不少地质考察项目。1938 年 10 月，云南大学矿冶系扩充组织，系主任张正平邀请四姑爹任普通地质及矿物学助教。

1940 年 2 月，云大矿冶系派四姑爹带学生去个旧锡矿参观。参观结束时，应个旧锡业公司总经理的要求，四姑爹谈了他对马拉格锡矿

熊亲爷爷追悼会后家族合影（中间老者就是熊亲奶）

现状和发展方向的看法，得到对方的赏识，他们热情邀请他到个旧工作。1940 年 3 月底，四姑爹就告别家人，到个旧上班了。

在家庭有困难时，四姑爹总是拿出工资帮忙几个弟弟妹妹，替他们交学费，资助其到外地上大学的路费。对于袁家的侄子，他也热心帮助，我的堂弟袁天视是插队知识青年，喜欢摄影，四姑爹就把自己的照相机，借给袁天视学习。他很珍惜这个机会，加上自己的努力，他基本掌握了摄影技巧，被云南画报社聘为摄影记者，把照相作为自己毕生的事业，他现在都念念不忘四姑爹的宽大胸怀。

二儿子熊秉明生于 1918 年，他出生在昆明，跟随父母从昆明到南京，再到北平。1929 年到北平后，入清华大学附属成志小学。1932 年秉明叔叔才 14 岁，还是少年时，就随父亲到巴黎待过两年。回国后 1934 年 9 月进入燕京大学附中，读了 3 年初中。这所学校里有很多好老师，国文老师是李树源，历史老师是侯仁之。侯先生还担任熊秉明叔叔班的班主任，这时候侯先生才 22 岁，是以大学生的身份兼任初中课程的。这几位前辈给秉明叔叔的影响很大，使他走上热爱文学艺术的道路。

秉明叔叔从小就热爱绘画，四姑爹熊秉信也喜爱美术，爱画油画，小时候两人常常研究美术。四姑爹比秉明叔大 5 岁，所以常指导秉明叔绘画，使他从小就热爱绘画，对秉明叔走上艺术之路有重要影响。

1946 年，熊秉明在昆明考取了公费留学资格，到法国留学，经费是二战以后，法国给中国提供的奖学金。秉明叔叔最早报名学习哲学，还有自费在法国学习美术的资格，1947 年离开中国。在抗战期间，秉明叔叔在美国“飞虎队”里当翻译，同时在西南联大学习哲学，已经拿到西南联大哲学系的毕业文凭。

熊秉明在法国与一位瑞士姑娘相爱，结婚后主要在瑞士及巴黎生活。由于他有哲学、艺术的深厚根基，所以成了世界有名的艺术家，他在绘画、雕塑、书法、诗歌、散文、艺术理论、思想、哲学方面都有出色的造诣。

熊秉明叔叔于 2002 年 12 月因为脑溢血去世，享年 84 岁。

女儿熊秉慧，1927 年出生于南京，云南大学生物系毕业生。毕业后被分配到邯郸一中当生物老师，干了一辈子，2004 年 7 月 9 日去世，享年 77 岁。

三子熊秉衡，1929年出生于南京。熊亲奶奶生了一对双胞兄弟，哥哥是秉哲，弟弟是秉衡。可惜哥哥在幼年就患上脑膜炎，不幸去世，只留下秉衡叔叔，秉衡叔叔在昆明、南京、北京上学。年轻时上的云南大学，在云大他参加了共产党的外围组织民青，没有毕业就转成中共地下党员。1949年，在云南蒙自被国民党26军逮捕，是熊亲奶奶和熊秉群托人作保，把他营救出来，返回云大继续完成学业，后来到长沙教书。

四子熊秉群是熊亲爷爷最小的孩子，出生于1936年8月。北京邮电学院毕业，一直在邮电系统工作，担任过邮电学院教务长，中国邮电科研院院长等职务。还作为访问学者到美国学习了两年。

左起大表姐夫王乃宇、小叔叔熊秉群、大表姐、熊叔叔夫人、熊有曾

我对熊亲爷爷的认识

20 世纪 70 年代，我从昆明工学院化工系毕业，分配到北京燕山石化工作，刚远离家人，很不习惯，心里难免想家，感觉寂寞。好在北京城里还有几家亲戚，一家是我二姑妈的三个孩子，我的两个表姐和一位表哥，当时熊亲爷爷已经去世，他们家还有熊亲奶奶和小叔叔熊秉群一家。我有空就从燕化进城，抽空去拜访他们。熊亲奶奶是个和蔼的老人，见到我去，总是很高兴，有说不完的话。

他们家从 1929 年搬到北京，就住在中关村 31 号楼里。这栋楼里住的全是中科院的科学家，不少科学院院士都住在这里。夏天大家都在户外乘凉，互相见面都很热情，小叔叔就给我介绍，这位是严济慈，这位是赵忠尧，还说赵忠尧在美国搞的研究，他的成果都可以获得诺

贝尔奖了，很可惜。人们戏称这栋楼就是中国科学院，还有人开玩笑说，如果扔一颗炸弹，把这栋楼炸了，中国科学院就完了。当然这是戏言，可见这栋楼的重要性。

熊亲奶奶是一位可亲可爱的长辈，在北京我常常去中关村看望她，她特别爱和我聊天，一见面首先是讲姜家与王家世世结亲、世世结仇。王家指我奶奶王炽家，都是云南弥勒虹溪人，王炽为买猪肝，捅死的就是姜家的人。可是后来王家的女儿又嫁给了姜家的儿子，这件事的经过，在“勤劳致富”一文有详细介绍。

熊亲爷爷到法国留学时，正是共产主义学说席卷欧洲的时期，他在巴黎的朋友中，有不少就是积极拥护共产主义学说的，只是熊亲爷爷内心很坚定，认定“科学救国”是他自己的道路，是他能够做到的、为国家富强做的实事。他为这个目标，付出了一生的心血！兢兢业业，勤勤恳恳，终于攀登上数学的高峰；另外在教育事业上，培养了几十位中国优秀的科学家、数学家。

我们家族有 3 位长辈，先后在云南大学任校长，我的外公华秀升是第二任，何瑶是第三任校长，何瑶是我曾祖父的哥哥，袁嘉猷老祖的女婿，熊亲爷爷是第四任校长。

这三位爷爷辈的长者，他们共同为云南大学的发展壮大，奉献了二十多年！工作时间长短不同、工作成绩的差别也不一样，除了主观原因之外，客观因素有没有差别？我想就华秀升与熊亲爷爷做个比较，仅是我个人的观点。

外公华秀升刚从美国留学回来，就在东陆大学服务，也当了几年东陆大学代校长。与熊亲爷爷当云大校长比较，不论从哪方面，都不如熊亲爷爷。我觉得除了个人素质的原因外，造成差别的最主要原因是，华秀升是刚从美国留学回来，先在东陆大学当了几年教授，文科主任，很快就担任东陆大学代校长。

华秀升从 13 岁就到北京读书，在清华学堂学习了 8 年，这里完全接受的是美式教育，1919 年到美国留学工作 5 年后，才回到昆明。相当于在美国的环境中生活了 13 年，回到昆明思想与现实差别太大，他没有可以依靠的人脉关系，云南的外部形势是军阀争斗不断，从政府方面得不到有效的支持，经费紧张。

熊亲爷爷担任云南大学校长时，他已经在南京东南大学，北京清华大学工作了十多年，积累了丰富的经验，建立了广泛的人脉关系。而且他是在中国一流的大学里当了十多年的系主任、教授，回到云南大学后，这些经验是非常实用的。再加上抗战全面爆发，云南是难得的大后方，全国的学校、老师都纷纷到昆明避难，昆明出现人才济济的天赐良机。这些都是帮助熊亲爷爷能够当好这个校长的优良外部条件，加上他兢兢业业的工作，所以云南大学能快速发展，和当时的国内形势是分不开的。

熊亲爷爷钻研的是高深的数学研究，有人说，顶级的数学，全世界也只有几个人懂。懂的人越少，才说明这个学问的高深。对于纯数学，我只能算个门外汉。

我的专业是石油化工工程设计，大家在石油化工装置里，看到的那些高高的钢塔、又粗又大的换热器、各式储罐，还有那些密密麻麻的各种口径的管道，就是我们设计的。我从事的石油化工工艺设计，其中最高深的技术，也是计算，有个专有名词，叫作“模拟计算”。

化学反应器的设计要模拟计算，各种高塔的设计要模拟计算，各种口径管道的设计，也需要模拟计算。模拟计算就是石油化工工艺设计中的核心技术，模拟计算的核心，是什么高深的数学方法吗？我觉得仅就数学范畴而言，谈不上高深，就是不断地迭代计算，计算基础只需要加减乘除四则运算，并不需要高深的数学运算；不过需要几百次，几千次的迭代，计算结果才能收敛，才能得到我们需要的精确计算结果，设计出的工艺设备，才具有与国外设计成果竞争的能力。与熊亲爷爷的研究相比，仅计算难度而言，只能算小儿科的范畴。对石油化工工艺设计的模拟计算来说，我们公司现在掌握的，也是世界一流的水平。我想这也就是科学与工程的区别之一吧！如果今天熊亲爷爷还在世，我们两个坐下来，好好讨论一下模拟计算，一定会是很有趣味的事情。我相信他也一定会很高兴与我讨论这个问题，说不定还能给我们提出很好的建议，为改进我们的计算方法，提出一些很有见地的方向。

熊有德夫妇回昆探亲，前排左起二婶、三姑妈、妈妈、四姑妈、二姑妈；第二排左起熊有德、熊有华、熊有瑾、熊有曾；第三排熊有曾丈夫余开先、熊有德丈夫让·克劳德

昆明亲友欢迎熊秉明叔叔回昆，右起四姑妈、三姑妈、二姑妈、爸爸、熊秉明、妈妈、二婶

从头再来

幸福的童年

爸爸的童年

爸爸诞生在1918年11月21日，卒于1992年11月4日，享年74岁。他出生时玉龙堆的新居，还没有建成，是出生在外公王筱斋家的。他的3位姐姐，除了大姐即二姑妈出生在香港而外，也都出生在昆明，是在外公王筱斋家里出生的。这时候爷爷奶奶主要在王筱斋家，帮忙管理同庆丰及天顺祥的生意，同时爷爷也在省政府里任小职员。外公家就在昆明南正街与文庙直街之间的邱家巷中的“同庆丰”总店旁边。

当年我们家孩子的排序，是整个大家庭一起排，二爷爷袁丕佑先生出一个女儿，我们就称她为大姑妈，爷爷奶奶生的第一个孩子，就只能排第二，我们称呼她二姑妈。

爸爸三四岁的时候，翠湖边的新居建好了，爷爷奶奶有时候也会带着孩子们回玉龙堆住，大多数时间还是在邱家巷住。

爸爸的童年，有一大家人在一起，上有父母亲、几个姐姐，还有外公家人，回到爷爷家，也有好多亲戚呵护，生活得无忧无虑。在中国传统的大家庭里成长，必然要受到很多规矩、礼貌的熏陶，这些规矩及礼貌，多数是积极向上的，当然也会有一些消极的成分在其中。爸爸从小就养成了良好的习惯，要照顾大家庭的每一位成员，这种意识深入他的血液中，不论什么环境中，他都没有忘记这个义务。

童年昆明小孩玩的游戏，他也都喜欢，都爱玩。他早早就学会骑单车，也会用弹弓打麻雀，到河里钓鱼，和小朋友们踢皮球。当然也不是玩起来，就没有个够，他的爸爸和爷爷会给他规定，每天应该学习的内容，每天必须练习写大字，写小楷，背唐诗、宋词。如果不好好读书，就贪玩，也要被打手心，打屁股。

1924 年，爸爸 6 岁就上小学了，进入昆明女中附小读书，读了 4 年。1928 年考入昆明市立第二小学高级部，读高小课程。他的三姐比他大一岁，两姐弟一起入学，在小学就是同学。到了初中和高中，三姐袁孟仁进入昆华女中读书，爸爸考进昆华中学。高中毕业后两人同时考进云南大学，都是理化系的学生，为什么四姑妈会和爸爸学同样的专业？目前还没有听任何人说起，有待我们继续研究。

二姐袁转芝、三姐袁荀仁，都是昆华女中高中毕业的学生，后来就没有继续读大学。

爸爸及其几位姐姐、兄弟在少年时期，都要按照袁嘉谷的要求，写作诗歌、对联等作品，交给老祖审查。老祖满意了，就会发给一点“晌午钱”，作为奖励，可以买零食吃，比如一碗豆花米线。这时候老祖住在二楼，爸爸他们几位姐弟，在楼下交作业、发奖金都是用小筐，把作业放进小筐里。小筐有绳子拴住，老祖把小筐吊上楼，对于满意的作品，就发零花钱，把得奖人的小名、钱的数目写清楚，又用小筐吊下。拿到奖金就高高兴兴去买米线，回来请大家一起吃。想想这个场面，充满家庭幸福温馨的气氛。

妈妈的童年

妈妈于 1918 年 4 月 30 日出生在云南通海县城，她比爸爸还大几个月。这时候外公在北京清华学堂读书，还没有毕业。外公从清华学堂毕业，1919 年就直接去美国留学了，在美国待了 5 年多，1924 年才回国。这时候妈妈已经 6 岁了，第一次见到自己的爸爸，根本不认识，也不敢上前叫“爸爸”，躲得远远的。

妈妈的奶奶家，在通海是做“蜜饯”生意的，大枣蜜饯、苹果蜜饯等等。妈妈小时候也跟大人干点活，拿小工具，把大枣的核挖出来。当然她干不了多久，就跑去玩，或者做作业。

妈妈 6 岁时，外公回国为他爸爸办丧事。他爸爸是在上海去世的，就葬在上海万国公墓，然后回云南探亲，被唐继尧留在昆明，担任美术学校和高等师范学校校长。外公就把他妈妈、妻子和大女儿接到昆明生活了。

妈妈在通海，已经开始读书识字了，来到昆明，最初在昆明市立第五小学读书，四年级开始到昆明景星小学。学校离家比较远，她还是高高兴兴去上学，在小学阶段，学习成绩还不错，又喜欢唱歌、跳舞。

到小学5年级，新来一位班主任，姓高的女老师，她也是刚从昆华女中毕业的。她一上课就对全班同学讲，女孩子要好好读书，小学毕业，要上中学，再上大学，有了学问，经济才能独立，才不会受男子的压迫。妈妈虽然还小，不过非常同意她讲的话，这些话深入妈妈的心里。她暗暗下决心，一定要上中学，上大学，将来做个经济独立的女人。这个思想烙印伴随了妈妈的一生，不论遇到什么困难，她都坚持这样做。

1931年，妈妈考入昆华女中初中部。3年后，升入高中部，1937年高中毕业，当年考入云大医学系。从上初中开始，妈妈就喜欢上打篮球，一下课就跑到球场去打球。这时候学校来了一位年轻的体育老师，在学校组织球队，带大家经常练习基本功，妈妈就被他选入校队。

对妈妈影响大的老师，还有一位叫徐梦麟的语文老师。妈妈识字以后，就读一些旧小说，比如《三侠五义》等，而徐老师就为同学推荐世界上一些名作家的著作。妈妈回忆说，徐老师不光推荐我们读，还带来不少书，给我们做参考书，扩大我们的知识面。

在高中三年级时，听说毕业考试要改为全市统考，同学们都害怕考不好，不能毕业。所以大家都努力复习功课，老师也常常补课、辅导。正在复习的紧张时刻，外婆不幸流产，流血过多，性命都有危险，家里没有其他大人，妈妈只好请假在家照顾外婆，接连十多天，连轴转，非常辛苦。危急时刻，只有妈妈跑去请大夫来家里为外婆治病。可是跑了几家医院，都没有请到大夫，妈妈真恨不得自己会治病，因此暗下决心，长大了一定要当医生，治病救人，不用再求人了。虽然为了照顾外婆，妈妈没有时间好好复习功课，不过她学习底子好，这次意外对妈妈的成绩几乎没有影响，她顺利通过了毕业考试。

妈妈从小在家里受宠爱，在通海县城里，当时没有几个能考到北京上大学，又能出国留学的人。外公的成就，使周围的人对妈妈都是恭维的话。到了昆明，爸爸又当了大学校长，恭维的人更多，助长了她的只爱听好话，不爱听批评话的自高自大思想，使她一辈子都在这方面吃亏。

妈妈的祖上是蒙古族，她一直以自己是蒙古族的后裔为荣，可是自己一天蒙古人的生活都没有体验过，是她的遗憾。为了满足她的这个愿望，1998 年，在她 80 岁时，带她去了一趟内蒙古，在大草原上住了 3 天，住在蒙古包里，吃手抓羊肉，与骆驼、羊群生活在一起，了却了她一辈子的心愿。

爸爸妈妈的青少年时期

爸爸在昆明市立第二小学毕业后，1930 年考入昆华中学，成为中学生。在昆华中学读了 6 年，1936 年从这里高中毕业。为了到上海和南京考大学，在家补习了半年的功课。1937 年，考过同济大学和复旦大学，由于抗日战争爆发，不得不回昆明，只有报考云南大学。

爸爸是真正的书香门第，大少爷出生，是在“状元公”的爷爷袁嘉谷和“钱王”外公王筱斋，以及自己的爸爸妈妈庇护下成长起来的。

到了中学时期，爸爸学习不算费劲，每门功课成绩都不错，在班上总是排在前十名以内。他的业余爱好，主要是音乐，爱听音乐，也喜欢学习乐器。爷爷家有一台脚踏的风琴，他就爱弹，二叔叔袁绩琦弹得更好。他的三叔袁丕济，知道他爱弹琴，专门从美国带回一台叫“曼陀铃”的八弦琴，送给爸爸。爸爸非常喜欢，经常练习弹奏。这台曼陀铃，他一直留在家里，高兴时就会弹奏几首曲子，多半是《游击队之歌》及一些苏联歌曲。不过爸爸最喜欢的歌曲是《远方的客人请你留下来》这首撒尼人民歌，经常能听他用曼陀铃弹奏这首曲子。

我大学毕业到北京工作以后，他就把曼陀铃送给我，让我带到北京，有空也练习弹。只是后来，白天上班，晚上又要带孩子，没有时间，也没有心情，始终进步不大，只能凑合弹几首流行曲。北京天气太干燥，曼陀铃就开裂，散架了。

爸爸和妈妈的最大区别，是不喜欢体育运动，不过他也学会了游泳，能在水里漂起来，用狗刨的动作游出去几十米。他还是主张要学会游泳，担心一不小心，掉进水里，才能自己救自己，避免危险。

外公对妈妈的教育，也是要求她学会一种技能，才能经济独立，不受男人的气。从中学时期开始，就教她学习英文打字，放学回家都抽时间练习英文打字。

妈妈从小受外公的影响，特别喜欢运动，在初中就学习打篮球、排球。上高中以后，外公就带妈妈去打网球，从家走到云大的网球场，要走很多路，外公都坚持要一起走着去，他讲这也是运动。外公从美国给她买了网球拍，又经常陪她练习，所以妈妈的网球技术提高很快。妈妈可以算云南省的第一批网球运动员，妈妈和一位男运动员合作，打混合双打，曾经代表云南省与贵州省的代表队比赛，结果是妈妈的一方得胜。

看，妈妈笑得多开心！

在中学和大学，妈妈一直是篮球、排球的校队队员。虽然妈妈身体强壮，但 1945 年我刚出生一年，她就得了伤寒。在那时伤寒还是很难治愈的，她病得很重，曾经濒临死亡的边缘，后来终于被她闯过来了！后来她照样锻炼身体，老年以后又学习打太极拳，天天起床都要打两遍太极拳，一直坚持到八十多岁。

昆明是高原，太阳光很强，妈妈经常被晒得全身黝黑，她一点不在乎，不在乎有人笑话她，一个女孩子，整天在球场上跑来跑去，不像话。我上中学后，还看到妈妈在昆明工业学校（她在该校当校医），参加篮球比赛。那时她是 40 多岁的人了，还能满场跑，投篮还非常准，投进好几个球，有的还是空心球进篮。她所在的队，每场比赛都必须她参加，否则要输球，妈妈也乐意参加，打得满头大汗，心情却非常愉快。

妈妈还有很多爱好，他的大爹（华彦升）是云南有名的京剧票友，在外公留学美国的时候，这个大爹教她唱戏，所以她一直爱唱戏，平时高兴了就自己小声哼哼。她也爱画画，只是没有好好学习过，所以效果不好。

她的英文和法文水平都不错，英文是跟外公学的，法文是在云大医学专修科学医的时候学的，可惜后来都没有用上。

中学时期的爸爸

飒爽英姿的妈妈，刚刚 20 岁

云南大学学生时光

爸爸于 1937 年考入云南大学化学系，他本来也想到上海、南京上大学，也去考过同济大学。多半是因为抗日战争爆发，没有实现这个愿望，还是回昆明考了云南大学。

爸爸于 1936 年高中毕业，1937 年考入云南大学理化系学习。他们全班同学大约 20 人，其中有他的姐姐袁孟仁（我叫四姑妈），还有我二姑奶的女婿李钟俊（我叫李叔叔），还有我上初中时的昆七中校长杨沛霖。我上昆明工学院化工系的第一年，是在原滇南大学的校址，蒙自的南湖边上学。滇南大学的校长张瑞伦，又是我爸爸上大学时的老师。

在云大，爸爸除了认真学习外，还热心参加社会活动。1937 年 7 月 7 日，卢沟桥事件发生。8 月 13 日，上海抗战爆发，云南大学已准备改为国立，由熊庆来先生任校长，1937 年秋扩大招生。云南的青年学生因抗战爆发，不能到外地升学，因此报考云大，进入云大的学生就比较多。一批经受“一二·九”学生运动锻炼，并经过共产党教育培养的学生，来到昆明。带动昆明的青年学生，参加了党的外围组织——中华民族解放先锋队（简称民先），积极要求从事抗日救亡工作，为抗日贡献出自己的力量。

抗日战争初期，各种宣传抗日救亡的书报刊物，如《新华日报》《解放》《救亡日报》《全民抗战》等已在昆明公开发行。西南联大的进步师生，也传播了一些革命的思想和言论。这些，对云大的学生有一定的教育和影响，并发动和组织云大一年级的同学参加，这些活动爸爸都会热心参加。

1938 年 1 月前后，云大参加地下党和民先的几个同学，公开发起组织“云大时事研究会”，公开征求会员。启示的内容大意如下：

> 我们正处在抗日救亡的伟大时代里，每个青年学生都必须了解当前国内和国际发生的时事。时事是最好的活教材，是我们生活中不可缺少的精神粮食。我们通过读报、读书、演讲、座谈、讨论和出版壁报等方式，可以学习到许多新的，有用的东西；同时，在国家危急存亡的关头，我们应该贡献出自己的力量，利用口头、文字、漫画、歌咏、演剧等方式做一些抗日救亡的宣传工作，坚定大家对抗战必胜的信心，争取最后的胜利。为此，我们发起组织“云大时事研究会”，欢迎同学们踊跃参加，以便定期召开成立大会，共同商讨会务和工作，凡愿参加者，请签名于后。

发起人有龙文池、赵建中、李钟俊、李殿元、缪立和、席宽、陈天锡、范淑谨、张华、罗文英、张孝友、段端素、杨沛霖、袁绩棠、袁孟仁、王肇伦、陶景渊、王仁芳、邱秉纲、冒汉章、浦宏、缪以渊、缪熙雍、陈光宗、张秦阶、高尚齐、童兆麟、童玉祥、陈琪、刘云等。加上自动签名和参加的同学，共 60 余人，接着定期召开了成立大会，通过简章和组织形式，选举了负责人，讨论了会务计划，并立即开展工作。每次云大时事研究会活动，爸爸都会积极参加，他们组织歌咏队，到工厂、矿山去演出，宣传抗日主张。

爸爸 1941 年从云南大学理学院理化系毕业。我爸爸在云南大学化学系的同学，当年一共是 20 多人，2007 年还剩下 4 人！我们家就有两个：一个是李钟俊叔叔，另一个是四姑妈袁孟仁，还有李殿元的夫人和原滇南大学校长张瑞纶的夫人！

云大理化系 1937 级师生合影

妈妈也是 1937 年高中毕业，先是考进云南大学政治经济系，后来因为抗战爆发，来昆明上大学的学生，一下子增加了不少。云南大学增加了医学专修科，妈妈知道后，约了两个从初中开始就是好朋友的女同学谭惠英及宋瑞澄，一起换到医学专修科读书，这样可以实现自己当医生的梦想。

考进云大医学专修科学习，妈妈对社会活动的积极性没有爸爸强，她的主要兴趣都在体育活动中，篮球、排球、网球都参加，而且水平都不错。这几项运动，妈妈在中学就是学校校队的水平。

对于妈妈学医，外公是不同意的，认为不适合女孩子干。有时候为交学费，回家向外公要，外公不给，气的妈妈大哭一场。

其实妈妈自己对学医，要遇到的问题及困难，也没有足够的思想准备。进入医学系上课，一般课程还能应付，可是解剖学就把妈妈难住了。要摆弄死人，要背熟人身上的骨头名字，开始把她吓坏了，解剖课的成绩就差了，常常要补考。到了大学三年级，不学解剖学了，正式学内科学、外科学，又好多了，学习成绩也上升了，还可以去甘美医院实习，感觉好多了。

我妈妈在云大医学院的同学（在毕业照中看到）有：谭惠英、胡静淑、雷衡芬、刘鸿碧、倪淑真、孙慧兰、饶娴宜、金之文、姚雁青、杨琼书。

妈妈在云大医学院没有毕业，只得到肄业的待遇，是因为大学5年里，所有考试都是笔试。可是到毕业考试前，通知大家改为口试，而且要考5年学过的全部课程，只给两个月的时间准备。这一下妈妈抓瞎了，不知道怎么准备。毕业考的口试没有及格，要补考才能毕业。全班也有一半同学没有通过口试。毕业考试不及格，妈妈急得哭，找个要好的同学，去找杜棼老师，求她帮忙。老师希望她先休学一年，在家复习功课，明年再参加毕业考，妈妈又怕外公不给学费。老师又提出一个办法，让她到甘美医院当住院医师，就吃住在医院，还可以领一点工资。杜先生当时是甘美医院的院长，到他们医院是没有问题的，妈妈也没有采纳这个建议。因为她顾虑太多，怕到医院实习要值夜班、抢救危重病人，怕护士为难自己，这些思想阻碍了她进入医院工作。

另外，她想外公是审计处长，能给自己安排工作。自己两个最好的女同学都毕业了，就剩她一个人，要她再读一年，怕面子上不好看。虽然也经过一个月的复习，还是没有去参加补考，就这样结束了自己的大学生活，这是1942年的事。和妈妈最要好的两个女同学，一个叫宋瑞澄，是个沉默寡言的人，从初中开始，就和我妈妈是同校、同桌的好朋友；另外一个是谭惠英，这位同学要求进步，积极参加很多社会活动，带着妈妈及其他同学去昆明文庙搞歌咏活动，有时也去纱厂搞歌咏活动，后来参加了共产党，是个地下党员。在大学二三年级时，听说要抓共产党，她找妈妈商量，说自己要躲出去一段时间，让妈妈帮她向学校请假，另外要妈妈替她保密，不能告诉别人。过了两三个月后才回来，后来她嫁给了医学院的老师范秉哲。我出生以后，还主动要当我的干妈，所以范秉哲和谭惠英是我的干爹干妈。新中国成立前他们就去法国了，宋瑞澄也去法国留学了，留学回来到广州市人民医院担任儿科主任。

妈妈想自己找个工作，托人找到缪云台。缪答应让她到资源委员会上班，被外公

知道了，坚决反对，怕她什么也不懂，去了丢脸。外公让妈妈先去审计处上班，先实习三个月，从三级科员做起，平时就是抄抄写写，也会按要求写几篇报告。只是妈妈对抄写的文件内容一点不懂，糊里糊涂，自己也不满意，什么都搞不好，使她从过去的骄傲自满变成一事无成，感觉很失落。1942 年 11 月到 1944 年 2 月，妈妈在审计处工作了一年多。

爸爸妈妈恋爱

爸爸妈妈是在云大组织的学生活动中认识的，那时候爸爸妈妈都是大学二年级的学生，妈妈读的是医学系，要求学五年，所以比爸爸晚一年毕业，1942 年肄业，离开云南大学。

他们是一起进入云大读书的，二年级开始认识，后来就开始恋爱。在妈妈爸爸开始谈恋爱时，她专门去找人打听我爷爷有几个老婆。她非常反感有夫人，又有姨太太的人家，打听我爷爷的婚姻状况，得到确切

爸爸 1941 年大学毕业全部同学合影，爸爸是右数第三人，李钟俊是右数第二人（站得最高）

的回答，爷爷只有奶奶一位夫人，才放心地和爸爸交往。

妈妈第一次带爸爸回自己家，她记得非常清楚，那天外公、外婆，还有外公的妈，老外婆都来看，以及她自己的五位妹妹、弟弟，都等在家里。妈妈带爸爸进入他们家，大家一看，爸爸个子高，斯斯文文，很有礼貌，再听说是“状元”的孙子，更是崇拜得很。大家一起吃晚饭时，爸爸给大家讲笑话，逗得每个人哈哈大笑。那天晚上，外公外婆家过得轻松愉快，全家人都非常满意。听说大姐带了男朋友回家，那些舅舅、孃孃们接二连三地跑来偷看。一看爸爸高高的身材，英俊的相貌，浑身透着机智和聪颖。公公婆婆心中早已暗暗高兴，再听说是状元公的长孙，更是满心欢喜了！妈妈说特别是老祖（其祖母）听见舅舅、孃孃们上楼描述了偷看爸爸的印象后，急忙换了衣服下楼见爸爸。

因为家里没有准备，婆婆连忙下厨房，一边张罗着叫人出去买菜，一边亲自动手做起来。吃饭时全家围着桌子坐满了人。人一多，爸爸的劲头也来了，一串串的笑话，把大家逗得前俯后仰。爸爸的幽默，妙语连珠的谈吐，马上赢得了大家的好感。老祖祖一边笑，一边朝妈妈伸出大拇指悄悄地晃了晃……

经过三四年的恋爱，他们于 1943 年 6 月在昆明玉龙堆故居里结婚，证婚人是龙云，我是从他们的婚礼照片上看到一行小字，龙云来出席婚礼，当证婚人，婚礼很热闹。

度过蜜月，爸爸回工厂上班，他在云南油脂工业社当工程师，厂址在昆明郊区，不能经常回家。妈妈还去审计处上班，到 1944 年 2 月妈妈才离开审计处，回家准备生孩子。

我是 1944 年 5 月出生的，妈妈没有奶，只能喂奶粉，孩子身体很弱。妈妈算了算，如果去上班，一个月的工资刚够请一个保姆在家看孩子，所以干脆不去上班，就在家带孩子。思想里还想着要经济独立的事，事实上已经不可能了，只能依靠丈夫的工资生活了，心里还是痛苦的。第一次当母亲，又很不习惯，经常要晚上起床，给孩子喂奶，休息不好。在公公婆婆家生活，与自己从小生活的熟悉环境大不一样了。

外公外婆家是一个小家庭，又受过西方的文化影响，比较自由。丈夫家是中国

我父母的结婚照

传统文化熏陶出来的大家庭，三四十口人住在一起，长辈就不少，公公、婆婆、姑姑、叔叔就好几位。每天起床后，要给每一位长辈请安，要看他们的脸色，这些压力，是妈妈没有想到的，一点思想准备都没有，使她无所适从。一直到我都成家了，妈妈说起往事，还在叨叨，进一个新家要想处理好关系，只能忍、忍、忍!

坚持了一年多，忍了一年多，妈妈终于病了，传染上伤寒。这在当时是属于难治的病，有不少人就去世了。好在妈妈从小爱锻炼，身体基础好，加上有范秉哲教授的积极治疗，住院两个多月，终于出院，回家了。

爸爸这时候是在昆明郊区的凤鸣村工作，凤鸣村在宜良县。妈妈就想到凤鸣村和爸爸一起住，过自己的小日子。她认为和爸爸是自由恋爱结婚的，爱人在哪里，就应该在哪里住，不必在大家庭生活。可是爸爸要照顾他父母的意见，奶奶就说他是不是翅膀长硬了。说的爸爸不敢回答。爸爸一个月回来一次，每次两三天，妈妈只能每半年到凤鸣村住上一个礼拜。妈妈心里实在苦闷，后来两个孩子长大一点，又想出去工作。可是除了知道一点医术，别的也干不了，就是这样糊里糊涂过下去，实在难受。于是就带上孩子，回娘家住几天。现实生活与自己年轻时的设想，差别太大了。

虽然上了大学，还是只有回家，让丈夫养活。妈妈想不通，这是社会制度的问题吗？妈妈找不到答案。

参加工作

爸爸 1941 年 7 月从云大理学院理化系、无机物工学专业毕业，经缪云台先生帮忙，就到昆明化工材料厂上班。这个厂在普坪村，属于资源委员会的下属企业，是由西南联大化学系教授、职员管理的唯一化工企业。西南联大化学系主任张克忠教授，兼任该厂厂长。爸爸担任该厂的实习技术员。对于这个工作，他非常满意，可以用到自己学习的专业知识。

爸爸到厂报到以后，被分配在化验室实习半年，就当化验员。我留有他亲笔书写的实习报告，字迹工整，文笔流畅，一共 8 页。主要叙述了他作为该厂化验员，在半年时间里做过的工作。先是担任全厂原料及成品的质量检测，偶尔也会应厂外的要求，替他们完成一些化验任务。

昆明化工材料厂是运用琅井发现的芒硝，采用石灰石与芒硝，经过还原反应，生产纯碱（卢布朗法）。工艺简单，不需要使用硫酸等腐蚀性太厉害的原料，也不需要氨气。该工艺对设备材质的要求低多了，很方便推广。

爸爸对琅井的芒硝进行分析，得到的结果是含硫酸钠 94%，含氯化钠 1.89%，含水 4%，质量非常好，只需要加入石灰石，就能得到高质量的纯碱，而石灰石遍地都是。

在化验室工作 4 个月以后，厂长又给爸爸安排了新任务，要他兼任裕滇磷肥厂职务。因为云南经济委员会、中国银行与资源委员会联合，在昆阳县发现了磷酸钙矿，储量非常多，为远东第一，急需开采，制造磷肥。当时开远的桑叶新村公司，因为它的桑田，土壤里的磷非常少，严重影响桑叶的产量，影响了丝绸的产量。所以前面提到的三家单位联合，给裕滇磷肥厂投资，帮它扩大生产，满足市场需要。具体委托昆明化工材料厂负责该厂的扩建任务，厂里命令叶工程师、林工程师和爸爸 3 人来完成磷肥厂的扩建工作。爸爸先按书里介绍的生产磷肥的工艺流程，计算出每年度为分析化验磷矿石、磷肥产品所需要的化学试剂数量，报告厂方准备。

后来又按厂长的要求，参加了扩建厂房的组织工作，为了尽快使工厂投产，他们按照上级的要求，几次修改方案，先建一些临时厂房。电动设备没有到货，就用人工搅拌来生产。由于需要使用硫酸，工人的保护措施不够，工人不能安心工作，使得生产开开停停，生产流程是打通了，产量上不去。爸爸的实习期也结束了，他的实习报告，只能到此结束了。

爸爸从昆明化工材料厂出来，就到云南油脂工业社工作，从技术员升到工程师，在该厂工作到 1945 年 3 月。抗日战争结束，原来很多内地迁到昆明的企业，纷纷回迁内地。大批管理干部和技术人员撤走了，回东北去办厂，使得昆明的化工厂不少都瘫痪了。

1946 年至 1951 年，爸爸在云南资源委员会所属的利滇化工厂工作，该厂在滇越铁路边的凤鸣村，建厂的目的是用褐煤干馏，提取煤焦油，生产燃料油。进行了一些试生产，生产煤焦油的流程没有成功，后改为生产沥青，用来铺机场跑道，同时生产肥皂。爸爸最喜欢的一张照片就是在凤鸣村带着妈妈、我和妹妹在几个汽油桶连接起来做成的蒸馏塔前的照片。这张照片让他引以为豪，常常拿出来为我们讲述当年的激情岁月。

在今天来看，照片上的塔及换热器，简直就是“玩具”，一看就知道，是常压设备，只能做简单的分馏操作。可在 70 年前的云南，也是一座“现代化工业设备”的装置，这个厂是当时很先进的工厂了。在这里爸爸干了 5 年，算是很长的工作经历了，也积累了一些工作经验，为以后的提高打下了基础。

在工作不是很饱和的状态下，也想创业多挣些钱，他们几个同学合伙办过肥皂厂和饮料厂，但都不长久，而且也没有赚到钱。

1952 年，爸爸调到云南化工总厂任第一分厂厂长，后来又任总厂基建科副科长。1957 年，爸爸调省工业厅计划处工作。1956 年调云南省造纸规划处，一年后又回省工业厅工作。1958 年成立化工厅，调化工厅计划处工作。1963 年，化工厅成立化肥农药试验站，爸爸就担任第一任站长。

中华人民共和国成立初期

昆明和平解放后，就连续开展了各种群众运动，镇压反革命、减租退息、土改等等。我们家有大宅院、有土地，肯定算为地主，这些运动中，都是被革命的对象，大宅院以很低的价，卖给了云南大学，连家具都给云大了。

云南解放时，爸爸刚过而立之年，环境有很大的变化，我们家从住了三十多年的老房子搬出来，住到租来的小房子里。爸爸亲身经历了这些变化，而没有产生抵触情绪，仍然积极投身到工作中去，适应形势的要求，使自己的思想向工农群众靠拢。通过自己的实际行动，重新得到社会的认可。

玉龙堆的房子，实际是王筱斋家出了大部分经费建成的，庄爷爷分析，按照昆明一般老家庭的住房格式，一楼的正房一定是大家庭的当家人住，玉龙堆的房子却是爷爷奶奶住，为什么老祖祖住在二楼呢？只有一个解释：建房的钱大多数是来自王家的帮助，所以才会把正屋让给爷爷、奶奶住，而老祖住到了二楼，二爷爷家住在正屋对面的二楼上。

袁家在石屏的故居，在土改中是按“没收封建地主袁嘉谷家产”处理的，不是卖给石屏县的，是属于“公产”，政府分

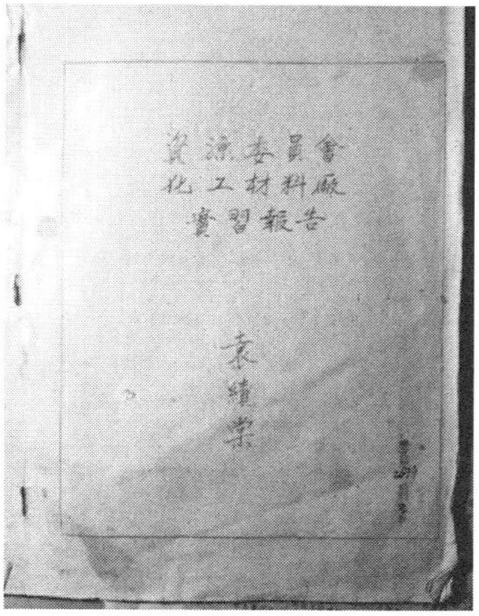
資源委員會
化工材料廠
實習報告

袁績宗

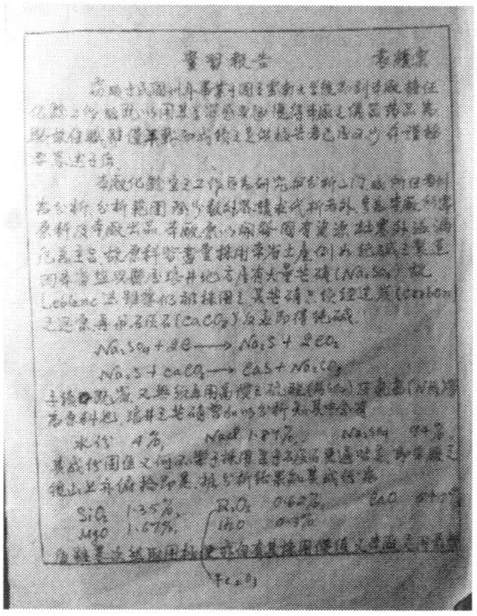
實習報告 袁績宗

爸爸刚参加工作写的实习报告

配给机关工作人员作为宿舍使用。20 世纪 80 年代以后，落实政策，石屏县政府出一部分钱，职工自己出一部分钱，合资另批土地，给职工建宿舍。把南正街的故居作为云南省文物保护单位，办成袁嘉谷纪念馆，供人们参观、学习，石屏县文管所也在里面上班，既保护了故居，又解决了这些人的办公地点。

我们搬出玉龙堆的袁嘉谷故居，全家住进小吉坡 4 号院了。后来还有农民代表来家里找爷爷奶奶，要分财产。我那时候才六七岁，正

爸爸引以为自豪的照片

在院内天井里玩，来了几个年轻农民，进屋和爷爷奶奶谈。有一个人在院子里，他就和我说闲话。我妈妈在屋里看到，急得很，直向我招手，要我回屋去。我想一个小孩，怕什么？不回去。我穿着妈妈打的毛衣，那个年轻人指指我的毛衣，说你看看，你穿什么？又指指自己穿的衣服，看看我穿什么？我马上就要脱下毛衣，嘴里说，我给你！他还直说不要不要。这件事对我的刺激太大，以至于以后，非常反感穿新衣服，越破、越旧的衣服，我越喜欢穿。那次从爷爷奶奶屋里出来，他们几人，每人挑了一挑担子，里面装满东西，走了。

二姑妈是一位很有思想的人，她就说过你们把我们家的东西，都没收了，结果也没有看到你们富起来。她找不到答案，今天的社会发展，应该能回答这个问题了。

我还记得，在我上小学的阶段，爸爸让我穿“夹脚鞋”的事。爸爸希望自己的孩子出门体面一些，给我买一双小皮鞋穿，带我们上街，或者去走亲戚，一定要我穿上。开始没有问题，可是我正是长身体的时候，一段时间后我就感觉夹脚了，走路很难受。我只敢对妈妈讲，妈妈对爸爸讲，再给他买双新的吧。爸爸就是一句话，“穿，夹脚也要穿，忍忍就过去了”。我就一直穿着“夹脚鞋”走路，痛得我直掉眼泪。为什么嘛？不是有难言之隐，爸爸会这样对待我吗？到现在我的双脚小拇指，还是与其他人的不一样，就像裹过小脚的老太太的小拇指。

我和大舅舅家的儿子，我的表弟有过一次长谈。我对他讲，我的爸爸妈妈是非常恩爱的夫妻，在我印象里，他们俩也会吵架，甚至还会互相扔枕头打架，是什么原因呢？都是因为到底是该帮助爸爸的自家人呢，还是帮助妈妈家的人？因为我们家，爸爸妈妈都工作，工资在当时都不低，孩子少，只有我和妹妹，小家庭的负担轻，可以对他们的兄弟姐妹家有困难时给予帮助。只是有时候会都有困难，到底帮助谁，谁最需要，摆不平，就会吵架。说急了，就互相扔枕头出气。

最幸福的时光

厚积薄发

在我上小学时，就听过爸爸的自我批评：“最后悔的是年轻时，有一段时间不爱学习，整天打扑克和麻将，浪费了时间，没有好好学习。后来工作需要的新知识，好些都不懂。”从此以后，一辈子我再没有看见爸爸打扑克或打麻将。

中华人民共和国成立不久，爸爸就被派到东北抚顺出差，到一家制造炸药的工厂参观学习。云南是山区，要搞建设就需要炸药，也准备建炸药厂，派他们几人去学习，回来好建设、管理炸药厂。

抚顺的炸药厂是完全军事化管理，有高高的围墙，围墙上还有铁丝网，有解放军战士看管。工人招来以后，先看电影，就是炸药厂出事故后，人员伤亡、厂房毁害的现场，工人一看全吓坏了，都不想干了，可是又跑不出去。第二步是把工人安抚住，由技术员为他们上课，讲这些事故不是一定要发生的，只要大家遵守安全规定，遵守操作规程，事故是不会发生的。工人一听，就认真学习安全规定及操作规程，这就是最初的进厂安全教育。现在在石油化工企业，仍然延续着这一套安全教育的方法。当然使用的手段完全不同了，文明多了，有效多了。

我刚上小学时，电视还没有，加上多数人家是住在大院里，晚上都习惯互相走动、聊天，我就喜欢听大人聊天，我在一边静静地听。给我印象最深的一次，家里来了六七位叔叔及伯伯，大家聊天。一位伯伯讲，现在在滇池附近建立化工厂，对滇池水域是有危害的，会使滇池水系受到破坏，后果会很严重。讨论中有的支持，也有的反对，反对的意见是滇池那么大，一点污水进去，有什么关系。不理解问题的严重性。

30 多年以后，滇池就被污染得不能游泳了。50 年以后，花了上百亿元人民币，也没有治理好滇池。50 年前就看到这个问题严重性的那位叔叔或者伯伯，是多么有远见啊！他是真正弄懂了生产与环境保护的关系，可惜在当时，连知识分子中，都不能完全接受他的分析，就更不可能引起制定政策的人们重视了。

20 世纪 50 年代，我们国家开始大规模的经济建设，由于政治原因，要搞经济建设，只能借鉴苏联的经验。为了学习苏联“老大哥”的经验，在全国掀起学习俄语的热潮，广播电台每天都在固定时间播送俄语教学课程。爸爸每天认真地学习，从字母开始学习，利用业余时间坚持学习了 2 年左右，就能阅读俄文原版的科技书籍了。他读过俄文的中学教材《自然》和《化学》，都是苏联中学阶段的教科书。这两本教科书我现在还收藏着，作为爸爸爱学习的纪念，也时刻提醒我，要像爸爸一样天天努力学习，学无止境。

他不仅自己学俄语，还带动妈妈、我和妹妹一起学。那时我还是小学生，就跟他学俄语了，因此打下了良好的俄语基础。上高中后，学校开始正式学俄语，爸爸为我培养了浓厚的学习兴趣。我的俄语学习，既轻松又高效，成绩一直很好。1962 年参加全国高考时，俄语考得 100 分，当时高考满分就是 100 分。

后来中国和苏联又闹翻了，俄语学得再好也用不上了，参加工作以后，不得不从头学习英语。不过俄语的基础还保留住了，现在碰到俄罗斯人，还可以和他们用俄语讲几句，他们都夸我发音很准确，卷舌音发得漂亮。说明当年在爸爸的影响下，俄语学习成绩是很不错的。

1960 年开始，爸爸在云南省化学石油工业厅工作，从单位的名字就可以看出，云南希望搞石油。云南要搞石油有两条路线，一条是开采石油，东北建成了大庆油田，使中国有了自己的石油。据说云南省的地质结构与伊朗很相像，所以云南也希望勘探出石油，还专门成立了石油勘探大队。另外一条是走煤制油的路线，成立化学石油工业厅就是为了领导研制煤制石油的路线。因为云南省的褐煤储藏量丰富，希望走通煤制油的路线。可是困难重重，褐煤中杂质含量太高，又不稳定，工艺路线研究始终无法确定，没有实现这个愿望。

因为他是个工程师，常常需要到一个硫酸厂去帮助解决生产问题。有一次回来后，很有感受地对我讲，那些工人真是“爱厂如家”，硫酸从反应器里喷出来，工人们毫不犹豫地就冲上去堵，衣服被硫酸烧成一个个洞，他们一点不在乎！要是我，首先想到的是衣服会不会被烧坏。和他们比比，我不如人家，不能看不起他们！

1958—1962 年期间，全国进入困难时期，我们都吃不饱，云南省委、省政府领导非常着急，就是没有好办法来解决吃饭问题。爸爸及一批科技工作者看到这个问题，希望通过科学种田的方法来增加粮食产量，解决吃饭问题。

当时的现状是生产出大批的化肥卖不出去，化肥生产出来，只能堆在厂里，农民不认识它。化肥送到农村，农民不知道怎么用，就打开一包，随便往地里一扔，结果土地变成硬块了。农民形容用化肥，把土地变成"篮球场"，根本不能种庄稼，所以没有人买。要改变这种局面，必须有人用事实说话，让农民相信化肥有用，爸爸于 1958 年开始参加化肥推广应用的工作。这个工作就成为爸爸终生的事业，让他全身心投入的事业！

爸爸自学俄语的苏联科普教材

化肥农药推广站

云南大部分土壤是红土，呈酸性，最需要补充碱性的肥料。这个道理是化学的基本知识，但是要让没有学过化学的农民知道，要怎么办呢？这个难点激发了一批科技工作者，立志要找到解决问题的方法，我爸爸就是其中的一员。

他首先制定了正确的试验程序，先从小试开始。就在我家租住的翠湖北路小吉坡 4 号一块小空地上，种了近 20 棵苞米，把土地分成两小块，一块不施磷肥，另外一块施钙镁磷肥和普钙两种。结果施了磷肥的那几棵，长得非常好，没有施肥的长得一般，收下苞米一过秤，施过化肥的产量增加了很多，小试使他信心倍增！

以后在化工厅领导的积极支持下，在昆明附近的农村设立试验点。他带领一批刚参加工作的大学毕业生住到农村，指导农民科学种田，掌握正确的化肥使用方法。他们首先对每一块农田进行化学分析，搞清土地的氮、磷、钾含量，再针对要增加产量，需要补充的元素，制定施肥方法，把每亩地需要施肥的总量计算出来。再制定施肥的方法，经过对比研究，他们掌握了正确的使用化肥的方法，要把肥料施到庄稼的根部，不能随便一扔，才能既节约化肥用量，又节省劳动强度。他们把正确的使用方法，编成顺口溜，让农民学得快，记得住。为了说服农民，他们在大田里搞对比试验田，挑选了官渡区竹园村，晋宁韩家营几个大队进行试验。要保证试验进行顺利，一定要取得农民兄弟的信任。爸爸就扎进农民之中，和他们同吃、同住、同劳动，从交心开始，取得他们的信任。

他和农民“三同”（同吃、同住、同劳动），就是和他们睡一张床，盖一条被。当时农村的条件非常差，是今天的年轻人无法想象的，可能根本不相信，说我在造谣。事实上当年昆明郊区的农民，长期不能洗澡，没有衣服换，身上都长虱子了，盖的被子，都是黑的，看不出本来的颜色。爸爸平时非常讲卫生，但为了说服农民，就不能有看不起他们的表现，只有和你们搞“三同”，才能让农民把你看成自己人，你说的话，他们才能相信。既然是“三同”了，爸爸身上也要长虱子，可丝毫没有动摇他的决心！他仍然一心一意地搞试验田的工作，而且干得不知疲倦。

在昆明郊区农村，在宜良县、富民县都有他们的试验田。从几亩开始，得到农民认同后，再扩大，进行几十亩的试验，最后做到几百亩的试验。每次都是采用对比试验的方法，严格划分施用化肥的田地和不施用化肥的田地。到收割时，两块田地，同时收割，同时处理为产品粮食，同时上称，试验田都取得亩产平均增加30%以上的好成绩，连续几年丰收，给当地农民带来了实际的好处。农民开始自觉地科学使用化肥。他在农村一干就是好几年，如果不是“文化大革命”，他们会取得更多的成绩！

农民们实打实地看到应用化肥的效果，心里美得很。当然不会再反对使用化肥了，爸爸变成了农民的朋友，而且是知心朋友。家家都争着请爸爸及试验站的技术人员到家里吃饭，用自己家最好的饭菜招待他们。

喜迎丰收！这位老婆婆笑得多开心啊

上面一张照片，就是《云南日报》记者在农村收割时拍摄的照片，一位老婆婆手摸着丰收的水稻，笑得眼睛眯成一条缝，看着我爸爸，从心里感谢他用知识帮助农民获得丰收。

当时云南省委第一书记阎红彦，多次参观爸爸的试验田，非常高兴。这些科技工作者帮助省委解决了一个大难题，所以对他们的试验田，给予很高的评价！还带上爸爸和云南省委的领导，多次乘直升机到农村视察。阎红彦凡是举行农村工作会议，都叫爸爸列席会议，在会议上介绍科学种田的体会。《人民日报》《云南日报》《文汇报》等新闻媒体，都采访过他们，并以社论及专访的形式在报纸上发表。《云南日报》以连载的形式，长篇报道过云南省科学种田的事迹，长篇报道的题目是《传授新技术的人》。

按照过去的说法，爸爸是大少爷出身，身上也的确有一些大少爷脾气。我上小学期间，偶尔也会带我们去饭馆吃饭，他会因为一些小问题，而大声责备服务员，我听了很不舒服。自从他参加试验田的工作，和农民真正相处以后，了解到农民虽然穿得不好，可是心地善良，朴实厚道，不习惯听你说什么，是要看你干什么。只要农民看到实际的效果，你再说，他们就能明白了。经过互相学习，爸爸彻底改变了原来看不起农民的毛病，再也没有出现过类似现象。

1964 年，爸爸当选为第三届全国人民代表大会代表到北京参加人民代表大会，和毛主席、刘主席、周总理等国家领导人，在一起商讨国家大事。他还在大会上做了书面发言，向国家领导人及全体代表汇报了云南省搞农田科学试验，获得大面积粮食丰收的经验。这是他一生中最高兴的一段时间，可惜好景不长。

这里我想讲点插曲，听爸爸讲，第三届全国人民代表大会闭幕以后，参加会议的云南、四川等省的代表，是乘“专列”从北京回家。所谓专列，就是可以打乱铁道的正常运行时刻，可以随时停车，比如要让代表们睡午觉，火车就临时停在轨道上，等代表们睡过午觉，火车再开动。铁路调度中心，要重新安排时刻表，避免火车相撞事故发生。代表在火车上吃饭，你可以随便点自己想吃的东西，爸爸讲有位女代表，自言自语要尝尝“龙抄手”，服务员听到了，特别为她制作了一碗，送给她品尝。这种特权做法，严重脱离了群众。

按宪法规定，这个大会，本来应该召开 5 次，每年一次，1966 年“文革”爆发，全国人民代表大会，这个宪法明确的全国最高权力机构，也就人为地终止了它的使命。

从 1958 年到 1966 年“文革”之前的八年里，是爸爸一生中，使他最高兴、自豪的时光！每天他都觉得充实、痛快！新中国成立后到 1958 年以前，他是在工作实践中，积累必需的经验，帮助他完成了从书本知识到实际工作中，运用正确的理论去分析、解决实际技术问题的知识升华过程。实践使他具备了学科带头人的素质，可以带领一批技术人员，发现农业生产中的技术关键，运用科学方法，制定出一套科学、高效的方法，帮助农民提高产量，优化农作物质量，他真正体会到了自己人生的价值。

昆明市两派开始武斗，一切机关、学校、工厂都在“停工、停课闹革命”，完全无政府状况下，我们都从学校回家，待在家里，无所事事，看看云南两大派的小报，聊聊武斗新闻。爸爸却不想浪费时间，还在想着他的试验田。他们试验站的职工都不上班了，他就动员我和妹妹，陪他一起到官渡区竹园村去继续搞试验，讲了好几次。最后由于武斗越来越升级，昆明两大派把本来是运到越南去，支援他们打美帝的四管连发高射炮，都抢到手，拉到昆明大街上对打。老百姓根本不敢出门，只能整天躲在家里。爸爸看看现实，实在没有办法去实现他的这个愿望，才不得不痛苦地放弃了这个打算。

他经常讲的一句话是“一个人要能上能下，既能住在五星级的宾馆里，也能和农民同住一张床”。这是从他亲身经历中，得到的人生体验。20世纪五六十年代，农民的生活条件非常差，他们床上的被子，最多一年洗一次，甚至是几年洗一次；自己也很少洗澡，身上都有味道，长了不少虱子。爸爸自己也很爱干净，可是为了完成化肥试验的任务，他真是和农民“同吃、同住、同劳动”。我后来也到农村参加“四清”运动，也住在农民家，“同吃、同劳动”，但没有做到“同住”在一张床上。我们是自己带行李，在农民家里，就在地上铺一张床住。所以我也没有像爸爸那样，真正做到“三同”。

他那样做，是为了工作，为了解决云南化肥生产与运用中的瓶颈，为了取得农民的信任，让农民兄弟们相信，这位工程师是真心为他们工作的，不是来玩的。才会积极参加他的试验，按他的要求进行田间作业。

他当第三届全国人民代表大会代表，到北京参加大会时，是住在北京的前门饭店，那是北京最高级的饭店之一。从这个饭店开完会回到昆明，他又回到农民家“三同”，在什么环境下，他都能一样睡得很香！他的这个体会对我的影响很大，我也同样要求自己，能上能下，不要只能过好日子，而不能过苦日子。

人的一生，不可能一帆风顺，总会有变化，变化的原因可能是自己造成的，也可能是不可抗拒的原因造成的。我们不能适应环境的改变，就不能保证身心愉快！爸爸留给我的精神财富，就是能上能下，与时俱进，心中有事业，坚持脚踏实地的工作。让我能保持心态正常，身心愉快！

“文革”中的遭遇

“文革”开始，爸爸是不理解的，特别是打倒所有的领导及知识分子，他更不理解。岳世华是化工厅副厅长，对爸爸的工作最支持、最理解，他是云南地下党的老革命出身，也被打倒了，靠边站。对岳世华这类党的领导，爸爸是从心里佩服的，要说他们是反革命，是走资本主义道路的当权派，这个可能让人信服吗？所以他认为“文革”就是胡闹。

“文革”发展到云南省全面武斗，就更想不通了。所以他会经常发牢骚，有时候喝了酒，酒后吐真言，会大骂江青。我的表弟张士龙学校毕业后，就分配在化工厅工作，他也爱喝酒，常常陪我爸爸喝酒，张士龙爱写诗，有不少好作品，出版了两本诗集。

在爸爸去世时，张士龙写了一首七律：

豪饮相投结忘年，泥舍野簌秋月晴。
最忆我为甥婿日，大醉淋漓骂江青！

“文革”中张士龙和我二姑奶的大孙女李怡春结婚，在家里简单地举行婚礼，然后请亲戚吃饭，当然要喝酒了。几杯下肚，爸爸就忍不住，又大骂江青。我二姑奶是谨小慎微的性格，怕隔墙有耳，直劝他“绩棠少说两句，少说两句”，对爸爸而言，是憋在心里好久的话，只能借酒消愁，一吐为快。

在“文革”打倒一切“牛鬼蛇神”的运动中，大约是1969年下半年，爸爸被污蔑为“阎红彦的黑样板”，家里被抄了好几次。爸爸被集中到化工厅的“牛棚”里面，关了一年多。在被管制期间，胸前挂上“黑牌”，名字上打上黑×，经常接受批斗。在“革命群众”监督下劳动改造，扫化工厅院子里的卫生，打扫厕所等，工资被冻结，只发16元的生活费，仅够自己吃饭。

虽然被关在“牛棚”里，是被专政的对象，爸爸仍然很乐观，有空就和一样被关的难友讲故事、讨论“文化大革命”。在这段时间，我们家被抄过好几次，一些珍贵的文献、资料、照片都被抄走。

1973 年，解除了“牛棚”里的生活，被下放到陆良县劳动改造，他又回到农民当中，又有机会为农民办实事了。根据当地的条件，指导当地农民办起了水玻璃厂及肥皂厂，使农民得到实在的好处。

在我们家族里，很多晚辈都记得爸爸对他们的帮助，说他不愧是老大。四姑爹对我说过，那几年，没有理发的，你爸爸帮大家理发，找人磨面。

爸爸学会理发，也是为了省钱。他原来根本不会理发，为了学习理发就拿我练习，他的工具是一把生锈的旧推子，老夹我的头发，痛得我直流泪。他只是让我忍着，就这样慢慢练会了剪头，我们家亲属里不少和我一辈的孩子都找他理发。

在昆明市大武斗的期间，理发店不敢开门，大家也不上班，有时间爸爸就为亲友理发。四姑爹家与我们家住得比较近，四姑爹也找我爸爸理过头发，所以他记得这件事。为什么还要自己磨面呢？也是因为武斗，面粉厂停工，老百姓只能从粮店买回一粒一粒的麦子，要自己找加工的地方，磨成面粉。在昆明经过那段时间的人，应该都记得找地方磨面粉的事，因为不是一两天的事，是几年时间都要自己干的事。去找农民帮忙磨面，还要趁武斗双方睡觉，不打枪的时候出去。多半是凌晨，天还没有亮，每人背上一袋麦子，大家集合，随我爸爸到郊区农村有机器的人家，给点钱，让农民帮我们磨面。因为爸爸长期在农村搞试验，与农民关系好，就能方便地找到加工的人家。他把家里人都团结在一起，共同度过困难时期。

1973 年，他被解除管制，仍然没有工作，但是行动不受限制了。我在北京燕化工作（当时叫北京胜利化工厂），正好孙子出生了，他就想看孙子。那时候他还是全国人民代表大会代表，昆明有些被批斗的厅局级干部，知道他要去北京，马上掏出钱给他，作为路费，希望他到北京找人大常委会反映云南的问题，可见当时的运动是多么不得人心。他没有收这些人的钱，不过到北京后，他真是带上自己的全国人大代表证，从燕山进城，找到全国人大常委会办公室。结果只见到几个值班人员，对他讲全国都乱了，人大根本没有权力管任何事，你还是回去吧。看他大老远跑来，就送他

几张阿尔巴尼亚冰球队在北京体育馆的冰球比赛票，让爸爸去开开心。那个时候只有阿尔巴尼亚这个“山鹰之国”，还和中国有正常外交关系，只能看到他们的比赛，爸爸就约了他在北京的朋友一起观看。

北京体育馆的室内人造冰场刚刚建好，属于当时全国唯一的室内冰上运动场，爸爸也算开了一次洋荤。

第一排左起妈妈、二婶、赵宗祥爷爷、袁荣芬奶奶、袁婉芝；第二排左起谭庆麟、袁绩康、七孃袁焕芝、爸爸、袁绩康夫人、杨伟棠（八孃丈夫）、三姑妈、二叔叔、六孃袁翠芝、八孃袁鲁芝

第二段幸福时光

1975 年，爸爸又回到原单位工作，开始是属于受限制的使用。1977 年，“文革”终于结束了，国家走出困境，开始迈出现代

化的步伐。爸爸又恢复了工作，回到他热爱的化肥农药推广应用的岗位。

1979 年，爸爸当选为第五届全国人民代表大会的代表，连续 5 年到北京开会，我们一家 4 口，每年都可以和爸爸见面，真高兴。我们可以一起讨论工作，享受祖孙团聚的骨肉亲情。

“文革”以后他又全身心地投入科学种田的事业中，把工作做得更细、对比更科学。他带领试验站的全体工作人员，把过去的实验数据重新整理，开始试图在这个基础上能归纳出科学种田的理论公式。这是个非常有意义，也是难度相当大的工作。另外在昆明郊区原来有基础的农村，继续进行科学种田的试验，增加了试验内容。不仅做化肥试验，还进行化学除草剂、薄膜育秧、腐殖酸肥等的科学试验。

一方面积极参与科学实验，另一方面作为云南省经济发展研究中心的专家，爸爸积极为发展云南省的整体经济实力，向云南省委、省政府提出各种建议。

在云南省委、省政府的支持下，科学种田的试验又迈上一个新台阶。省政府要求各地的农科所，都按化工厅化肥农药推广站总结的方法，组织进行当地的试验，使这个经验得到大面积的推广，做得比较好的曲靖、红河地区都取得可喜的成绩。

他们推广站还进行了深入的理论研究，在农作物的生长过程中，对一些土壤中的有效成分是如何运动的规律进行研究。通过试验及理论学习，搞清楚磷元素在土壤中的运动特点。

爸爸妈妈合影

磷元素在土壤里以两种形态存在，即无机磷和有机磷。无机形态磷主要是钙、镁、铁、铝的磷酸盐；有机磷主要指存在于动植物或微生物体内的含磷有机物，如核蛋白、核酸、磷脂等。有机形态磷一般不能直接被植物吸收利用，必须在微生物作用下，逐步分解为磷酸及其他盐类，才能成为植物的养料。

可溶性磷酸盐在酸性土壤或碱性土壤里，有一部分转变成植物难以吸收的磷酸盐，这就是磷的固定作用，这种磷酸盐就无法被农作物吸收。在中性和有机质含量高的土壤里磷素固定作用较弱，磷素的有效性较高。

经过科学研究，认识到磷肥在土壤中移动性小，农作物对磷肥的需求的临界区是幼苗期，这时候对磷肥吸收效果最好，水溶性磷易被土壤固定，以及钙镁磷肥属构溶性磷肥（只能溶于弱酸性环境）的特性，研究出行之有效的施用方法。磷肥作为底肥，集中施于根部的方法。在旱地作物上，根据不同的播种方式，采用塘施、条施、拌种（钙镁磷肥无游离酸，可直接与种子拌和）等方法，在水田里采取秧田施磷，大田沾秧根或施水皮肥等方法。基本解决了磷肥对不同作物和在土壤中的各种特性不同的矛盾，提高了作物肥效。针对钙镁磷肥属构溶性磷肥，还推广了用钙镁磷先与农家肥堆沤后再使用，促进构溶性磷转化为水溶性磷，减少被土壤固定的机会。

由于采用了以上措施，取得了明显的效果，在曲靖地区就消灭了大面积的“花脸田”，苗颗长得“一字平”，提高了单产。在红河等地改造了“冬水田”，过去只能一季收获，现在变两季收获，对农业生产的进步，起了积极的推动作用。

到 1990 年爸爸身体越来越差，可是他对今后的试验推广工作，也有清醒的认识。比如现在的试验，只把钙镁磷肥当作磷肥使用，对该肥料还具有的其他有效成分，未做专题研究。对于与农家肥堆沤条件及效果，不同作物的根酸分泌情况的差别，钙镁肥的合理施用周期及后效，没有深入研究。改善土壤结构的效果，与其他化肥的可混性等，未做深入研究，他已经意识到要进行化肥对人健康的负面影响，在准备开展这方面的研究。

在化肥农药的推广试验工作走上正轨以后，爸爸开始着手研究云南的各种植物资源的进一步利用问题。云南省地处云贵高原，94% 的面积为山区，地下矿产资源多样，是发展云南省化学工业的有利条件。但在地下资源中，至今未发现可供开采的石油和

1976 年在北京

天然气，制约了云南省有机化学工业的发展。虽然地下有丰富的褐煤资源，并已初步进行了开发利用，但要在 20 世纪内发展成为云南省化工中的主要行业，还有一定困难。

而云南省所处的地理位置和地形状况，形成了具有寒、温、热三带气候条件，地上植物资源极为丰富，其中特别是占全省土地面积 3.65% 的热区作物更是珍贵资源。据不完全统计，全省共有高等植物 15000 余种，芳香油植物 200 余种，药用植物 100 余种，野生油料植物 200 余种，鞣料植物 90 余种，纤维植物 160 余种，淀粉植物 200 余种。如何提高这些取之不尽、用之不竭的资源，进行深度加工，开拓市场，是发展云南省化学工业的一条路子，也是富民兴滇的方向！

从化学工业的角度出发，为提高这些植物的产量和质量，可以针对不同作物进行不同专用肥料的开发研究。针对不同作物的特殊病、虫、害进行农药的开发研究。针对云南省常见的干旱和低温自然灾害，开展

土壤保水剂和抑蒸保温剂的开发研究等。

在加工方面，可以从蔬菜水果的保鲜及其加工技术，天然香料及色素的提取，淀粉的深度加工，林产化工的开发和利用，调料加工，烟、糖、茶资源的综合利用，南药有效成分的提取，饲料资源的开发处理，特殊包装材料的开发等方面开展研究工作。

在每项资源的加工工艺上，应尽可能有多种路线，可以得出尽可能多的不同产品，然后根据市场需求进行加工，防止因市场变化影响、大起大落而造成损失。另外按照工艺所需的其他化工原材料也尽可能组织配套生产。

每完成一项成果，则按不同作物在适宜种植的地区建立基地，发动农户组成专业户，生产原料。再按照品种需要，在社、乡、区建立粗加工点，由县、地、省建立精加工厂，并形成农、工、

云大理化系 1937 级师生再聚首合影

商与供、产、销之间的各种网络。

以上这些课题，可以根据现有基础和难易程度，分轻重缓急，逐步开展。必要时组织力量进行攻关，取得一项成果即组织形成生产力。这样在20世纪内，必定可以使云南省经济进一步活跃起来，特别对改变一些贫困地区的面貌，将会出现好的势头。这是爸爸在1987年为云南省经济技术中心写的一份合理化建议，他为云南省开展植物化工的研究、开发勾画了一幅切实可行的路线图。

爸爸还为云南省编制工业大事记，专门撰写了《云南省化学工业大事记》等专著。云南省的化学工业是从20世纪30年代开始有的，1930年以前完全是一个空白。20世纪30年代在滇池附近发现了磷矿，才开始建立简单的化工厂，爸爸他们这一代人，是伴随着云南化工事业成长起来的。

怀念爸爸妈妈

爸爸的教诲

前面介绍了爸爸的格言，“能上能下，能住五星级宾馆，也能和农民睡一张床”，这是让我刻入血液里的精神。爸爸对我人生的影响还有不少，我在昆明师院附中高中毕业时，对于该学什么专业，自己没有什么打算，不知道学什么专业好。我喜欢写东西，只是搞文学的不少人都被化为右派，成了专政对象。还是学好数理化比较可靠，具体是数学、物理、化学，自己也不知道学哪个好。就在这时候爸爸对我讲，学化学吧，那时候对于化学的前景已经有介绍，通过化学方法可以制作塑料，塑料的颜色鲜艳夺目，琳琅满目，很吸引人，所以我觉得学化学不错。自己的化学成绩也不差，比物理好一些，所以决定报考化学系。

1962年在昆明招收化学系学生的重点院校，只有北大和川大，我报了北大。第二类院校才是以我的成绩被录取可能性最大的选择对象，主要是云南省内院校，不是云大，就是昆工。爸爸根据他自己几十年的经验，认真告诉我，昆工虽然没有云大名气

1 1978 年参加全国人大会议期间到燕山石化参观

2 爸爸与北京亲人合影

大，但是只学理论，不学工程知识是没有用的，不能解决实际问题，所以要报就报昆工化工系。一定要学过化工原理，才能解决实际问题。这是对我一生起了决定性意义的一个建议，为我奠定了一生的事业基础，受益匪浅。

我和妻子李琼仙要一起上北京报到，临走前爸爸没有对我们长篇大论地训话，只是告诫我们“君子之交淡如水”。就这七个字，他用自己在生活的经历，提醒我们慎交朋友，要靠自己的实力去说服别人，不要搞小团体、小动作，要光明磊落做事、做人。

这个劝告也影响了我的一生。我在工作中，注意不加入任何帮派，只是认真完成上级交给的任务，使我的一生没有大起大落，一步一个脚印走过来了。在业务能力上得到中石化行业内一致的认同，最后以一位普通的高级工程师，被任命为《石油化工设计手册》的副主编。

我父亲的一生是很无奈的，虽然两次被选为全国人大代表，在别人眼里是非常光彩的事情，他心里也高兴，不过只是短暂的高兴。他的心里是苦闷的，他是一个热爱本职工作，希望有机会能不断为国家做出贡献的人，也赶上几年可以尽情工作的岁月，可惜太短暂了！

回顾他的一生，从1941年大学毕业，到1992年去世，中间有50年的时间，1942—1952年的十年中，社会动荡、经济不发达，他很难找到合适的工作，自己创业，也不顺利。这十年只能算开始积累经验，完成从书本到实际的摸索过程，也是人生成长必须经历的过程。

1952—1958年间，又经历了不少运动，家庭生活受到严重的冲击，只是工作环境还不错，逐步走向正轨，可是家庭的变故一定程度上也影响了工作。

1958—1966年，这是爸爸工作生涯中第一个黄金时期，他能甩开膀子大干了，用实际行动证明自己的价值，可惜只有八年。其中1959—1962年是我们国家经济最困难的时期，但当时的政策对知识分子还有照顾，被授予工程师称号的技术人员，政府增加每人每月有1000克猪肉，还有500克食用油的定量。另外在昆明，由于交通不便，无法外调云南的粮食、猪肉到外地去，所以昆明的农副产品供应情况，在全国还是比较好的。

1967—1977年，不用多说，大家都清楚，这是全国混乱的十年，在云南正常生活都难以维持，不要说还搞科学实验了，想都不用想。

1977—1987年，这十年中是爸爸能大干的时期，他确实也做了不少工作，把科学种田的研究，推向了新的高度。只是由于“文革”的影响，人们的精力不能集中在试验里，使试验不能达到预期的效果，留下一些遗憾。不管怎么说，这十年也算他能尽心工作的十年。

1988年以后，爸爸身体越来越差，很多病都找上门了，把试验站站长的职务让给年轻人了。自己只担任顾问，每天还坚持去办公室，协助工作半天，直到去世。

总结爸爸的一生，本来有五十年的时间可以工作，除了打基础的十年而外，应该工作四十年，可惜他只高高兴兴地工作了18年，属于精力充沛的工作时间还只有8

年，等于浪费了22年。这是我心目中爸爸的真实想法，是他死也不甘心的遗憾。

爸爸已经去世二十多年了，我还记得他刚去世时，我真有天塌下来的感觉。因为我从此少了一个可以绝对信赖的人，我要是再碰到难题，谁还能帮我，为我撑腰呢？爸爸是一个对生活充满信心，永远乐观的人！爸爸是一个对工作有高度责任心的人，爸爸是一个对家庭有无限爱心的人。

一个人在不同的年代，应该干不同的事，我没有按照父母亲的意愿调回昆明工作，这是让他们最不高兴的事，是我的“大不孝”。不过今天，我想和爸爸隔着时空，聊聊天，请他原谅我没有调回昆明工作的决定。我热爱自己已经干了几十年的工作，我在中石化的工作，虽然没有太高的职务，可是我可以接触到世界第一流的工程公司，可以学习掌握世界一流的工程设计经验，这些就足以使我满足了。

我的内心和父亲完全一样，充满了对家乡的热爱！时时想着怎么为云南的发展，做些力所能及的事。20世纪80年代，云南省政府驻京办事

爸爸妈妈到北京团聚留影

爸爸妈妈带两个外孙女到北京团聚留影

处在北京召开过旅京云南籍知识分子座谈会，我也参加了。我给云南省委及昆明市委建议，要大力发展城市煤气化装置，向老百姓供应煤气，改善在家做饭要不停地煽火的苦恼，这个建议早已成为现实。2012 年，写成《后人眼中的状元袁嘉谷》一书，更是我花了二十多年的业余时间调查整理的研究成果。也是为家乡做出的一件实事，以此来报答家乡、报答爸爸妈妈的养育之恩。

我心中的妈妈

妈妈生于 1918 年农历三月二十日，童年在通海县受过良好的中国传统教育，少年和青年时代在昆明接受了现代学校教育，肄业于云大医学院。1942 年 7 月和我父亲袁绩棠结婚。

参加工作后，先在居民扫盲班当过老师，后又到昆明第一工业学校校医室当医生，昆明市第一工业学校又分出昆明市第三工业学校，妈妈又到三工校校医室工作，直到 55 岁时退休回家，相夫教孙子。她实现了自己从小立定的志向，要做一个独立的女人，不论遇到什么困难，她都坚持参加工作，绝不回家当家庭妇女。

她的一生，既没有什么轰轰烈烈的事迹，也没有什么值得历史记载的业绩，是一个普普通通的女人，走完了极其平凡的一生。

但是她有一颗炽热的爱心！在外公华秀升家，她是一个孝顺的孙女、女儿和可敬的大姐。在爷爷袁丕元家，她是一个贤惠的长孙媳妇，热情宽厚的大嫫、大舅妈、大姑妈，是我们慈祥的母亲，最可爱的奶奶和外婆。在一工校和三工校她是一个和蔼亲热、乐于助人的医生。在我家居住的宿舍区，她是一位热心负责的老年健身活动召集人，更是一位不要报酬、随叫随到的义务医生……

她救活过在海埂游泳，因溺水而停止呼吸的学生！在她的亲家病危时，她背着孙子天天去家里打针。侄男侄女们谁没工作、谁没对象，她就会一心一意地托人找关系，不辞辛苦地直到办成为止。谁家小孩有病，只要找她，都会得到无微不至的帮助……直到 80 岁时，邻居有病，她还主动上门为人家扎针灸。

几十年如一日，妈妈随时随地准备着付出，把爱心送给每一个需要帮助的人，而不在意任何回报！她为袁家的祥和向上奉献了自己的大半生，在她的身上充分体现了我们民族严于律己、宽以待人、厚道贤惠的传统美德。妈妈于 2003 年 2 月 14 日去世，享年 85 岁。

爸爸的弟兄姐妹

爸爸的大姐是袁转芝，我称呼她二姑妈，因为二爷爷的大女儿袁婉芝先出生一年，袁转芝才出生，所以我们称呼她二姑妈。她嫁给周钟岳的大儿子周锡年，后面我有详细介绍。

爸爸的二姐袁荀仁，我称呼她三姑妈，嫁给温铭，我称呼他三姑爹。三姑妈生于 1916 年 7 月，1998 年 5 月去世，享年 82 岁。三姑爹生于 1910 年 1 月，1998 年 7 月去世，享年 88 岁。三姑爹老家是河北正定。他的祖上是武将出身，我和二表哥都记得，三姑妈家住在昆明青云街的地藏寺巷。在他们家的堂屋里挂着一张古代的弓，就是他们

爸爸妈妈带两个外孙女到北京团聚留影

家的祖传宝贝。据说是祖上出使蒙古，与蒙古一位王爷交了好朋友，那位王爷把自己的佩弓送他了，让这位温前辈在蒙古凭这张弓可以通行无阻，因为弓能证明他是王爷的好朋友！

三姑爹温铭年轻时也是一位积极要求上进的青年，三姑爹在抗战爆发前，考入北京朝阳大学，是中国第一所法制大学，中华人民共和国成立后并入中国人民大学。抗日战争爆发，朝阳大学迁到湖北沙市，后来又迁到成都、重庆。三姑爹因为自己的父母亲早就被派到云南当差，就没有随朝阳大学迁移，而转到昆明又考入云南大学读书，最后从云南大学法律系毕业，就投入抗日的部队，成为一名后勤处长。在保障抗战胜利的后勤工作中，做出了应有的贡献。1950 年，三姑爹参加了卢汉领导的起义，后转业到地方工作。

三姑爹还有一个特长，会练气功，能打坐运气，打通小周天、大周天，有不一般的功力。我妈妈就经常向他学习气功，他总是耐心地教我妈妈。估计因为会气功，所以他是一位高寿老人，去世时享年88岁。

三姑妈高中毕业，一直在教小学，她非常热爱自己的工作，对待学生热情、耐心。她在昆明圆通小学教书时，看到学校校门上没有校名，请周亲爷爷给书写一幅，周亲爷爷非常乐意地接受了。写好“圆通小学”四个苍劲、圆润的大字，学校就做成横匾挂在大门上。这可是与南京“总统府”三个字一样，出自书法大家的作品啊，不知道现在还有没有照片留下，让我们能一睹大书法家的手笔。

在“文革”当中，我们家的父辈都被隔离，进“牛棚”，失去自由。只有三姑妈是个小学老师，没有挨整，所以爷爷去世，只有她一个女儿在身边，是她领着二叔家的孩子，指挥他们为爷爷办的后事。我爸爸认为送走父母，本该是儿子义不容辞的责任，由于身不由己，让三姐替代了。他对我讲过，他欠三姐很多。

三姑妈家住在地藏寺巷时，他们家院里有一棵香椿树，每年都要结很多香椿。我去他们家玩，她就给我炒一些吃。那时我五六岁，还是第一次吃香椿，觉得太好吃了，临走时三姑妈还嘱咐我，回去叫你妈妈炒给你吃。可是回到家，我就是想不起来这个名字了，只会对妈妈、奶奶讲，是树上长的叶子，

1 妈妈在外公读书的清华学堂前

2 妈妈与二姑妈，两位老人多开心啊

摘下来就炒吃，非常好吃。我反复讲了好几遍，他们还是不明白，那时候又没有电话、手机，无法联系，我的愿望过了好久，才得到满足。从此把香椿两个字牢牢记在心里。

爸爸的三姐袁孟仁，我称呼她四姑妈，是嫁给鼎鼎有名的大数学家熊庆来的大儿子熊秉信，四姑爹继承了熊庆来年轻时要以实业救国的理想，学习了采矿专业。后面我会详细介绍四姑爹，因为他是我最钦佩的一位长辈。

爸爸的弟弟袁绩琦，我称呼他二叔叔，生于 1921 年 8 月 2 日，1981 年 9 月 9 日去世。

他自小学习努力，成绩很好。1941 年 9 月考进云南大学理学院化学系学习，学习期间于 1943 年 1 月选送留美公费生预备班。但在 1944 年 7 月培训结束时，因为身体健康状况欠佳而没有去成美国留学。二叔没有因此气馁，当年 9 月即考进西南联大工学院机械系上学，之后又随清华大学返回北京继续完成学业。

1947 年 7 月，他以优异的成绩毕业于清华大学机械系。毕业后，二叔选择了返回昆明，先后在昆华女子中学教授英语，在云大附中任数理专任教师，还在云南大学机械系当过助教，在五华学院及求实中学教过数学。这段时间，他成了我们这个“教育世家”的活跃分子，受到师生们的欢迎和大家的好评。昆明“一二・一”民主运动时参加过进步学生游行。

昆明解放后，二叔进入云南卷烟厂（昆明卷烟厂的前身）工作，先后担任过考验组组长、卷制股股长、基本建设股股长、计划科副科长、改建委员会副主任。

1 三姑爹云南大学毕业照
2 三姑妈在翠湖边

成功改建了卷烟生产线，提高了生产质量和产量。他还为玉溪烟厂第一条卷烟生产线进行了工艺设计。在云南卷烟厂时，因为工作努力，也做出了成绩，得到了组织的信任与重视，被送到中共昆明市委的工训班培训提高，并于 1954 年吸收为中国共产党党员。由于他的出色表现，被调到省机械厅负责研究所的工作，曾经担任过云南省机械工程学会秘书长。云南机器厂成立后，他又去该厂的技术科任科长，进行了多项技术革新。1965 年，二叔又被派去创建团山机械厂，直到退休，是国务院科学技术部颁发证书的高级工程师。

二婶张静华，是钱南园的第四代后人，她的爷爷张学智是我曾祖父袁嘉谷经正书院的同学，也是清朝进士出身。她的亲伯父张子

家族大聚会，左起第一人爸爸，第三人李钟俊叔叔，第七人三姑妈（穿浅色衣服者），第八人二叔叔，坐者二姑奶，二姑奶后面中年人小表孃，小表孃旁边是妈妈，其余都是小辈的，不一一介绍了

四个摩登老太，左起我妈妈、三姑妈、二姑妈、四姑妈

才娶了我三姑奶。

二叔叔和二婶是在昆明五华学院认识的，当时二叔是该校老师，教授解析几何。二婶张静华是该校的学生，用今天的时髦话讲，他们属于师生恋。

二婶从云南大学五华学院肄业，后来在湖滨小学教书，任过教务主任，是大家闺秀，也是一位吃苦耐劳的家庭主妇。

二叔叔回到昆明后，曾对二表哥等人讲过乘坐火车的故事。为了防止日本飞机轰炸，本来只拉人的车厢太轻，容易被炸弹炸翻火车。因此，在一列火车上总要挂上一两列货车厢，里面装满石头，这样即使火车被炸了，也不容易被炸翻。能尽可能减少人员伤亡，真是没有办法的办法。

二叔叔在北京生活了一段时间，他又爱吃，所以从小就长成一位胖子。他爱学习，爱动脑筋，学会了北京一些好吃的菜肴制作方法，比如春饼就是其中之一。在小吉坡 4 号院里，他高兴了会做给我们吃，那时候在昆明好像擀面棍都没有，要擀面只有用酒瓶。他把小面团擀平，上锅蒸熟、摊开，加入炒熟的豆芽菜、韭菜、肉丝，加上甜或咸的酱，卷起来，咬一口真是美味。我很喜欢吃，所以印象深刻。

清华大学当时有 4 个胖子，二叔叔就是其中之一。新中国成立后，这 4 个胖子中的一位，担任了长春第一汽车制造厂的总工程师。

年轻时候的二叔叔非常活跃，爱唱歌、会弹风琴，歌唱得很好听，我的几位表哥、表姐都有印象。我也记得二叔叔最喜欢唱《咱们工人有力量》，我现在只要唱这首歌，眼前就会浮现出二叔叔的面貌。

我上昆明工学院一年级时，昆明的校舍还不够用，是到蒙自原来滇南大学的校舍里住宿、上课。要在蒙自待一个学期，才能在假期回家待几个星期。第一次长时间离开家，心里很难受，经常想家。在一年级下学期，一个夏天，二叔叔因公出差到了蒙自。他找到学校，让教务处通知我到学校外面，我们在一个小桥上见面，两个人坐在桥墩上，我向他诉苦，说着还流泪了。聊了一个小时，觉得时间过得太快，很快就到了分手的时间，我还得回去上课，我们正在学习机械制图课，这是他很熟悉的课程，所以我还向二叔叔请教了几个问题。这是我与二叔一起度过的最美好的时光。

大学一年级末，我们要完成机械制图课结业的制图任务，作为课程考核的成绩。我还是比较喜欢学习这门功课的，是我们的必修基础课，学习结业时，老师要求画一张化工厂常用的闸阀装配图。我大约花了一个星期才完成，自己觉得还满意，老师也给了 4 分加的成绩。回到昆明，我就高高兴兴把作业拿给二叔看，想得到他的肯定。结果二叔一看，就拿起铅笔，在图上重新画起来，把他认为不适合制造习惯的毛病都改了，还说我最多给你 3 分。

到参加工作以后，在实际工作中，我更理解了实际工艺、实际设备与图纸之间的差别有多大。只有在实际工作中才能学到真正的技术，与教科书上的理论是有差别的。只知道书本理论的人，是不能明白这个道理的，这是二叔给我上的一课。

1980 年，二叔因为心脏病去世，享年刚刚 60 岁，很可惜。去世以后，厂方把他的 3 个还没有上班的子女，都招进团山机械厂工作。

① 右起第一人胖子就是二叔叔，依次是小表嬢、二婶、妈妈、小太嬢袁玉芬

② 二叔叔与二姑妈带着三个孩子，此时二叔还没有孩子

妈妈的弟兄姐妹

大舅华万里是昆明医学院医疗系的毕业生，但上学的时间较晚，第一次考试是在新中国成立前，差几分没考上。后来就结婚生子，耽误了一段时间，到 1955 年才又参加高考，考入昆明医学院学习。1960 年毕业，分配到专县上工作。为了照顾家，后来提前退休，回到昆明。

大舅妈金龙润是金龙章的女儿，因外公华秀升与金龙章是好朋友，介绍他们认识，并成亲。

外公和外婆在生三孃前生过一个男孩，但过早去世，所以对大舅特别关爱。他一直是一人住一个单间，四舅和小舅合住一间。大舅的房里摆满各种工具和螺栓、螺帽，很乱。

大舅舅从昆明医学院毕业以后，到云南一个县上的医院工作，婆婆就和大舅妈在昆明生活。

大舅妈金龙润的生母是金龙章的二房，但生母在大舅妈还是小孩时，就得乳腺癌去世。她从小是大妈带大的，金龙章的大夫人姓毛，大舅妈有两个亲弟弟，毛氏对他们姐弟三人还不错。可是新中国成立前，金龙章带上毛夫人及他们自己的子女，经香港转美国，把大舅

二叔叔一家（缺袁东）

妈和两个弟弟留在了昆明，从此金龙润的生活就大变样了。金龙润和我大舅华万里是1948年结婚的，1951年就生他们的大女儿秋明，秋明是生在关外公的猪圈里的。不得不到猪圈里住。大舅妈和婆婆去找来稻草和木板，铺在地上，才能住下，我和妈妈去过这个猪圈看望过外公和外婆。

在大舅舅还没有参加工作前，婆婆主要和大舅妈生活，开始是靠四舅每月寄回50元，还有外公留下的少量黄金，以及大舅妈打毛衣卖钱生活。

大舅妈在改革开放以前，一直照顾家里，包括在“文革”中被下放到县上生活的几年。

改革开放以后，她的处境改变了，可以参加工作，到街道办事处工作。这一下她的能力得到了充分发挥，潜力被完全挖掘了出来，证明她不是一个没用的人，她积极想办法把工作干好。在20世纪80年代，她首先开创了街道和学校的合作，让初中和小学的孩子，在假期里到街道来活动。一方面给老年人唱歌、跳舞，另一方面老人也可以帮助孩子辅导功课，不让孩子全放开，去疯玩，让家长放心。这个工作得到了全社会的认可，几方面都很高兴、很支持。所以她和学校的关系也很好，可以直接介绍学生到昆三十中去上学，在亲友当中是很有面子的一位亲戚。

二孃华月娥是我妈妈的大妹妹，她是中学毕业生，嫁给周作民。周家是云南有名的“大道生”染布公司的老板。在新中国成立前“大道生”就用马帮驮银圆，送给云南地下党的“边纵”司令朱家璧，是朱家璧派祁山来昆明联络的。“文革”当中，还有造反派来问周家，有没有和祁山联系过。他们均回答“没有，不认识！”在划分“红五类”“黑五类”时，周姨爹还对他的大儿子讲：“你就和他们讲，我们家在解放前就是拥护共产党的，因为我们那时就资助过共产党闹革命！”也是由于这个原因，“大道生”在新中国成立后没有马上被公私合营。

“文革”中他们一家都被赶到农村去，生活很困难，子女多粮食不够吃。结果同时被下放的还有一对老人，他们没有儿女，就把自己的粮票给了二孃家几十斤，二孃把他们真是当恩人看待！几十年不忘，记了一辈子。

三孃华勇娥是我妈妈的二妹妹，她是云南大学外语系毕业生，嫁给严宪武。严宪

武的爸爸是大理人，也是公公的同学，因病没有一同去留学，治好病后才去美国斯坦福大学留学。回来担任南京中央政府经济部的司长，抗战后回云南在缪云台的经济委员会里工作，也到云南大学教过书，他的文笔也很好。

三姨爹严宪武先考取在昆明的联大，后随联大迁回北京，但未等到毕业就发生内战，他去问楚图南怎么办。楚回答，看起来这个战要打很长时间，他一想没毕业就回昆明了，直接参加工作了。新中国成立后在省总工会工作，参加过专县的土地改革，看到下面的土地改革不符合中央精神，凭着一股初生牛犊不怕虎的精神，向上级反映，结果被追杀，只有逃避，约两个人一起上北京告状。告完状后，三姨爹虽然恢复正常工作，但也不能在总工会工作，只有去云南机床厂工作。

三孃的学习也很好，从昆明联大附小上到联大附中，本可保送清

左起四舅华千里、二孃华月娥、妈妈华素娥、三孃华勇娥

华大学的，一共可以保送5名，她是前8名，只要努力一下就可以上去。可是她的眼光没有那么远，当时只想着参加中学的文艺演出，没有认真准备读书。

新中国成立后三孃及三姨爹就一直在昆明机床厂工作、生活。三孃担任厂里的外文翻译，原来是学英语的，后来又学习了俄语，也达到现在说的“四会”水平，在昆明机床厂度过了他们的一生。“文化大革命”中，昆明机床厂是武斗的核心地区，三孃及三姨爹就带着3个孩子从机床厂搬到我家住，躲开武斗。

四舅舅华千里是昆明师范学院20世纪50年代的外语系毕业生，精通俄语和英语，大学毕业分配到四川荣昌县（现属重庆）中学当外语教师，开始教俄语。荣昌县的生猪产量在全国是排在前几名的，20世纪50年代有苏联的专家到荣昌了解调查生猪的情况，县委领导都是让四舅参加谈判，当俄语翻译。

四舅舅就在荣昌中学教了一辈子外语，他的不少学生，都考取了出国留学资格，在美国等地深造。

大舅舅、大舅妈及其子女

四舅妈张明筠是小学老师，她是四川江津（现为重庆江津区）人。

四舅和四舅妈在1960年结婚，一起度过了困难时期，现在儿孙满堂，幸福美满。

四舅是个性格随和、积极向上的长者，年轻时也是体育健将，是昆明师范学院的排球队队员。到荣昌中学以后，也是学校篮球队、排球队的主力。

妈妈的小弟弟华百里，1948年考进云南大学物理系，毕业后分配到北京水电部管理学院当物理老师。到北京工作一段时间以后，正好遇到困难时期，粮食供应紧张，他吃不惯杂粮，吃不饱，受不了，就自动离职回昆明了。以后生活不稳定，也没有结婚，“文革”中在云南瑞丽，他下放劳动的农村病死了，终年40岁。

1 二孃全家

2 二孃80寿辰全家聚会

二姑妈

二姑妈袁转芝是我爷爷奶奶的第一个孩子，她出生在香港，爷爷奶奶结婚后，就随老丈人王鸿图到香港，替他打理在香港“天顺祥”商号的业务，作为香港分号的总管。所以，二姑妈是1914年底出生在香港的，二姑妈也说自己是在外公王鸿图家长大的。

后来爷爷奶奶回到昆明，依然住在老丈人家，帮他管理昆明“同庆丰”的业务，所以二姑妈还是生活在外公家。在昆明她读完了小学、中学，最后是从昆华女中毕业，当了一名小学老师。她也受爷爷袁嘉谷的影响，写得一手漂亮的毛笔字。结婚以后她先后生了6个孩子，在二姑妈的教育、引导下，每个人的毛笔字都写得非常好。周慧徵是二姑妈的第5个孩子，比我大3岁，因病休学几年，和我上同一个年级，同在昆明师院附小上学。她的毛笔字在我们班就是一流的，常常得到老师的表扬。

二姑妈曾经对我妹妹回忆过自己的婚事，我这个人啊，一辈子，多少事，都是坏在我长得太漂亮、太周正了。我年轻时，刚刚从昆华女中毕业，

①三孃、三姨爹结婚照

②三孃全家

才十四五岁，好不容易在昆华女中附小找到个教书的工作，正高兴着当上了小先生。不久，就被龙云的大儿子龙绳文看上了，不断地派人来家里说媒。见我久久没答复，每天快到放学时，就派一小队兵到昆华女中附小门口来守着，等我出来护送我回家。把附小的校长吓得不知道怎么才好！我也是又惊又怕，家里爷爷、奶奶也发愁，都知道龙家有钱有势，哪里惹得起！于是在大家心里都难免罩上一层厚厚的哀愁。

当时，玉龙堆21号对面正好是若园巷，住着周钟岳一家。他们家的大少爷周锡年也还没成亲，来提亲的人不知有多少，但他都不答应。一家人也正为大少爷的婚事犯难。

一天，周锡年的妹妹（大嬢周静媛）无意中看见这位大少爷正在蜡烛上刻“袁转芝”三个字，恍然大悟，急匆匆跑去跟周亲奶奶说：“原来，我大哥是看上了对门袁状元的大孙小姐了！”周亲奶立即马不停蹄地请

四舅舅、四舅妈及其子孙合影

年轻时的二姑妈

了媒人过玉龙堆来，跟袁家正式提亲。爷爷、奶奶一合计，二姑妈嫁给了周家，龙家的权势不是就比不过了？就不用再害怕了！于是，两家人欢欢喜喜地定下亲事，不久就举行了婚礼。那时二姑妈刚好十九岁。

结婚时，二姑爹还在上海读书，是法国在上海开办的震旦大学的学生。结婚后，还是大学生的新姑爷，带着漂亮的新媳妇，高高兴兴又从越南乘船到上海继续学业。

到上海后，有空二姑爹就带着二姑妈出去玩，认识了不少年轻人，结交了不少新朋友。二姑妈原来在昆明时，风琴就弹得很不错，她外公王鸿图曾买了一台大风琴送给她，这在当时的上海也算是十分时髦的事啊！因此，上海音乐学院有意要招二姑妈去学钢琴，二姑妈也非常愿意去深造。

但不幸的是，这一对新人在上海过分的玩耍、超额的开支，早已被不断地汇报到家里，周亲奶马上赶到了上海，接回了一心想读大学的新媳妇。二姑妈悲伤地说："我多想去读上海音乐学院啊！如果当时我读成了，我一定成了一位钢琴家！现在电视里常说的钢琴家，就是那时和我一起学琴的人。真可惜！从此，我这一生再没有能上大学的机会！再后来回昆明就怀孕了，从此一个接一个，只是忙着抚养这些孩子了！"

二姑妈的美丽，其实很早以前，在我小时候就听妈妈常常说起。妈妈说她还不认识爸爸以前，在昆华女中读书时，同学们就常约她说："快过来，看看'白玉美人'！"她们叫的"白玉美人"就是二姑妈。我问为什么要叫"白玉美人"。妈妈说她按自己的理解，一是二姑妈长得太漂亮

了，皮肤又白又细腻；二是二姑妈因为是老祖祖的大孙女，身份不同，自小就很高傲，成了大家羡慕的对象。因此，与一般同学相处，很少言笑，很高傲，因此而得名吧！

我也听爷爷讲过二姑妈的婚事，他是这样讲的。二姑妈长得非常漂亮，皮肤白，身材苗条，是当时昆明有名的美人。龙云的儿子都看上二姑妈了，但是我们家不喜欢他，大家都知道龙公子是个花花公子。龙公子时不时来堵二姑妈，要交朋友，弄得我和你奶奶很焦心，希望把二姑妈早日嫁出去。正在这时，民国先驱周钟岳也在为大儿子的婚事着急。一天，周老先生问儿子，我给你介绍个好姑娘，好不好？二姑爹周锡年摇摇头，不说话。爸爸又问他一遍，还是摇头。周老先生才又问，是不是你已经有意中人了？二姑爹点点头，老先生又问是谁啊？二姑爹拿起桌子上放的蜡烛，用小刀在蜡烛上刻下“袁转芝”三

在昆明西仓坡二姑妈家的合影。从左至右，二表姐周福徵、魏述征、袁天慈、二表哥周祖濂、周祖同、熊有曾、二姑妈、大表哥周祖诒、周慧徵

二姑妈的全家，周祖同还没有出生，照片中没有他

个字。这样周老先生也大喜，马上派人到我爷爷家，为儿子提亲。爷爷奶奶一听，也喜出望外，认为两家门当户对，知根知底，很快就把亲事定下来。

周钟岳及其夫人大喜，亲自上门提亲。因为两家住得很近，特地让抬周钟岳的轿子在城里绕了一大圈，才到袁家提亲，要扩大影响嘛。

表姐熊有曾也回忆：二姑妈年轻时是学校的校花，昆明有名的“白玉美人”，很多男生都会在她放学回家的路上，躲在街边房子后面，就想一睹芳容！这是老一辈的统战人士都知道的事。有曾表姐的回忆，说明到 20 世纪 80 年代，昆明的统战人士还在津津乐道“白玉美人”。

二姑爹周锡年，生于 1911 年，卒于 1955 年，享年 44 岁。他在昆明读完小学、中学，考入上海震旦大学，1935 年大学毕业。他们两人是 1933 年结婚，度过蜜月以后，双双返回上海，二姑爹继续他的学业。

二姑妈中年就失去丈夫，使她悲痛欲绝，还要抚养 6 个孩子，虽然家里有一些积蓄，绝不够一家人的开销，所以二姑妈毅然走出去。通过朋友帮忙，在云南省中医院找到一个工作，可以养活一家人了。

她的 6 个孩子，最小的周祖同正好是 1966 年应该参加高考的高中

生，结果“文革”开始，大学停办，他失去了进入大学深造的机会。还有大表哥周祖诒，读昆明工业学校。其余 4 个孩子，大表姐考中北京医学院，二表哥周祖濂、二表姐周福徵 2 人毕业于云南大学物理系，周慧徵毕业于云南大学外语系。大表姐大学毕业分配到北大医院工作，学物理的二表哥分配到北京，在中国计量研究院工作。二表姐分配到北京，在中国建筑材料研究院工作。

我到北京燕化工作以后，二姑妈因为有 3 个孩子在北京工作，也会常来北京住一段时间，我们见面的机会很多。她也随我爸爸妈妈，到我工作的燕山小住一段时间。给我讲了不少往事，二姑妈特别嘱咐我，今后有机会、有时间一定要把我们家人的经历写出来。

四姑爹

我从小生活在一个大家庭中，我的爷爷奶奶，爸爸妈妈，叔叔婶婶，还有二姑奶（我爷爷的妹妹）一家，几十口人生活在一个大院子里，其

可爱的孩子，从左至右，大表姐、二表姐、温符璘、周慧徵

二姑妈和二姑爹

乐融融！爷爷奶奶还有三个女儿，就是我的二姑妈、三姑妈、四姑妈。二姑妈、三姑妈虽然没有和我们住在一个院子里，不过也住在我们家附近，来往很方便。我们和这些表哥、表弟、表姐、表妹，堂兄弟、堂姐妹常在一起玩，跳海牌、跳绳、躲猫猫、滚铁环，还有现在都说不清名字的很多游戏，院子里几乎天天总是充满了我们的笑声！

只有四姑妈和四姑爹住在个旧。因为四姑爹熊秉信是云南有名的地质工作者，长期在第一线工作，他们家就住在个旧，我们不能经常见面。可是少年时强烈的求知欲，使我非常向往四姑爹他们的探矿生活，巴望着他能来我们家，给我讲更多探矿中神秘的故事。

四姑爹、四姑妈一家偶尔会来昆明小住，因为熊亲奶奶（熊庆来夫人）当时也住在昆明。四姑爹回昆明，能看望两家的老人！我就喜欢听他讲井下的生活，他还会带来探矿工人头顶上的矿灯，给我戴在头上玩，让我就觉得格外神气。

好像是20世纪60年代，随着云南采矿事业的发展，成立了冶金局，四姑爹被任命为该公司的第一任副总工程师。他们一家也搬到昆明生活，住在交三桥的公司宿舍里，我们就可以经常见面了。

四姑爹工作辛苦，经常出差，又要照顾有病的四姑妈，还有四个女儿。但他总是能从容地面对人生，乐观地生活，只要见到他，总是笑容满面，和蔼可亲！

1 奶奶与二姑妈在小吉坡4号院

2 二姑妈及其儿女孙子

他也会抽出星期天的时间，带我们去昆明的圆通山、翠湖公园游玩，还要准备一些米线等食品，在公园野餐。总是给我们带来欢乐的气氛，让我们对童年、少年时代，可以留下更多美好回忆！在游玩中他还要把长期在野外工作的一些经验教给我们，比如，怎么判断毒草，怎么判断池塘里的水能不能喝，等等。

他也喜欢打乒乓球，他们宿舍里有用石头砌的水泥乒乓球台，在那个时代也是很少见的，他有空就会带我们一起打一会儿乒乓球。

他早年学习英语，英语很好。新中国成立后全国都要学习俄语，他又和四姑妈一起学习了俄语。经常教我们学习一些俄语单词，他也能用俄语和当年在个旧的苏联专家对话。我看过熊有曾和熊有瑾姐妹制作的纪念爸爸 100 周年诞辰的电视片，收录了几位和四姑爹共事的现任个旧锡业公司领导人或退休领导人的谈话。其中一位领导回忆，当时国家也给云锡公司派了苏联专家，派了一位年轻的口语翻译，在开会讨论技术问题时，好多技术术语、技术专用表达方法，年轻翻译都搞不清楚，全

二姑妈及其六个子女，后面穿黑衣服的女生是熊有曾

是四姑爹自己翻译。那个苏联专家曾自言自语说，其实没有必要派我们来，有他就行了，他全懂。因为苏联的锡矿都是小规模的，他们也没有在个旧这样大型的锡矿工作的经验，还不如已经在个旧锡矿摸爬滚打近十年的四姑爹。

在我的记忆中四姑爹对我的最大帮助，是在我大学毕业后，对我选择工作的帮助。由于我已经和同班同学李琼仙谈恋爱了，大学分配时，有不成文的“潜规则”，已经确定恋爱关系的同学，只能去外地。我大学毕业只能选择去外地工作，我就报名去化工部的“华北化工厂”，是一个计划建设在山西阳泉的化工厂。对于要离家很远去工作，我心里很不是滋味，对山西阳泉是个什么地方，一点不了解，只觉得离北京不远，有空可以去北京找亲戚。另外知道阳泉是个大煤矿，可能四姑爹会知道一些，我就去四姑爹家，向他请教。四姑爹听完我的叙述，没有流露出惋惜、同情的神色，而是笑呵呵地对我讲，阳泉很好啊，山西是中国银行家的发源地，那里的人早就明白银行的作用，办起了钱庄。很早就和世界各地的银行有联系、有来往。他们很会做生意，到那里工作，没有什么不好！他的这种乐观的精神感染了我，使我敢于去面对人生。我从我们家这些在“文革”中被批判为“剥削阶级”和“反动学术权威”的人身上，感受到的永远是乐观、积极上进的感染力！绝对没有消极、腐朽的气息，所以直到今天，四姑爹留在我心中的印象，仍然是一个积极乐观、和蔼可亲的长辈。

四姑爹及其三个女儿在昆明新家前合影

四姑爹生于1913年，1936年就毕业于清华大学地学系，先留校任研究助理、助教。1938回到昆明，至1940年期间，先后在云南省建设厅任地质调查员，云南大学矿冶系任助教、讲师。1941—1962年的21年间，在个旧锡矿从事地质勘探和采矿工作，担任了云锡地质勘探总队的总工程师。在1945—1946年被公派赴美国学习采矿方法，1962年由冶金部派往越南，支援他们的建设。后来就任云南省冶金局副总工程师，还是第三届全国人民代表大会代表，云南省总工会委员。

四姑爹是一个优秀的工程科技人员，既精通地质，又熟悉采矿工程学，知识面广阔。他从美国学习了正规的采矿方法回国后，根据个旧锡矿的分布特点，推行了方柜法采矿，大大提高了个旧锡矿采矿的回收率和安全保障，使生产效率得到提高。四姑爹一生发表了很多关于地质勘探的著作及文字。我的上一辈人中，有四位在云南省工程技术界的优秀人才。我们这一辈由于"文化大革命"的灾难，现在只有我一人还在工程技术界工作，我更有义务要继承发扬他们身上的优点，继承这份宝贵的精神财富。

1974年3月27日，四姑爹突发脑溢血在昆明去世，他走得太早了。如果能活到改革开放，他一定会焕发出更多活力，为云南省的冶金地质事业做出更多有益的贡献！不过一个谦虚、乐观，对生活充满爱的四姑爹永远活在我的心中！

四姑爹是一个身体很健康的人，从不进医院，又不抽烟、喝酒。我听说当时的医生曾经评价，熊总的心脏是非常健壮的！现在看来他就是由于高血压，导致突然脑溢血，由于缺乏及时、正确的治疗手段而去世的。我还记得熊有德表妹，请来北京友谊医院范秉哲教授到昆明，帮助制订医疗方案。范秉哲教授是知名的胸外科专家，他提出，应该马上把四姑爹的脑门打开，排出溢血，再对损坏的血管做手术，还可以救活四姑爹。可是昆明的医院里，没有一个医生敢做这个手术，也从没有做过，甚至都没有听说过，只有眼睁睁看着四姑爹的一颗强壮心脏停止跳动，英年早逝！

我们除了怀念他、颂扬他之外，也应该认真反思过去，记住这个教训，真正投入更多的财力和人力，去提高全民族的文化科学水平，在全社会真正树立起尊重科学、尊重科学工作者的社会风气。

四姑妈和四姑爹带小辈游玩

女儿心中的爸爸

这段文字是我根据四姑爹的三女熊有瑾、四女熊有华两姐妹，在四姑爹 100 周年诞辰时，各自写出的回忆文章整理而成的。两位女儿的文章，都是用泪水写出的，因为她们俩与爸爸妈妈一起生活的时间最长，文章字字句句饱含深情，读起来常使人热泪盈眶。

（熊有瑾回忆）我是家里的第三个女儿熊有瑾，父亲过世时我才 19 岁。父亲是地质工作者，常出差在外，不可能时常在家辅导我们，对我们的教育方式主要以言传身教、以身作则、平等协商的方法，从不打骂和训斥。

母亲大学毕业后与父亲结婚，蜜月后，放弃了条件优越的城市生活，双双来到各方面条件都极其艰苦的个旧云锡公司，一年后调到马拉格锡矿矿山。父亲是矿上的工程师，母亲是化验员，开始了新的生活，并有了大姐、二姐两个可爱的小公主，让这个互敬互爱、相互协助，幸福的小家庭增添了许多的欢乐。

1947年，母亲又怀上了孩子，父母亲都十分欣喜，盼望着生个男孩。一天，在矿上化验室工作的母亲，感到阵阵的肚子疼，“要生了”！已生过两胎的父母亲，怎么也没想到，这次是难产，还遇到了最麻烦的大流血。父亲和同事们用担架抬着母亲，打着火把连夜下山，赶往当时医疗条件最好的个旧市人民医院，但孩子还是没有保住，这次的确是一个男孩。母亲又因此得了产褥热，加上艰苦恶劣的生活环境，月子里也没得很好的调养，在身体和精神的双重打击下，竟得了“精神分裂症”。母亲生病，父亲一边照顾着母亲，一边一如既往地认真工作。为给母亲治病，父亲边工作边四处为母亲寻医问药。

新中国成立后，在组织照顾下，父亲才带母亲到北京、上海等大城市的大医院治疗，但收效甚微。为了矿山的工作，父亲只好又带着母亲回到了矿山上。荒凉寂寞的矿山上，没有电灯，没有商店，更没有娱乐，因交通不便，唯一可供大家了解外界的是几张被技术人员视为珍宝的过期报纸。

父亲经常需要到一线工作，到野外出差，没有亲人的陪伴照顾，母亲更觉孤独、寂寞和恐惧。加上丧子的悲痛，她的病情不但没有一点好的起色，反而越来越糟。

这个家的重担，就落在了父亲一个人的肩上。白天要处理工作中很多棘手的事，下班还要照顾生病的母亲，兼顾慈母慈父的责任，教育抚养两个年幼的女儿，我的大姐和二姐。工作、家庭的担子，父亲一扛就是几十年，直到他去世。

我是1955年出生的，1957年妹妹有华又出生了。

大姐有曾在学校里喜爱体操运动，而且成绩优秀，被选送到省体委体操队。父亲是个思想开放的人，他说，到体操队工作，虽然不能在学业上得到很好的提高，但“三百六十行，行行出状元”，也是为国家做贡献，便支持大姐的选择。爷爷了解到有德二姐，数学成绩不错，便要父亲将她送到北京与爷爷、奶奶在一起生活学习，以便进一步培养她，也可减轻父亲的负担。

两个姐姐走后，从此我们就开始了四人生活。我和妹妹就与父母亲相伴，在个旧度过了幼年、童年。父亲始终像一棵大树在狂风暴雨中，保护着我们这两棵弱小的花朵。父亲又像黑夜里的灯光，为我们驱走了恐惧，照亮了我们前进的道路。我们也陪

伴着父亲度过了“文化大革命”，陪伴着父亲走完了他人生最后的路程。

我的幼年、童年是在个旧度过的。在我的记忆里，印象最深的是父亲常年在外出差，一个背包、一把地质锤、一个放大镜和指南针、瑞士军刀、自来水笔是他的全部家当。每次出差回来，背包里就会增加很多各种颜色的石头，那便是父亲带来的矿石标本。1963年，我们家搬到昆明时，单是父亲的矿石标本、地质书籍、写满字的笔记本，就装了半个东风卡车车厢。

父亲是我们的百科全书。他长年在野外工作中，积累了丰富的生活常识、搜集了很多云南天气的民间谚语。如气候方面的：“云往东有雨变成风，云往南有雨下不长，云往西骑马披蓑衣，云往北

左起第一人是四姑妈，四姑爹摄影

有雨下到黑”“三里不同雨，十里不同风”等。还有辨认方向的简易方法，山坡阳面是朝南、阴面是北面，树的相对干的一面是南面、长青苔的一面是北面。并教我们出门时要注意“晴带雨伞、饱带饥粮”……

父亲一年就有八九个月在外出差，为兼顾好对我和有华四妹的早期教育，父亲还将他在野外的所见所闻，编成我们能理解、易懂的小故事讲给我们听。比如：“动物王国的人豹大战”“原始森林里的旱蚂蟥”“植物王国里的食肉植物”“能吃能干的大个子”“御寒的樱桃辣”“苏联米秋林的嫁接苹果”“登月球”及教我们背“九九表”。父亲虽常年出差在外，但他用自己野外的经历，编成的故事伴随我和四妹度过了在个旧的幼年、童年。

小时候不懂事，我时常会与妹妹争吃打闹、欺负妹妹。父亲给我讲了“孔融让梨”的故事。父亲早早就教我学会到食堂打饭，到老乡家打羊奶等必要的家务劳动，并教我做一些力所能及的家务。

我们家住在个旧时，是在308勘探队的家属区，有个很好听的名字叫“友谊新村”。为了不让我们感到孤独和寂寞，父亲总会想尽办法给我们带来一些惊喜，出差回来会给我们带来新玩具，给我们带来新的知识性、趣味性的小故事。让我们出题目，他为我们现编好听的童话，与我们玩游戏，猜谜语，教我们识字、背乘法口诀。使我们虽然生活在一个相对孤立的空间里，从不会感到寂寞和孤独。

一次，看到一些小孩走进一个小院里，我好奇地跟着进去，只见里面有滑梯、跷跷板，还有转椅，孩子们在几个老师的保护下玩得正欢。我跑去跟着他们滑滑梯、坐跷跷板，真没想到世界上还有那么好玩的地方。正玩得高兴时就被老师发现了，问我是谁家的，没交托儿费，也没大人送，自己跑来，吓得我边哭边离开那个让我感到快乐的地方，后来才知道那个地方叫“幼儿园”。在我童年的印象里，那地方就像“小人书”里描写的童话世界。

父亲出差回来，我对父亲说想上幼儿园。父亲对这个问题显得很无奈，他说我要出差，你要好好的听话，在家帮妈妈带妹妹，到食堂买饭，尽量少出门，并答应我，只要他在家，周日一定带我们去看电影。我这辈子仅上过一天的“幼儿园”。但我知道那时父亲是多么的无奈，他一定比我更难受，他何尝不想给我快乐啊！

在我们家的后窗，能看到高高的老阴山，山上两条长长的钢缆，连接着矿山和山下洗矿厂。钢缆上挂着许多矿兜，每天不知疲倦地将矿山上采下的矿石，送到个旧湖边的洗厂。小时候我的问题很多，也很奇怪，只要父亲在家，我就要缠着他问个不停。我问那些矿兜里，是不是都有一个人在里面倒矿石？电怎么那么厉害，可带动那么多的矿兜？洗厂的水都要到水井里打吗？那一定有好多大力士负责打水。父亲总是不厌其烦地回答我的问题。有时也会被我问得不知道怎么回答，但他从不会敷衍了事地回答我的问题，他会说有的问题我可以讲给你听，但有的问题，我也要请教我的老师“书本”，书中自有答案。

四姑爹与矿工在工地合影

父亲在20世纪50年代订有《知识就是力量》杂志，他常对我说你要多学习认字，能认字了，我不在家时，你也可以看懂你想问的问题了。五六十年代国家规定八岁才上小学，在我四五岁时父亲到昆明、北京出差就为我买了识字卡片，为我定了《小朋友》图文并茂的杂志。在父母亲的教导下，我已会认、会写全家人的名字，还有几百个单字了，这在五十年代是很少有的，特别是我们住的地方。

1962年至1963年，父亲被冶金部派赴越南，支援他们的地质勘探工作，有一年不在家，我就独立挑起全家3口人的生活担子。我陪伴母亲去领父亲的工资，在工资单上找到父亲的名字，并在母亲的签名旁签上自己的大名。看着这复杂的名字，旁边领工资的大人，总会说这是熊总工程师的女儿。每当听到这样的夸奖时，我会感到无比的自豪。

因为没有小朋友和我们一起玩，父亲总是会想着法子带我们出去活动。只要没有去野外出差，周末都会与母亲带我们到锡都电影院、五一电影院看电影。电影院与我们家隔着个旧湖，个旧湖由一条长长的堤坝分为两半，从我们家到电影院要经过长堤，才能到个旧市中心。个旧湖的水一边是洗厂，水是黄色的，一边是清清的湖水，堤坝边种着一些杨柳和一种至今我都还不知道名字的植物。这种“小灌木”到了秋天，它矮小的枝条上会结满一颗颗灰白色的、心形的果实，很像母亲珍珠项链的珍珠。每次父母亲带我和妹妹出去时，我都会带着妹妹边跑边玩地采集这些“小珍珠”。这时母亲总会挽着父亲的手，走在我们后面，看着我们。回家后母亲会教我们用针线串成“手链”和“项链”。五一电影院是20世纪五六十年代个旧市的市中心，那里有个旧当时最高的七层大楼，有好吃的过桥米线、小锅米线。那米线比昆明的好吃，还有用苞谷子计数的烧豆腐。父亲总是满足我们的要求，每次来我们都会大饱口福。

一次，看电影回来已很晚了，父亲背着妹妹，我又困又累地慢慢跟在后面。父亲心痛地说，来吧，我可以背两个。看我犹豫的样子，父亲说来，我背得动。我说我会压到妹妹的，父亲说是并排背。我高兴地与妹妹并排爬到了父亲宽大的背脊上，真舒服啊，又困又累的我很快在父亲的背上睡着了。电影的内容我一点也记不清了，但个旧湖边路上温馨的情景，这种父爱的幸福感觉，让我回忆了一辈子。父亲给我们的爱太多，他对我们的爱是很均衡的，从不厚此薄彼。

上小学一年级时，我的裤子短了，家里的缝纫机坏了，母亲手工加了一截，很不平整，到学校同学们都笑话我，我为此就闹着不愿去上学。父亲知道后，对我说你知道吗，现在很多家的小孩，只有一条裤子，而农村、少数民族家里，一家人才有一条裤子，只有出门干活的男人才可以穿。小孩特别是男孩，到十几岁都没穿过裤子。他们就靠着家里的一个火塘，做饭、取暖。我问那女人呢？父亲说女人出门，就只有将家里的被子，往身上一裹就成了“裙子”。现在我们家每个人至少有两三条裤子，已经很富有了。我听完这个故事，就高高兴兴穿上加长的裤子去上学了！

父亲常对我们说，我们的国家还很穷，我们还过着一穷二白的日子，要勤俭节约，不许浪费。一次吃饭我端着碗边玩边吃，不小心摔了一跤，饭碗摔坏了。父亲把我抱起，看我没什么大碍，心痛地说，以后吃饭要有规矩。然后亲自将地上碎碗片捡干净，让我自己把撒在地上的饭扫起来，请母亲帮我用开水淘洗干净，叫我吃完。

1960 年，母亲带我和四妹有华到北京，住在爷爷奶奶家，四妹也发生过一次将饭撒在地上的事。我很自然地扫起饭，请母亲帮淘洗干净吃掉。爷爷奶奶非常高兴，说父亲教育得好，夸我懂事！

母亲精神好的时候，也会接着父亲的话，教育我们“我们家是有知识有教养的家庭，要懂规矩，女孩子坐要有坐像，吃要有吃相，吃东西不能有声。扒饭也要有规矩，一扒金二扒银三扒四扒花子型”。就是要我们吃饭要注意形象，不可狼吞虎咽的，要一口一口地吃，做事也要懂规矩。

那时候没有什么副食品，买油、肉、糖都要凭票，但父亲还是想着法给我们改善生活。一次，父亲在砍柴时，发现苗族背来卖的柴火里有许多柴虫，他把这些柴虫收拢起来，到食堂换了一点菜油，用油一炸，我看着经油炸过的一条条，足有筷子那么长的、飘着诱人的香气的柴虫，勾得直咽口水，但又不敢吃。父亲看着我的馋样对我说，在野外都吃不到这样好的柴虫，它非常干净、蛋白质含量很丰富，可好吃了。你们长身体要吃点，来尝尝。我闭着眼睛尝了一口，油滋滋的又香又脆，一口气竟吃完

四姑爹、四姑妈及其两个女儿有瑾、有华

了那一大条，那滋味让我终生难忘。这是我至今吃到的最美味的一种“肉”，这更是父亲给予我们享之不尽的父爱，这种父爱到现在每每想起还会让我感动。

为了两个正在长身体的幼女，父亲利用工作空余的时间，在我们家后面的空地上开了一小片地，到老乡家买来一些红萝卜苗，带着我和四妹有华细心地种下。我看着小小的红萝卜苗，绿绿的秧苗下面是一个小小的、嫩嫩的小红萝卜，馋得我直咽口水，边种边不停地问父亲它们要长多久才可以吃。父亲耐心地告诉我，可能一个月，也可能要更长的时间，要天天浇水、施肥它们才会长大。我天天去为它们浇水，但不见它们长大。我急得去把红萝卜往上拔，给我累得满头大汗，拔出来一看，比种下时高了许多，待父亲下班回来忙着汇报小红萝卜长高了，是我帮它们长的，以为父亲会表扬我。父亲笑着对我说，你那是拔苗助长，不但会伤害它们，可能有的还会被你的小脚踩死啊！我吓得连忙跑到地里去看，只见被我拔苗助长的第一排都低着头蔫了。

在那缺医少药的年代，我和四妹有华生病，都是父亲用土方为我们治病。扁桃腺发炎用手指蘸盐轻轻压在红肿的患处，再每天用淡盐水漱口，两三天就好，比现在的什么素都管用，还没有副作用。只是还有很多的方法，因年代太久，我们那时又小，记不大清楚了。但我记住了盐在那时不仅仅是调味品，更是能让人健康的百用品，治疗很多疾病都十分管用。

我们生活在中国的锡都，父亲爱给我们讲锡的故事，让我们对锡有基本的了解。他给我们讲过拿破仑进攻莫斯科的故事。拿破仑 60 万远征军，攻入莫斯科后，得到的却是一座空城。俄国沙皇命人将莫斯科焚之一炬，不愿将一块面包、一座房子留给拿破仑的军队。几周后，寒冷的空气给拿破仑大军带来了致命的诅咒。在饥寒交迫下，拿破仑大军被迫从莫斯科撤退，沿途 60 万士兵被活活冻死。到 12 月初，60 万拿破仑大军只剩下了不到 1 万人。这是为什么？

莫斯科的冬天都是 -50℃～-40℃，方圆千里白雪皑皑，无比寒冷。早晨，士兵们起来发现所有的纽扣都不见了踪影，凛冽的寒风吹开了士兵们的大衣、外衣、衬衣，他们只有用双手拉住衣服，无法拿武器，无法做其他的事情，丧失了战斗力，最后冻死在雪地里。是谁一夜之间偷走了士兵的纽扣？这成了一个谜，直到后来，经过多方的调查，才发现原来他们军服上用的纽扣，都是锡做的，而锡在 -13℃就会变成粉末。他们万万没想到的是大自然让他们没有机会弄清怎么回事，就全军覆没，以后所有的国家军队的服装都不用锡做纽扣了。

父亲很喜欢运动，注意锻炼身体。在清华大学时是一名乒乓球校队的队员，他的乒乓球打得很好，而且有很好的耐力。20 世纪 60 年代大姐有曾体操队的几个小伙子，轮流上阵都打不过他。这都是父亲在勘探队，长年在野外工作打下的身体基础。

“文化大革命”初期，父亲的出差少了，他破天荒地有时间在家多待些日子，他似乎想将他亏欠我们的爱全部补回来。有几个星期天，他都要将在百货批发站工作的大姐叫回来，那时二姐有德在四川邻水工作，不能参加。父亲亲自下厨做上几个菜，买上一瓶汽酒，因父亲会酒精过敏，不喝酒。在汽酒里加上些开水和糖，全家人在一起吃个团圆饭，让我们出节目。让我们姐妹几个教他和母亲跳“忠字舞”，虽然动作显得很笨，看着他们笨拙的样子，逗得我们哈哈大笑。他们学习得是那样认真，让我们佩服极了！父亲还要我们出节目，每一个人都要表演，让我们在那个特殊年代，还

能享受到家庭的温暖。

父亲的画画得非常好，字也写得很漂亮。“文革”在家这段时间里，父亲为我和妹妹及院里的吕丽生、吕瑞生等小孩画像，可惜珍贵画册没能保留下来。那时女孩们非常喜欢用小刀片在蜡光纸上刻剪纸，在学校为找到一个新图样要用你的新图样去交换。为拥有较多的花样，我和妹妹总是缠着父亲帮我们画。父亲总是不厌其烦地为我们画，为了让我们在其中有所受益、有所收获，父亲也让我们自己学着画，妹妹画得比我好。现在她在法国画的国画，有了很大进步，甚至可以参加画展了。

那时买不到围棋，父亲还买来许多黑白色的纽扣，用白布亲自制作了一个棋盘教我们下五子棋，教我们下围棋。这样的时间虽然很有限，就那么几次，但这却是我们家，我的童年时代最快乐的、最难忘的一段时间。

快乐的四口小家

记得父亲在“五七”干校时，我在昆明上初中，放寒暑假去探亲，都看能到父亲在干校安排看守的花生地、甘蔗地里，几只大狼狗陪伴着他，穿着母亲为他手工补了又补的衣裤。与在昆明时的父亲大不一样了，俨然一个彻头彻尾的老农民的样子，仍然保持孜孜不倦学习的风格。在那远离大喇叭声、批斗声的地头，一个小半导体收音机、一本本英文等外文版的《毛泽东选集》，又成了他学习外语的“好教材”。他常说：“活到老，学到老！”硬是通读了几种语言版本的《毛泽东选集》，并写下了大量的心得体会。

记得我那时正在上初一，我们的教材都很政治化，语文教材是《毛主席语录》和《老三篇》，英语教材也是《毛主席语录》等政治需要的内容。其中有一些是口号，我印象最深的有那么一句叫“四个伟大”，即“伟大导师、伟大领袖、伟大统帅、伟大舵手毛主席万岁！”是我那个假期的作业。放暑假我到“五七”干校石崖寨探亲时，在父亲守的花生地地头，我非常高兴地向父亲汇报学习情况，并说我们学校已开始教英语了。父亲欣喜地问：“都学了些什么，说来听听。”我把我用中文标着的“四个伟大”的“中式英语”磕磕巴巴地读了起来。还没等我全部读完，一边的父亲已笑得喘不过气来了。我也不知道父亲为什么那么笑，只是几年了，我都没见过他那么笑过了。我奇怪地看着父亲跟着傻笑，笑了好一会儿，父亲才缓过气来，边笑边问我，是谁教你这么学英语的。我说我们同学很多都是这样，便于记忆啊！父亲说：“千万不能这样学，你把你的教材拿来，我教你一个方法，学习英语一定要先背熟 26 个字母，还要熟悉国际音标，更重要的是要多学、多写、多练，还要多问，词汇是要靠刻苦努力学习的积累，所以靠点小聪明的方法是万万不可取的。”这个假期我在父亲的指导下，背熟了 26 个字母，背会了“四个伟大”。

开学时，上课从来不敢发言的我，第一节英语课，老师问假期布置的背诵“四个伟大”的暑期作业，都复习了吗？大家都说复习了，看着底气不是很足的回答，老师说那谁来背诵？我第一次将手举得高高的，老师点我起来背诵，我用标准的美式英语大声地背诵完。老师问，那么标准的发音，是谁教你的？我自豪地说：“是我爸爸！”老师问：“你爸爸还教了你什么？”我说还有 26 个英语字母，那时我们还没教完 26 个字母，老师让我到黑板上写下 26 个英语字母。我第一次被老师表扬，同学们也用羡慕的眼神看着我，老师当场就任命我为我们班的英语科代表。我心里别提有多高兴了。这可是父亲教导的结果啊！

后来因种种原因，我再没有继续得到学习英语的机会了。但这年暑假父亲的辅导，成了我唯一一次得到的、终生难忘的一堂英语课。

（熊有华回忆）每个人来到这个世界，都希望有一个自己的空间，这个空间就是住房。住房的大小，现在主要取决于你有多少钱。而在以前（至少是在 1985 年底我出国以前），是取决于你是否做官，而且关键是官位的大小，因为那时住房是实行单位分配制。比如公司的经理可以分到四到五个房间的住房，每间都很大，而且还带厨房及卫生间。小一点的官就住得小一些，间数也少一些。无权无势的老百姓则住得寒碜而简陋，而在“文革”时就更惨了，像我爸这样的“臭老九”则常常是行政科分房时所忘记的人。

我们家是 1963 年从个旧搬到昆明的，我们住进了伍家庄一号。这个院子据说是旧中国的什么官僚住的，里面有三栋小洋房，外观很好看，那是经理和党委书记住的。那时爸爸单位上的人称它为“官家庄”，因为里面住的大都是当官的。还有一座两层楼的小楼，我们称它为“大楼房”，因为爸爸是总工程师，所以我们在这大楼房里分到了三间住房。大楼房里共住着八家人，在后院有一排厨房，每家一间，做饭时间一到，家家炊烟一起，好不热闹。我家分的三间房，楼下一间给大姐住，楼上是一个套间，里间是爸爸和妈妈住，我和三姐住外面的那间。每个房间大约十六平方米，那可是爸爸来到这个单位后最好的待遇，日子也过得很温馨。我记得在楼下的那间屋是西北朝向，加之外面的树把阳光遮挡了不少，所以比较阴暗。1968 年就在那间屋里，我们接到了外祖父过世的消息，两天后又接到祖父过世的消息。

过了不久，单位上就让我们退出一间屋子，让工人阶级住进去，我们即刻就退，大姐搬到她的单位去住了。新搬进的那家，三天两头地争吵，常常是男的大打出手，女的蓬头垢面号啕大哭，孩子们也吓得哭叫连天，没住两年就搬走了，据说最终离婚了。

再后来搬来的这家，女的长得比较壮实，穿戴俗气，方脸上两条高挑的眉毛下一

双圆眼总是瞪着，做事走路都是风风火火的，嘴里常常尖声地哼着样板戏。男的则比较瘦弱矮小，穿戴邋遢，一副病态，就像放久了的土豆黄脸皱皮，张嘴就能看到一副发黑的黄牙。他们也一样，常常是吵得天翻地覆，我们在房间时常能听到。女的带有极浓重的个旧口音，抄起一个家什尖声地大叫一声“紧急离婚”（坚决离婚），就从屋里扔了出来。只听“砰”一声，让你心一紧，男的又捡起来，用带有很浓的东北口音大骂一声“我操你妈！”“嗵”一声扔了回去，又让你的头，情不自禁地往脖子里一缩。当然，第二天就成为大家的笑料。很久以后一个周末的早晨，我遇到那女的急匆匆地从外面走来，一见到我就大声哭着嚷嚷道：“我家老公死了！我家老公死了！”我吃惊地问：“怎么回事？”答曰：“昨天晚上我家有老鼠，我老公起来打老鼠，打了一会儿说是头痛，然后就睡了。今早我发现他不动了，就赶紧把他背着送到医院。结果他已经死了。”那已经是我们搬出来后很多年的事了，想起来好恐怖啊！看来那间屋子的风水不好吧？但就这样，如果那间房再分给我们，我们肯定还是会高兴地接受，因为那

第一排左起熊有瑾、四姑妈、熊有华、四姑爹，后排左起熊有德、熊有曾

时的住房，可是拿钱都买不到的。

楼上的那个套间的境遇就更惨了。1969 年，爸爸妈妈去了“五七”干校，开始我也去了，后来因为要上中学，就又回到了昆明。当时家里只有我和三姐，我十三岁，三姐十五岁，我们就住在楼上的那个套间。一天，军代表来到我家，不请自坐，在藤椅上跷着二郎腿，跟我和三姐说：“你们的爸爸妈妈不会再回到昆明了。”然后指着我说：“你的户口也不在昆明，你们不能住那么大的房子。所以，你们的房子得腾出来给新来的革委会主任住。”三姐低声而胆怯地说：“我们的父母都不在，我们不能决定。”回答是：“这房子是公司的，就是你父亲在他也得搬出去。就这样啦！明天我就让人来帮你们搬家。”说完就走人了。看来是一点商量的余地都没有了。我们只有赶快收拾东西，该装箱的装箱，该打包的打包。

第二天，来了几个小伙子七手八脚就动工，把两个十六平方米房间里的东西，全塞到一个十六平方米的房间里去了，东西摞到了天花板。塞不进去的家具，都留在里面的套间里。大家一看地板都压弯了，就又把爸爸的书箱，塞到楼下的厨房里摞起来，一塞完就走人了。面对这样满屋子的东西，三姐想了很多办法指挥着我“战天斗地”，发扬了“蚂蚁搬家”的精神，搬起了比我们体重还要重的东西。我们俩先把东西又都搬出去，然后把床架垫高，在床下面塞得满满的，柜子上面也摞得高高的，把箱子摞得顶到了天花板。终于把一张双人床，一张单人床，一个爷爷留下来的大柜子，一个书架，一把椅子，一个凳子，一把藤椅及很多箱子行李衣物全部又塞进这十六平方米的房间里并整理好。放在厨房里的书箱我们为了防潮，就都摞到了桌子上，也顶到了房顶。看着我俩的杰作，虽然已累得筋疲力尽，但也是还深感欣慰。现在想起来，我都对三姐在那个年龄有那样的能力真是佩服之至。

我们以为事情到此就完了。我们见到在厨房的旁边建了一个木板房，我们以为是为即将上任的革委会主任建的厨房。那天我和三姐从学校回来，发现我家厨房里的东西，全部被搬到了这个木板房里了。木板房里地上的水泥还没有干，书箱就放在上面，六平方米的木板房被塞得满满的门都打不开。我俩流着泪看着眼前的这一切目瞪口呆，看来我们还真是被扫地出门了。这样我们不但失去了套间，还没有了厨房。我和三姐只有又一次“战天斗地”，把木板房里的东西搬出来，然后整理好又搬进去。我们发现有几个书箱在他们搬的过程中已摔坏，书掉在地上未干的水泥里，我们只有一本本地拿来清洗晾晒，看着实在不行的，就用来燃煤，因为我们已经很长时间没有点火用的柴了。

后来毛主席说“要抓革命，促生产”，促生产就需要用工程师了，这样爸爸妈妈还是从“五七”干校解放回来了。我们站在木板房门口，为我们烧了爸爸心爱的书，向爸爸道歉。爸爸说：“你们能好好地活下来就不错了！书以后再想办法。”是啊！在那样的环境下，能活着就不错了，“文革”时期我们见过的死人太多了。这就是革命，“革命是一个阶级推翻一个阶级的暴力的行动”，我们深深地体会到了这种暴力的行动，唯一不明白的是，我们属于哪个阶级?

不要以为爸爸解放了就好了，我们的家就更挤了，那哪是住房！就连现在说的所谓“蜗居”都算不上，那简直就是杂货库，四个人挤在这个堆满东西的杂货库里，桌子上放满了书籍，吃饭只能在椅子上。进了家就得坐下来，一个人动，别的人就不能动，大姐一家来看爸爸妈妈，我和三姐就得站到门外。在家我只能在床上做作业，要不就到外面去想办法。爸爸为了找书容易，又把厨房里的书搬出来，整理好，并给书箱编码，然后又搬进去，就这样也常常为了找一本书要折腾半天。在屋子里爸爸妈妈睡大床，我和三姐睡小床，我觉得就像挤在罐头里的沙丁鱼，不能翻身动弹，所以我和三姐常常争吵。有一夜，三姐实在无法入睡，她跳起来就哭着跑到楼下，我也跟着跳起来跑了出去。爸爸只好下来给我们解围，这时我们看到爸爸流着泪，让我们不要再吵了，回去再想想办法，我俩很震惊！因为这是我们第一次见到爸爸流泪。我们即刻停止了争吵，上楼忍气吞声地睡觉去了。爸爸用书垫着把床加宽，但这样的床仍然凹凸不平很不舒服，不过我也不敢再抱怨了。爸爸为此很伤心，曾到公司里去申请，结果告知：无房解决。

父亲 1973 年经过了近四年的“改造”，终于“解放”回到了昆明。他没有一点怨言，没有一点抱怨，马上又投身到工作当中，他要把那些丢掉的时间赶回来。

一天，我们见到院子的一块空地上开始建房，爸爸赶快去申请，结果令人欣慰：

四姑爹、四姑妈及其女儿、孙子辈合影

我们可以分到一个套间。我和三姐兴奋至极，立刻想象着怎么布置未来的新房，我们天天去看工程的进展。眼看就要完成了，大约再有两天我们就能住进去。没想到早上一起床，我们见到准备分给我们的房子，已经有人在夜里搬进去了，而准备分给他们家的房子，也有人住进去了。让我们兴奋不已的期望，竟然成了竹篮打水一场空。这样的结果，还不止一次！分房的人给我们的诺言，都像打水漂一样，过了就没影了，也不对违规人员进行处罚。爸爸总是安慰我们："大家都有困难，再等等吧！"对啊！他只是一个"能够团结，争取和利用的知识分子"，不能有太大的奢望！

"天下有道，圣人成焉；天下无道，圣人生也。"这就是中国老

一代知识分子的悲哀，不管你对国家和党多么忠诚，或有多大的贡献，在那样的社会里是不可能有他们的立足之地，读的书越多悲哀也就越沉重。父亲去世前就住在这间杂货库式的房间里，离世前不久父亲曾对着镜子给自己画过一幅自画像。苍老的脸上布满了皱褶，两眼睿智有神，肃穆傲骨，神貌都很像他，就是太老了一点。我当时看了说："画得太老，太严肃了。"爸爸反问道："不是这样吗？"现在想起来父亲是在画自己的灵魂！他把自己无法言语的东西表现出来，而且表现得那么淋漓尽致。可惜那张画我出国后就再没见到了。

（熊有瑾回忆）1973 年，父亲从"五七"干校回来，为了将几年来失去的时间赶回来，他每天起早贪黑参加各种学术会议、主持各种学术讨论，还要奔波于生产一线，在昆明、安宁、易门等地之间，没日没夜地工作，经常还要当天往返，常常很晚才能到家，才睡几小时又要出发。晚上我们都睡了，他才回来，第二天我们还在睡着，他又走了。

1974 年 3 月，又是一个蚕豆收获的季节，我下班回家，远远地就听见家里传来阵阵音乐声。我快步跑进家，推门一看，年已进花甲的父亲，破天荒地在家里，一边听着收音机里播放的《青松岭》的主题歌：长鞭哎，那个一呀甩哎，啪啪地响哎……这是他最喜欢看的电影——《青松岭》主题歌。他一边剥着青蚕豆，一边还用脚打着拍子，见我进来，用手示意不要打搅他听歌曲。我看到这个场景，心里高兴极了，轻轻地走过去与父亲一起剥着蚕豆。听完了这首歌，父亲才对我说，今天到昆钢出差，回来时看到路边有卖青蚕豆的，就买了些回来。你在单位伙食团工作，我们今天就吃顿蚕豆焖饭吧！我今天坐车太累，浑身酸疼，我休息一下，今天就由你做饭了。说完父亲就上楼休息了。

我做好饭四妹也放学回来了，我上楼请父亲吃饭时，看到父亲躺在床上。他对我说，刚刚他上厕所时头晕得厉害，差点摔倒了。他很痛苦地对我说："我浑身酸疼得难受，你来帮我按摩一下。"（什么医疗常识都没有的我，不知道这是父亲脑溢血的前兆，父亲自己也不知道自己是高血压引起的头晕）我为他按摩了一阵，他说："你的力气太小，到张景玉经理家打个电话，请大姐夫过来帮我按摩一下，他曾是体操运动员，他会按摩。”我请父亲先去吃饭，我去打电话（那时大姐在单位农场劳动，二姐一家在禄劝305勘探队）。晚上大姐夫余开先来为父亲按摩了一阵，父亲感觉还是不行，大姐夫一走他就早早地睡了。

第二天，父亲像平时一样一早就起床了，他坚持要去上班，要我也赶快去上班。可才出门就不行了，险些摔倒，在我的一再恳求下，才同意我用自行车推着到延安医院看了病（那时没有“的士”，更没有私家车）。但那时医院也在搞阶级斗争，看病不正常，医生很不负责，说：“没什么，就是感冒。”开了点感冒药、咳嗽的甘草片。还问父亲，你是不是审查对象。父亲有气无力地回答“我已解放了”。我也急忙解释说，“我爸爸已恢复工作了”。医生这才说：“你们有没有‘干部诊疗证’。”我说：“我爸爸从来没到医院看过病，没有‘干部诊疗证。’”这样父亲的病没能得到确诊和及时的治疗，回到家父亲一直不语，吃了药就睡了。晚上吐了一床，把母亲、我和四妹吓得不知所措。第二天，我找到父亲单位的领导，向他们说了父亲的情况。领导马上派来了车，并打电话通知了大姐、二姐，军代表段有望亲自背他下楼，并指示办公室为父亲办理了“干部诊疗证”，父亲这才得以住进医院。父亲住院期间，需要输血，小石坝机修厂的职工纷纷报名献血，公司领导、省总工会派人前来看望……

1974年3月26日的晚上，本是艳阳天的昆明，忽然淅淅沥沥下起了小雨，而后竟飘起雪花，我心里感到有一种莫名的害怕和不祥的感觉。27日早上起来，妹妹上学后，我带着几个侄儿侄女在家正为他们做早点，9点多钟，大姐夫余开先骑着单车来告诉我们父亲去世的噩耗。我记不起我是怎么去到的医院，是怎么看到父亲最后一面的。只记得父亲病床旁布满的呼吸机、心脏起搏器……各种仪器都没了，只剩下白色的墙、白色的家具、白色的床单盖着父亲，一切都成了白色，我欲哭无泪，呆呆地看着父亲，是谁夺去了父亲的生命？ 19岁的我从此就失去了我最敬爱的父亲，我体会到了天塌下来的滋味。父亲平时从来没生过什么病，我们也没有一点这方面的常识，就因为这一次“误诊”啊！至今每当回忆起那情景，我都还会感到深深地内疚，是我们没能照顾好父亲。是那个不负责任的“误诊”夺去了父亲的生命，让父亲才61岁就过早地离开了我们。

1998 年 10 月 31 日上午 11：00 时，仍然是一个小雨天，昆明西郊玉案山公墓前站立着 60 多位亲朋好友，我和大姐有曾在沉重的哀乐声中代表远在法国的二姐有德、有华四妹将父亲的骨灰放入了早就为父亲购置的墓穴中。父亲是大山的儿子，他从故乡云南弥勒县朋普镇息宰村这块红土地走出去，于 1936 年清华大学地质系毕业又回到故乡云南，是云南省早期地质先驱者之一。今天，他终于可以在他为之辛勤奔波、工作了一辈子的红土地上休息了。亲爱的父亲安息吧！天上继续飞着小雨，从法国远道赶来的秉明二叔、在昆明的秉衡五叔和 60 余位亲朋在墓前对父亲做了深切的缅怀哀悼。

父亲去世时，社会对他的评价是很客观的，也是肯定的。在一份资料中写道："对现在来说，尽管熊秉信的这些生产知识和技术算不上重大科学技术成果，但是，毫无疑问，对经济、文化和技术落后的过去，先驱者的不懈努力和创新，不仅对云南锡业的发展功不可没，而且对全国的矿业生产和其他矿床勘探生产也产生了积极的影响。只是人们在利用这些知识和成果的时候，没有追根寻源而已，让我们记住云南锡业发展的先驱者熊秉信。"时间过得真快啊！我到现在每每回忆这些，心里都会感到一阵阵的难过心酸，父亲您给予我们的太多太多，走得又太早、太匆忙。以至于我们还没来得及报答您那伟大的父爱，您就这样匆匆离我们而去！如果真还有下辈子，我还做您的女儿，好好孝顺您，我的好父亲！

"踏遍青山人未老，开发矿业献终身"，是父亲一生的敬业写照，也是他奉献了一辈子的企业对他平凡而伟大一生的评价。

爸爸同辈家人

谭庆麟　谭庆麟是我二爷爷袁丕佑的女儿袁焕芝的丈夫，1922 年 9 月 7 日出生于云南省昆明市，1996 年 8 月退休。2000 年 1 月 2 日因病在昆明逝世，享年 78 岁。

谭庆麟叔叔是我六孃袁焕芝的丈夫，我称呼他为谭叔叔，他出身在昆明一个律师

谭庆麟

家庭。其父虽然是律师，但家庭并不富裕。他1935年小学毕业要升初中时，由于经济的原因面临着是进一般中学，还是进当时昆明有名的私立“贵族学校”——南箐中学的选择，最后还是选择进普通中学。

谭庆麟在中学的六年中，不仅受到经济上的压力，还有来自同学，甚至老师的歧视、欺负乃至打骂，这造就了他倔强、不甘落于人后的坚强性格。1941年，谭庆麟考入西南联合大学机械系学习。当年12月，龙云决定在省内招收一批公费赴美留学生，谭庆麟果断决定终止学习，去报考留美预备班。考上并学习一年后，为等待出国通知，又在联大复读了一段时间，直至1945年6月，才取道印度加尔各答，乘船到了纽约。从1945年8月起在美国里海大学（Lehigh University）学习冶金工程，取得学士学位。毕业后在美国贝利恒钢厂（Bethlehem Steel Co.）当了3个月的实习技术员，之后又考入普渡大学（Pudue University）研究生院，1949年，取得硕士学位。

1949年6月，谭庆麟取得硕士学位后，正值中华人民共和国成立前夕，为报效祖国，他归心似箭，千方百计想回故土。7月6日，他由旧金山乘船经日本到香港，于8月5日乘飞机抵达昆明。同年在云南大学矿冶系获得副教授的职位。

他先后担任昆明工学院（今昆明理工大学）冶金系主任、院长，昆明冶金陶瓷研究所副所长，昆明贵金属研究所所长、名誉所长，云南省经济技术研究中心总干事和党组书记等职。

1956年，谭庆麟加入中国共产党。他是第五、第六届全国人民代表大会代表，中国共产党云南省第三、第四届党员代表大会的代表。由于他长期处于超负荷工作状况，身体健康每况愈下，1981年被确诊为前列腺癌。他在与病魔进行顽强斗争的

同时，仍然关心和积极参与我国贵金属科学事业与云南省经济建设的发展。特别是在担任省经济技术研究中心总干事期间，仍不辞劳苦，经常乘车到专州、地、县或工厂进行调查研究，做了大量工作。

谢之俊 谢之俊是我大姑妈袁婉芝的丈夫，从小也是好学生，高中时被选入留学后备人选。大学毕业后，一直在公路建设系统工作，原滇缅公路副总工程师，在滇缅公路施工过程的一次塌方事故中，不幸遇难，生前也担任过云南省交通厅公路处处长。

袁翠芝与华世钧 华世钧是我家七孃袁翠芝的丈夫，袁翠芝是袁丕济的大女儿。她母亲是张邦秀，张邦秀是张邦翰的大妹妹，也是大学毕业生。袁翠芝孃孃是1949年云南大学经济系毕业的，开始是教书，因为丈夫的问题，不能在原来岗位工作，改在图书馆工作。华世钧是呈贡斗南地主家庭出身的，他的父亲中华人民共和国成立后就被镇压了。

华世钧叔叔从小学习成绩很好，他高中毕业后，考取美国的大学，公费到美国留学，学的是空气动力学，就是喷气式飞机发动机的工作原理，是属于军工技术。美国对学习这门技术的学生，管理得非常严格。他学成以后，打算回国效劳，美国政府给他设置了重重障碍。他克服了不少困难辗转回到中国，本来打算到北京大学当老师，可惜因为父亲的问题，成为政治审查不合格的人，被退回云南，只能在昆明工学院机械

华世钧叔叔与七孃全家福

七孃的毕业照

系教书。在昆明工学院他参加了九三学社，还成为昆明工学院九三学社的支部负责人。

在反右运动中，有人想当然地认为他是特务，就诬陷他是特务，被停职审查，接受驻九三学社工作队的逼迫交代，要他交代莫须有的罪行。他接受不住连续的追问、拷打，就自己投水自尽了，问题更说不清楚了。害得七孃被工作组的人，押送着上街，到处去抓同党。我记得爸爸就讲过，在路上碰到七孃，在两个民兵的看管下，走在街上，看到爸爸，就直用眼神警告他，不要和我说话！否则会受连累的，多么好的七孃啊！

七孃袁翠芝是1986年在昆明去世的。华世钧叔叔在斗南的后代人，改革开放以后，都不同程度得到一些补偿，算是对过去土改中的错误有一个明确的态度。

爸爸对这位妹妹的遭遇，一定是记忆深刻，才会对我沉痛地回忆这件事，也使我铭刻在心。一定要找机会，搞清楚这件事的前前后后，今天终于有这个机会了，在多方面采访、咨询后，我才能基本还原历史的原貌，给爸爸一个交代。都成为过去的历史了，今天的人们是不是应该从中吸取些什么？

袁鲁芝与杨伟棠　八孃袁鲁芝是三爷爷袁丕济与张邦秀的第二个女儿，1949年南箐中学毕业，1950年进入人民银行训练班学习。1951年参加工作，在人民银行南屏营业部当会计。1955年调交通银行主办会计，1957年调中国建设银行，当年评为省劳动模范。1959年任人民银行正义路支行会计，多次被评为“先进工作者”。1985年聘为中国工商银行会计师。从青春到白发，终生都奉献给了金融事业。

袁鲁芝的丈夫是杨伟棠，今年九十岁了，身体还很硬朗，从事金融工作34年，曾担任过会计科科长。杨叔叔获得过各种证书，说

明他是一个普普通通、兢兢业业工作了一辈子的前辈。

我向杨红薇表妹寻要他父母的照片时，先得到的答复是杨叔叔住在她妹妹家，正在装修，找不到。没想到，杨叔叔知道后，从口袋里就掏出五张照片，有八孃的个人照，两人的结婚照，两人合影照，用微信传给我，我马上就收到了，可见他们夫妇的感情之深。

由　廷　由廷是我爷爷大妹子的儿子，后来来往很少，不了解情况，有待今后收集、补充。

蓝业明　蓝业明是我二姑奶袁静芬的女儿，1924年4月出生，我爸爸和叔叔姑妈们都叫她小妹，我称呼她小表孃。小表孃还有一个哥哥，名字蓝业昆，长得英俊聪明，可惜十五岁时因病去世，让二姑奶伤心

姑爹杨伟棠的证书

八孃的结婚照及其个人照片

欲绝。小表孃没有享受过父爱，父亲是个花花公子，二姑奶在 29 岁时就与这个姓蓝的纨绔子弟离婚了，靠教书养活一双儿女。小表孃身体瘦弱，胆子又小，哥哥病逝时她才十二岁，本来就很悲伤，又不知如何安慰因为丧子而哀痛的母亲。就在那段度日如年的时间里，发现心脏异常，结果检查出来是风湿性心脏病。她六岁读小学，哥哥死后一直和母亲住在外祖父家（也就是如今的状元故居）。母女俩相依为命。抗战中期，日本飞机不断侵扰昆明，跑警报成为常态，小表孃就读的昆明一女中疏散到呈贡海晏镇，一座靠近滇池的村镇，远离了敌机轰炸，母女俩一个是教师，一个是学生，和一女中的师生一同度过了短暂的安宁时光。这个时期似乎是小表孃人生中最快活的记忆，时常听她提起。

小表孃十八岁时考入中法大学，学习法语。那是一所与西南联大同期迁入昆明的北京学校。不久，通过我爸爸，也就是小表孃的大表哥，结识了爸爸的好同学李钟俊，与李叔叔渐生好感，最终于 1946 年 1 月结婚。其间她就读的中法大学抗战胜利后搬回北京，小表

嬢自然没法跟去，因此没有毕业。新中国成立后她在省工业厅当办事员。后来在轻工厅供销处做统计工作，她喜爱唱歌跳舞，和同事关系融洽，人称小兰。可惜好景不长，由于有心脏病，各种政治运动的到来让小表嬢应接不暇，常常发病。直至“文革”，武斗，她又“站错队”，惊吓不断，最终才 48 岁就离开人世，让七十岁的二姑奶白发人送黑发人。

李钟俊　李钟俊是我爸爸大学的同班同学，一直是好朋友，我称呼他李叔叔。李叔叔是大理人，1919 年 10 月出生在大理古城。他父亲姓钟，“上门”到大理白族李家，因此他是跟母亲姓，他的小弟弟排行老三按风俗跟父亲姓。李叔叔 6 岁不到上小学，15 岁考入大理中学读高中，后改为师范。18 岁到昆明报考云大，被云大理学院录取，和我爸爸同班读化学，他是班上最小的，同学们叫他“老幺”。1941 年大学毕业，李叔叔和不少同学，被分配到财政厅所属的企业局下属工厂工作，李叔叔是到一平浪制油厂任一等工务员，后就任安达炼油厂助理工程师。因为社会环境不稳定，所在工厂生产不正常，开开停停，他们几个同学就商

前排左起小太嬢、二姑奶、李叔叔，后排右起大女儿李怡春、二女儿李献春

①七孃与八孃的合影

②二姑奶与小表孃

量，在昆明集资建了洋酒厂，在玉龙堆我家（袁氏老家花园里）盖了厂房，自己生产。他们是学化学的，这些产品的制造原理都知道，就摸索着干。美国飞虎队驻扎昆明期间，昆明有不少酒吧、舞厅，他们的洋酒还有销路。美军撤走以后，也只有歇业了。李叔叔当时在昆明市内没有住房，就住在酒厂仓库里，与我们家人来往较多，就认识了小表孃，以后两人结为夫妻。李叔叔后来到昆明普坪村大成公司化工厂工作，任过工程师、代理厂长。在此期间参加了共产党地下组织，保卫工厂，配合解放军接管。

新中国成立后，云南省成立了工业厅，李叔叔被调去工业厅的轻工业管理局，担任计划科科长，上午仍在大成公司工作，下午则到轻工局办公，这样的状态一直延续到把大成化工厂国有化移交到轻工业局。由于在旧社会的工作经历，新中国成立后的各种政治运动都波及他，1953 年李叔叔被开除党籍。1955 年李叔叔被调到云南省计委工业处任副处长。其间，反右、大跃进，他起起落落，20 世纪 60 年代到省经委工作，没有行政职务，只是工程师。“文革”开始，他不敢加入派别，战战兢兢保全自己，照样被打成资方代理人。1969 年

下放到陆良“五七”干校，带着白袖套管制劳动，第二年直接在黄家圩四队插队落户。三年多后干校撤销，他被分配到省轻工厅轻工处上班。

李叔叔无党无派，原只想用自己的专长，好好服务社会，平平安安搞业务，无奈极“左”势力不容知识分子安宁。改革开放后他已快六十，却干劲十足，抓紧时间工作。由于业务过硬，1980 年被任命为云南省轻工厅副总工程师，各种荣誉（头衔）也接踵而来：省政府经济技术中心特约研究员、省人事局高工评委、省科委科技进步成果奖评委委员、省政协第五届委员、省政协提案委员会委员等。1986 年恢复党籍，省委组织部明确了他参加革命

二姑奶抱孙女，后排是小太孃、李叔叔

时间，1987年批准他离休，享受副厅级待遇。但是李叔叔并没有真的退下来，仍然到处出差开会，还担任着省经济信息中心顾问会的顾问，同时编志、写大事记忙得不亦乐乎。直到1991年心脏病住院后才减少了一些工作，只参与省科协常委会的有关事宜。从此李叔叔过起真正的退休生活，老同学老朋友经常聚会，出省出国旅游，写诗练习书法。他还热心公益，参加希望工程捐资助学，单独认捐两名贫困学生，经常写信问长问短。其中一名叫罗军的男生十分好学上进，从小学、初中，直到师范毕业当上一名职业中学教师，让他非常欣慰。罗军也常常写信向李爷爷汇报自己的进步。李叔叔晚年算是幸福的，活到九十岁，2009年去世。

魏述征 魏述征是我老祖伯袁嘉猷的长孙女袁增辉的丈夫，又是云南省的名中医，而且是个高寿的老人，活到101岁才去世。魏述征1907年生，1934年毕业于上海国立同济大学医学院，云南中医医院首任院长，云南名中医，云南省中医医院中医药学会创始人之一。

袁嘉谷先生诞辰130周年家族大聚会合影

温故知新

2016 年 2 月 29 日，老朋友何真从昆明打电话通知我，中共云南省委宣传部批准了我的出书报告。经过近两年时间，我从收集资料开始，经过学习提高、消化整理，连续不断地写作修改，到今天 2017 年 9 月 25 日下午，《耕读世家》的全书终于完工了。

完成这部 50 多万字的写作，等于我与长辈们逐个进行了促膝谈心，分享他们的喜怒哀乐，近距离体会他们的人生，再以我自己的人生经历去品味他们的人生，使我有一些联想，写出来与大家分享。

在这本书中，有名有姓的长辈中，年纪最长的是袁占林公、袁德洋公，他们两位是我们家族日后一步一步走向成功的奠基人。与今天那些期盼儿女能考中重点初中、高中的家长一样，想方设法为孩子的发展，创造各种条件，从选择住房，选择学校开始，为孩子买回大量的参考书，供他们学习。他们的远见还表现在，早就意识到要使家庭富裕，就要经商、要做生意，不能只靠种地。他们看到了商业的潜力，带领家庭成员走上经商的道路，从无到有、从小到大，把生意发展起来。

中国的封建传统思想是重农轻商的，看不起商人。经商的读书人，就不能参加科举考试。经商不是一件光彩事，但是我们的先辈坚持下来了，袁氏连续 5 代人在商界奋斗，使袁家的商号，一直延续到云南解放，延续了一百多年，保证了全家族成员的生活、读书的经济来源。

新中国成立后经历了多次政治运动，袁氏家族不可能再经商了，先后退出商场，改变生存方式，发挥自己爱学习，刻苦读书的遗传基因，走上“学好数理化，走遍天下都不怕”的道路。又走出很多教授、高级工程师、高级教师、医生等等技术型人才，继续用自己的知识，为国家的富强在不同的战线努力拼搏，对国家和民族表达尽忠竭力的精神追求。

被英国《泰晤士报》评为20世纪初世界十大富豪之一的王炽，是一位爱国的大商人。他的成功是靠自己的奋斗，这里就不谈他本人，只是想说说他的后代，为什么就和父亲、爷爷差距那么大？可能有几个原因，一个是他们3代人，都是35岁以上才有孩子，上一辈去世，儿子还没有成年。王炽高祖在大儿子出生时，已经36岁，正在外地奔波，没有时间和精力教育自己的儿子。王炽高祖自己的生活是节俭、朴素的，家里条件好了，可能夫人带孩子，就比较娇惯。孩子从小生活在蜜罐里，没有吃苦的准备，因此后代就缺乏艰苦奋斗的精神。二是没有养成要办成大事，一定要有众人拾柴火焰高的信念，不善于团结伙伴，使得后代的成就远不如前辈。

当然对王家来说，社会变革也是造成后代不同命运的原因。王筱斋的夫人黄太太带着3个孩子，在云南解放前夕，经香港到巴黎，后来到马来西亚，在马来西亚定居。大儿子王尚贤还是腿有残疾，只能坐在轮椅里生活的人。儿子王任贤在马来西亚担任了英国壳牌公司马来西亚分公司的总经理。王静贤也是成功人士，留在国内的儿子王天船（王佑贤）及其后代，因为众所周知的原因，结果就比较不顺利。再说王炽、王鸿图父子，与法国驻昆领事关系亲密，怎么就没有想到把孩子送出国留学呢？

曾祖父袁嘉谷，他就是一个善于读书，会读书的人。虽然也做过官，做官期间也是兢兢业业，不玩邪门歪道。因为清朝灭亡，他自己只有下岗了，可是他能顺应历史，积极拥护社会变革、拥护共和。在新社会中，很快找到自己的位置，开始以教书育人成为终身事业，另外倾心于写史、著书的活动，继续为国家、为民族发挥自己的力量。这种能够顺应历史的品格，是远远比考中了“状元”，更值得后人引以为骄傲，也是每位家人应该继承发扬的家风。

社会变革是我们无法预料的，也是无法左右的，可是人品、人格是可以塑造的、锻炼的，就看自己如何实践了。

爸爸的格言是“一个人要能上能下，既能住在五星级宾馆，又可以和普通老百姓睡在一张床上，都能睡得着、睡得香”。他依据自己的成功经验，用朴素的语言表达了，要真正为人民办成几件事，情商往往比智商更重要的道理。

通过对前辈的了解，对于后代的教育，应该得出一些成功的经验。长辈能做的，绝对不能是娇生惯养，绝对不能认为要提供最好的生活条件，才是对得起孩子。要有意识地让他们从小吃苦，学会独立生活，会自己洗衣服，做饭。我认为要参照培养特种兵的方法，去要求孩子、培养他们，才是真正地爱护他们。手不能提，肩不能扛的孩子，不能吃苦、不能承受挫折的孩子，在什么时代都没有出息。

对于全民教育，周亲爷爷有句名言，教育是“造官”还是“造民”？他是从教育的根本目的出发，总结了中国与日本教育方法的区别。过去我们解决得并不好，以习近平同志为核心的党中央，开始认真地扭转教育事业中的偏差，这个问题有望得到根本改变。

我的前辈在土改运动前后，都无一幸免，今天我才知道有一个例外，就是张子才爷爷，按土改政策，他应该划为地主兼资本家。可是他在新中国成立前四五年，就辞去昆明自来水厂厂长的职务，又把所有的股票全部卖出。他本来是学工科的大学毕业生，因为自己身体不太好，就在业余时间，自学了医术。除了为自己治病，还常年免费为他家周围的农民看病，口碑很好。土改运动中，当地农民主动保护他，把他的成分划为小资产阶级，免去被斗和被没收财产的待遇，真是奇迹。

要创作老祖祖及他的祖上的内容，我必须要从文言文的书籍里找资料，不能正确地阅读文言文，就无法完成这个任务。我的文言文水平，就是高中生的水平，只有一方面复习文言文的基本语法，遣词造句的规律，另一方面通过查阅字典、词典，为了弄懂那些疑难词语，为此还新买了 3 本字典、词典。

2016 年主要是收集资料，先花了几个月时间，收集了几万字的素材。由于写作不熟练，还有一个摸索、试写的过程，这是艰苦的劳动。从 2017 年开始，才正式进入比较顺利的创作阶段，我给自己确定了每个月的写作任务，每个月底检查完成的情况。每天写作 6 小时以上，什么时候有精神，就什么时候写。基本上每天都要写，停止了一切无关的活动。

尽我的能力完成了这次任务，我的心情异常高兴，这是挑战自我的过程，我的人生经历又有了一个新高度。

在整个写作过程中，我也在不停地思考，我们家族不是靠“剥削”富起来的，这个问题我已经讲清楚了。我们几代人都在富裕之后尽可能地回馈社会，帮助了不少人。只是毕竟力量有限，他们不可能让所有人都富裕起来。只有以习近平同志为核心的党中央，才有能力领导全中国走上富裕的道路。党的十九大报告，向全世界描绘了中国的发展蓝图，也是我们家族几代先辈梦寐以求的画面。今天可以告慰先人了，你们心中强大、富裕的中国，将在本世纪内建成！

《耕读世家》人物关系表

云南石屏溧水袁氏								
迁徙祖	袁会（来自南京郊区溧水区），1380 年左右在石屏定居							
书中主要人物								
第十六代祖				袁占林公				
第十七代祖				袁德洋公	徐太夫人			
	大哥	二哥	三哥		四哥	姐姐	六弟	七弟
第十八代	袁嘉乐	袁嘉谟	袁嘉猷	袁嘉谷	袁嘉言	袁汉英	袁嘉璧	袁嘉端
第十九代				袁丕元				
第二十代				袁绩棠				
家族主要成员及联姻的亲人								
老祖辈		爷爷辈			爸爸辈			
由云龙	由振仪父亲	王炽	奶奶王玉若的爷爷			夫人、女婿		
张学智	张静华的爷爷	袁丕元	袁嘉谷长子		袁绩棠	华素娥	袁丕元长子	
杨如轩	杨履馨的父亲	王晓斋	奶奶王玉若的爸爸		袁绩琦	张静华	袁丕元次子	
		王天船	奶奶王玉若的弟弟		袁转芝	周锡年	袁丕元长女	
		袁丕佑	袁嘉谷次子		袁旬仁	温铭	袁丕元二女	
		袁丕济	袁嘉谷三子		袁孟仁	熊秉信	袁丕元三女	
		袁厚芬	袁嘉谷长女，嫁由振仪		袁绩康	吴月仙	袁丕佑之子	
		袁静芬	袁嘉谷次女，嫁蓝少安		谢之俊	袁婉芝	袁丕佑女儿、女婿	
		袁淑芬	袁嘉谷三女，嫁张子才		谭庆麟	袁焕芝	袁丕佑女儿、女婿	
		袁荣芬	袁嘉谷四女，嫁赵宗祥		袁翠芝	华世钧	袁丕济女儿、女婿	
		袁玉芬	袁嘉谷五女，嫁庄体仁		袁鲁芝	杨伟堂	袁丕济女儿、女婿	
		袁丕厘	袁嘉谷四子，夫人杨履馨		蓝业明	李钟俊	袁静芬女儿、女婿	
		华秀升	我的外公		魏述征	袁增辉	袁丕镛女儿、女婿	
		周钟岳	二姑妈袁转芝的公公		李若奂	袁春晖	袁丕钧女儿、女婿	
		熊庆来	四姑妈袁孟仁的公公					
		何瑶	袁嘉猷次女袁兰英丈夫					
			第三任东陆大学代理校长					
		宋小轩	袁嘉猷三女袁惠英丈夫					
			曾任龙云的秘书长					

漫画转
圣诞狐 VS
客人就想吃红萝卜，可咱手头只有白萝卜，怎么办？
让您久等了，红萝卜马上就好！
我是这座秘密基地的最高长官，没有什么房间我不能进的！
牛！
连最高长官都不能进的房间是什么？
你到底吃了什么一下子暴瘦的？
还能有啥！泄药呗！连着拉了好几周……不瘦才怪！
大吃一惊！

卡
漫
256
2016.10下